城市群城际铁路规划理论与方法

王争鸣 黄超 马驷 著

西南交通大学出版社
·成都·

图书在版编目（CIP）数据

城市群城际铁路规划理论与方法 / 王争鸣，黄超，马驷著. —成都：西南交通大学出版社，2016.12
ISBN 978-7-5643-5178-6

Ⅰ. ①城… Ⅱ. ①王… ②黄… ③马… Ⅲ. ①城市铁路－铁路线路－规划 Ⅳ. ①U239.5

中国版本图书馆 CIP 数据核字（2016）第 304716 号

城市群城际铁路规划理论与方法
王争鸣　黄超　马驷　著

责 任 编 辑	张　波
封 面 设 计	何东琳设计工作室
出 版 发 行	西南交通大学出版社 （四川省成都市二环路北一段 111 号 西南交通大学创新大厦 21 楼）
发行部电话	028-87600564　028-87600533
邮 政 编 码	610031
网　　　址	http://www.xnjdcbs.com
印　　　刷	成都勤德印务有限公司
成 品 尺 寸	185 mm × 260 mm
印　　　张	15.5
字　　　数	369 千
版　　　次	2016 年 12 月第 1 版
印　　　次	2016 年 12 月第 1 次
书　　　号	ISBN 978-7-5643-5178-6
定　　　价	60.00 元

图书如有印装质量问题　本社负责退换
版权所有　盗版必究　举报电话：028-87600562

前　言

城市群是城市空间演化与区域空间组织的最高重构，已逐步成为区域乃至国家经济建设的重要载体，是提升国家核心竞争力的重要资源。2014年国务院印发的《国家新型城镇化规划（2014—2020年）》为城市群经济格局优化指明了方向，对综合交通系统的基础支撑功能提出了更高要求。城际铁路作为一种高速、安全、准点、节能、环保的交通运输系统，更加适应城市群空间扩展和层级架构，更好地展现城市群整体对外形象，有效地发挥经济集聚效应，促进社会经济可持续发展、有序演化，影响并决定城市群的发育程度。

目前，我国已形成长三角、珠三角、京津冀等多个国家级和区域级城市群。从城市群发展的角度来看，出现因基础设施供给不均、产业联系不足而形成的城市群空间断层，制约了经济的发展，违背了实现城市群内各城市共生发展、良好合作的核心理念。而高效的城际铁路系统能从宏观上促进城市之间的协同发展、引导城市群空间体系的合理演化，从微观上形成适宜的交通层次结构、实现资源的优化配置。一个成熟发达的城市群在统筹推进城际铁路网建设过程中，必然要坚持规划先行。城际铁路网规划对综合交通供给能力的提升起到了先导性和引领性作用，是指导城市群城际铁路建设的纲领性文件。在满足资金和环境等制约要素的前提下，城际铁路建设须服从线网规划确定的建设规模和建设时序，这也是适应我国当前经济发展新常态、满足供给侧结构性改革的内在需要。

但是，针对城市群城际铁路网规划的理论方法体系目前尚未形成，各城市群城际铁路网规划多借鉴干线铁路网规划、公路网规划、城市轨道交通规划的方法，未能充分反映不同城市群的区域特征以及发育程度差异，亦无法体现城市群经济发展驱动城际铁路网动态调整的时空特征。因此，亟待结合城市群的区域特征探索城际铁路网规划的科学技术方法，本书的出版是十分必要的。本书旨在为城市群城际铁路网规划提供理论指导与方法支持，在充分吸收国内外研究成果的基础上，通过大规模的理论分析和实践验证进行编写，充分考虑城市群的区域特征对城际铁路网规划的要求，借鉴既有的理论方法与实际规划流程，综合运用城市群理论、区域空间组织理论、路网规划理论、空间演化理论、复杂网络理论等，构建城市群城际铁路网规划的方法体系。

本书是以作者多年理论研究及实践工作为基础，在轨道交通工程信息化国家重点实验室、陕西省铁道及地下交通工程重点实验室及陕西省"三秦学者"的工作中完成的。研究工作得到了中铁第一勘察设计院集团有限公司、西南交通大学等单位的大力支持。在研究与著述过程中，中铁第一勘察设计院集团有限公司线路运输设计处陈希荣、张凌、吕颖、胡必松、王晓栋和西南交通大学交通运输与物流学院王琳、刘苏等同志参加了相关项目的研究工作。出版过程中得到了西南交通大学出版社的帮助支持。全书出版中借鉴和引用了一些同行的研究成果，作者在此一并表示衷心感谢。

城市群城际铁路线网规划理论与方法是城市群城际铁路规划工作不断发展完善的基础，且在不断探索中，研究内涵丰富且极具复杂性和探索性，由于时间关系及作者能力所限，本书所做的研究工作仅是对这一问题的初步和基础性探索，难免存在不妥之处，敬请各位读者批评指正。

作　者

2016 年 11 月

目 录

1 绪 论 ··· 001
   1.1 研究背景 ·· 001
   1.2 研究思路 ·· 002
   1.3 研究内容 ·· 002

2 城市群与城际铁路发展战略 ·· 006
   2.1 国家发展战略与区域发展理念 ··· 006
   2.2 城市群发展战略 ··· 008
   2.3 城市群城际铁路发展战略 ··· 011

3 城市群相关理论 ··· 019
   3.1 城市群地理空间相关理论 ··· 019
   3.2 城市群经济空间相关理论 ··· 025

4 典型城市群实证研究 ··· 030
   4.1 国内外典型城市群发展特点 ·· 030
   4.2 典型城市群的强化过程与分类 ··· 050
   4.3 典型城市群空间结构 ··· 058
   4.4 典型城市群空间分形研究 ··· 062

5 城际铁路规划与城市群发展 ·· 091
   5.1 城际铁路规划与城市群社会经济发展的适应性 ······································ 091
   5.2 城际铁路规划与城市群空间演化互馈关系 ··· 100

6 城市群城际铁路线网规划理论 ··· 110
   6.1 综合交通运输系统规划理论与实践 ·· 110
   6.2 城市群城际铁路网络主要内容 ··· 118
   6.3 城市群城际铁路线网规划目标与原则 ·· 120
   6.4 城市群城际铁路线网规划方法体系及规划流程 ····································· 124

7 城市群城际铁路线网规划方法 ··· 132

7.1 城市群城际客流需求分析与预测 ··· 132
7.2 城市群城际铁路重要节点和运输通道规划 ································· 140
7.3 基于社团结构挖掘的城市群城际铁路线网规模测算方法 ············· 148
7.4 基于"分类分层"的城市群城际铁路线网布局方法 ···················· 158
7.5 城市群城际铁路线网成长与建设时序 ·· 168
7.6 城市群城际铁路线网规划案例分析 ··· 177

8 城市群城际铁路线网规划综合评价体系 ································ 191

8.1 城际铁路线网规划综合评价原则与内容 ····································· 191
8.2 城际铁路线网规划综合评价指标体系 ·· 193
8.3 城际铁路线网规划方案综合评价 ·· 200
8.4 城市群城际铁路线网规划综合评价案例分析 ······························ 205

9 实践——关中城市群城际铁路线网规划研究 ····················· 209

9.1 关中城市群发展概述 ··· 209
9.2 关中城市群城际铁路发展战略及适应性分析 ······························ 215
9.3 关中城市群城际铁铁路线网规划方案研究 ································· 218

参考文献 ·· 241

1 绪 论

随着我国城镇化发展进程逐步推进、城市外围空间拓展以及城市间交流密切，我国城市空间组织模式逐步向群体空间拓展，城市群集成联动和发散疏导效应日益突出，城市群区域一体化趋势明显。以城际铁路为骨干的城市群综合交通体系作为区域经济发展的基础，支撑和引导着区域发展以及城市群发展战略。城际铁路线网发展的核心，是以国家及区域经济发展战略为导向，梳理城市群经济空间特征和资源环境等基础条件，通过综合优化城际铁路网络空间布局，加强城市群核心城市及周边各主要城镇之间的衔接，促进各要素的交流沟通，实现以城际铁路引导推动城市群空间优化、产业整合，提高城市群核心竞争力的目标。

1.1 研究背景

目前，我国已经进入工业化和城市化的中、后期发展阶段，正处于城市群发展战略实施的关键时期，我国城市空间组织逐步向群体空间拓展，城市的集成效应以及联动效应日益突出，城市间空间互动增强，经济效益日益显著，将对国家经济社会的发展产生举足轻重的影响。而交通运输基础设施是城市群社会经济发展的重要支撑，城市群内各城镇间的经济往来频繁，需要大运力、高密度、高可靠性的运输服务，城际铁路的技术经济优势明显，能有效满足城市群内的多层次和普遍性运输需求。特别是在我国，各大城市群内部人口相对更加集中，已有各类资源的配置与开发，输入、输出资源的集疏和再分布要求，使得对城际铁路这一高效、环保的新兴运输方式的建设需求呈现爆发式增长，"城际铁路应是我国各类城市群的骨干交通基础设施"已迅速成为社会各界的共识。

同时也应看到，在我国城市群快速发展和城际铁路建设着力开展的进程中，仍存在着一些不可忽视的问题，构成了对城市群城际铁路线网规划理论与方法进行探索的背景需求。

1. 我国城市群协调发展中存在的问题

从我国城市群发展的现状来看，其"跨越式"理念在带来高发展速度的同时，也导致了各类问题相继出现，如"行政区经济"问题、土地开发利用及基础设施建设问题、城市群的产业协调问题和空间体系问题等。能否有效解决这些问题，不仅直接关系到城市群协调发展能否实现，更进一步关系到我国城市化进程能否有效推进。

从宏观层面来看，城市群协调发展的内在机制仍有所缺失，"行政区"经济仍是制约我国城市群发展的重大障碍因素。行政区划不仅割裂了城市群之间的经济联系和产业分工合作，还使得城市基础设施建设缺乏与周边地区的共享机制，从而导致城市群内部存在大量的公共基础设施供给不均。

从中观层面来看，城市群内部等级体系和空间网络体系构建仍不清晰，在多中心（副中心）的城市群内部表现为城市间的产业竞争大于合作，缺乏分工明确的协调发展机制，在单中心的城市群内部表现为核心城市的辐射作用不强,城市群空间体系出现断层。

从微观层面来看,环境问题已成为城市群实现可持续发展的主要阻碍,现有的生产经营方式和污染治理手段用于综合整治的过程,也缺乏合理的制度和有效的办法。其中除了产业结构的内生障碍性因素外,以高能耗为主的城市群内部交通配置也构成了环境问题的主要成因。

2. 我国城际铁路规划建设中存在的问题

城际铁路线网规划的理论与实践在我国起步较晚,探索、总结、尝试与修正并行,多是借鉴城市轨道交通线网规划、公路网规划以及大铁路网规划的理论和方法,与常规铁路规划设计方法融合形成。这种传统方法步骤严谨,在其他行业产业应用中成效显著,但是在适应我国城市群城际铁路网规划方面仍存在问题。具体表现在:

一是城际铁路所特有的在人口密度相对较高的有限范围内开展系统化运营组织方式,对多方式衔接和网络覆盖密度与走向的平衡性要求,在沿用传统既有规划方法时无法得到有效体现;

二是城市群作为经济历史地理发展变化的产物,其区域化特性明显,传统常规规划方法的普适性无法全面结合目标城市群的区域特色;

三是不同成长阶段的城市群对铁路网的要求不同,即城际铁路网规划必须兼顾城市群社会经济以及空间的阶段性、继承性和接续性发展特征。

可以看出,城际铁路在打破规划的行政区隔、以基础设施的高度互联互通为手段实现城市群内部体系的协调发展,提供大能力高效率运输方式、为城市群内部产业分工与合作及资源配置与优化奠定交通基础,推进共享经济和绿色环保的公共交通方式、以交通可持续引领和带动城市群经济空间可持续发展等方面,具有重要的现实意义、良好的发展机遇和有利的建设环境。同时,对于城市群成长和发展机制的探索,以及城际铁路与城市群经济空间互馈关系的研究,不仅能够进一步科学合理地形成城际铁路网规划方案,而且对于指导与城际铁路共生的城市群空间发展具有重要意义。

1.2 研究思路

在这一背景下,需要把握好城市群城际铁路网规划的影响因素繁多和涵盖内容全面的特点,借助区域空间组织理论、路网演化理论和空间经济学等理论系统分析城市群的空间结构特征以及空间组织规律,来确定相适宜的路网布局形态,继而结合交通区位理论和路网架构理论等分析城际铁路网在城市群空间范围内的演化趋势,揭示二者的空间作用机制,并以此为出发点确定城际铁路网规划的目标、原则和方法,逐渐完善城市群城际铁路网规划的理论与方法体系,具体思路如图 1.1 所示。

1.3 研究内容

针对城市群的区域特征以及空间构成,系统剖析城市群的形成机制、空间演化规律、分异特征等,并进一步根据城市群的分类特征以及城际铁路网的分层结构,在既有规划理论与方法的基础上,综合运用交通规划理论、城市群理论、区域空间组织理论、交通区位

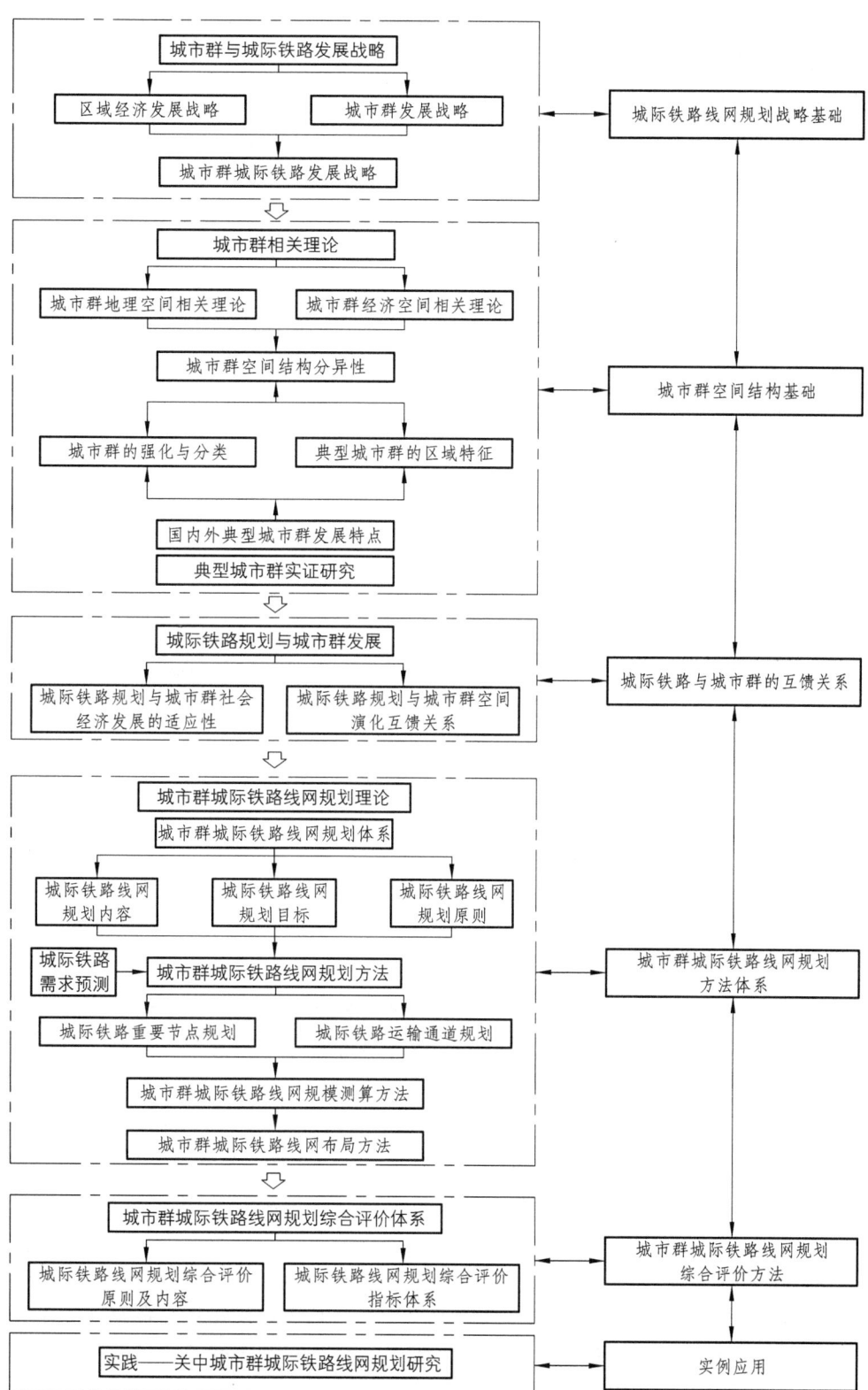

图 1.1 城市群城际铁路线网规划研究思路

理论、复杂网络演化理论等研究不同种类城市群城际铁路网的形成过程以及规划方法，完善城际铁路线网规划的理论体系。

本书共分为9章。

绪论，系统描述了在我国加快城镇化进程的背景下，针对我国城市群协调发展过程中在机制协调、体系建构和生态保护等方面持续存在的问题，开展城市群城际铁路线网规划研究的急迫性和必要性，以及基于城市群经济社会与城际路网互馈关系的研究思路。

城市群与城际铁路发展战略，探讨了我国现阶段"以城市群为主体形态拓展区域发展的新空间"的发展导向，"一带一路"、京津冀协同发展、长江经济带等国家战略规划及"创新、协调、绿色、开放、共享"的发展理念，对城际铁路发挥支撑引领作用的要求；分析了我国城市群发展的常规化战略和差异化战略，阐述了城际铁路发展战略的指导思想、基本原则、战略目标、战略规划和政策保障。

城市群相关理论，系统梳理了城市群形成发育的阶段理论、经济空间联系理论、城市群地域结构理论、产业结构演变理论等基础理论，进一步为城市群演化、区域特征分异、城际铁路规划与城市群发展互馈机制等研究明确了理论基础。

典型城市群实证研究，系统总结了国内、外典型城市群在其不同成长阶段的结构性特点和总体特征；阐述了城市群的强化过程，综合运用复杂网络理论和区域空间结构理论，从多个角度对我国典型城市群类型进行划分，并以此为空间结构分析的基础；探索了典型城市群空间结构的演化模式、特征及结构布局规律；运用空间分形理论，开展了城市群分形结构的建模分析与实例验证，确定了我国典型城市群的区域特征以及空间结构演进的关键分异性特征参数。

城际铁路规划与城市群发展，分析了城际铁路规划与城市群社会经济发展的相互作用现象及在规划、投资、建设和运营过程中二者的协调关系，从目标、发展方式与途径、模式与运行机制以及效果等方面，阐述了二者的适应性内涵、分析方法及协同发展机制；分析了城市群城际铁路对城市群空间结构演化的作用机理，描述了不同发展阶段城市群空间结构与城际铁路规划的互馈关系，阐述了二者的协调性内涵，以及在不同协调性发展阶段中二者的互馈作用机制及结果。

城市群城际铁路线网规划理论，系统梳理目前与城际铁路规划在理论与实践中有所交叉的主要规划理论、方法和实践经验；解析了构成城际铁路线网的基本要素，分析了在综合交通运输系统规划理念下，城市群城际铁路线网规划的特征和内容；阐述了城市群城际铁路线网的规划目标与规划原则；系统分析了以城市群演化分异特征为代表的关键因素对城市群城际铁路线网规划的影响，提出了基于点、线、面要素，充分考虑城市群分异特征，规划过程分阶段、有侧重，动态适应性强的城际铁路线网规划方法体系，进一步对城际铁路线网层次布局进行了分析；最终确定规划方案的总体思路和规划流程。

城市群城际铁路线网规划方法，阐述了城市群城际铁路线网规划的方法过程，包括：首先，根据交通四阶段法进行城际铁路客流需求预测；其次，依据城市群空间分布特征和城市群交通需求特征，以城市群城际铁路线网的点、线、面基本要素为主体，从"宏观—中观—微观"三个层次提出城际铁路重要节点和运输通道的规划方法，该规划结果即构成线网基本形态确定的基准；再次，结合城际铁路网络演进的阶段分析，采用复杂网络社团挖掘算法，提出了以城市群空间规模为基础，结合运输需求限制要求与城市群节点的空间分布特点，以城市群城际铁路投资建设总额为约束条件，最终计算确定适宜的城际铁路线网规模总量的测算方法；然后，分析城市群城际铁路线网演化过程的不同阶段及其特征，阐述了按近期、集中建设期以及远期三个阶段，构建包括建设时序判断和建设时机确定的城际铁路线网建设时序判断方法，并开展了城际铁路的分期规划研究，完善了城市群城际铁路线网规划方法体系。以成渝城市群和珠三角城市群为例进行了线网规划方案分析。

城市群城际铁路线网规划综合评价体系，提出了城际铁路线网规划综合评价的原则和内容；选取了技术性能、经济效益和社会效益指标，构建了综合评价指标体系和权重分配方法；基于城市群城际铁路线网规划的复杂规律和特征，提出了适用于城市群城际铁路线网规划方案评价的组合评价方法，并开展了对成渝城市群和珠三角城市群城际铁路线网规划方案的综合评价分析。

实践——关中城市群城际铁路线网规划研究，以关中城市群为对象，系统应用了本书所提出的城市群城际铁路线网规划理论与方法，围绕其所在区域社会经济和城市群发展战略，预测关中城市群城际客运需求，并根据城市群区域范围内不同城市的功能定位、发展方向，研究并提出了关中城市群城际铁路线网规划方案，进一步论证了本书所提出的城市群城际铁路线网规划方法的有效性。

2 城市群与城际铁路发展战略

城市群是城镇化的主体形态，是经济发展的主要载体，城市群已成为支撑世界各主要经济体发展的核心区和增长极，国家间的竞争正日益演化为主要城市群之间的综合实力比拼。从世界范围内城市群的发展历程来看，土地开发利用、产业组织协调和空间体系建构等问题的有效解决，直接关系到城市群的健康协调发展。而从我国城市群的发展阶段和建设情况来看，在基础设施互联互通方面实现发展创新和重点突破，从而在更广阔的范围内加强城市群内部的分工合作以及外部的衔接沟通，直接关系到我国新型城镇化建设进程的有效推进。

随着行业改革的深化和技术认识的进步，兼之我国城镇化建设对大运量、高密度、经济安全和节能环保型公共交通基础设施的迫切需求，我国城际铁路正处于十分有利的建设环境中，面临着良好的发展机遇期。作为专门服务于城市群或相邻城市（镇）的快速铁路运输系统，城际铁路在我国综合交通体系和轨道交通体系中具有独特的地位。而在尚无系统化建设和运营理论与经验支撑的情况下，我国铁路行业的学者和工程师已经并且持续进行着大量探索。在规划与实践、政策与运作、预期与现实的博弈与创新中，作为新型高效环保交通方式的城际铁路，与我国快速成长、阶段各异和特色明显的各城市群，正逐渐形成概念上紧密融合、布局中统筹协调、实践中互促联动的发展共同体。

在强调可持续发展的世界经济社会和科技主题下，围绕我国经济社会发展全局，以城市群为主体形态拓展区域发展的新空间，要求发挥城际轨道交通的支撑引领作用，增强适应我国城镇化居民出行需求的交通供给服务能力。我国区域层面交通系统的规划与建设重点也已由高速公路网络转变为城际铁路网络，而城际轨道交通由被动适应区域空间结构的变化，已逐步演变为与区域空间结构的变化协调发展的城际铁路网络概念与实体，其发展战略以国家总体经济社会发展战略和区域经济发展战略为导向，以城市群发展战略为基础，根据城市群发展基础和阶段性发展方向，持续拓展发展领域和内涵，积极引领经济社会发展新常态。

2.1 国家发展战略与区域发展理念

国际局势正在发生深刻的变化，世界多极化和经济全球化正在曲折中继续发展。一场关系我国发展全局的深刻变革已经到来。拓展发展新空间，形成沿海沿江沿线经济带为主的纵向横向经济轴带，培育壮大若干重点经济区，是我国在国家宏观发展层面的战略要求。

我国"一带一路"、京津冀协同发展、长江经济带"三大支撑带"将促进区域内省份明晰功能定位，加快产业合理分布和上下游联动机制，促进区域发展。具体来看，"一带一路"战略将提振多个行业，将为交通、能源、通信、金融、教育、医疗和进出口等领域企业创造新机遇；京津冀协同发展将带动区域交通、物流、通讯、旅游等产业发展；长江经济带覆盖11省市，人口和生产总值均超过全国40%，该项战略通过促进东中西互动、沿海区域与沿江区域协调发展，有助于发展区域内省市优势，挖掘增长潜力。

可以看出，我国国家发展战略始终坚持开放发展，顺应我国经济深度融入世界经济的趋势，奉行互利共赢的开放战略，发展更高层次的开放型经济，积极参与全球经济治理和公共产品供给，旨在提高我国在全球经济治理中的制度性话语权，构建广泛的利益共同体。

在各区域贯彻执行国家发展战略的过程中，应秉承"创新、协调、绿色、开放、共享"的发展理念，即区域经济社会各行业应结合自身的发展特点，努力实现遵循经济规律的科学发展、遵循自然规律的可持续发展和遵循社会规律的包容性发展。

首先，遵循经济规律，培育、保持和发展区域竞争优势。

推动经济持续健康发展，应把握发展大局，认清新的发展条件，既要有长期维持中高速增长的良好心态，又要构建新的发展模型来推动发展方式转变，培育新的动力源来支撑结构调整，最大限度培育和发挥竞争优势。可以利用国家"去产能化"政策来调整产业结构和市场格局的空间，鼓励传统制造业企业大规模技术改造、产业链重整、经营模式创新和集群集聚发展，推动传统工业转型升级，从产业发展规律、资源禀赋和产业基础出发，提升产业发展竞争力。

随着现代交通的快速发展和信息技术的普及应用，区位劣势和优势的传统定义已经发生巨大变化。区域发展应抓住"三大支撑带"建设的战略机遇和辐射效应，全面提升现代物流发展水平、产业配套能力、市场发育程度和生产要素成本竞争力，建设和完善具有竞争力的政务服务和商务环境。

其次，遵循自然规律，探索可持续的发展模式。

资源约束趋紧、环境污染严重和生态系统退化等问题，要求区域经济社会在重视发展的过程中应不断强化自然客观存在、自然生态平衡、自然发展规律等发展理念，在生产力布局、城镇化发展、重大项目建设中都要充分考虑自然条件和资源环境承载能力。

可持续发展本身也蕴含着巨大的产业空间和产业前景。区域发展可以利用自身的生态资源禀赋，发展生态工业、生态农业、生态林业、生态旅游和生态交通，变生态为业态，推进产业高端化，走低碳、循环的绿色发展之路，以转变经济发展方式、调整经济结构为核心，优化资源配置，优化生产力布局，推进技术创新和制度创新，逐步建立与区域经济相适应的生态产业体系。

另外，遵循社会规律，推动共享包容性的社会发展。

包容性发展强调对包括弱势群体在内的所有人民群众的实际需求、可行能力、发展环境与机会以及利益分配的关注。包容性发展核心是要让国家经济发展的成果惠及全体人民，让人民共同承担发展责任、拥有发展机会、分享发展红利，增强发展的持续性和内生动力，从而形成良好的社会生态。

可以看出，我国国家战略的宏观环境和发展理念对区域层面的发展要求，主要体现在应能推动区域协调发展，即塑造要素有序自由流动、主体功能约束有效、基本公共服务均等、资源环境可承载的区域协调发展新格局。而从我国现阶段发展情况来看，以城际轨道交通为骨干的综合交通运输体系，在显著提高交通基础设施互联互通能力、推进城镇间及内部人员和物资有序流动、促进公共设施与服务均等化、优化资源能源使用效率和促进投资及管理体制创新等方面，能够更好地符合我国国家和区域发展战略的要求和理念。

2.2 城市群发展战略

2.2.1 我国区域与城市群发展规划演进

改革开放以来，我国区域发展总体战略的重点是在"沿海开发开放"。自 21 世纪以来，国家先后制定和实施了西部大开发战略、振兴东北老工业基地战略和促进中部地区崛起战略等，目的是缩小区域差距，促进区域协调发展，形成较为均衡的国土空间战略发展体系。

成熟的国际经验与多年的国内实践表明，区域发展战略的推进，在很大程度上是通过城市和城市群作为载体来实现的。我国改革开放初期设立的 4 个经济特区以及确定的 14 个沿海开放城市，初步形成了当时沿海城市快速发展的格局，实现了由沿海开放城市节点所带动的国家非均衡发展区域战略。随着经济全球化的发展，沿海主要城市逐步融入全球城市体系，在区域内发挥辐射和联动效应，成为我国经济发展格局中最具活力和潜力的地区。而目前，珠三角、长三角和京津冀三大核心城市群已渐趋成熟，成渝城市群正在快速崛起，实际上构成了国家经济社会发展中最重要的四个核心区和增长极。另外，从 20 世纪 90 年代后期起，我国其他地区省会城市也开始快速发展，带动了以省会城市为核心的城市群，如关中城市群、武汉城市圈、海峡西岸城市群、中原城市群和长株潭城市群等，新的城市群格局已初具规模。2016 年全国两会提出，"十三五"时期要规划建设 19 个城市群，及以拉萨和喀什为中心的两个城市圈。虽然拉萨、喀什这两个城市周边城镇稀疏，在规模上不符合城市群的常规认知，但作为一种旨在带动城市、区县、乡镇组团发展的战略规划，也可以将其看作城市群的变体。至此，我国形成了以"19 + 2"为基本框架的城市群结构，既符合当今世界城市发展的主流和大趋势，也是我国新型城镇化道路的"主体形态"与"核心平台"。

从 2005 年《国家"十一五"规划纲要》首次提出"把城市群作为推进城镇化的主体形态"，到 2014 年《国家新型城镇化规划》明确"把城市群作为主体形态"，中国特色城市发展道路逐渐形成，城市群规划建设已进入重大现实进程。

2.2.2 我国城市群发展的常规战略

我国地域广大，受诸多历史和地理因素影响而形成的各城市群，从要素集聚能力、整合发展能力、基础设施水平、经济发展水平、社会文化水平和资源环境承载力等各方面来看，均具有较大的差异，并主要体现在空间格局、发展阶段、资源禀赋和地缘关系等方面，从而构成了相应城市群发展规划的基础。

我国城市群的规划发展，明确要求"以特大城市和大城市为龙头，通过统筹规划，形成若干用地少、就业多、要素集聚能力强、人口合理分布的新城市群"。这一要求所体现的战略导向，是形成更具包容性和协调性的新型城镇化"主体形态"。相应提出的"五位一体"发展战略，是将政治、经济、社会、文化、生态在空间上融合，在区域发展上探索新的空间格局。

因此，我国城市群发展战略，均需服从国家战略的需要，满足区域发展的目标，从国家和区域发展总体战略演进的角度充分考虑城市群资源与基础，形成各城镇的发展战略整合，加强核心城市功能建设，推动城市合理分工，促进产业集聚，优化人口结构，推进生态保护，打造新的区域发展模式。

具体来说，我国城市群发展规划通常包括以下五大战略：

一是明确经济衔接方向上的经济国际化/区域化战略。

经济国际化/区域化是以国际/区际市场为导向，以投资贸易自由化为基础，以国际/区域运行规则为约束，在超越城市群的更大范围内有效配置生产要素，实现与城市群外部经济的衔接，在经济全球化趋势下的城市群快速发展途径。在此战略下，城市群发展应充分发掘和有效利用自身的区位条件和社会经济基础，以产业结构升级为导向，以可持续的开放政策促进技术进步、产业演进和机制转换，促进经济增长能力的提升。

二是以空间集聚为导向的人口城镇化战略。

城镇化进程与社会经济发展相互协调，城镇化水平与社会经济发展水平共同提高，是区域发展应该遵循的客观规律。城市群人力资源与生产要素的空间不匹配，不仅会阻碍经济效率的提高，也潜藏着大量亟待解决的社会问题。健康的人口城镇化推进过程，是一个符合区域总体发展特征和发展趋势要求的合理有序的人口流动与迁移过程，也是反映经济要素配置规律的空间指向。城市群内部及所在区域应根据各级各类城市发展的特点、趋势和扩容幅度的要求，通过人口与经济社会要素的相互协调，逐步形成一个联系密切、分工明确、规模有序的统一的城镇系统。在此战略中，应结合城市群经济结构调整的要求和人口分布的特点，加强城乡统筹，通畅人口迁移的渠道，合理引导人口分布，优化人口的空间布局。

三是以强化区域优势为目的的核心带动战略。

城市群通常具有对区域发展具有全局影响力的、能够主导区域经济发展方向的核心城市、地区或者产业。区域经济发展不平衡的客观情况，决定了其发展总是在特定的优势地区或产业带动下逐步推进的。在区域城市体系有序构建的过程中，核心城市或产业对于整个城市群体系的规模总量、职能结构和空间形态都具有全局性的影响。核心城市或产业与其辐射地区之间以集聚和扩散为基本特征的相互作用，是推动城市群发展的基本力量。而核心城市或产业的发达程度直接决定了城市群的总体发展水平，即，核心城市或产业以其显著的国际经济职能，带动了整个城市群对国际经济的深度参与，从而把整个城市群纳入了全球范围的产业分工链条中。在此发展战略中，应加快做好基础设施互联互通规划和建设，积极扶持和推进相关优势地区或产业的发展，完善相应的商业和政治环境。

四是以提高整体竞争力为核心的经济协同战略。

城市群是一个完整复杂的经济系统，其内部诸要素的相互作用构成了城市群经济系统的整体运动。其战略本质是通过产业协同和空间协同来整合区域发展的资源要求，发挥综合效应，提高城市群的整体竞争力，增强其在更大范围内对资源利用能力和对市场的占有能力。在此发展战略中，应探索有效的城市群空间协同发展思路，明确各城市的职能定位，构造相应的优势产业,明确相应区域或产业的发展方向,促进城市群各区域经济与空间的高度结合,形成综合性与专业性有机结合的城市职能分工体系。

五是以生态建设、环境保护和社会和谐为目标的可持续发展战略。

城市群区域生态系统的密集性,决定了其可持续发展战略始终具有重要地位。同时,城市群也是产业生态、经济生态和社会生态的依托和载体,在自然生态环境获得有效保障的同时,产业健康发展、经济政策和效果可持续以及社会和谐稳定是可持续发展战略的完整内涵。在此战略下,城市群应定量评估其生态环境系统所面临的发展压力,深入探寻其产业经济体系成长或转型的有效动因,尝试发掘其社会结构组织合理稳定的内在机制,在此基础上确定具有系统性和完整性的可持续发展目标,建立可持续发展的经济体系,促进自然-经济-社会符合环境系统的良性运行。

2.2.3 我国城市群发展的差异战略

综合国内外城市群的发展演进规律来看,尽管不同的城市群在地理区位、资源禀赋、人口分布和空间构形等方面存在着巨大的差异,但是其所处的发展阶段和发展方向是影响其经济社会总体水平的本质和内在因素,且宏观集中反映在其经济和生产要素组织的空间格局中。一般来说,城市群空间结构的发展演化总体上顺序经历4个阶段,即分散发展阶段、单中心发展阶段、扩散发展阶段和多中心网络化发展阶段。相应的城市群发展战略也存在着差异化重点。

分散发展阶段的城市群或城市圈多存在于我国西部边疆地区,其空间结构为低水平均衡分布状态,城镇规模较小,城镇体系结构和基础设施网络还不完善,各城镇以自身发展为主,与其他城镇的联系相对较弱。某些城市可能由于独特的地理位置或历史自然资源而成为区域发展的中心,但与其他非中心城镇的发展差距仍不明显,城市群整体发展速度非常缓慢。**这一层次的城市群或城市圈在其发展战略中更加强调所在区域对外联系交通运输通道的构建,以及如何充分利用地区特有的历史或自然资源发展相应的特色产业等。**

随着分散发展阶段中心城市的产业集聚效应逐渐发挥,其发展优势较为明显,与非中心城市之间产生了较大的发展差距,迅速发展成为区域经济的"增长极",此时,就形成了单中心发展阶段的城市群。这样的城市群多分布于我国中、西部地区,中心城市与非中心城市间跨等级的社会经济联系逐渐加强,城镇化水平快速提升,典型的中心城市同时发生着集聚和扩散作用,迅速发展壮大,同时也对周边城镇发挥着带动引领作用。**这一层次的城市群在其发展战略中,除了继续重点加强对外联系通道外,更加强调整合区域内既有的产业能力,依托国家发展大战略而对产业承接进行准备,以及由此而加强中心城市与内部各城镇间的交通通道构建。**

单中心发展阶段的城市群中心城市通过极化作用规模不断扩张,将产生产业向外部区域扩散的趋势,使得城市群空间结构逐步扩散发展,各城市之间联系增强,形成了扩散发展的城市群,广泛分布于我国各地区。**这一层次的城市群在其发展战略中更加注重自身优势产业的强化及其与区域外部的经济联系,以及内部的资源转移和空间结构扩散,对交通**

运输系统提出了大能力和高质量对外联系通道要求的同时，也提高了其城市群内部中心和副中心及其他城市之间的相互连通性要求，以适应城市群产业的结构调整和布局优化。

多中心网络化发展模式是城市群空间结构发展的较高阶段，城市群内不同区域的交流更加密切、频繁，区域各中心城市进行了明确的功能划分，愈加细致的产业分工推动着城市群空间结构向趋于协调方向发展。我国的珠三角和长三角等城市群正逐渐进入这一发展阶段。这一层次的城市群在其发展战略中，由于其内部结构较为复杂多样，非常重视各城市在产业分布和功能布局等方面的跨行政区域协调，以及对内、外部交通基础设施的网络化和覆盖度提出了更高的要求。

可以看出，我国城市群发展战略的差异化是由其发展阶段和发展方向上的差异化引起的。在我国城镇化发展规划和城市群发展战略中，产业结构发展的各项目标的实现，对于环保高效的公共交通方式具有极强的依赖性，而城际铁路这一新兴的运输方式，其发展战略一方面应当顺应城市群发展战略和城镇化发展规划对其提出的功能性要求，实现对城市群发展战略的有效支撑，另一方面，作为与城市群密切相关、紧密融合的行业，即作为城市群经济生态体系的重要组成部分，城市群城际铁路发展战略本身也应表现出与其上位战略的一致性。

2.3 城市群城际铁路发展战略

2.3.1 城际铁路的内涵及功能定位

2.3.1.1 城际铁路的定义

我国《城际铁路设计规划》规定，城际铁路是专门服务于相邻城市间或城市群范围内的大、中运量的交通设施，其旅客列车设计速度一般为 200 km/h 及其以下，主要承担区域内交通走廊上的主客流，在公共交通中具有骨干地位。城际铁路属于区域轨道交通，是城市群内各城市间的客运轨道交通系统，为城市居民在相邻城市间的生活和工作提供了一种新模式，对于优化城市格局、缓解城镇密集地区交通拥堵问题具有重要意义。

2.3.1.2 城际铁路的技术经济特征

城市群综合交通运输系统中存在普通铁路、高速铁路、城际铁路、城市轨道、高速公路、国道等多种运输方式，各种运输方式相互协作，互相配合，共同完成区域间客货运输任务，各种运输方式的技术经济特征详见表 2.1。城际铁路具有不同于其他运输方式的技术、经济、服务特征，具体包括以下几方面。

1. 用地省、运能大

研究资料表明，一条城际铁路线路与一条 16 车道的公路具有大体相同的运输能力，同等能力下轨道交通占地比普通公路、高速公路、高架道路均低，这对土地资源十分稀缺的我国经济发达地区来说是现实的选择。

表 2.1　各种运输方式的技术经济特征

特征	普通铁路	高速铁路	城际铁路	城市轨道	高速公路	国道
运营成本	较低	较高	较高	较高	较高	较高
占地	较少	较少	较少	较少	多	多
环境污染	较小	小	小	小	大	大
能耗	较少	较少	较少	较少	多	多
运营速度	较快	很快	快	较快	较快	一般
运量	大	大	大	大	一般	一般
运输价格	较低	较高	较高	较高	高	较高
机动灵活性	一般	一般	一般	一般	高	高
舒适性	一般	好	好	较好	较好	较好
安全性	好	好	好	好	一般	一般
气候适应性	很强	很强	很强	很强	一般	一般
适宜运输距离	中、长途	中、长途	中、短途	短途	中、短途	中、短途
站间距	单线 15 km 左右，双线 30 km 左右	50 km 左右	10 km 左右	1～2 km 左右	—	—
发车频率		6～12 min/列	6～12 min/列	2～3 min/列	—	—
货运功能	需开行大量货物列车	—	—	—	需承担城市间货运任务	需承担城市间货运任务
客运功能	承担少量中长途普速客流，视能力情况承担部分城际客流	主要承担地区对外中长距离客流和通过客流，兼顾部分沿线大城市之间点到点的客流	主要承担沿线城市之间的城际客流，兼顾部分对外中长距离客流	主要承担城市内部客流	以短途旅客运输为主，兼顾部分对外中长距离运输	主要承担区域内中短途旅客运输

2. 节约能源

能源是国家的重要战略物资。从单位运输量的能源消耗量来看，城际铁路仅为公共汽车的 3/5、私人用车的 1/6，具有明显的节能效果。因此，从能源利用率的角度来看，无疑城际铁路要优于其他交通运输方式。

3. 安全性好

城际铁路是在封闭系统内运行，减少了行人误入线路而可能引发的意外事故，另外采取先进的列控系统使其安全性能高。

4. 短站距、小编组、高速度、高密度

城际铁路一般建于经济发达、人口密集、短途人流交往密集的地区，主要服务于中短途客流。调查发现，中短途城际客流对列车的速度、乘车便捷性敏感程度较高，因此城际铁路一般采取合理的线路布局、较小的站间距和高密度公交化等优势吸引客流，以适应中短途客运市场需求。

2.3.1.3 城际铁路与其他运输方式的关系

从上述分析可知，各运输方式的技术经济特性不同，并且只有在各自优势范围内合理分工、有序配合才能实现城市群区域整体运输效率最大化。城际铁路以其大运量、安全、快捷、时效性高等特点，在城市群综合交通运输体系中占据日益重要的地位。剖析城际铁路与其他运输方式之间的竞争与合作关系，可以为合理规划城市群城际铁路线网布局奠定基础。

1. 城际铁路与高速铁路的关系

城际铁路主要承担城市群内沿线各城市以及主要中心城镇之间的客流运输，并兼顾城市组团、次中心城镇之间的客流，在机动性、换乘便捷性以及车站设置等方面更适应城际客流特征；而高速铁路是以承担中长距离的旅客运输为主，运输能力允许时也可适当兼顾城市群城际铁路主客流方向的运输任务，即城市群内核心城市间或核心城市与次中心城市的城际客流运输。但是对于次中心城市间或次中心城市与城市群内等级较低的城镇间的客流运输时，仍需依托城际铁路来完成。

城际铁路的公交化运营，以及与高速铁路的合理衔接，实现了城市群对内对外的互联互通。另外，二者的运输组织模式及列车开行方案有区别。高速铁路站间距离较大，开行高速度、高密度的列车；城际铁路站间距离较小，速度低于高速铁路，与普速铁路接近，其列车开行方案以满足高峰小时最大断面客流量为前提。并且，城际铁路线路的建设标准需要满足跨线运输的需要，以实现高速铁路跨线运输。综上所述，城际铁路与高速铁路都是城市群内不可或缺的客运交通基础设施。

2. 城际铁路与公路的关系

城际铁路与公路均是以城市群内部中短途出行客流为主要服务对象。公路运输具有灵活性强、直达性高的特点，城际铁路虽然在出行选择及出发时刻上具有局限性，但以其大运能、出行成本相对较低、安全性更高、受天气影响较小等优势，对公路中等距离客流运输造成很大影响。

目前城市群公路网建设日益完善、运能也趋于饱和，在土地资源有限、能源危机和环境保护情况下，城市群综合交通系统应在繁忙的交通走廊和城市组团内规划建设大容量、绿色环保的城际铁路线网，与公路系统共同承担城市群中短途客流运输。因此，城际铁路与公路是竞争与合作的关系，在不断发展中改善服务质量和水平，共同满足城市群内旅客的出行需求。

3. 城际铁路与民航、水运的关系

民航运输以承担长远距离高端客流为主，出行成本较高，且机场远离市区和主要城镇，不方便中短距离旅客出行，在城市群内部客运市场中不具备比较优势，对城际铁路的影响不大。

水运方式由于速度慢，且对自然条件要求严格，在客运市场已经逐步萎缩，主要承担能源、原材料等大宗货物运输，对城际铁路基本没有影响。

4. 城际铁路与城市轨道交通的关系

从客流的性质来看，城际铁路主要连通城市群区域内各城市、城镇之间的出客流，实现区域大范围内的客流位移，同时兼顾城市组团内部的客流，是中短途客流达到一定强度后的交通方式选择，客流以商务、公务、旅游出行为主；城市轨道交通为城市内部配套交通基础设施，主要承担城市内部客流运输，以服务城市内的居民日常出行为主，出行目的主要是上班、上学等，出行距离较短。

城际铁路的规划建设，需要与城市轨道交通有序衔接，最大限度吸引客流；城市轨道交通则为城际铁路集聚和疏散客流，二者相互配合、相互补充，共同促进区域内城市之间人员交流。

2.1.3.4 城际铁路的功能定位

根据前述分析，从城市群城际客流的特征、城际铁路技术经济特性以及城际铁路与其他运输方式的关系来看：城市群城际铁路系统应是区域内将城市紧密联系、为城市群建设规划实施提供先导与支撑服务的基础设施；是区域经济发展到一定水平、居民出行达到一定程度的必然产物；是公交化、公益化双重属性的新型交通工具；主要承担经济区内中心城市与中心城镇、城市组团和次中心城镇之间城际客流，满足多层次、多样化的客流快速出行需求，从而缩短各城市、组团、城镇之间的时空距离。其功能定位体现在以下三方面。

1. 承担城际客流的运输任务

与干线铁路和公路相比，城际铁路有其独特的优势，其规划灵活、运营方式多样、公交化发车、发车密度高、安全准时、可靠便捷等，对完善城市群内的大城市、中小城市的交通运输网络起到重要作用。城际铁路是轨道交通系统的子系统，是区域综合交通运输体系的重要组成部分，主要服务于区域旅客内部的公务、通勤和生活出行，主要承担区域内部的各个城市、主要中心城镇之间的客流、城市组团、次中心城镇之间的客流。

2. 促进城市之间的经济交流

城市群是多个不同规模、等级城市的综合体，为从整体上提高城市群的经济发展水平，需要减少社会经济的区域差异性和非均衡性。根据城市群空间相互作用原理，个体城市的发展离不开其他城市的作用与影响，因此城市间的经济交流促进了城市群整体发展的均衡性。而承担城市间经济效应传递的主要媒介即为运输线网，城际铁路以其独特的优势成为城市群综合交通中的骨干运输方式，提供满足城际客流出行的运输供给，因

此城际铁路是城市群内各城市间经济交流和运输联系的主要承担者，提高了城市间的经济效应。

3. 为城市群发展提供必要的基础设施

目前，各城市群的发展规划中均要求扩大区域空间以应对产业转移趋势、强化核心区竞争力，同时也需兼顾区域均衡发展，促进城镇的格局和交通需求类型的转变。为适应这一新的城市与经济发展格局所产生的交通运输需求，城际轨道交通系统将为此提供必要的基础设施，以引导城镇体系健康发展。

综上所述，城市群城际铁路功能定位为：补充完善《中长期铁路网规划（2008年调整）》铁路干线在规划区域城际客流运输功能，为城市群核心城市及周边各主要城镇之间的旅客提供快速便捷的公交化服务；为城市群建设规划的实施提供先导与支撑服务。

2.3.2 城际铁路发展战略

2.3.2.1 指导思想

按照"五位一体"总体布局和"四个全面"战略布局，坚持"创新协作、开放包容、绿色共享"的发展理念，主动适应和引领经济发展新常态，以国家"一带一路"和长江经济带发展战略为契机，遵循铁路发展规律，发挥铁路骨干优势作用，整合资源、优化结构，以"衔接优化、区域辐射、协调发展"为主线，着力构建布局合理、覆盖广泛、高效便捷、安全经济、环境友好的城际铁路网络，全面构建和提升城际铁路的服务效能，为构建现代综合交通运输体系，加快新型城镇化建设，促进区域一体化发展，促进经济社会持续健康发展提供有力支撑。

2.3.2.2 基本原则

1. 支撑引领、创新发展

以改革创新的理念探索城际铁路建设途径，不断增强城际铁路发展动能和可持续发展能力。兼顾经济效益与社会效益，通过扩大完善城际铁路基础设施网络和提升城际铁路运输服务水平，支撑和引领经济社会相关领域深度融合发展。

2. 科学布局、共建共享

统筹考虑人口城镇布局、产业资源分布、国土空间开发、精准扶贫脱贫、对外开放合作、国防战略等经济社会发展要求，强化需求导向，科学布局网络，合理确定规模，扩大有效供给。

3. 层次清晰、协调优化

明确城际铁路在综合交通体系中的地位与作用，统筹协调城际铁路与干线铁路和城市轨道交通，与高速及普通公路等其他运输方式，与城市内部其他运输方式之间的关系，协调新建线路与既有交通基础设施之间的发展关系，注重整体路网配套设施的系统协调，实现网络结构优化、层次清晰和效率效益最大化。

4. 安全可靠、绿色集约

牢固树立安全发展观念，着力提高建设和运营安全性和可靠性，提高对经济社会和国防交通的全面服务能力和应急保障能力。坚持绿色发展，加强生态环境保护，综合高效利用土地、通道、岸线及枢纽资源，集约和引导空间综合开发利用。

2.3.2.3 战略目标

1. 构建层次完善、覆盖广泛的城际铁路服务网络

构建能够匹配辅助实现广域范围内相邻大中城市间 1~4 h 交通圈、城市群内 0.5~2 h 交通圈，对外衔接国家和区域主要运输通道，对内有效连接城市群内部大、中城市与中心城镇，兼具服务和通勤功能，通过多功能多层次实现广泛覆盖，支撑和引领新型城镇化发展的城际铁路公共服务网络。

2. 构建高效衔接、系统配套的城际铁路综合枢纽

构建与其他交通方式高效衔接，形成系统配套、一体便捷、站城融合的城际铁路枢纽，实现客运换乘"零距离"和运输服务"一体化"，形成城市群多层次快速出行格局，保障城市群中心城市间以及中心城市与各组团间的互联互通。

3. 构建创新灵活、科学发展的城际铁路运行体制

以可持续发展为前提，依托区域经济发展战略和城市群发展战略，加速生产要素流通，引导绿色出行理念，探索创新城际铁路的规划建设和经营管理制度，构建多元化主体协调合作、组织经营制度完善、产业健康有序发展、安全监管高效有力、服务方式和经营模式灵活的城际铁路运行体制。

2.3.2.4 战略规划

在城市群城际铁路总体战略规划方面，应做到：

（1）以国家和区域发展宏观战略为基础，以城市群长期战略发展方向为导向，统筹衔接综合交通体系，构建符合我国产业发展政策和要求、与主要经济通道实现有效搭接、能够与综合运输通道实现有效承接、体系层级布局合理的城际铁路网络，适应经济国际化/区域化战略。

（2）与城市群和城镇总体规划协调，与城镇化发展阶段和需求相适应，统筹协调与国家干线铁路和城市轨道交通的建设标准和建设时序，以及与城市群内主要客流集散中心的衔接关系，同步建设城市相关配套设施，带动建设与城际铁路站点及周边业态经济相关的市政公共设施，适应以空间集聚为导向的人口城镇化战略。

（3）以城市群产业结构调整和优化为导向，深入做好城际铁路项目前期工作，加强技术经济综合比选，把握好建设时序、建设标准和建设方案，科学合理、公正客观地确定线路走向和站点设置，深入探索城市群经济发展对城际铁路的运输要求，研究城际铁路在运营组织、运行控制、站场设计等方面对产业发展所提出的运输对象需求及其变迁的适应性，适应以强化区域优势为目的的核心带动战略。

（4）以城市群自然历史条件和地理地缘环境为基础，结合区域和城市总体发展规划，以综合交通体系发展的战略要求为目标，设计和完善城际铁路线网规划方案，将城际铁路建设与其他交通方式建设同步开展，在完善城际铁路与干线路网和城市路网良好衔接的同时，完成其内部的体系化和层级化建设，保障可达性和覆盖度，适应以提高整体竞争力为核心的经济协同战略。

（5）在工程设计、开工建设和运营管理中注重新理念的推广和新技术的运用，重视节约资源和环境保护，集约利用土地，注重保护生态环境，提高能源利用效率，创新产业链规划与构建的政策形成机制，创新产品制造方式，创新运营管理理念，以城际铁路建设与运营行业的可持续发展，带动产业链上、下游体系的健康发展，以城际铁路作为大众公共交通方式的优越性，推进社会公平，适应以生态建设、环境保护和社会和谐为目标的可持续发展战略。

在城市群城际铁路差异化战略规划方面，应做到：

（1）针对处于分散发展阶段的城市群，其城际铁路发展战略应加强城市所在区域对外通道的建设，集约使用资源，合理配置功能，可以将干线铁路与城际铁路的规划建设统筹协调起来，在建设阶段通过功能整合来优化使用投资，在运营阶段通过加强组织管理来优化和集约使用基础设施。

（2）针对处于单中心发展阶段的城市群，其城际铁路发展战略应继续加大城市群对外通道建设，在做好长期规划的基础上，加强城际铁路网骨干层次的线路建设和运营，提高中心城市与周边城镇的通达水平。

（3）针对处于扩散发展阶段的城市群，其城际铁路发展战略应侧重于建立城际铁路网络规划的长效更新机制，并致力于扩大城际铁路网络规模，加快城际铁路网一般线路的建设，加强城市群内部各城市或城镇间的通达水平，合理布局城际铁路枢纽，强化与其他交通方式的衔接。

（4）针对处于多中心网络化发展阶段的城市群，其城际铁路发展战略的重点是提高网络密度和可达性，进一步优化城际铁路网络结构，加强城际铁路网辅助线路的建设，增加路网灵活性和可靠性，使各层次城际铁路与综合运输体系和对外运输通道有效融合。

2.3.3 城际铁路发展政策保障

为了保障城际铁路发展战略的切实实施、加强城市群之间的互联互通、优化城际交通运输体系、提高城际铁路在衔接城市群内外交通中的竞争优势，在发展硬件设施的同时，必须完善相应的政策措施，并从多方面予以保障和支持。

1. 深化投融资体制改革

在城际铁路投融资促进工作中，创新市场化融资方式，放宽市场准入，培育多元投资主体，鼓励支持地方政府和广泛吸引各类社会资本参与投资铁路建设，形成国家投资、地方筹资、社会融资相结合的多渠道、多层次、多元化铁路投融资模式。充分利用国家和地方政府支持铁路建设的政策措施，建立和完善城际铁路发展基金和建设债券及其募集和发行方式。对不同城际铁路服务类型，积极实施差异化投融资政策，建立投融资的长效机制，根据建设需要，引导资金合理分配和有效使用。在理顺铁路运价、建立公益性运输核算制度的基础上，研究建立公益性、政策性补贴机制，完善土地综合开发配套政策，健全规范财务清算规则及体系，落实并发挥好铁路投融资体制改革配套政策的组合效应，为社会资本进入创造便利条件。

2. 培育城际铁路经济

以城际铁路网络为依托，引领支撑辐射范围内的城镇、产业、人口等合理布局，促进城市群内部的密切交流合作，加速在全域范围内的产业梯度转移和经济转型升级后的资源优化配置，培育城际铁路与城市群经济深度融合发展的城际铁路经济新业态。以城际铁路各类站区的综合开发为载体，发展站区经济，引导和推动站区生活休闲、旅游餐饮和现代物流等关联产业聚集和规模发展，努力形成规模效益，综合开发收益可用于铁路建设与运营。

3. 加强宏观组织协调

科学组织项目规划，加强铁路规划与城市总体规划、土地利用规划等的衔接，建立高效联动的协商工作机制，优化交通网络布局。科学组织项目建设，完善城际铁路规划的多主体合作机构与机制，拓展合作方式，按照规划确定的功能定位和建设标准，充分考虑工程条件和经济发展实际，尊重铁路技术特点和客观规律，合理把握建设时机，着力提高项目决策科学化水平，有序均衡推进项目实施。科学组织项目运营，建立高层次的城际铁路与公路、民航、水运等其他交通方式有机衔接和有效沟通的综合运营管理机构和机制，统筹考虑运价调整、运营体制调整、财政支持、调动地方政府积极性等因素，推动协同发展，促进综合社会效益提升。

4. 强化人才、科技和管理支撑

贯彻落实国家创新驱动发展战略，加大基础研究和科研攻关，加强人才队伍和国家重点实验室等创新平台建设。完善公共信息服务平台建设，推进铁路与其他运输方式的公共服务信息共享，配套运用先进适用技术装备，发展智能化铁路，促进铁路运输服务方式、经营模式等发展方式深刻变革，发挥城际铁路体制灵活的优势，全面提升铁路管理现代化水平。研究出台促进铁路运输业发展的指导意见，适应市场需求变化，有效利用城际铁路运能和覆盖度优势，发挥价格机制作用，大力开拓运输市场，全面提升服务水平，扩大产品和服务有效供给，延伸产业链和服务链，建立现代企业制度，推动市场化经营，强化内部管理，不断提升城际铁路经营效率效益。

5. 加强过程监管评估

修订完善与城际铁路相关的铁路法律法规和技术规范体系，切实加强对城际铁路的行业监督管理、跟踪指导、统筹协调和及时评估，营造和维护公平有序的市场环境。

总体来看，城际铁路的发展建设应以政府的政策主导、宏观协调和监督管理为基础，充分发挥各类投资、建设和运营等多主体的合力作用，加强人才培养、科技研发和现代管理机制的投入，并与城市群合作协调机制保持同步，实现城际铁路的经济和社会促进效应。

3 城市群相关理论

随着经济全球化与城市化的加速，城市群已逐渐成为各国参与全球竞争与国际分工的全新地域单元，决定着世界经济新格局。因此，为全面深入认识城市群，本章主要从地理空间与经济空间两层维度分别对城市群形成与发育的相关基础理论进行系统梳理，形成一套条理清晰、层次分明的理论体系，用于分析城市群空间结构特征、城际铁路规划与城市群发展互馈机制等。其中，在地理空间维度中，城市群相关理论包含城市群形成发育的阶段理论与地域结构理论；而在经济空间维度中，则主要包含城市群产业内部联系理论与经济空间联系理论。

3.1 城市群地理空间相关理论

城市群地理空间相关理论的研究对象主要为城市群形成与发育的全过程。通过对城市群形成发育过程的分析，以某种依据划分阶段，准确定位各阶段城市群外部地域结构形态，总结地域结构特征及演化规律，用以指导城市群城际铁路线网规划。

3.1.1 城市群形成发育的阶段理论

城市群形成发育的过程表现为节点、网络和基质三者在地理空间的演进过程。已有的研究结果认为，城市群形成与发育的过程一般是从城镇体系的原始状态开始，一直到节点之间形成运行效率相对较高的网络体系，其中也包括虚拟网络体系[1]，其过程具有明显的阶段性，且该过程可用城市群的基本构成要素来表述。通常，城市群的形成与发育阶段可依据节点的外部结构形态，如节点等级规模结构、空间演进方向等，划分为4个阶段，即第1阶段为"单节点主导阶段"，第2阶段为单节点膨胀性增长阶段，第3阶段为城市群形成的初级阶段，第4阶段为城市群形成与发育的高级阶段。该种划分方案简单易懂，但未能体现出不同城市群形成与发育的动力机制的差异性，以及城市群空间结构特征等。目前，国内外对城市群形成发育阶段的划分研究已相对成熟，各研究学者依据不同的划分标准，提出了城市群形成发育的空间结构演进阶段划分方案，如表3.1所示。

从表3.1可看出，上述城市群形成与发育阶段划分方案各具特色，但均包含共同之处：① 城市群的形成与发育均是从低等级状态（原始状态）向高等级状态演进，不存在越级发展现象；② 城市群区域内各城市均是以"集聚—扩散—集聚"的模式发展，其相互间的联系则由疏松变至紧密；③ 城市群内部城镇间的职能分工趋于成熟，最终形成合理的劳动地域分工体系；④ 城市群空间结构和功能处于逐步完善中；⑤ 中心城市辐射范围增大，职能由综合向管理演变。

表 3.1 城市群形成发育的空间结构演进阶段划分方案对比分析[1]

提出者	阶段层次	阶段划分	备注	特征
比尔·斯科特	1	单中心	中心城市为主导阶段	以都市区形成发育为研究对象进行方案划分
	2	多中心	中心城市和郊区相互竞争阶段	
	3	网络化阶段	复杂的相互依赖和相互竞争关系	
费里德曼	1	工业化前期的农业社会	节点规模小且相对分散而独立	工业阶段的划分通常是针对区域而言的,是判断城市群发育阶段的一个重要依据
	2	工业化的初期阶段	经济区位好的节点开始快速增长	
	3	工业化成熟阶段	节点之间联系强度增大且方向明确	
	4	工业化的后期阶段	节点处于稳定平衡的增长过程	
卫华	1	城市区域阶段	单节点已经相对发育成熟	符合城市群地域范围的一种城市群体发展阶段,且具备城市群的一般特征。但相对只是地域类型的高度概括
	2	城市群组阶段	节点之间已经形成城市的集合体,是都市区或者相对更高层次的区域,是真正意义上城市群的重要组成部分	
	3	城市群阶段	主要节点之间也逐渐形成体系	
	4	大都市带阶段	城市群之间形成了相对稳定的联系	
张京祥	1	多中心孤立膨胀阶段	类似于上述两种类型的第一个阶段	从城市的经济角度来论述城市群扩展方向与城市经济联系方向,反映了经济联系的重要性
	2	城市空间固定蔓延阶段	开始产生固定的经济联系方向	
	3	向心与离心扩展阶段	实际是积聚与扩散的一种动态表述	
	4	城市连绵区内的复合式扩展阶段	城市集合体动态平衡增长状态的表述	

续表

提出者	阶段层次	阶段划分	备注	特征
方创琳等	1	分散独立节点均衡发展阶段	城市相对比较独立，节点职能分工不明确	① 基本涵盖了城市群所有的发展阶段，划分较细致；② 反映出"都市中心区"的价值，符合一般城市发展规律，这不同于发展过程中从大城市群形成的最初形态入手，突出了网络和基质要素特征；③ 将城市群的高级发展阶段也进行了划分，突出了都市区之间的合理分工形成与发展过程的协作关系；④ 兼顾了交通网络、职能分工以及生态环境要素，突出了网络节点作用方式以及节点调整的必要性条件、产业联系的空间形式。但是这种划分没有明显的作用结构调整、强度调整、整体调整的规模、方向与方式等
	2	单节点集聚的非均衡发展阶段	新经济要素的介入，刺激具有一定资源禀赋的节点快速增长，节点功能开始分化	
	3	单体大都市区形成与继续拓展阶段	单节点基于分工协作强度的增强，与周边小城市建立了稳定的发展关系，开始形成局部城镇网络与经济社会体系	
	4	基于单节点的空间结构与职能结构整合发展阶段	一方面所谓的"大城市问题"开始出现，基于都市区域职能大规模调整需要对结构进行大范围内的调整；另一方面，特定的城市开始基于节点的结构效益、社会效益以及生态效益的角度出发进行宏观的规划调整	
	5	多都市区空间结构形成阶段	单节点在不断稳定的城镇增长过程中逐渐与周边卫星城形成了相对稳定的都市区在空间相互联系方向与内容，并在不同的空间层面形成了一种相对稳定的联系关系，城市之间的瓶颈须制约的交通网络体系的作用已经基本消除	
	6	都市区一体化区域的形成阶段	它是都市区一体化的继续发育阶段，原因是都市区在经济实力逐渐增强，共享资源条件不断提高的过程中，可能遇到同时并难以突破瓶颈的区域拓展因素。通过城市社会发挥资源、城市遇到生态环境等新能力创新引导基于工业阶段发展的城市职能作用	
	7	城市群的稳定与持续发展阶段	它是城市群区域发展的最高阶段，不分国界，也不分区域类型，但是尚未引导基于判断的标准，经济发展的最佳状态	

系统梳理城市群形成与发育的阶段理论可直接对城市群进行准确定位，该定位不仅包含城市群功能定位，也包含城市群空间结构演进阶段的定位。同时也能间接性指导城市群城际铁路线网规划，并通过城际铁路线网规划进一步引导城市群发展，促进城市群向更高阶段演化。通常情况下，城市群处于单节点主导及膨胀性增长阶段时，城市群城际铁路处于萌芽发展期，由既有铁路承担区域运输任务；当城市群处于形成的初级阶段时，城际铁路线网的运输通道规划基本完成；当城市群处于形成与发育的高级阶段时，城际铁路线网骨干线路规划完成，需重点规划辅助线网，增强城市群内部联系。

3.1.2 城市群地域结构理论

在城市群形成与发育的过程中，城市群地域结构的演变过程与城市群形成发育的各个阶段相对应，体现出城市群外部空间形态的变化。城市群地域结构理论是城市群基础理论体系的核心，以地理空间维度为切入点，揭示了城市群空间结构特征及演化规律，对城市群城际铁路线网布局规划具有指导意义。

城市群地域结构，又称为城市群空间结构，是城市群内各城市的经济结构、社会结构、规模结构、职能结构等多层面结构在地域空间上的投影[2]，如图 3.1 所示，一般用城镇分布密度、城镇间连接形式以及形态特征反映。其中，城镇分布密度综合反映城镇空间平均分布的疏密程度，城镇间的连接形式反映城镇间的交通运输发展状况，城市群形态特征则是因交通区位条件的差异性在空间呈现出的具有分异性的地域空间结构特征。城市群地域结构特征的形成与演化实际上也是点、轴、面三者逐步完善的过程。

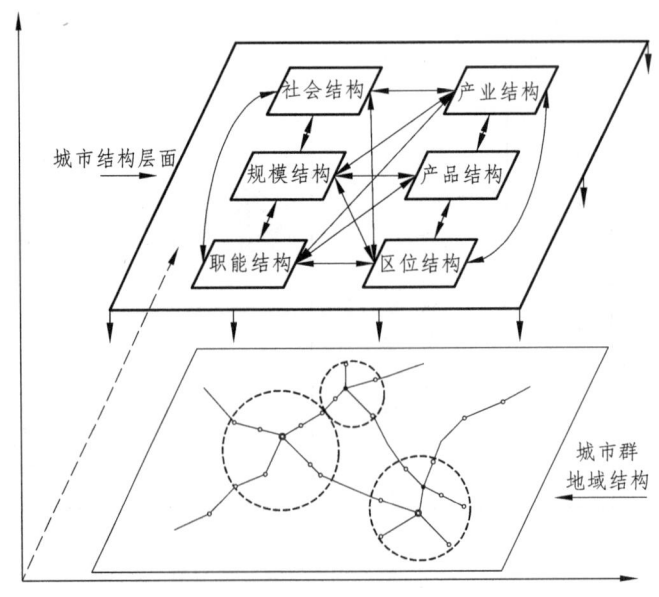

图 3.1 城市群地域结构示意图

"点"代表不同规模等级的城市，是城市群地域结构的基础；"轴"代表连接节点间的城市发展轴（含交通基础设施与运输通道），是内部各要素流传输的重要通道，构成了城市群地域结构的主框架；"面"代表城市群地域结构单元，是在"轴"的基础上的进一步延伸扩展，使地域结构单元通过组合形成更大规模的新结构单元。

1. 城市群地域结构特征

城市群地域结构具备五大基本特征。

一是城市群地域结构具有分形特征。所谓分形原意为破碎与不规则，由美国学者曼德布尔特（B. B. Mandelbrot）提出，用以指代与整体具有自相似性的一类形体，一般可用分形维数（简称分维）表示。通过分维分析，可有效揭示城市群的演化过程。城市群空间结构的分形特征体现在多个方面，如城市群人口规模分布、城市集聚形态、交通网络分布等。这些方面在空间结构中具有一定的自相似性，在无标度域中遵循着分形规律。

二是城市群地域结构具有"二次极化"特征。"二次极化"是指城市群经历了极化阶段后，其地域结构演化进入了相对稳定阶段，城市群边缘城市受核心城市辐射作用明显，并逐步向新的中心城市发展，形成新的城市群增长极的过程。在该过程中，城市群边缘地区结构重组，城市群地域结构发展本质变化。

三是城市群地域结构受制于交通制导作用。城市群地域结构的形成会受到交通运输的制约与引导，逐步形成沿交通运输通道分布的城市组群结构。其中，交通运输通道的引导会使城市群内各要素流有序流动，一方面可加强城镇间的社会经济联系，另一方面这种流动会随着城市节点的增加以及综合交通运输网络的完善，遍布于城市群区域内各个角落，从而使城市群地域结构发生显著变化。

四是城市群地域结构在城市群经济发展中具有传动作用。城市群地域结构的形成与演化离不开城市群社会经济的发展，而城市群社会经济的发展又受限于城市群地域结构。具体表现为：一方面，城市群地域结构的变化可反映城市群区域经济的发展概况；另一方面，调整城市群地域空间结构可协调城市群区域经济的发展态势。因此，城市群地域结构在城市群区域经济发展中具有传动作用。

五是城市群地域结构具有开放性的网络组合特征。随着城市群区域经济的发展、综合交通网络的完善，城市群内各城镇间要素流频繁往来，相互间的联系日益密切，新城市节点增加，旧城市节点功能增强，城市群地域结构的开放性网络组合特征日渐显著。

2. 城市群地域结构类型

目前，国内学者对城市群空间结构类型的划分主要依据节点等级与网络空间组织结构两类，具体划分结果如表 3.2 所示。其中，运用最多的划分类型为顾朝林教授提出的单中心城市群、双核心城市群以及多中心城市群。从节点的配置关系看，这种结构形态主要体现在空间联系方向以及联系强度在不同城市群之间的差异及规律性。

表 3.2　国内城市群地域结构类型总结

提出者	划分依据	城市地域结构类型
崔功豪	城市群形成与发育阶段	城市—区域 城市群组 巨大都市带
姚士谋	城市分布的地域范围和规模等级	超大型城市群 中等规模城市群 小型城市群
姚士谋	城市组合的区域布局形式	组团式城市群 带状城市群 分散式的放射状或环状布局的城市群
顾朝林	城市群空间形态	块状城市群 线状城市群
顾朝林	核心城市数量	单核心城市群 双核心城市群 多核心城市群
朱英明	城市群节点等级	国家级城市群 地区级城市群 地方级城市群

3. 城市群地域结构递嬗规律

城市群地域结构的递嬗主要取决于城市群内各城镇间的相互联系方式。当城镇间的相互联系方式发生变化时，城市群内的各层次结构，如人口规模结构、经济结构以及城市职能结构等，均会发生改变，分化整合后会形成新的城市群地域结构。通常，城市群地域结构递嬗可划分为 4 个阶段，即分散发展的单核心城市阶段（图 3.2A）、城市组团阶段（图 3.2B）、城市组群阶段（图 3.2C）、城市群形成阶段（图 3.2D）。各阶段特征总结如表 3.3 所示。

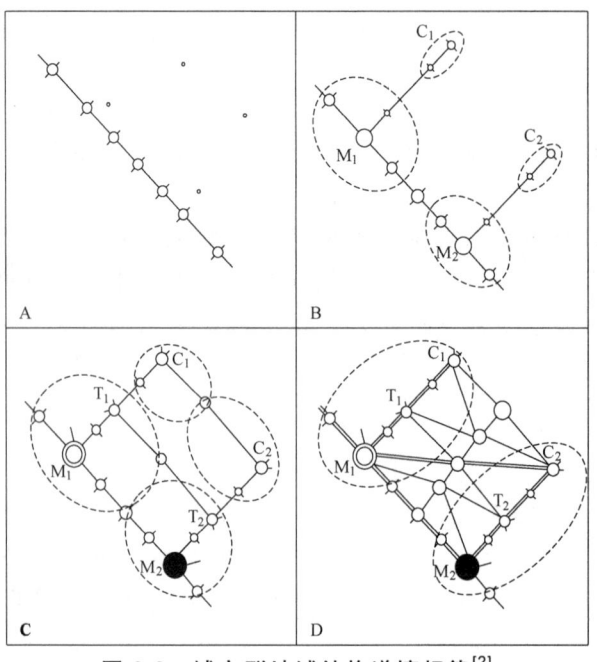

图 3.2　城市群地域结构递嬗规律[2]

3 城市群相关理论 025

表 3.3 城市群地域结构特征总结

阶段划分	地域结构特征
分散发展的单核心城市阶段	① 城镇规模等级差异化不显著； ② 多数城镇沿交通干线分布，少数城镇远离交通干线分布； ③ 城镇间功能联系仅限于交通干线上的城市之间，远离交通干线的城市与沿交通干线分布的城市之间联系微弱； ④ 城镇表现为单核心向外延伸发展
城市组团阶段	① 沿交通干线分布的主要城市向侧向延伸发展，如 M_1 和 M_2，并与远离交通干线的城市连接，形成城市组团结构； ② 城市扩散、集聚作用明显，远离交通干线的城市与沿交通干线分布的城市之间的联系得到加强，城市群整体结构得到优化； ③ 沿交通干线分布的主要城市规模等级提高
城市组群扩展阶段	① 因支线网络的发展，城镇间相互联系增多、增强； ② 远离交通干线分布的城市逐步向中心城市发展，二次极化作用开始产生； ③ 城镇规模等级差异化逐步增大
城市群形成阶段	① 城市组群间的综合交通运输通道初步形成； ② 城市群内城镇规模等级分布差异化显著； ③ 城镇职能分工日益明确，功能组织方式逐步优化； ④ 不同等级城镇间纵向联系明显弱化，同等级城镇间横向联系逐步强化； ⑤ 城市群地域结构形成

结合图 3.1 和表 3.3 可看出，城市群地域结构递嬗规律主要反映在城镇间相互联系方式及形态上。一旦城镇间建立了联系，则城市群内各种要素流会寻找新的途径进行传输，从而改变城市群经济结构、城镇职能结构、规模等级结构等。当城市群内各城镇间联系程度加强时，城市群地域结构越有利于发挥城市群整体功能，促进城市群区域经济朝向良好、健康方向发展。

3.2 城市群经济空间相关理论

城市群经济空间相关理论主要包含城市群经济空间联系理论与城市群产业内部联系理论两部分。两者分别从横向与纵向阐述了城市群区域内产业外部间与内部间的联系强度及其相互作用，可用于指导城市群城际铁路运输通道规划以及城际铁路线网布局规划。

3.2.1 城市群经济空间联系理论

城市群经济空间联系是指在城市群社会经济、政治环境中，其生产要素与技术组合所产生的社会经济联系[3]，其中，城市群区域内城市、产业间的经济联系是其经济空间联系的主体。城市群经济空间联系理论主要包含流因子生态学理论、熵经济学理论、国家经济体系理论以及空间相互作用理论四大理论。

1. 流因子生态学理论

城市群与生态系统相似度较高[4]，在组成要素方面，城市群的主体是多维化的城市，而生态系统的主体是多样化的生物；在空间结构方面，城市群各要素间的联系表现为城市间的相互影响，而生态系统则表现为各组成成分与环境的相互结合、相互作用；在系统功能方面，城市群内部主要实现了商品流动、信息传播、价值流通等，而生态系统内部则实现了物种流动、能量流动及物质循环等。因此，对城市群经济空间联系的研究，理论上可从生态学角度出发，分析各种要素流形成的空间网络结构，以此确定各要素流间的联系与作用。其中，在各要素流中，商品流作为地区间经济协作和地域分工的物质表现形式，其经济联系理论为流因子生态学理论。

在流因子生态学理论中，较多采用并矢量分析法，客观、有效地提取出多组地区间的商品流，并将其转变为基本模式或流组分来构建并矢量流矩阵，然后运用主成分分析法计算主成分（重要商品流）得分来构建流网络结构。这种方法可有效得到城市群空间经济联系的中心及联系密切的城市，对于城市群城际铁路线网规划而言，有利于确定线网结构中的重要节点，是定量选择城际铁路线网节点的方法之一。

2. 熵经济学理论

城市群内产业体系的发展目标是追求最大集聚经济效益，即要求城市群区域内全部产业能形成一个规模适当、结构合理、联系紧密的聚集体。熵经济学理论则是用于衡量城市群产业的集聚或分散规模，以保证城市群区域内产业及集聚或分散的规模与城市群整体发展能力以及潜力相匹配。

熵经济学理论起源于克劳修斯和玻尔兹曼提出的热力学熵，后来在信息论和控制论中也有体现，主要是通过研究熵来度量系统混乱或有序的程度，定量分析经济现象。它运用在城市群经济空间联系中，即将城市群内各种要素流看作是热力学中的"不平衡状态"，并运用熵定律定量分析城市群经济空间联系状态，确定其规模，掌握城市群产业联系的发展概况。对于城市群城际铁路线网规划而言，一方面，该规模一定程度上可以作为线网规模确定的依据，另一方面，也可通过该规模分析城市群内部产业联系的强弱，具体而言，当城市群内部产业体系联系较弱时，可考虑适当规划相应的城际铁路线路来提高其联系强度。

3. 国家经济体系理论

国家经济体系理论的核心是构建经济联系模型，如图 3.3 所示。该模型综合了国家及区域内的经济实体、经济区位以及社会自然环境等基本要素，反映了国家经济体系内在联系的本质。如图 3.3 所示，国家经济联系结构模型由四部分构成。

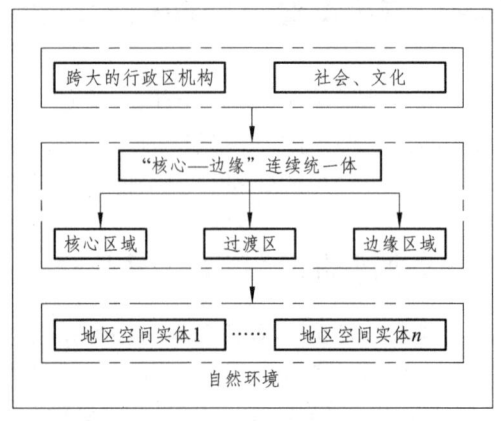

图 3.3　国家经济体系联系结构模型

（1）"核心—边缘"等级结构。它是该模型的基础框架。其中，"核心"指国家经济联系体系中的核心区域，可产生和吸引大量的革新（体制、材料、技术等）；"边缘"指国家经济联系体系中的边缘地区，主要依附于核心区域发展，并向核心地区提供原材料。在核心区域与边缘地区间还存在一定范围的过渡区。核心区域、边缘区域以及过渡区域三者共同组成了"核心—边缘"连续统一体。

（2）区间空间实体。从经济空间联系的作用方向上看，国家经济体系的"核心—边缘"连续统一体反映了国家经济的横向（水平）联系。而纵向（垂直）联系则主要是依靠国家经济体系中的区域空间实体来体现。区域空间实体间既存在行政等级联系，又存在功能联系。其构建于等级复杂的体系中，嵌套、交错叠盖于不同等级的经济水平间，充分体现着竞争与和合作双层联系。

（3）其他等级结构。除此之外，在国家经济体系联系结构模型中还存在更高的等级结构，即代表价值和制度的文化界面级别与代表其他成员地区的跨大行政区的机构。前者是各地区与国家经济联系的纽带，后者是各地区相互联系的催化剂。

（4）生态系统。为保持国家经济的可持续发展，其经济体系必须嵌套于国家生态系统内。忽视经济与环境间的系统反馈会使得国家经济没有基本的输入、生态资本等，国家经济体系因此不能正常运转[3]。

从国家经济体系理论中可知，城市群作为区域经济体一种重要表现形式，其经济空间联系的结构模型也同国家经济体系联系结构模型一致，基础框架均为"核心—边缘"连续统一体，而城市群内的经济实体，如农业、工业、交通运输业、商业等产业部门则是促进各城市及城镇纵向经济联系的基础。掌握上述经济联系体系可有利于划分城市群城际铁路线网结构，明确骨架线网与支线线网层次，为进一步规划线网布局奠定基础。

4. 空间相互作用理论

空间相互作用是指城市间、城市与区域间所产生的物质、人员、资金、信息等的交换与联系。这种交换与联系既能加强区域经济联系，进一步拓展经济发展空间，创造更多发展机会，同时又会引起区域间对各种要素的竞争，甚至可能对某一区域造成一定损害，因此空间相互作用具有两面性。空间相互作用理论最早由美国地理学家乌尔曼（E. L. Ullman）提出。该理论囊括了物理学、统计力学、经济学等相关理论与模型。其中，空间相互作用力的重力模型是其理论核心，它能定量获得城市间相互作用力的大小。

除此之外，在空间相互作用理论中，对互补性的准确把握也尤为重要。区域间的互补性是指城市间、城市与区域间对物质、技术、资金、信息或劳动力等方面的供求关系。它的存在对于建立经济联系十分必要。在实际空间相互作用中，互补性源于城市间存在的差异性，该差异性会产生相应的吸引力（称作互补性吸引力），或指向货物或服务的源点，抑或产生于某一要求或期望。但与此同时，也存在与互补性吸引力相反的作用力——摩擦力。它产生于自然因素或人文因素，例如，地形或水文地理障碍、过于拥挤的运输设备、文化障碍等，均会阻碍或阻止互补性吸引力的作用。互补性吸引力和摩擦力的相互作用导致核心城市与非核心城市间相互作用，引起了区间联系的变化。

在城市群经济空间联系中，空间相互作用理论不仅可运用于城市群内各城镇间经济吸引力的定性与定量分析中,同样也可运用于城市群空间结构分异特征的研究中。而这些均可服务于城市群城际铁路线网的布局规划,具体表现在,各城镇间经济吸引力的大小可作为城际铁路线路连接标准的依据,而城市群空间结构分异特征则用于定性指导城际铁路线网空间布局形态等。

3.2.2 城市群产业内部联系理论

城市群产业内部联系理论主要包含三部分:产业链理论、产业集群理论和产业关联理论。

1. 产业链理论

产业链的思想起源于西方古典经济学,它的提出最早是用以描述从原材料到终端产品,再到零售商和用户的完整过程,仅仅局限于企业内部活动;后来产业链继续向上、下游拓展延伸,直至发展成为企业与企业之间的相互关联,着重强调不同产业的企业之间的供需关系。在产业链理论中,价值链与供应链的相继提出进一步阐释了产业链的本质。其中,价值链是从微观角度和价值创造视角揭示了产业链中价值增值的机制,供应链则是在价值链的基础上,从企业管理视角阐释了产业链企业之间分工协作的内涵[5]。

目前,产业链理论在城市群中的运用多是从价值链的角度出发,将城市群整体看作一个价值创造的主体,内部城镇看作占据价值链各环节的节点,创造价值的过程看作城市群内各生产要素的投入,通过分析各城镇经济生产要素实现价值循环的过程,揭示城市群地域结构演化过程及规律,以及城市群经济空间联系的本质等。例如在价值链中,城市群内各城镇占据价值链各环节高低的对比是决定城镇地位的重要影响因素[6],即若城市群内城镇占据价值链中的高附加值环节,则代表该城镇为城市群的核心城市,其腹地范围较大。另外,已有研究表明,城市群空间演化是城市群空间价值在产业变迁中整合与重组的过程,其本质为一种产业现象[7],当城市群空间产业体系特征发生转变时,其地域结构及递嬗模式相应也会发生改变,城市群价值链成为其地域空间演化的基本要素。因此,研究城市群内的价值链有利于分析城市群地域结构的本质特征。

2. 产业集群理论

产业集群最早是由美国哈佛商学院教授迈克尔·波特提出,是指在一定地域空间范围内集中分布的具有密切经济联系的产业或企业集合体,它们共享相同或相似的市场、原料供应和城市基础设施[8]。产业集群与产业链的发展息息相关,即当产业链纵向延伸和横向加宽(加深)时,更多的产业或企业在此集中,形成产业集群。当前,我国已逐步形成多个不同类型、不同规模的产业集群,它们主要分布于各大城市群中,如长三角城市群、珠三角城市群以及京津冀城市群等。产业集群的发展与城市群的发展对应,城市群内经济增长极的突出特征之一即是拥有多样化的产业集群,有效支撑区域内部经济运转。

因此,产业集群理论可用于城市群的发展规划。具体而言,城市群经济较为发达是产业集群存在的条件之一,在此条件下,产业集群主要因市场因素而自发形成;对于经济欠发达的地区或城市群,则主要依靠政府政策支撑,人为投资建设产业集群,带动地区或城市群经济发展。除此之外，交通运输是影响产业集群的重要因素之一，它的发展会改变产业集群的分布形态、联系强度等。城际铁路作为区域轨道交通的重要运输方式，其建设会进一步促进城市群内产业和经济的集聚，调整城市群空间经济联系结构，从而优化城市群地域空间结构。

3. 产业关联理论

产业关联理论又称为产业联系理论或投入产出理论，主要是用于研究存在于社会经济活动中各产业间的技术经济联系[9]。其中，列昂惕夫提出的投入产出分析法是定量描述该技术经济联系的主要方法，它是通过编制投入产出表，反映产业价值构成，揭示社会再生产过程中各产业间的联系强弱。

该理论运用在城市群城际铁路线网规划中，主要是为获得城市群城际铁路与城市群经济中其他产业间的关联关系，以明确城市群城际铁路在城市群经济中的功能定位与产业特性。不仅如此，产业关联理论中提及的技术经济联系因在城市群内受到多方因素制约，其关系的复杂度增大。为了解城市群产业间的关系，构建城市群空间经济联系网络，投入产出分析法的改进及运用至关重要。

4 典型城市群实证研究

本章以国内外典型城市群为例，综合运用城市群空间结构相关理论，分析典型城市群强化过程与分类，以及空间结构与空间分形等，总结城市群的区域特征以及空间结构演进的分异性，为城市群城际铁路规划理论提供研究基础。

4.1 国内外典型城市群发展特点

城市群的形成与发展是一个阶段性的过程，不同时期、不同城市群，其发育程度不同。同时，依托于城市群发展的城际铁路线网规划也具有阶段性和层次性，不同发育程度的城市群对城际铁路线网规划的要求也存在差异性。因此，深入分析国内外典型城市群的发展特点，寻求其发展的共性与差异性，才能够为城市群城际铁路线网规划研究提供有效指导。

4.1.1 国内城市群发展特点

城市群作为各种资源要素的集聚单元，其形成与发展会推动国家、区域经济稳步发展，优化地理、经济空间整体或局部布局。城市群是我国未来经济发展格局中最具活力以及潜力的核心区域，是我国主体功能区战略中的重点和优先开发区，也是未来我国城市发展的重要方向。当前，我国已形成了多层次、多发展模式的城市群体系，主要包括长江三角洲城市群、珠江三角洲城市群、京津冀城市群、山东半岛城市群、辽中南城市群、长江中游城市群、中原城市群、哈长城市群、海峡西岸城市群、成渝城市群和关中城市群等国家级城市群以及处于规划中的区域级城市群，如图4.1所示。按城市群发育程度，可大致分为三类。第一类为处于成熟阶段的城市群，如长江三角洲城市群、珠江三角洲城市群、京津冀城市群；第二类为处于成长阶段的城市群，如成渝城市群、山东半岛城市群、辽东半岛城市群等；第三类为处于萌芽阶段的城市群，如关中城市群等。本章选取的国内典型城市群为长江三角洲城市群、珠江三角洲城市群、成渝城市群以及关中城市群。

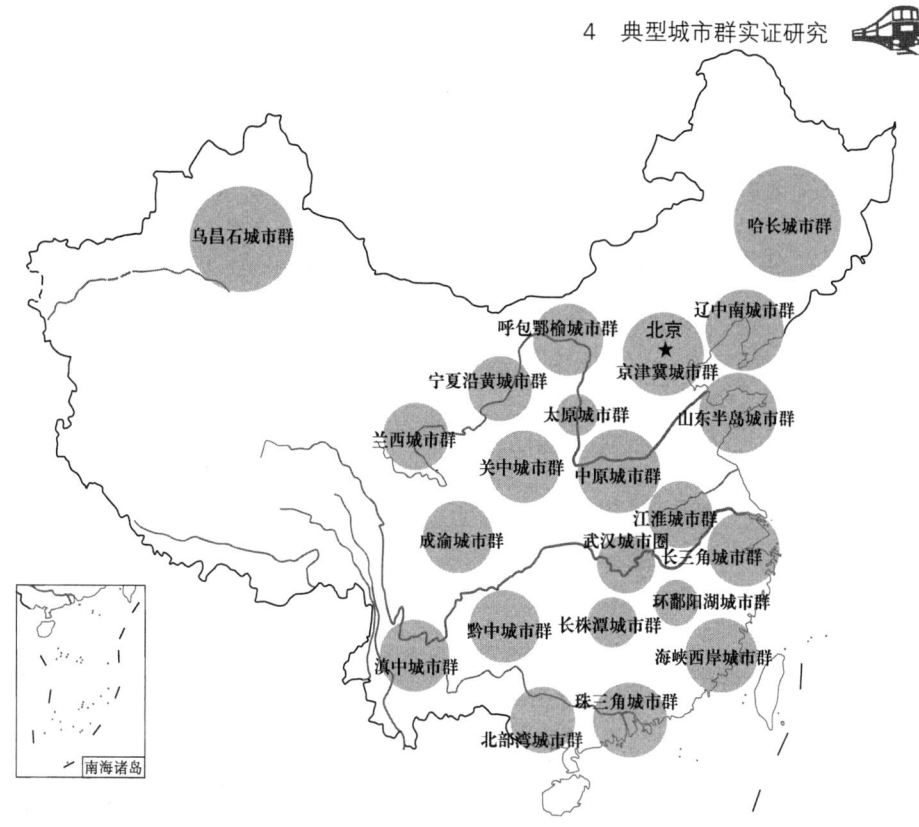

注：此图基础数据来源于国家测绘地理信息局网站，并以此表示专题内容

图 4.1 中国城市群分布图

4.1.1.1 长江三角洲城市群

长江三角洲城市群，简称长三角城市群，是我国经济最发达、开放程度最高、创新能力最强、吸纳外来人口最多的区域之一，是"一带一路"与长江经济带的重要交汇口，在国家现代化建设大局和全方位开放格局中具有举足轻重的战略地位。长三角城市群位于长江入海口两岸形成的扇形冲积平原，是以上海为核心，由江苏的南京、苏州、无锡、常州、镇江、扬州、泰州、南通、盐城，浙江的杭州、宁波、湖州、嘉兴、绍兴、金华、舟山、台州，安徽的合肥、滁州、芜湖、铜陵、安庆、池州、宣城、马鞍山等共26个大中型城市组成的区域，如表4.1所示。截至2014年，长三角城市群国土面积已达到21.17万 km^2，约占全国的2.2%[10]。

1. 发展特征

（1）交通区位优势突出。

长三角城市群地处国家以东沿海地区和长江流域两条轴线的"T"字形开发战略的核心地带，具有面向海洋、依托长江、倚靠内陆、发达交通联系世界各地的区位优势。内外交通便利，经济腹地广阔，拥有现代化的江海港口和机场群，高速公路网较健全，公铁交通干线密度全国领先，立体综合交通网络基本形成，如表4.2所示。

表 4.1　长三角城市群的范围

城市		区县（县级市）
城市名称	城市等级	
上海市	直辖市	黄浦区、卢湾区、徐汇区、长宁区、静安区、普陀区、闸北区、虹口区、杨浦区、闵行区、宝山区、嘉定区、浦东新区、金山区、松江区、青浦区、南汇区、奉贤区、崇明区
南京市	副省级	玄武区、鼓楼区、建邺区、白下区、秦淮区、下关区、雨花台区、浦口、栖霞区、大厂区、江宁区、江浦县、六合县、溧水县、高淳县
杭州市	副省级	拱墅区、西湖区、上城区、萧山区、下城区、江干区、滨江区、余杭区、建德市、临安市、富阳市、桐庐县、淳安县
宁波市	副省级	海曙区、江东区、江北区、镇海区、北仑区、鄞州区、余姚市、慈溪市、奉化市、宁海县、象山县
镇江市	地级市	京口、润州区、丹阳市、扬州市、句容市、丹徒县
扬州市	地级市	广陵区、邗江区、维扬区、仪征市、高邮市、江都市、宝应县
苏州市	地级市	金阊区、沧浪区、平江区、虎丘区、吴中区、相城区、常熟市、张家港市、昆山市、吴江市、太仓市
无锡市	地级市	崇安区、北塘区、南长区、滨湖区、锡山区、惠山区、江阴市、宜兴市
常州市	地级市	钟楼区、天宁区、戚墅堰区、武进区、新北区、溧阳市、金坛市
盐城市	地级市	亭湖区、盐都区、大丰区、响水、滨海、阜宁、射阳、建湖、东台
南通市	地级市	崇川区、港闸区、启东市、如皋市、通州市、海门市、如东县、海安县
泰州市	地级市	海陵区、高港区、兴化市、泰兴市、靖江市、姜堰市
湖州市	地级市	吴兴区、南浔区、长兴县、德清县、安吉县
嘉兴市	地级市	南湖区、秀洲区、海宁市、平湖市、桐乡市、嘉善县、海盐县
绍兴市	地级市	越城区、诸暨市、嵊州市、上虞市、绍兴县、新昌县
金华市	地级市	婺城区、金东区、兰溪市、义乌、东阳、永康、武义、浦江、磐安
舟山市	地级市	定海区、普陀区、岱山县、嵊泗县
台州市	地级市	椒江区、黄岩区、路桥区、临海市、温岭市、三门县、天台县、仙居县、玉环县
合肥市	地级市	肥东县、肥西县、长丰县、庐江县、巢湖市、瑶海区、庐阳区、蜀山区、包河区
滁州市	地级市	天长市、光明市、来安县、全椒县、定远县、凤阳县、琅琊区、南谯区
芜湖市	地级市	鸠江区、镜湖区、弋江区、三山区、芜湖县、繁昌县、南陵县、无为县
铜陵市	地级市	枞阳县、铜官区、义安区、郊区
安庆市	地级市	怀宁县、桐城县、望江县、太湖县、岳西县、宿松县、潜山县、迎江区、大观区、宜秀区
池州市	地级市	贵池区、东至县、石台县、青阳县
宣城市	地级市	宣州区、郎溪县、广德县、宁国市、泾县、绩溪县、旌德县
马鞍山市	地级市	花山区、雨山区、博望区、含山县、和县、当涂县

表 4.2　长三角城市群综合交通网络发展情况

交通运输方式	发展现状、在建及规划情况
铁路运输	已开通： 京沪高铁、沪宁城际（旧沪宁线专用于货物运输）、沪杭高铁、宁启铁路、宁安城际铁路、杭甬高铁、杭甬城际铁路等线路； 正在规划建设： 沪宁合、宁杭、合宁、宁芜安等骨干城际铁路，规划建设上海—南通—泰州—南京—合肥、南通—苏州—嘉兴、上海—苏州—湖州、上海—嘉兴—宁波、安庆—黄山等铁路（含城际铁路），以及上海—南通跨江通道等城际铁路线路，进一步完善城际综合交通网络，提高城际铁路对 5 万人以上人口城镇的覆盖率[10]
公路运输	已建成： 通车高速公路有沪宁高速公路、沪杭高速公路、宁杭高速公路、苏嘉杭高速公路和沿江高速公路等； 正在规划建设： 湖沪高速公路、G15W3 甬台温高速复线
水路运输	长江三角洲地区既有黄金水道长江，又有京杭大运河，依托上海国际航运中心，以上海港、宁波港以及南京港为主要港口，并通过新建的洋山深水港将通过跨海大桥把北仑、舟山、乍浦以及南通等港口连接起来，形成了专业分工、快速发达的集疏运体系与现代化港口群。在水运线路方面，主要有航线 22 条，其中包括长江干线、锡澄运河、京杭运河、沪锡巷道、连申线等
航空运输	已建设有上海、南京、杭州、宁波、南通、合肥、无锡等航空港体系，并着重以上海为核心，拓展上海浦东国际机场国际辐射功能，提升上海虹桥、南京、杭州等枢纽机场能力，强化合肥等干线机场能力，并建设芜湖、滁州等支线机场，推进军民合用机场建设，实现长三角城市群航线网络覆盖全球各大区域的主要国家与城市，连通国内省会城市、重要枢纽及干支线民用运输机场
城市轨道交通运输	截至 2015 年，在长三角城市群内，已建设城市轨道交通的城市达到 33.33%，包括上海、杭州、合肥、苏州、宁波、南京、无锡、常州。在未来综合交通规划中，长三角城市群将在核心城市及其副中心区域建设多样式多层次的城市轨道交通，如地铁、轻轨、现代有轨电车、市域铁路等，加强各城市内圈层的交通联系

（2）综合实力雄厚。

长三角城市群产业体系完备，配套能力强，产业集群优势明显；科教与创新资源丰富，拥有普通高等院校 300 多所，国家工程研究中心和工程实验室等创新平台近 300 家，人力人才资源丰富，年研发经费支出和有效发明专利数约占全国 30%；国际化程度高，中国（上海）自由贸易试验区等对外开放平台建设不断取得突破，国际贸易、航运、金融等功能日臻完善，货物进出口总额和实际利用外资总额分别占全国 32.02% 和 56.71%。截至 2014 年长三角城市群国内生产总值（GDP）达到 126 800.88 亿元，占全国的 19.69%；人均 GDP 是全国的 2 倍。长三角城市群已成为我国经济、文化、科技最发达的地区，在我国经济建设中具有举足轻重的地位，如表 4.3 所示。

表 4.3 长三角城市群在全国的地位（2014年）

地区	GDP/亿元	人均GDP/元	规模以上工业总产值/亿元	全社会固定资产投资/亿元	财政收入/亿元	实际利用外资/亿美元	第三产业占GDP比重/%	进出口额/亿美元
上海	23 567.70	97 370	32 457.78	6 016.43	4 219.05	205.05	64.82	4 666.22
南京	8 820.75	107 545	13 199.67	5 430.77	903.49	32.91	56.50	572.21
杭州	9 206.16	129 448	12 853.05	4 952.70	1 920.11	63.35	55.25	679.98
宁波	7 610.28	130 769	14 028.05	3 989.46	1 790.89	40.25	44.07	1 047.04
镇江	3 252.44	102 652	8 084.47	2 142.34	277.76	12.95	8.50	103.07
扬州	3 697.91	82 654	8 840.99	2 416.66	295.19	13.88	8.00	100.12
苏州	13 760.89	129 925	30 322.17	6 054.00	1 443.82	81.20	10.50	3 113.06
无锡	8 205.31	126 389	14 425.66	4 610.77	768.01	29.04	48.40	741.70
常州	4 901.87	104 423	11 037.46	3 310.05	433.88	24.09	48.00	288.10
南通	5 652.69	77 457	12 499.70	3 896.39	550.00	23.05	9.70	316.47
泰州	3 370.89	72 706	9 456.36	2 197.34	277.95	9.39	8.20	108.93
湖州	1 956.00	74 334	4 201.40	1 242.92	295.71	9.84	42.77	99.89
嘉兴	3 352.60	96 607	7 463.75	2 221.21	568.09	24.96	41.58	337.34
绍兴	4 265.88	96 437	9 735.30	2 304.68	546.34	6.71	43.56	346.83
舟山	1 015.26	104 239	1 497.76	960.88	148.93	2.00	48.17	123.35
台州	3 387.38	56 876	4 052.52	1 765.93	485.29	2.77	47.02	220.79
合肥	5 180.56	67 689	8 589.40	5 302.64	500.34	22.59	39.90	207.41
滁州	1 214.39	30 562	2 279.22	1 248.16	123.63	9.24	28.80	22.04
芜湖	2 309.55	64 039	5 454.16	2 392.64	233.54	20.03	31.00	64.47
铜陵	716.31	97 193	1 911.76	767.60	66.27	1.96	27.00	52.39
安庆	1 544.32	28 809	3 011.46	1 394.75	105.65	2.67	33.50	22.57
池州	517.17	36 267	655.82	538.04	68.44	3.03	39.60	4.12
宣城	917.63	35 726	1 705.52	1 140.12	120.22	6.90	35.70	16.90
马鞍山	1 333.12	60 091	2 560.21	1 674.74	121.05	17.61	31.90	29.72
盐城	3 835.62	53 115	7 238.02	2 751.35	993.53	10.47	40.77	75.17
金华	3 208.20	67 654	4 585.87	1 594.79	461.40	2.87	48.70	414.87
长三角	126 800.88	94 555	232 147.53	72 317.36	17 718.58	678.81	40.98	13 774.76
全国	643 974.0	47 203	1 092 197.99	512 020.65	140 370.03	1 197.05	—	43 015.27
占比/%	19.69	200.32	21.26	14.12	12.62	56.71		32.02

注：2014年国家统计数据；2015年浙江省、江苏省、安徽省及其地级市统计年鉴。

从表 4.3 中还可看出，长三角城市群处于一个多层次区域经济架构之中[11]。其中，上海作为长三角城市群的核心城市，其对外经济辐射能力远在浙江省与江苏省之上；其余 25 个城市为长三角城市群的中心城市，处于"核心—边缘"发展模式中的中心地区，其他城市或城镇则位于长三角城市群的边缘地区，受到中心地区的影响与作用。

（3）工业化进程快。

长三角城市群内各城市对工业经济的依赖程度较高。浙江省已逐渐形成了良好的专业市场和特色产业集群共生的群落型经济优势。高新技术产业也成为该城市群工业化的主题。其内部国家高新技术开发区分布密集，高新技术产业在全国地位突出。在工业高度发达的基础上，该城市群经济呈现多元化发展和布局态势，推动了多样化的城镇智能分工体系的形成。随着外资、传统制造业和地方特色产业集群的发展，上海国际性城市职能日益凸显，南京和杭州生产性服务业日益增强，苏州、无锡、常州和宁波等以先进制造业为主，南通、泰州、扬州、镇江、湖州和绍兴等以地方特色产品加工工业为主的制造业基地已形成，台州等块状产业集群活力充分，舟山等以旅游职能为主的城市特色鲜明。

（4）多中心空间格局形成。

长三角城市群空间格局较为成熟，城镇网络趋于完善，已形成以上海、南京、杭州、合肥、苏州等城市为中心以及相应的次级城镇群所组成的多中心空间格局。各大中心城市之间、各城镇群之间以及城镇群内部联系较为密切，多中心一体化的城镇网络基本形成。目前长三角城市群主要包括四类空间经济结构发展模式，如表 4.4 所示。

表 4.4　长三角城市群经济空间结构发展模式

模式划分	主要内容
连续同心圆圈层模式	以杭州、湖州、绍兴、舟山、台州、常州和泰州等城市为主，该模式从内而外依次是生产性服务业、一般服务业、工业和农林牧渔业
非连续同心圆圈层模式	以苏州和扬州为主，该模式能够反映自身非独立体系
跳跃同心圆圈层模式	以嘉兴、镇江为主，该模式直观表现为从城区到外围均是"发达—不发达—较为发达"的空间和经济结构
混合同心圆圈层模式	以上海、南京、无锡、宁波为主，该模式由于受地形地貌的作用，在外部空间形态上呈现出非完全同心圆形态

2. 问题及矛盾

长江三角洲地区在经济高速发展与城市化快速推进的同时，也面临着严峻的区域发展问题。

（1）核心城市与全球城市差距大。

上海作为长三角城市群的核心城市，其全球城市功能相对较弱，中心城区人口压力大。与纽约、东京、伦敦等全球城市相比，上海在国际性和现代化功能的发挥上还存在较大差距。① 落户上海的世界 500 强企业总部仅为纽约的 10%，外国人口占常住人口比重仅 0.9%。② 第三产业比重较低。2014 年，上海的第三产业占 GDP 的比重为 64.82%，而纽约、伦敦、东京等国外大城市均在80%以上。③国际金融、贸易和航运中心功能建设滞后。④公共资源过度集中，人口过度向中心城区集聚，交通拥堵、环境恶化等大城市问题凸显。

（2）城市建设无序蔓延，空间利用效率不高。

2013年长三角城市群建设用地总规模达到36 153 km²，国土开发强度达到17.1%，高于日本太平洋沿岸城市群15%的水平，后续建设空间潜力不足。上海开发强度高达36%，远超过法国大巴黎地区的21%、英国大伦敦地区的24%。粗放式、无节制的过度开发，新城新区、开发区和工业园区占地过大，导致基本农田和绿色生态空间减少过快过多，严重影响到区域国土空间的整体结构和利用效率。

（3）各种运输方式发展不均衡，主要运输通道旅客运输能力不足。

目前，长三角城市群区域范围内各种运输方式发展不均衡，综合交通网络布局存在不合理性。以铁路运输为例，长三角地区内还尚未与主要铁路货物运输网络接轨，其绕线距离较长，运输成本较大。不仅如此，当前在长三角城市群区域范围内，既有铁路和公路的线网结构及规模还难以满足城市群同城化效应的发展，主要运输通道的旅客运输能力明显不足，运输服务质量参差不齐，未能有效满足客运需求。

（4）生态系统功能退化，环境质量趋于恶化。

生态空间被大量蚕食，区域碳收支平衡能力日益下降。湿地破坏严重，外来有害生物威胁加剧，太湖、巢湖等主要湖泊富营养化问题严峻，内陆河湖水质恶化，约半数河流监测断面水质低于Ⅲ类标准；近岸海域水质呈下降趋势，海域水体呈中度富营养化状态。区域性灰霾天气日益严重，江浙沪地区全年空气质量达标天数少于250天。城市生活垃圾和工业固体废弃物急剧增加，土壤复合污染加剧，部分农田土壤多环芳烃或重金属污染严重。

3. 发展趋势

长三角城市群在未来发展中，主要从国土开发管理、人口区域管理、空间圈层管理三方面提出了自身发展趋势。

在国土开发管理方面，主要需强调"优化开发区域""重点开发区域"以及"限制开发区域"三者各自的发展模式及发展要求：优化开发区域重点是创新土地开发模式，严控用地规模和开发强度；重点开发区域则重视产业和城镇空间的规模，提高产业和人口集聚能力；限制开发区域则需严控土地建设用地规模，实施城镇点状集聚开发。不管是哪一类国土空间区域，均需要严格保护绿色生态环境，适度扩展生态空间，走可持续发展道路。

在人口管理方面，继续控制核心城市城区人口规模，优化公共服务资源配置，引导城市群内部人口合理分布，例如，引导城市群内人口向重点开发区域集聚，进一步强化重点开发区域发展。

在空间圈层管理方面，依托长三角城市群内综合交通运输网络，发展多级多类发展轴线，促进网络化空间格局的形成。目前，既有长三角城市群规划中已经明确指出，构建"一核五圈四带"的网络化空间格局①，将长三角城市群打造为世界级城市群。

4.1.1.2 珠江三角洲城市群

珠江三角洲城市群，简称珠三角城市群，位于广东省中南部珠江下游，自然条件优越，区位优势突出，经济开发程度和国际化程度高，是我国经济发达地区之一。2015年1月26日，世界银行发布的报告显示，珠三角已超越日本东京，成为世界人口和面积最大的城市群。珠三角城市群分为大珠三角城市群与小珠三角城市群，其中大珠三角城市群囊括广州、深圳、珠海、佛山、江门、中山、东莞、惠州、肇庆、香港与澳门，而小珠三角城市群则在大珠三角城市群的基础上排除香港和澳门。本书中研究的为小珠三角城市群，如表4.5所示，其国土面积为5.56万 km^2，约占全国的0.58%。

表4.5 珠三角城市群包括的范围

城市		区县（县级市）
城市名称	城市等级	
广州市	副省级城市	越秀区、东山区、珠海区、荔湾区、天河区、白云区、黄浦区、芳村区、花都区、番禺区、增城市、从化市
深圳市	副省级城市	罗湖区、福田区、南山区、盐田区、宝安区、龙岗区、光明新区、坪山新区、龙华新区、大鹏新区
珠海市	地级市	香洲区、横琴新区、斗门区、金湾区
佛山市	地级市	禅城区、南海区、高明区、三水区、顺德区
江门市	地级市	蓬江区、江海区、新会区、台山县、开平县、鹤山县、恩平县
东莞市	地级市	莞城区、南城区、东城区、万江区
中山市	地级市	东区、石岐区、西区、南区、五桂山区
惠州市	地级市	惠城区、惠阳县、惠东县、博罗县
肇庆市	地级市	端州区、鼎湖区、高要市、四会市

1. 发展特征

（1）已形成立体化综合运输体系。

目前，珠三角城市群已形成了以广州为中心的综合运输体系，主要涵盖公路、铁路、水运、航空四种运输方式，促进了内外交通联系与城镇联系，加强了城市间的互补性，尤其是区域城际铁路的建设，如广珠城际、广佛城际等，进一步优化了区域总体运输结构。珠三角城市群综合交通运输体系发展现状及在建规划情况具体如表4.6所示。

---

① "一核"：上海；
"五圈"：南京、杭州、合肥、苏锡常、宁波都市圈；
"四带"：沪宁合杭甬、沿江、沿海、沪杭金发展带。

表 4.6 珠三角城市群综合交通运输体系发展现状及在建规划情况

交通运输方式	发展现状、在建及规划情况
公路运输	珠三角城市群内高速公路系统发达,已形成广深、莞深、广惠、惠深、广佛、北二环、广贺、深港西部通道等十余条高速公路线,而在建的线路包括广惠东延线(惠州海湾大桥)、环线高速公路肇庆至花都段等。截止至2013年底,珠三角高速公路密度高于东京、巴黎、伦敦都市圈,位居全国城市群前列
铁路运输	在珠三角城市群内已形成了以广州为中心,以京九、京广、广深、广茂、广梅汕为主的铁路线网骨架。而刚开通的贵广、南广高铁,将实现珠三角地区与西南地区的连接,加强区域间的联系。虽已建设有大量的铁路线路,但珠三角城市群铁路发展较公路相比,仍表现为相对滞后,各向发展不均衡,既有铁路线多分布于珠江东岸的南北方向通道,如京广深客专/铁路。因此,为改善这种局面,现阶段珠三角交通规划中重点提出城际轨道交通网的规划,包含广珠城际、广佛城际、广肇城际等
航空运输	形成以广州白云国际机场为航空枢纽,广州、深圳、珠海、香港、澳门等机场相互配合的"全球最密集机场群",集聚程度远高于长三角地区。其中广州机场在国际航空客运方面占据优势,构筑了相对密集的国际航运网络
水路运输	已形成 4 个亿吨大港为主,多个中小港口为补充的多层次港口群。其中,香港为国际航运中心,主要负责国际集装箱中转业务;广州、深圳为主枢纽航运港,广州港负责大宗货物运输,深圳港负责远洋集装箱运输

(2)人口密度大,经济实力雄厚。

从表 4.7 可以看出,广州的地区生产总值最高,达到了 16 706.87 亿元,而紧随其后的深圳地区生产总值也达到了 16 001.82 亿元,远高于其他城市。从珠三角城市群主要经济指标占全国的份额来看,珠三角城市群的进出口额占全国总量的 22.79%、实际利用外资占全国总量的 18.75%,而在此中贡献率最高的还属于深圳,说明深圳在珠三角城市群中占据重要地位。而广州作为广东省的省会,其发展潜力也不可忽视,不仅第三产业占 GDP 比重高于深圳,而且在规模以上工业总产值方面也约为深圳的 8 倍,远远超过深圳,进一步表明广州在第二、三产业发展态势强劲。从全局来看,珠三角城市群经济空间的核心为深圳与广州,其余城市经济发展水平较为均衡,城市间的互补性较强。

(3)空间结构呈现多中心模式。

珠三角城市群的空间结构为多中心模式,即主(广州、深圳)、次中心(佛山、东莞)城市带动组团城市(如珠海、江门、肇庆等)发展的模式[12]。已有研究发现,珠三角城市群的集聚与扩散过程是在整体城市群区域范围内以相对均衡的方式进行的,因此,在该空间结构下,珠三角城市群内的各级城市是较为均衡的发展,不会出现单个核心城市的"核心—边缘"极化现象,而是多个主要中心城市对周围(边缘)区域的辐射影响,有效避免了单中心空间结构中易产生的"木桶效应",保证了珠三角城市群的均衡性发展。同时,由于珠三角城市群的均衡性发展,使得城市群区域范围内的城镇人口向次中心或组团城市扩散,其城镇人口空间分布也具有一定的均衡性,从而可有效控制中心城市的人口规模。另外,不仅是人口的转移,产业的转移也尤为明显。产业从中心城市转移至次中心城市或组团城市,一方面有利于创造产业园区,另一方面也可为产业集群和产业链的发展创造条件。

表 4.7 珠三角城市群在全国的地位（2014 年）

地区	GDP /亿元	人均 GDP /元	规模以上工业总产值 /亿元	全社会固定资产投资 /亿元	财政收入 /亿元	实际利用外资 /亿美元	第三产业占GDP比重/%	进出口额 /亿美元
广州	16 706.87	128 478	17 698.65	4 889.5	2 318.84	26.84	65.23	1 305.90
深圳	16 001.82	149 495	2 717.42	2 717.43	2 769.81	58.05	57.39	4 877.40
东莞	5 881.18	70 604	2 593.54	1 427.11	455.21	45.29	53.80	1 625.30
江门	2 082.76	46 237	3 625.49	1 111.65	177.20	8.54	42.88	1 251.75
珠海	1 857.32	115 900	3 702.25	1 135.05	224.31	19.31	46.80	549.98
佛山	7 603.28	103 437.54	18 810.00	2 612.45	524.94	26.56	36.50	688.18
中山	2 823.00	88 682	582.30	903.66	251.60	6.81	42.20	369.63
惠州	3 000.40	63 657	6 901.35	1 606.70	300.75	19.66	38.70	363.31
肇庆	1 845.06	45 795	3 863.50	1 138.73	139.13	13.33	35.20	78.42
珠三角	57 801.69	100 663.53	60 494.5	17 542.28	7 161.79	224.39	53.26	9 803.97
全国	643 974.00	47 203	1 092 197.99	512 020.65	140 370.03	1 197.05	—	43 015.27
占比/%	8.98	213.26	5.54	3.43	5.10	18.75	—	22.79

2. 问题与矛盾

对于大珠三角城市群，最为突出的问题与矛盾即为区域内部的矛盾，即香港、澳门与广东省间仍然还存在着合作与跨界交流的障碍，香港与澳门的经济发展远远快于广东省，而这种经济发展差距不利于大珠三角城市群区域经济一体化的发展。而小珠三角城市群发展问题多体现在两方面：一是区域性基础设施网络不完善，难以实现城市间的互联互通；二是资源环境问题对其可持续发展的约束日益凸显。

（1）区域性基础设施网络不完善。

区域性基础设施网络不完善主要体现在综合交通基础设施规模总量较小，各种运输方式发展不平衡，未能形成具有阶梯形的综合交通运输体系结构，以至于小珠三角城市群交通一体化发展矛盾凸显，即具体表现为综合交通系统各层次间协调不足，多种运输方式空间重叠率较高，部分区段交通功能重复，而城际间的联系及服务水平不能有效满足城市交通区域化组织需求。

（2）资源环境问题对其可持续发展的约束日益凸显。

珠三角城市群所在地区山地、丘陵多，水网分布广，沿海生态敏感区多，人口压力大。随着经济的发展、城市化进程的加快和人口的增长，珠三角城市群总体环境污染严重、资源环境约束趋紧，环境污染特征正在发生重要转变，区域性、复合型、压缩型环境问题日益凸显[13]。具体表现在：① 珠三角城市群生活污水处理率仅为 55.9%，水域污染较为严重；② 珠三角城市群生活垃圾无害处理率仅为 63.9%，远低于世界平均水平；③ 大气污染严重，灰霾现象频生；④ 城市化和工业化侵占大量绿色生态空间，城乡绿色空间破碎化严重。上述环境问题不仅存在于小珠三角城市群，对于大珠三角城市群依然凸显。

3. 发展趋势

针对小珠三角城市群而言，其未来发展规划的重心在于综合交通一体化的发展和生态环境的治理与保护。其中，珠三角城市群综合交通一体化的发展可主要通过完善综合交通枢纽，统筹多种运输方式的协调配合以及整合区域交通基础设施，大力推动城际轨道交通建设等相关措施来实现，而生态环境的治理与保护则离不开管理与体制的建立，如加强管理水域资源，管理国土开发强度等。而体制则是体现在法律层面上的强制作用，建立健全流域生态环境保护管理体制，可保障生态与城市间的协调发展。

4.1.1.3 成渝城市群

成渝城市群是以成都、重庆为核心的典型双核城市群，正处于成长发育阶段。该城市群北邻西北，南带西南，东连华中，西引西藏，是长江经济带的战略支撑，也是国家推进新型城镇化的重要示范区。具体范围包括四川省的成都、自贡、泸州、德阳、绵阳（除北川县、平武县）、遂宁、内江、乐山、南充、眉山、宜宾、广安、达州（除万源市）、雅安（除天全县、宝兴县）、资阳等15个市，重庆市的渝中、万州、黔江、涪陵等27个区（县）以及开县、云阳的部分地区[14]，如表4.8所示，总面积18.5万 km^2，约占全国的1.92%。

表 4.8 成渝城市群范围所辖的县（区、市）

城市		区县（县级市）
城市名称	城市等级	
成都	副省级省会	锦江区、青羊区、金牛区、武侯区、成华区、龙泉驿区、青白江区、新都区、温江区、都江堰市、彭州市、邛崃市、崇州市，金堂县、双流县、郫县、大邑县、蒲江县、新津县
自贡	地级市	自流井区、贡井区、大安区、沿滩区、荣县、富顺县
泸州	地级市	江阳区、龙马潭区、纳溪区、泸县、合江县、叙永县、古蔺县
德阳	地级市	旌阳区、广汉市、什邡市、绵竹市、中江县、罗江县
绵阳	地级市	涪城区、游仙区、江油市、安县、三台县、盐亭县、梓潼县
遂宁	地级市	船山区、安居区、蓬溪县、射洪县、大英县
内江	地级市	市中区、东兴区、资中县、威远县、隆昌县
乐山	地级市	市中区、五通桥区、沙湾区、峨眉山市、犍为县、井研县、夹江县、金口河县、沐川县、峨边县、马边县
南充	地级市	顺庆区、高坪区、嘉陵区、西充县、营山县、蓬安县
眉山	地级市	东坡区、仁寿县、彭山县、洪雅县、丹棱县、青神县
宜宾	地级市	翠平区、宜宾县、南溪县、江安县、长宁县
广安	地级市	广安区、华蓥市、岳池县、武胜县、邻水县
达州	地级市	通川区、达川区、宣汉县、开江县、大竹县、渠县
雅安	地级市	雨城区、名山县、荥经县、汉源县、石棉县、芦山县
资阳	地级市	雁江区、简阳市、安岳县、乐至县
重庆	直辖市	渝中、万州区、黔江区、涪陵区、大渡口区、江北区、沙坪坝区、九龙坡区、南岸区、北碚区、綦江区、大足区、渝北区、巴南区、长寿区、江津市、合川市、永川市、南川市、潼南县、铜梁县、荣昌县、璧山区、梁平县、丰都县、垫江县、忠县、开县、云阳县的部分地区

1. 发展特征

（1）交通区位优势较明显，但区内外交通滞后。

成渝城市群处于全国"两横三纵"城市化战略格局沿长江通道横轴和包昆通道纵轴的交汇地带，是全国重要的城镇化区域，具有承东启西、连接南北的区位优势。成渝地区自然禀赋优良，综合承载力强，成渝城市群综合交通运输体系发展现状及在建规划情况如表4.9所示。

表 4.9　成渝城市群综合交通运输体系发展现状及在建规划情况

交通运输方式	发展现状、在建及规划情况
公路运输	已建成成渝高速、成德高速、成泸高速、成雅高速、成绵高速、成德绵高速、成南高速等，而正在建设的国家高速公路有 G4217（汶川至马尔康）、G5515（黔江至石柱）、G69（开县至城口）、G8513（绵阳至九寨沟）、G4216（仁寿至攀枝花）、G0511（德阳至都江堰）、G4218（雅安至康定）、G8515（荣昌至泸州）等。多条高速通道形成发达的高速路网，将对成渝经济区的发展起到巨大的作用
铁路运输	已开通运营的铁路线路有成渝线（含高铁）、成绵乐城际、成昆铁路、兰渝铁路等。而正在规划建设的铁路线路包括绵遂南宜铁路、达渝城际铁路、成都—新机场—自贡—泸州城际铁路（成都—新机场段、自贡—泸州段）、重庆市域铁路（重庆—合川段、重庆—江津段、重庆—璧山—铜梁段）、重庆都市圈环线铁路（合川—铜梁—大足—永川段）等，其覆盖范围包含四川省内 17 个城市（如成都、绵阳、自贡等）及重庆市全域，未来将形成"5 骨架 18 辅助"的城际网。另外，随着成雅铁路、成蒲铁路等铁路线路开通运营，成渝城市群内铁路线路将多达 23 条
航空运输	现阶段主要是成都和重庆两大航空枢纽来加强对外的联系，且随着成都新机场、乐山机场等新建开通后，成渝城市群航线网络将逐步趋于成熟
水路运输	成渝城市群主要依托长江黄金水道，以重庆港为主，完成客货运输

目前，成渝城市群综合交通运输体系已初步形成，但从其发展的总体水平上看，仍需加快推进基础设施建设，提高区内城市间运输直达性，改善区内外交通滞后的现状。

（2）经济发展水平一般。

从表 4.10 可看出，成渝城市群整体发展水平较为一般，2014 年国内生产总值（GDP）占全国生产总值的 6.32%，且人均 GDP 在国内平均水平线下。而从成渝城市群自身角度出发，可明显从 8 项经济指标中看出成渝城市群为典型的"双核"发展模式，成都与重庆的地区生产总值、地方财政收入、实际利用外资情况以及进出口额均明显高于城市群内其余城市，地区发展差异较大。成渝城市群属于典型性的发展型城市群，城市群内核心城市凸显，但其对外辐射作用却明显弱于长三角城市群与珠三角城市群。综合考虑后续发展态势，在 2014 年中国城市 GDP 排名中，重庆以 GDP 14 262.60 亿元，位于全国城市的第 6 名，成都以 GDP 10 056.59 亿元，位于全国城市的第 9 名，且成渝城市群中各级城市均表现出较高的地区生产总值增长率，基本稳步保持在 15% 以上，高于全国水平，故成渝城市群依旧是西部最大、发育最快的城市群。

表 4.10　成渝城市群在全国的地位（2014 年）

地区	GDP /亿元	人均 GDP /元	规模以上工业总产值/亿元	全社会固定资产投资/亿元	财政收入/亿元	实际利用外资/亿美元	第三产业占GDP比重/%	进出口额/亿美元
成都	10 056.59	70 019	10 688.59	6 620.37	1 025.17	112.16	51.62	558.45
自贡	1 073.40	39 145	1 618.07	597.61	42.41	0.23	29.39	6.72
泸州	1 259.73	29 655	1 582.39	1 181.03	115.92	0.53	27.07	2.76
德阳	1 515.65	43 091	2 819.33	894.64	83.52	0.20	27.15	38.84
绵阳	1 579.89	33 558	2 257.56	1 080.37	101.75	2.41	33.35	29.18
遂宁	809.55	24 691	1 275.21	913.68	39.70	0.55	27.75	6.30
内江	1 156.77	31 024	1 654.49	697.77	45.08	1.00	22.75	3.15
乐山	1 207.59	37 125	1 663.64	863.91	78.79	1.06	29.16	11.10
南充	1 432.02	22 639	1 935.96	1 244.54	76.56	0.59	27.85	2.81
眉山	944.89	31 664	1 226.00	922.98	75.20	2.03	27.60	3.32
宜宾	1 443.81	32 318	1 852.52	1 130.26	105.61	0.45	26.19	8.90
广安	919.61	28 489	1 291.16	919.19	45.96	0.41	30.90	11.08
达州	1 347.83	24 411	1 065.72	1 176.20	72.41	0.48	27.06	3.25
雅安	462.41	30 052	450.34	471.40	27.38	0.11	28.47	0.77
资阳	1 195.60	33 592	2 005.20	908.22	55.46	0.41	23.78	5.57
重庆	14 262.60	47 850	18 722.51	13 223.75	1 922.02	106.29	46.78	954.50
成渝	40 667.94	41 711	52 108.69	32 845.92	3 912.93	228.93	40.33	1 646.69
全国	643 974.00	47 203	1 092 197.99	512 020.65	140 370.03	1 197.05	—	43 015.27
占比/%	6.32	88.37	4.77	6.41	2.79	19.12	—	3.83

（3）工业结构相似度渐高，且在合理范围内。

目前，成渝城市群已初步形成较为完整的产业体系，整体竞争力较强，2014 年规模以上工业总产值达到 52 108.69 亿元，份额占全国的 6.41%。在成渝城市群产业体系中，汽车、重大装备制造、白酒、丝绸、天然气等工业产品在全国占据重要地位，具有优势的产业集群。而作为评判成渝城市群是否具有产业协作基础的工业结构相似度也在近些年来逐渐增高，且处于合理范围内，表明了成渝城市群正逐渐向整体化方向发展。已有研究证明，成都与重庆两大城市在产业合作与协同发展上呈现越来越紧密的趋势，且区域间的合作强度越来越高。

2. 问题与矛盾

对于成渝城市群，其发展存在的问题与矛盾主要表现在三个方面：一是城市群内部城市间的经济差异较大，中心城市成都与重庆的核心作用力较小，不能有效刺激周边城市的发展，城市间的互补性较差，极化作用中的负效应较为明显，不利于成渝两市发挥对外辐射作用，缺乏次级中心城市；二是成渝城市群中小型城市间的基础设施较为薄弱，已开通的成绵乐城际线、成灌快铁等城际铁路，主要连接的中心城市为成都，重庆则相对匮乏，因此，不利于城市群内部城市均衡发展，重庆对外及经济作用力也不能反映在中小型城市/镇上；三是局部地区环境污染严重，如岷江、沱江局部河段和支流污染严重，而这两条河流旁分散着大量的中小型城市以及中心城市成都。另外，在成渝城市群区域内，酸雨污染也较为严重。

3. 规划发展趋势

国家发改委颁布的《成渝城市群发展规划》已明确指出，在空间形态方面，成渝城市群将重点构建"一轴两带、双核三区"空间发展格局，充分发挥成都、重庆双核带动功能。其中"一轴"是指成渝城市群的发展主轴，连接成渝两市；"两带"则是指沿长江带和成德绵乐城市带；"三区"是指川南城镇密集区、南遂广城镇密集区，以及达万城镇密集区。在产业协作方面，成渝城市群将继续培育优势产业集群（含装备制造、战略性新兴产业、矿产资源加工产业、现代化服务产业、农林产品加工产业以及文化产业等），扩大产业园区规模，创建示范区。在综合交通发展方面，优先建设城际交通网络，打造通达的交通圈等。而在生态环境层面，则需建立环境监测、环境保护制度等。

4.1.1.4 关中城市群

关中城市群是以西安为核心的单中心城市群，处于发育的初级阶段。关中城市群位于亚欧大陆桥中心，是承东启西、联结南北的战略要地，是陕西经济的核心区，是我国西部地区唯一的高新技术产业开发带和星火科技产业带，也是西北乃至西部地区的比较优势区域。关中城市群具体范围包括西安市、铜川市、宝鸡市、咸阳市、渭南市、商洛市、兴平市、韩城市、华阴市等城市，如表 4.11 所示。

表 4.11 关中城市群范围所辖的县（区、市）

城市		区县（县级市）
城市名称	城市等级	
西安市	副省级城市	新城区、碑林区、莲湖区、雁塔区、灞桥区、未央区、阎良区、临潼区、长安区、高陵区、蓝田县、周至县、户县
铜川市	地级市	耀州区、王益区、印台区、宜君县
宝鸡市	地级市	渭滨区、金台区、陈仓区、岐山县、扶风县、眉县、凤翔县、陇县、千阳县、麟游县、凤县、太白县
咸阳市	地级市	秦都区、渭城区、兴平市、武功县、乾县、礼泉县、泾阳县、三原县、永寿县、彬县、长武县、旬邑县、淳化县
渭南市	地级市	临渭区、华州区、韩城市、华阴市、潼关县、大荔县、澄城县、合阳县、蒲城县、富平县、白水县
商洛市	地级市	商州区、洛南县、丹凤县、山阳县、商南县、镇安县、柞水县
兴平市		
韩城市		县级市
华阴市		

1. 发展特征

(1) 尚未形成综合交通运输体系。

目前,关中城市群的主要运输通道为陇海铁路与连霍高速公路,其支干线主要包含以包茂高速公路、西宝铁路为主的向北辐射轴,以福银高速公路、宝平高速公路以及西银铁路为主的向西北辐射轴,以及以沪陕、西康、西汉等高速公路与宝成、西康、宁西铁路为依托的向南辐射轴。由于关中城市群处于形成发育的初期,其城市群内部交通网络不具规模,尤其是城际铁路在关中城市群内规模较小,城市间的联系强度较差。

(2) 经济发展水平较差。

从表4.12可看出,关中城市群为典型的以西安为核心的单核心城市群,在地区生产总值、人均GDP、规模以上工业总产值、全社会固定资产投资等8项经济指标方面,均处于较低水平。其中,西安以地区生产总值5 492.64亿元位于中国城市2014年GDP排名的第25位,其经济实力较为薄弱,与长三角、珠三角以及成渝城市群差距较远。从关中城市群自身角度出发,关中城市群出现了典型的"一强众弱"的发展局面。

表 4.12 关中城市群在全国的地位(2014年)

地区	GDP/亿元	人均 GDP/元	规模以上工业总产值/亿元	全社会固定资产投资/亿元	财政收入/亿元	实际利用外资/亿美元	第三产业占GDP比重/%	进出口额/亿美元
西安市	5 492.64	63 794	4 420.06	5 903.98	583.79	37.03	56.14	2.12
铜川市	325.36	38 550	565.912 9	327.63	22.06	0.21	30.08	0.46
宝鸡市	1642.9	43 824	2 274.975	2 105.59	78.06	0.80	26.17	244.74
咸阳市	1 902.38	39 730	2 647.933	2 278.39	80.33	0.88	25.17	228.68
渭南市	1 045.2	22 314	1 959.32	1 391.58	46.59	0.8	40.31	0.20
商洛市	574.99	24 484	634.11	625.16	29.04	0.05	32.31	7.83
兴平市	182.77	33 355	354.12	214.05	5.13	0.15	31.13	5.28
韩城市	299.78	75 568	707.80	252.39	17.00	11.5	20.06	3.35
华阴市	78.77	30 111	103.70	121.65	3.87	—	42.14	—
关中	11 544.79	44 013.95	13 667.93	13 220.41	865.88	51.42	41.99	492.66
全国	643 974	47 203	1 092 198	512 020.65	1 403 708	1 197.05	—	43 015.27
占比/%	1.79	93.24	1.25	2.58	0.62	4.30	—	1.15

(3) 产业聚集度较低,产业结构层次较低。

在关中城市群中,绝大部分城市是"二、三、一"型产业,第三产业的发展较其他产业滞后,中间产业的竞争力不强,缺乏直接面向消费者的最终产品[15]。不仅如此,由于关中城市群产业结构不合理,造成了关中城市群区域范围内资源配置的低效,其城市经济发展不能从内部形成强劲的发展态势。从产业集聚的角度来看，关中城市群内 2014 年规模以上工业总产值为 13 667.93 亿元，占全国总量的 1.25%，与长三角城市群相比，相差较远。从产业结构的角度来看，2014 年，关中城市群第三产业 GDP 占城市群地区生产总值的 41.99%，主导型作用未能体现。

2. 问题与矛盾

关中城市群作为全国生产力布局的重点区域，现阶段突出问题主要表现在 5 个方面：一是城市群经济发展相对滞后，中心城市西安缺乏辐射带动能力，各城市自身发展也不足，基本处于自身资源集聚发展阶段，向外转移产业的能力匮乏，侧面也表现出城市体系不够完善；二是后发型、赶超型城市群发展的内在困境[16]，即关中城市群会受到已发展成熟或处于发展到一定阶段的城市群的强有力竞争；三是城市间的产业联系不够紧密，产业聚集度较低，产业结构层次较低；四是城市群内交通基础设施滞后，不利于城市群的成长发育；五是资源制约与环境问题依旧明显。

3. 规划发展趋势

关中城市群未来规划发展趋势体现在以下几点：① 加强城市群基础设施建设（尤其是城际铁路的建设），促进城市群内部综合交通运输体系的形成；② 完善城市群内部城市体系，扩大中心城市规模，提高其经济聚集力和辐射力，进一步促进次中心城市的形成，带动边缘城市发展；③ 创建产业园区、产业集群，加强产业间的联系与发展；④ 加强对生态环境的治理，走可持续发展的道路。

4.1.1.5 国内典型城市群发展特征小结

从整体上看，国内典型城市群发展水平差异性较大，但是均存在相同的发展问题，即城市群的基础设施建设仍不能满足客运需求，资源、环境等问题尤为凸显。从局部来看，不同发育阶段的城市群具有不同的发展特征。

1. 处于成熟阶段的城市群

以长三角城市群与珠三角城市群为例，交通区位方面，处于成熟阶段的城市群交通区位优势明显，城市群内部综合交通运输体系较为完善，各种交通运输方式间的协调配合度较高，且城市群间的城际轨道交通线网已初具规模，骨干线路已连接城市群内多数重要城市节点。

经济建设方面，处于成熟阶段的城市群，经济实力雄厚，城市群人均 GDP 约为全国整体人均 GDP 的 2 倍，进出口额占据全国的 20%~30%，在全国经济建设中地位显著。在城市群内部，产业园区及产业集聚联系紧密，规模以上工业总产值在全国范围内比重较大，新型产业在全国地位突出，同时各级城市间产业分工明确。从全局的角度看，处于成熟阶段的城市群经济呈现出多元化发展与布局的态势。

城市体系方面，处于成熟阶段的城市群城市体系结构完善，中心城市核心作用力强，能够有效带动周边次级中心城市发展，且各城市自身发展强劲，能形成新的增长极，城市群内部组团式发展现象普遍存在。

2. 处于成长阶段的城市群

以成渝城市群为例，交通区位方面，处于成长阶段的城市群，其城市群内部综合交通运输体系已初步形成，但各种交通运输方式间协调配合度较低，交通基础设施规模较小，未能满足运输通道的客运需求，城市间的地理通达性弱于成熟的城市群，城市群区域内外交通发展仍然滞后。

经济建设方面，处于成长阶段的城市群综合经济实力较为一般，城市群人均GDP未达到全国平均标准，地区财政收入、进出口总额等方面也较成熟城市群低。在该类城市群中，产业园区、产业集群已初具规模，规模以上工业总产值可接近于成熟城市群的最低水平，但产业间联系紧密度较低，产业结构层次、产业集聚度等正朝向成熟城市群方面发展。从全局的角度来看，处于成长阶段的城市群表面上经济呈现稳步发展，但内在更深层次的发展较为缓慢，实现全面一体化发展任重道远。

城市体系方面，处于成长阶段的城市群城市体系结构较为完整，中心城市核心作用力表现不明显，对外辐射作用力较弱，次级中心城市数量较少，各城市自身发展较为不足，城市间的经济连接性较差。

3. 处于萌芽阶段的城市群

以关中城市群为例，交通区位方面，其城市群内部综合交通运输体系尚未形成，城市群区域范围内基础设施匮乏，供需平衡偏向需求方极为显著，城市间地理通达性差。

经济建设方面，处于萌芽阶段的城市群综合经济实力较差，仅中心城市经济发展水平相对较高。而在其城市群内部，产业集聚度、产业结构层次等方面均较低，产业间的联系不紧密，分工不明确。

城市体系方面，处于萌芽阶段的城市群城市体系结构不完善，中心城市核心作用力差，对外辐射作用力未能带动边缘城市的发展，次级中心城市数量匮乏。同时，各城市自身发展不足，城市间的经济连接性差。

4.1.2 国外典型城市群发展特点

选取处于发育成熟阶段且规模较大的国外典型城市进行特征分析。目前，国外发育成熟、具有世界级竞争力的城市群共5个，分别是美国东北部大西洋沿岸城市群、北美五大湖城市群、欧洲西北部城市群、英国伦敦城市群和日本东海道太平洋沿岸城市群[17]。

4.1.2.1 国外典型城市群发展特点

1. 美国东北部大西洋沿岸城市群

美国东北部大西洋沿岸城市群，简称为波士华城市群，是以波士顿—纽约—费城—巴尔的摩—华盛顿为主轴线（线长965 km、线宽100多km），涵盖了以纽约为核心的5大都市和周围40多个10万人以上的中小城市的城市群。数据显示，该城市群面积约

13.8万 km²，占美国国土总面积的 1.5%，城市群人口规模约 5 300 万，城市化水平超过 90%，且在 2010 年，波士华城市群地区生产总值（GDP）已达到 2.92 万亿美元，占美国 GDP 的 20%。波士华城市群具有 4 大发展特征：一是该城市群内增长极经济辐射作用明显，可带动城市群内边缘城市发展；二是该城市群内各城镇分工明确，均各自具有优势产业，整体上形成了多元化产业集群；三是以航空运输为主的城市群综合交通运输体系促使波士华城市群经济具备外向型特征[18]；四是房地产业影响该城市群地域结构，突出表现为城市郊区化的延伸。

2. 北美五大湖城市群

北美五大湖城市群横跨美国与加拿大，是两国工业化程度最高、城市化水平最高的城市。它从芝加哥、底特律、匹兹堡一直延伸到加拿大的多伦多和蒙特利尔，包括克利夫兰和托利多在内的 7 个大城市以及 28 个中小城市，城市群人口约 5 000 万，面积约 24.5 万 km²，且在该城市群内集中了美国 30% 以上的制造业，与美国东北部大西洋沿岸城市群共同构成了特大的工业化区域，又称为"北美制造业带"。北美五大湖城市群具有 4 大发展特征：一是该城市群是以芝加哥、多伦多为主的多中心发展模式；二是该城市群内产业集群以先进制造业、服务业为主导，专业化程度高；三是该城市群已形成了综合性中心大都市与中小型城市、卫星城相互结合、配套同步发展的均衡城市体系[18]；四是航运业优势地位突出，为城市群内产业集群提供网络化联系。

3. 欧洲西北部城市群

欧洲西北部城市群为一个相对松散的多中心城市群，主要由法国巴黎城市群、德国莱茵—鲁尔城市群、荷兰兰斯塔德城市群组成，是世界上唯一由多国城市组成的大型城市群。该城市群总面积约为 14.5 万 km²，总人口约为 4 600 万。

（1）法国巴黎城市群。

法国巴黎城市群是以巴黎为核心，为了限制巴黎大都市区原来向心聚集发展的城市结构，沿塞纳河规划布局工业和人口形成的包括里昂、勒阿佛尔等城市的带状城市群。其中巴黎占地面积 12 012 km²，人口约 1 169 万。

（2）德国莱茵—鲁尔城市群。

德国莱茵—鲁尔城市群是在长 116 km、宽 67 km 的范围内因工矿业发展而形成的多中心城市集聚区，覆盖了波恩、科隆、杜塞尔多夫、艾森等 20 多个城市。其中，波恩是政治文化中心，科隆是全国交通枢纽和商业中心，杜塞尔多夫以金融产业、化工产业以及服装产业为主，而艾森则是机械、煤化工业中心。

（3）荷兰兰斯塔德城市群。

荷兰兰斯塔德城市群为多中心马蹄环形状城市群，包括阿姆斯特丹、鹿特丹和海牙三个大城市，乌德勒支、哈勒姆、莱登三个中等城市以及众多小城市，城市群把城市的多种功能分散到了大、中、小城市，形成了区别又联系的空间组织形式，保证了整体的一致性和有序性。

4. 英国伦敦城市群

该城市群集中了伦敦、伯明翰、利物浦、曼彻斯特 4 个大城市和 10 多个中小城市，是英国产业密集带和经济核心区，内部又分别形成了四个以大城市为核心的城市经济圈。城市群面积约 4.5 万 km^2，占全国总面积的 18.4%，是产业革命后英国最大的制造业基地，也是英国的产业密集带和经济核心区。

5. 日本东海道太平洋沿岸城市群

日本东海道太平洋沿岸城市群包括东京、名古屋、大阪、横滨、川崎、神户、京都等大中小城市共 310 个，城市群形态呈带状，长约 600 km^2、宽约 100 km^2，总面积 10 万 km^2，占全国面积的 31.7%。该区域内部形成了三个以东京、名古屋、大阪为中心的核心区。其中，东京城市具有综合性职能，是日本的金融管理中心、最大的工业中心、商业中心、政治文化中心和交通中心。大阪地区是西日本的经济中枢。而名古屋是日本第四大港，位于东西日本的交接地带，主导产业是汽车工业。东海道城市群内城市各有特色，在战后经济高速发展的过程中相互配合、扬长避短，注重地域职能分工与合作。日本城市群具有 3 大发展特征：一是该城市群综合交通运输网络发达，已形成了高速公路网、航空运输网以及轨道运输网（含新干线与地铁），城镇间联系密切；二是该城市群的工业化发展推动了城市化的进程，城市群内产业布局以集约化产业链为走向，呈现放射型特征；三是该城市群内各城镇职能分工精确，且各自具备优势产业，整体上形成多元化产业集群，综合竞争能力强。

6. 国外典型城市群发展特征小结

从整体上看，国外典型城市群地理区位优势显著，普遍具有中枢支配地位，是集多功能（含工业、商业、文化等）于一身的政治经济中心。在产业体系方面，国外典型城市群均具备结构完整的现代化产业体系，形成了多元化、集约化的产业集群。在城镇等级体系方面，国外城市群城镇体系完善，其中，中心城市核心辐射作用明显，具有较强的人口和产业集聚吸引力，而其他城镇职能分工明确，经济增长相对均衡。在城市群空间结构方面，上述城市群空间发展形态多为带状型，部分城市群空间形态是在带状型的基础上向周围延伸扩展，典型代表为日本东海道太平洋沿岸城市群。在城市群交通基础设施网络方面，国外城市群综合交通运输体系一体化程度较高，网络通达性较强，几乎可覆盖城市群内主要城镇节点。

4.1.2.2 国外城市群发展的主要模式

国外城市群发展模式主要存在两种，一是"城市主导型"发展模式，二是"政府主导型"发展模式。前者是以城市自身发展为基础，通过"核心—边缘"效应推动城市群地域结构演化，促进城市群向前发展；后者则是借助政府外力人为推进城市群发展模式向工业和城市倾斜[19]，主观作用力较强。两种城市群发展模式特征总结如表 4.13 所示：

4 典型城市群实证研究

表 4.13 国外城市群主要发展模式特征总结

城市群发展模式	发展模式特征	发展趋势	国家类型	城市群典型代表
"城市主导型"	以大型城市为主导，带动城市群内其余城镇发展。其中大型城市为城市群内的核心城市，也是第二、三产业的主要集聚区域，在城市群体系中占据重要地位	城市群内城镇间协调发展，均衡增长，首位型城市地位显著	发达国家	美国东北部大西洋沿岸城市群 英国伦敦城市群 日本东海道太平洋沿岸城市群
	以中小型城市为主导，围绕大型城市形成多圈层发展模式，充分发挥城市群的多种功能，且中小型城市间的联系密切			德国莱茵—鲁尔城市群 荷兰兰斯塔德城市群
"政府主导型"	以政府主导推进城市群发展，其发展在短期内有效，从长远来看，不能解决城市及城市群中增长的动力机制问题，社会分工、市场细分存在极大问题	城市群内城镇间发展难以协调，经济增长不平衡，城镇差异日益显著	多数发展中国家	墨西哥城市群 印度城市群

4.1.2.3 国外城市群城际铁路的发展

城际铁路是构成城市群轨道交通网络的重要组成部分，也是城市群形成发育的重要前提。随着城市群的发展壮大，城际铁路运输需求愈加强烈，规划建设城际铁路势在必行。

从城际铁路线网规划战略来看，国外城市群城际铁路线网规划注重与城市群规划及核心城市规划的统筹协调。在实际情况中，城市群城际铁路与干线铁路、城市轨道交通等均须具备必要的衔接和换乘条件。为实现衔接与换乘，城市群城际铁路线网规划应充分结合城市群和综合交通运输系统发展规划，统筹考虑，综合规划。

从城际铁路线网布局来看，国外城市群城际铁路线网布局相对模式化，具体可分为三种模式：一是城际铁路线路接入城市群综合交通网络中的某一环线，典型代表为日本东京交通圈；二是城际铁路线路穿过城市群中心城市的重心，典型代表为法国巴黎的 RER 线路；三是城际铁路线路规划布局避开城区中心，典型代表为美国纽约交通圈。

从城际铁路线路制式和技术标准来看，国外城市群城际铁路线路制式和技术标准呈现多样性，充分结合了城市群自身经济发展水平、内部客流需求特征等。但从普遍情况看，国外城市群城际铁路线路制式和技术标准仍是介于干线铁路（高速铁路）与城市轨道交通之间。

纵观上述国外城市群城际铁路发展情况可知，不管从战略规划上，还是从规模布局模式、线路制式、技术标准的选择上，国外城市群城际铁路线网布局规划一定程度上可以指导我国城市群城际铁路规划，即在进行城市群城际铁路线网规划时，应首要分析城际铁路所在规划的城市群，确定城市群空间结构以及既有基础设施布局形态或规模，为后续城际铁路的规划奠定坚实的基础，最大程度、最好效果地达到规划目的。

4.2 典型城市群的强化过程与分类

4.2.1 城市群的强化过程

从一定意义上讲，城市群受到区域经济发展规律的制约，以及城市与区域交通网络相互协调规律的支配。其中，前者规律主要包括区域经济发展条件、城市区位条件、自然地理环境和资源条件等；后者规律则包含城市发展过程中区域交通网络的动态变化。可以看出，人们的社会经济活动方式逐步向多层次、多维空间转化。以城市群内部的城市间联系为例，其由最初的单向联系逐步转化为双向联系、相向联系以及多向联系等，实现了城市间联系由简变复的转化。随着城市间联系复杂度的提升，经济、文化、科技交织加密，城市群逐步向多元多维趋势化发展。其中，核心城市的各种流要素（人流、商品流、资金流、信息流等）在城市群发展中起到决定性的作用。

城市群的强化过程正是城市间各种流要素联系的转化过程，与经济区内最大、最活跃的城市的发展、重要城市的扩散式发展以及城市群强化过程本身具备的开放性、边界模糊特征有关。

（1）经济区内最大、最活跃的城市，如我国长三角城市群的核心城市——上海，珠三角城市群的核心城市——广州、深圳等，随着城市群的发展，其城市建设、基础设施规模、人口规模、城市功能和综合经济实力等产生了较大的变化。这种变化是双向的，既能推进城市群强化过程的深入，又能提升核心城市对外辐射能力。

（2）重要城市的扩散式发展会在城市群内部形成新的城市节点，尤其是沿海经济走廊和沿主要运输通道形成的新城市节点。围绕这些新城市节点，各城市会不断向外围扩散，因此中小型城市收益较大，发展较快，甚至成为大城市。大城市再继续向高层次发展，城市群的内向性和集约性大幅度增强。同时，由于城市群内存在着一对反作用力，即生产力与人口的高度集中以及人口流动、信息往来而产生的城市扩散，二者在动态变化中相互作用，这是城市群强化的空间特征。

（3）城市群强化过程本身具备的开放性、边界模糊的特征，使得城市群的强化由最初的自成体系转变为外向型导向发展，典型代表为我国长三角城市群。随着改革开放的深入，长三角城市群积极采取对外开放策略，且浦东的开发又为长三角城市群创造了更多发展空间与机遇，使得长三角城市群对外的开放率较高。而长三角城市群内部密集的束状交通运输通道，又使得城市群区域向东西扩散、南北放射，加之综合交通运输系统的辅佐，城市群区域内外联系进一步加强。

从整体上看，城市群与城市群之间相互联系区域的边界因城市区域间联系的加强而变得模糊，因此，城市群之间并不强求一定要有明确的界线。

4.2.2 典型城市群的分类

我国国土范围辽阔、自然条件复杂多样、资源分布不均衡，历史过程、经济发展程度与生产力水平的不一致等因素决定了我国城市群发育和分布具有经济发展不均衡性以及空间结构分异性等特征。不同的城市群的差异性特征对城际铁路线网规划的要求各不相同。由于城市群本身涵盖的要素较多,不同研究角度会存在不同的划分标准。本节主要介绍了四种城市群划分方式及结果,具体包括按城市群空间形态划分、按城市群总体规模划分、按城市群内部聚集程度划分和按城市群多项指标综合聚类划分四类。

4.2.2.1 按城市群空间形态划分

按空间形态划分,城市群可分为单核放射型、双核伸长型以及多核混合型三类。

1. 单核放射型城市群

单核放射型城市群是指区域内某一城市占据绝对主导地位的城市群类型。该核心城市既是区域经济发展的中心,又是区域综合交通枢纽的城市集合体,如图4.2所示。单核心城市群的城市等级有明显区分,次级城市依托核心城市发展,同级城市间的社会经济联系较弱。单核心城市群空间结构形态相对稳定,在长期的经济发展过程中,核心城市以其得天独厚的资源优势(包括区位优势和成本优势等)得以保持其稳定和突出的中心地位。单核放射型城市群又可分为核心主导型城市群和两极分化型城市群。核心主导型城市群的特征表现为核心城市与次级城市的数量约占城市群城市数目总量的50%,典型代表为武汉城市圈。而两极分化型城市群则明显表现为核心城市地位突出,边缘城市发展落后,且核心城市对外辐射作用力较弱,致使城市间的差距较大,其典型代表为关中城市群。

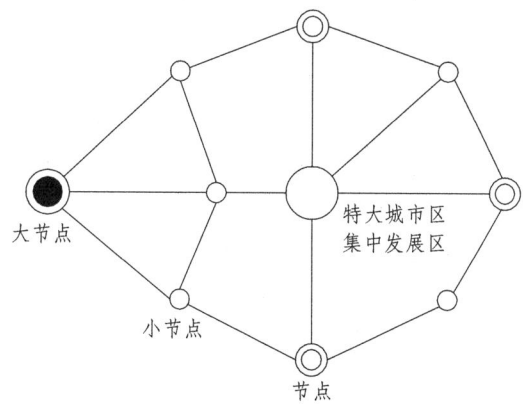

图 4.2 单核放射型城市群示意图

2. 双核伸长型城市群

双核城市群区域内存在两个超大或特大型城市,既相辅相成又相互制约,共同承担城市群的中心职能,如图4.3所示。双核城市群可细分为整体均衡型和中心突出型两类城市群。其中,整体均衡型城市群的核心城市与次级中心城市为城市群的中坚力量,两者间的经济发展水平相差不大,核心城市对外辐射作用较强,能促进次级中心城市发展,甚至可能会产生二次极化现象,进一步减小城市间发展差距,典型代表为珠三角城市群。而在中心突出型城市群中,核心城市地位突出,但其对外辐射作用较为薄弱,不能有效带动周边城市发展成为新的增长极,故在该类型城市群中,明显缺乏次级中心城市,未能形成城市组团发展模式等,典型代表为成渝城市群。

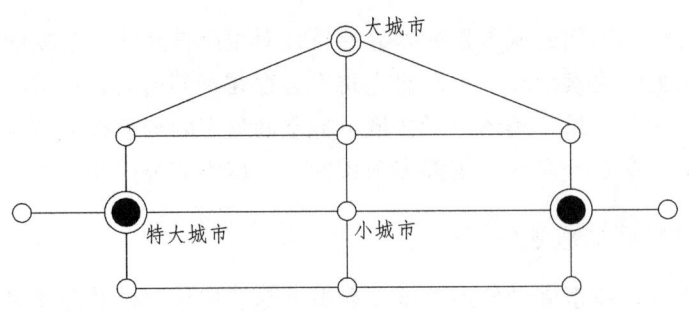

图 4.3　双核伸长型城市群

另外，双核城市群的空间结构稳定性较单核心城市群略差，原因在于两个核心城市之间存在竞争与合作的关系。当核心城市周边的城市职能发生突变，或者城市群外部的经济条件和技术条件发生变化时，两个核心城市的竞争与合作关系及联系程度将发生变化，即两个核心城市应对外部因素变化并做出相应反应的能力差异性最终形成了两个结构演变的方向。一是，若其中一个核心城市在经济结构升级、生态环境改善、社会条件、城市创业条件、文化产业等方面具有一定的优势，其适应外部环境的变化能力强，在长期的经济发展和竞争协作过程中首先发展起来，两个核心城市之间便产生了"发展能力"与"增长潜力"的差异，最终，这种差异使两个核心城市分别形成了规模等级具有一定区别的城市经济区或者大都市区。二是，某一核心城市外围地区的多个城镇具有良好的承接核心城市产业转移的能力，形成一种相对协调的区域经济发展系统，最终促进了某一核心城市的发展。以上两种经济发展系统并不是独立存在，而是相互渗透，共同作用于城市群的发展，增加了城市群空间不稳定的概率。但是，在区域经济发展过程中，随着每个城市经济区涉及的经济与社会要素逐渐增多、架构更加复杂，系统功能逐渐增强，外部经济体系逐渐建立了相对稳定的关系。由此推断，由于双核心城市群总体上涉及更多的节点，功能相对强大而稳定。同时，由于空间摩擦作用的存在，单节点的空间辐射半径存在一定的约束力并相对稳定，因此整体上这种相对稳定会体现出一定的阶段性，即随着城市群进入高级发展阶段，双核心城市群的空间结构网络化程度会逐渐提高，节点之间的联系强度与联系密度会逐渐增大，空间结构的稳定性也会逐渐增强。

3. 多核混合型城市群

多核城市群体系发展较为成熟，以多个特大城市或大型城市为核心，核心城市的经济总量相当，核心城市被零散分布的中小型城市环绕，形成了多个更小范围的城市群，如图 4.4 所示。多核混合型城市群的核心城市功能较为单一，但是城市功能互补性强，区域一体化趋势明显。

多核混合型城市群的空间结构复杂度明显较高，主要原因在于三方面：

（1）对多核混合型城市群结构所在空间范围的界定存在一定的主观性，且掺杂了较多的行政因素，一定程度上

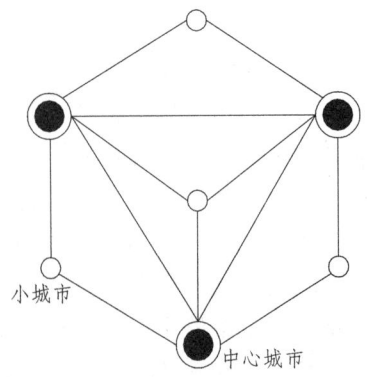

图 4.4　多核混合型城市群

脱离了城市群既定的概念。

（2）界定主观性的存在忽视了城市群演化规律，即多核心结构通常应由单核心结构或双核心结构演化而来。

（3）多核结构的城市群相对空间范围较大，与外部环境发生交互作用的空间变大，这使外部环境的不确定性对城市群整个空间结构的变异产生了较大影响。

除此之外，由于城市间及城市间联系的方向与强度所涉及的影响因素具有一定的复杂性，因此，空间结构的演进过程和规律逐渐体现出复杂科学的部分特征。

综上，按城市群空间形态划分城市群类型，其结果如表4.14所示。

表4.14 按城市群空间形态划分城市群类型

城市群类型		城市群名称	主要特征
单核型	核心主导型	武汉、长株潭、中原城市群	核心城市及次级中心城市构成占城市群城市总量的50%以上
	两极分化型	关中城市群	核心城市地位突出，边缘城市发展落后，城市间差距大
双核型	整体均衡型	珠三角、京津冀、山东半岛城市群	核心城市与次级中心主导，城市间发展差距小
	中心突出型	辽东半岛、成渝城市群	核心城市地位突出，缺少次级中心城市
多核型		长三角城市群	城市数量多，分布离散，发展差距大，存在多个都市圈

4.2.2.2 按城市群规模划分

由于城市群发展水平、空间区位等因素存在较大差异，不同城市群的规模也不尽相同。通常，不同规模城市群对城际铁路规模以及连通覆盖性的要求也不同。根据各个城市群社会经济发展现状，可以看出不同城市群之间的差距较大。选取GDP、人口总量指标，采用系统聚类方法划分城市群类型。

系统聚类是通过分析样本数据之间的相似性，从而实现对样本的量化分析。样本数据之间的相似性常用距离来度量，按照距离远近的进行聚类，类别间距离通常采用欧几里得距离。聚类过程如下，假设总共有 n 个样本，第一步将每个样本独自聚成一类，共有 n 类；第二步根据所确定的样本"距离"公式，把距离较近的两个样本聚合成一类，其他的样本仍各自聚为一类，共聚成 $n-1$ 类；第三步将"距离"最近的两个类进一步聚成一类，共聚成 $n-2$ 类；……以上步骤一直进行下去，直至聚为合适的类别数。

按照城市群规模进行系统聚类的树状图、近似性矩阵和城市群类型划分结果分别如图 4.5、表4.15所示。

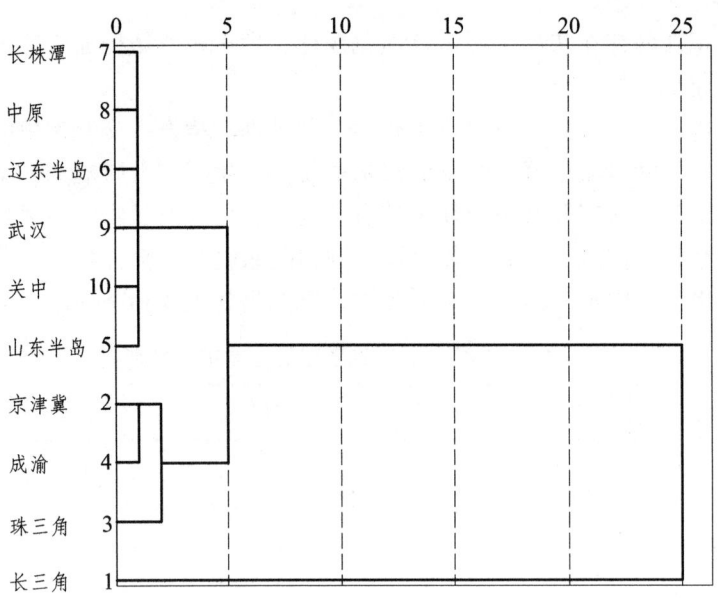

图 4.5 聚类过程树状图

表 4.15 近似性矩阵

观察值	平方欧几里得距离									
	长三角	京津冀	珠三角	成渝	山东半岛	辽东半岛	长株潭	中原	武汉	关中
长三角	0.000	0.571	0.910	0.732	1.565	1.545	1.601	1.599	1.824	2.000
京津冀	0.571	0.000	0.064	0.036	0.281	0.248	0.263	0.261	0.361	0.441
珠三角	0.910	0.064	0.000	0.128	0.088	0.091	0.116	0.119	0.170	0.226
成渝	0.732	0.036	0.128	0.000	0.319	0.247	0.240	0.233	0.337	0.406
山东半岛	1.565	0.281	0.088	0.319	0.000	0.012	0.029	0.034	0.030	0.049
辽东半岛	1.545	0.248	0.091	0.247	0.012	0.000	0.004	0.006	0.012	0.030
长株潭	1.601	0.263	0.116	0.240	0.029	0.004	0.000	0.000	0.008	0.023
中原	1.599	0.261	0.119	0.233	0.034	0.006	0.000	0.000	0.010	0.024
武汉	1.824	0.361	0.170	0.337	0.030	0.012	0.008	0.010	0.000	0.004
关中	2.000	0.441	0.226	0.406	0.049	0.030	0.023	0.024	0.004	0.000

相似性矩阵能够反映聚类最后一次迭代完成时，分别以各样本为中心，各样本之间的距离，最终系统聚类得到的城市群类型划分情况如表 4.16 所示。

表 4.16 按城市群规模划分的城市群类型

等级	城市群	GDP/亿元	常住人口/万人
一级	长三角	127 134.3	14 833.54
二级	京津冀	60 689.42	8 832.45
二级	珠三角	57 650.02	5 763.38
二级	成渝	40 667.94	9 749.87
三级	山东半岛	37 113.24	2 846.1
三级	辽东半岛	28 033	3 812
三级	长株潭	21 600.43	4 105.85
三级	中原	20 480.83	4 243.58
三级	武汉	17 265.13	3 087.1
三级	关中	11 544.79	2 587.64

数据来源：2014 年各省市统计年鉴、统计公报。

4.2.2.3 按城市群内部聚集程度划分

根据城市群核心城市的数量及空间分布不同，可以将城市群划分为单中心、双中心等不同类型的城市群，但这种分类只能从宏观上对城市群的分布特征进行把握，无法揭示出不同城市群内人口、经济等综合发展指标的分布情况，对于判断线网在节点之间的分布情况也缺乏定量分析。一般城市的中心区域是城市群生产要素的主要聚集地，为准确把握各城市群的综合要素在空间的分布特征，应有效对比各城市群内中心区域的聚集程度。

城市群内部生产要素的聚集程度即城市群丰度指数，是城市群中心城区发育程度的表征，也能体现出经济中心的经济效应大小，主要通过各城市的市辖区综合发展水平对城市群整体的贡献进行衡量。它综合考虑了经济总量、人口规模、空间范围、城镇密度四个方面的因素，全面反映城市群内各城市发展较快区域在城市群内的分布特征。具体指标涉及人口、面积、地区生产总值等。

城市群丰度指数计算公式如下：

$$C = \sqrt[4]{G\frac{hde}{HDE}} \quad (4.1)$$

式（4.1）中，h 为各城市市辖区的总人口；H 为城市群的人口总量；d 为城市群建成区的面积；D 为城市群总面积；e 为城市群市辖区经济总量；E 为城市群经济总量；G 为城镇密度指数。

针对长三角、珠三角、京津冀、武汉、山东半岛、辽东半岛、长株潭、关中、中原和成渝城市群，计算 2014 年各城市群的丰度指数如表 4.17 所示。

表 4.17　各城市群丰度指数

城市群	丰度指数	城市群	丰度指数
长株潭	10.6%	珠三角	20.5%
中原	10.7%	武汉	16.2%
关中	9.8%	京津冀	14%
长三角	18%	山东半岛	16%
成渝	10.8%	辽东半岛	9%

其中，珠三角城市群的内部聚集程度处于十个城市群之首，长三角城市群次之，两个城市群内部各城市发展水平差距较小，整体发展较为均衡，核心城市的经济效益已经逐渐向城市的外围区域扩展，核心城市发展水平较高，市辖区的经济贡献水平较高。武汉城市群、山东半岛城市群以及京津冀城市群的内部集聚程度相对较高，说明这几个城市群核心区域的综合发展水平较高，但其经济效应还未有效扩散到城市的外围地区，垄断地位不突出。成渝、中原等五个城市群的城市中心经济效应相对较差，城市群内各城市整体发展较为落后，城市的中心区域未能有效集聚一定的人口和经济效益，中心作用未能有效发挥。因此，根据各个城市群内部聚集程度的情况，将城市群分为三类，如表 4.18 所示。

表 4.18　按照丰度指数划分的城市群类型

类　别	城市群	丰度指数
一级	珠三角	20.5%
	长三角	18%
二级	武汉	16.2%
	山东半岛	16%
	京津冀	14%
三级	成渝	10.8%
	中原	10.7%
	长株潭	10.6%
	关中	9.8%
	辽东半岛	9%

4.2.2.4　多指标综合聚类划分

上述聚集程度是城市群空间分布的综合计算结果，一定程度上掩盖了各指标对城市群发展程度的贡献，下面考虑以多个指标对各个城市群进行系统聚类分析，通过人口、经济、地理分布等不同的因素反映城市群之间的差异性。具体指标包括：人口、地区生产总值、面积、城镇数量、城市群内部聚集程度。

多指标综合系统聚类树状图、近似性矩阵及城市群类型划分结果分别如图 4.6、表 4.19、表 4.20 所示。

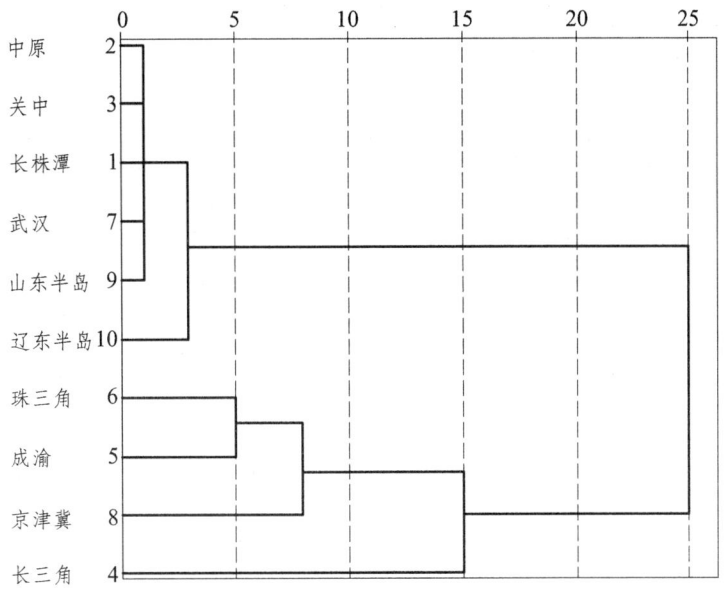

图 4.6　聚类过程树状图

表 4.19　近似性矩阵

观察值	平方欧几里得直线距离									
	长株潭	中原	关中	长三角	成渝	珠三角	武汉	京津冀	山东半岛	辽东半岛
长株潭	0.000	0.060	0.060	2.804	1.748	0.948	0.352	0.721	0.254	0.206
中原	0.060	0.000	0.037	2.889	1.796	0.897	0.274	0.813	0.237	0.367
关中	0.060	0.037	0.000	3.269	1.827	1.151	0.371	0.937	0.317	0.285
长三角	2.804	2.889	3.269	0.000	1.295	1.908	2.927	0.794	2.371	2.406
成渝	1.748	1.796	1.827	1.295	0.000	2.600	2.443	0.480	1.970	1.019
珠三角	0.948	0.897	1.151	1.908	2.600	0.000	0.319	0.995	0.292	1.464
武汉	0.352	0.274	0.371	2.927	2.443	0.319	0.000	1.072	0.066	0.870
京津冀	0.721	0.813	0.937	0.794	0.480	0.995	1.072	0.000	0.715	0.463
山东半岛	0.254	0.237	0.317	2.371	1.970	0.292	0.066	0.715	0.000	0.584
辽东半岛	0.206	0.367	0.285	2.406	1.019	1.464	0.870	0.463	0.584	0.000

表 4.20 多指标综合聚类的城市群类型划分

等级	城市群	GDP/亿元	常住人口/万人	面积/km²	内部聚集系数	城镇数量
一级	长三角	127 134.3	14 833.54	210 360.9	0.180 359	1 488
二级	京津冀	60 689.42	8 832.45	181 676	0.135 793	1 083
	珠三角	57 650.02	5 763.38	54 939	0.204 562	322
	成渝	40 667.94	9 749.87	239 528.1	0.107 795	2 161
三级	山东半岛	37 113.24	2 846.1	74 807	0.155 886	407
	辽东半岛	28 032.87	3 812.23	174 684.8	0.093 348	566
	长株潭	21 600.43	4 105.85	96 867.4	0.106 114	183
	中原	20 480.83	4 243.58	57 305.3	0.106 775	467
	武汉	17 265.13	3 087.1	39 459.64	0.162 436	322
	关中	11 544.79	2 587.64	74 766	0.098 484	464

结果显示，在综合多个指标的情况下，长三角城市群的综合水平与其他城市群间的差异较大，应该单独划分为一类；珠三角、成渝、京津冀城市群的发展水平比较接近，划分为一类；将武汉、辽东、长株潭、关中、中原以及山东半岛划分为一类。结合目前各城市群的发育程度上看，该分类结果更加符合城市群的发育程度，也间接反映出不同地区的城市群的发展水平的差距，对于准确界定城市群的综合地位提供依据。为了满足不同城市群的差异化发展，城市群城际铁路应基于各个城市群的发育程度，合理规划引导城市群未来总体发展。

4.3 典型城市群空间结构

城市群空间结构是对各构成要素关联关系、联系强度的系统反映，其涵盖节点、联系强度等关键要素，以城市之间的综合联系强度为主要依据，在不同层次的节点之间建立连接关系，形成了以各城市经济要素流动为主的空间结构。该结构随着城市的发展以及城市之间的关系变化呈现一定的动态变化特征，并为城际铁路的线网规划提供一定的依据。

4.3.1 城市群空间发展轴布局

城市群空间发展轴是城市群经济空间和地理空间共同作用的产物，直接影响城市群空间布局形态。城市群空间发展轴的布局是城市群城际铁路线网布局的基础，对城际铁路线网规划起到关键作用。

根据点—轴理论，核心城市是城市群区域经济的主要增长极，产生的经济效益沿着一定的轴线向外扩散，而分布在轴线上的城市也因核心城市的经济吸引向核心城市集聚，同时将核心城市的经济效益向外传递。因此，核心城市经济效益的传递主要依靠经济发展轴线。一般而言，把连接若干规模大小不等城市的线状基础设施所经过的地带称为轴线地带，该地带对所经过区域有很强的经济吸引力和凝聚力，也是城市群空间结构的重要支撑，引导城市群空间结构的合理发展。

空间发展轴是支撑城市群整体的基础,需要结合其经济贡献程度、空间覆盖范围等进行有效甄别。因此,根据空间发展轴的构成及功能,选取覆盖的主要节点数量、经济贡献比重、空间跨度等指标进行判断,在城市群的空间发展规划的基础上,确定几个典型的城市群的空间轴线如表 4.21 所示。

表 4.21 各城市群发展轴线的空间分布

城市群	示意图	空间发展轴	城市群空间发展轴指标			
			轴线长度与城市群空间长度比例	城市数量		经济发展贡献比例
				核心城市	二级城市	
关中城市群		宝鸡—咸阳—西安—渭南	0.70	1	3	87.34%
成渝城市群		成都—资阳—内江—重庆	0.51	2	2	64.68%
		广元—绵阳—德阳—成都—乐山—眉山	0.65	1	3	38.49%
京津冀城市群		北京—廊坊—天津	0.22	2	0	64.94%
		北京—保定—石家庄	0.54	1	2	48.46%
		石家庄—天津—唐山	0.75	1	2	44.91%
珠三角城市群		广州—深圳	0.39	2	0	56.59%
		广州—佛山—中山—珠海	0.43	2	0	77.84%
		肇庆—佛山—广州—东莞—惠州	1.03	2	3	60.62%

续表

城市群	示意图	空间发展轴	城市群空间发展轴指标			
			轴线长度与城市群空间长度比例	城市数量		经济发展贡献比例
				核心城市	二级城市	
长三角城市群核心区域		六安—合肥—南京—滁州—镇江—扬州—泰州	0.76	2	5	20.82%
		南京—马鞍山—芜湖—铜陵—池州—安庆	0.51	1	3	11.92%
		上海—嘉兴—杭州	0.33	2	1	28.25%
		南通—上海—宁波	0.53	1	2	28.80%
		南京—常州—苏州—无锡—上海	0.57	2	3	46.33%

数据来源：2014年各省市统计年鉴、统计公报。

由表4.21可知，关中城市群的轴线是一条覆盖东西方向主要城市的带状结构；成渝城市群包括依托核心城市间以及核心城市向外放射的两条主轴线；京津冀城市群的空间发展轴线围绕三个核心城市形成，基本呈三角形状分布；珠三角城市群城市间发展较均衡，发展轴线覆盖多数二级城市节点，包括一条东西方向的主轴以及连通核心城市的两条南北向放射轴线；长三角城市群的规模大、城市发展不均衡，其中南北部边缘区域的城市发展较为落后，经济发展主要集中在中部核心区域，具体涵盖以上海、杭州为中心的子区域和以南京、合肥为中心的子区域两部分，各个子区域内围绕核心城市分别形成了不同等级、不同规模的发展轴线，区域间形成了连接上海和南京的主轴线，从整个区域上，已形成的轴线呈现一定的网络特征。

依托城市群空间发展轴分布形态，分析发展轴的规模等级与发展潜力，可以确定城市群城际客流通道走向，为城际铁路线网运输通道、骨干线路等各层次规划奠定基础。同时，合理规划城际铁路，刺激新的空间发展轴形成，对引导城市群空间结构进一步演进有着重要意义。

4.3.2 城市群空间结构演化模式及特征

城市群空间结构演化是一个复杂的动态过程，受地理、经济等主客观等因素以及各级规划的影响，城市群演化机制不尽相同。随着城市群的发展，城市节点增长到一定水平，各级节点尤其是核心节点间的经济联系集聚程度增强，形成层级特点的城市群空间发展轴，由城市节点演化带动发展轴演化，从而引导整个城市群空间结构的演化，达到城市群发展的新阶段。

根据城市群空间组织理论，由单中心向多中心转变、由轴向拓展向网络化拓展是城市群空间发展的主要趋势。基于其地理区位特征、产业布局、经济发展格局的分布特点，综合考虑城市群发育程度以及其各层次城市节点的发展潜力，本节将城市群演化类型分为"全局"演化和"局部+全局"两种。

城市群节点生长机制、连接机制等共同决定了城市群空间结构的演化特征。城市群空间结构的"全局"演化模式表现为城市群范围内各级节点的生长机制和连接偏好趋势相同，各层次关联度较大且变化相对稳定，一般用于描述单中心城市群或城市节点间差距较小的多中心城市群空间结构。"局部+全局"演化模式通常描述各等级城市之间差异性较大的多中心城市群的空间结构演化。此类演化模型的城市群内存在地位较突出的核心节点，围绕核心节点形成一定规模的局域世界，局域世界内的节点相互联系，并且局域之间也按一定的规则相互连接，充分体现城市群内部的区域异质性。全局优选连接机制仅在局域范围内产生作用，即网络生长的优选机制随着不同的核心城市的发育特征而不同。

本章选取空间形态不同的几个典型城市群进行分析，考虑其空间布局形态，研究其空间结构演化的差异性。各城市群结构的演化类型以及演化过程如表4.22所示。

表 4.22 城市群空间结构演化特征对比

城市群名称	城市群特点	演化类型	空间结构演化特征
关中	核心节点地位突出，节点之间差距较大，空间向点轴式发展	全局	核心节点以及两个重要节点成为基础结构的中心并且相互连接，每一层次的新增节点都倾向与几个重要节点连接，形成三个层次的放射状结构，距离因素主导的关联度影响较小
成渝	两个核心节点发展水平高，形成独立的影响范围，对周围节点的影响力度较均等	局部+全局	两个核心节点成为主要连接中心，第一层次的新增节点在空间分布及核心节点的影响下与其中一个重要节点连接，形成两个独立的放射状结构，整体呈轴向分布；其余两个层次连接关系的形成受核心节点的经济作用和节点间的关联度双重影响
京津冀	核心节点的地位不是特别突出，节点之间连接的层次明显	局部+全局	两个核心节点成为前两个层次的连接中心，新增节点首先与核心节点建立连接关系，形成不同层次的放射状结构；第三层次节点间的连接优先发生在关联度较大的节点之间，整个结构呈多三角型结构分布
长三角	核心节点多，围绕核心节点形成不同规模、不同发育程度的组团，网络化特征明显	局部+全局	存在多个组团结构，空间结构的形成是多个局域的综合结果，基础结构围绕各核心节点展开，核心节点间保持紧密连接；各核心节点存在各自的局域世界，内部各节点按照经济吸引和关联强度两个连接机制进行关联，形成不同层次的圈层结构
珠三角	节点差异小，空间分布集中，节点间联系紧密，区域均衡发展	全局	节点之间的关联度较大，第一层次联系主要围绕核心节点展开，其他层次节点之间的连接机制则遵循关联度大的节点间优先连接，第三层次结构呈环状分布，整体网络化程度较高

其中，珠三角城市群表现为典型的全局演化类型；关中城市群结构主要为轴向的全局演化类型；由于空间区位及经济发展强度的影响，成渝城市群和长三角内部各组团差

距较大,故为"局部+全局"的演化类型;京津冀城市群的演化特征向"局部+全局"的方式转变,但是局域的演化特征不明显。

城市群空间结构的演化是经济空间和地理空间相互作用耦合的结果,也是城际铁路线网不同阶段时空布局的基础。深入剖析不同城市群的空间结构演化模式,以其分异特征作为城际铁路布局调整及优化的基本准则,同时指导城际铁路建设时序相关研究的进行。

4.4 典型城市群空间分形研究

如前文城市群地域结构理论所述,城市群空间结构具有分形特征,亦即城市群的空间分布具有明显的无标度特征。城市群空间分形能够反映出各城市群空间结构与等级结构。其中空间结构分形包含城市群空间集聚形态分形、城市群交通网络分形;等级结构分形则主要为城市群人口规模分布分形。

4.4.1 城市群空间分形理论方法

4.4.1.1 城市群人口规模分布分形理论

城市群人口规模分布分形特征是指城市群人口规模分布序列中的自相似性,一般用Zipf分布模型来描述。Zipf分布模型[20]如下所示:

$$P(k) = P_1 k^{-q} \tag{4.2}$$

式中,$P(k)$ 为第 k 位城市的人口数目;k 为城市位序,相当于人口大于 $P(k)$ 的城市数目;P_1 为城市群区域范围内最大城市人口数目;q 为 Zipf 维数,与城市群人口规模分布的集中或分散程度有关。具体地,①当 $q = 1$ 时,表示最大城市与最小城市人口数目之比恰好是整个城市群的城市数目,该城市群人口规模分布情况最优;②当 $q < 1$ 时,表示城市群区域范围内城市规模分布较为集中,中间位序的城市发育较多,人口分布显得比较均衡;③当 $q > 1$ 时,表示城市群区域范围内城市规模分布较为分散,人口分布差异较大,首位城市的垄断地位较强;④当 q 趋于零时,表示城市群区域范围内的所有城市一样大;⑤当 q 趋于无穷大时,表示城市群区域范围内仅存在一个城市[20]。

从城市群人口规模分布分形理论模型中可以看出,Zipf 维数 q 的计算结果可直观反映出城市群区域范围内各城市位序—规模分布情况,指出城市群内各城市发育程度,并以此为依据划分城市群内人口规模分布层次。除此之外,上述分析得到的结果还可以有针对性地指导城市群城际铁路线网规划,进一步完善城市群城镇体系结构。

4.4.1.2 城市群空间结构分形理论

城市群空间结构分形理论主要包含城市群集聚分形理论、城市与交通网络分形理论两部分。

1. 城市群集聚分形理论

城市群集聚分形特征可突出反映城市群区域范围内的"核心—边缘"关系或空间集散

程度等,一般采用空间集聚维数 D 表示。具体计算公式如下:

$$N(r) = N_1 r^D$$

$$r = R(s) \equiv \left(\frac{1}{s}\sum_{i=1}^{s} r_i^2\right)^{1/2} \qquad (4.3)$$

式中,$N(r)$ 为城市数目;N_1 为比例系数,在理论上等于 r 取 1 时的城市群区域范围内的城市数目,r 为回转半径;r_i 为第 i 个城市到重心位置的距离(简称重心距);s 为度量半径范围内的城市数目。其中,空间集聚维数 D 的取值表示城市群城市分布状态。具体而言,① 当 $D = 2$ 时,表明城市沿着半径方向的均匀分布。D 值越接近于 2,表明城市分布越均匀。② 当 $D < 2$ 时,表明城市沿着半径方向呈凝聚状态分布。此时城市群在空间形态上具有向心特征。③ 当 $D > 2$ 时,表明城市沿着半径方向呈离散状态分布,此时城市群在空间形态上具有离心特征[21]。

从该理论可知,城市群集聚维数 D 一定程度上揭示了城市群整体空间分布形态。而该形态也正是城市群城际铁路线路走向判定的重要依据之一,可有效指导城市群城际铁路线网布局规划。

2. 城市与交通网络分形理论

城市与交通网络分形特征是用来表征城市群区域范围内各城市间交通网络的通达性,即城市群内城市间的关联程度,一般用空间关联维数 D_s 定量描述。通常,$1 \leqslant D_s \leqslant 2$。当 D_s 趋近于 1 时,表示城市群各要素集中到某一地理线上,如河流、铁路、海岸等;当 D_s 趋近于 2 时,表示城市群空间分布均匀,以任意一个城市为中心,其城镇分布密度皆为均匀变化。另外,为直观反映城市群内交通网络的发育程度,定义参数 ω 来表示

$$\omega = 1 - \left|1 - \frac{D_t}{D_b}\right| \qquad (4.4)$$

式中 D_t 与 D_b 均属于空间关联维数的范畴,差别在于 D_t 是基于实际交通距离(一般用铁路里程或公路里程表示)的空间关联维数,反映时间空间;D_b 是基于直线距离的空间关联维数,反映现实空间。因 D_t 与 D_b 均介于 1~2 间,故 ω 的取值范围为 0~1,当 ω 接近于 1 时,表明城市群内城市间的连接程度最好。

从城市与交通分形理论中可知,城市群内城市间连接程度的好坏可直接由 ω 计算得出。若运用在城市群城际铁路线网规划中,则可通过对城市群内既有高速铁路网络发育程度的分析,依据城际铁路与高速铁路的关系,间接得到城市群城际铁路规划的相关指导依据。

4.4.2 典型城市群分形实证

4.4.2.1 城市群人口规模分布分形

城市群人口规模分析一般选用常住人口或城镇人口指标,这样可直接支撑城市位序—

规模分布规律的研究。为简化计算，将公式（4.2）两边取对数，可得：

$$\ln P(k) = A - q \ln k \tag{4.5}$$

式中 A 为常数；Zipf 维数 q 是将点列（$\ln k$，$\ln P(k)$）通过 Excel 散点作图，用线性回归进行模拟计算得到。借助公式（4.5），对各典型国内城市群城市人口规模分布分形特征分析如下。

1. 长三角城市群

长三角城市群 26 个城市城镇人口规模结构及其规模分布双对数坐标图分别如表 4.23、图 4.7 所示。

表 4.23 长三角城市群 26 个城市的城镇人口数（2014 年）

城市	序号 k	城镇人口数 $P(k)$/万人	城市	序号 k	城镇人口数 $P(k)$/万人
上海	1	1 299.5	宁波	14	217.73
苏州	2	784.17	镇江	15	211.31
南京	3	664.85	滁州	16	190.48
合肥	4	532.00	绍兴	17	164.00
无锡	5	484.06	嘉兴	18	160.98
南通	6	446.27	马鞍山	19	142.43
盐城	7	422.82	宣城	20	126.90
杭州	8	404.27	台州	21	114.13
常州	9	322.64	金华	22	109.93
泰州	10	279.01	湖州	23	94.84
扬州	11	274.05	池州	24	71.64
安庆	12	226.87	铜陵	25	58.08
芜湖	13	219.55	舟山	26	36.90

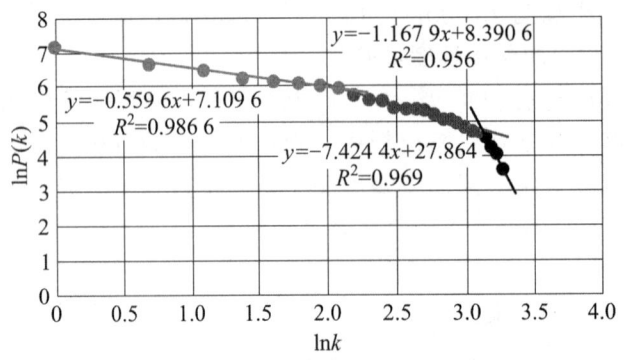

图 4.7 长三角城市群城市位序-规模分布 1

从图 4.7 中可看出，对于长三角城市群，其点列（$\ln k$，$\ln P(k)$）在坐标图中不能完全形成一条直线，而是大致形成三条直线段，分别对三段点列进行线性回归，可获得前段的 Zipf 维数 $q = 0.559\ 6$，复相关系数 $R^2 = 0.986\ 6$；中段的 Zipf 维数 $q = 1.167\ 9$，复相关系数 $R^2 = 0.956$；后段点列的 Zipf 维数 $q = 7.424\ 4$，复相关系数 $R^2 = 0.969$。而若考虑全段线性回归（图 4.8）可发现，其 Zipf 维数 $q = 0.930$，复相关系数 $R^2 = 0.868\ 6$。

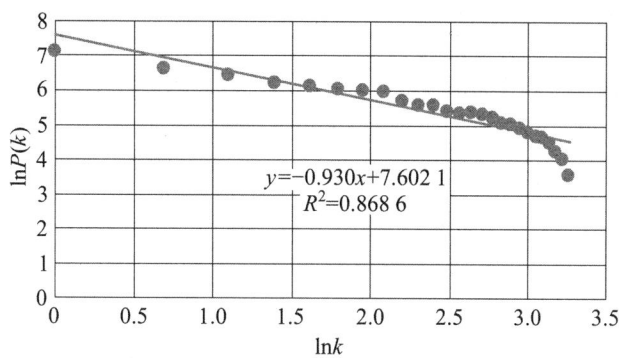

图 4.8　长三角城市群城市位序—规模分布 2

整理上述 Zipf 维数值 q，如表 4.24 所示。

表 4.24　长三角城市群城市规模分布的 Zipf 维数（2014 年）

点列分段	前段	中段	后段	全段
回归点数	8	14	4	26
q 值	0.559 6	1.167 9	7.424 4	0.930 0
R^2 值	0.986 6	0.956	0.969	0.868 6

从表 4.24 中可看出，长三角城市群城市人口规模分布呈现出三个层次，第一层次为城镇人口在 400 万以上的前 8 位城市；第二层次为城镇人口在 100 万～400 万间的中间 14 位城市；第三层次则是城镇人口在 100 万以下的后 4 位城市。长三角城市群城市规模结构是由该三个层次的特征构成。具体而言，从全段 Zipf 维数 q 的角度出发，全段点列分维值，$q = 0.930\ 0 < 1$，说明长三角城市群城市规模分布较为集中，中间位序的城市发育较多，人口分布显得比较均衡。孤立看每一层次，第一层次的城市规模分布 Zipf 维数 q（<1）远高于第二、三层次的城市群城市规模分布的 Zipf 维数，突出表现为该 8 位城市相对于其他城市而言具有较强的核心力，且城市规模分布较为集中，发展较为均衡，有多中心发展特征。第二层次的城市规模 Zipf 维数 q 为 1.167 9，大于 1，其人口分布较为分散，受第一层次的影响较小。第三层次的城市规模 Zipf 维数 q 远大于 1，表现为后续城市规模较小，各城市发展迟缓，未能较好地接受中心城市的核心辐射作用。

2. 珠三角城市群

珠三角城市群 9 个城市城镇人口规模结构及其规模分布双对数坐标图分别如表 4.25、图 4.9 所示。

表 4.25　珠三角城市群 9 个城市的城镇人口数（2014 年）

城市	序号 k	城镇人口数 $P(k)$ / 万人	城市	序号 k	城镇人口数 $P(k)$ / 万人
广州	1	1 117.47	江门	6	289.63
深圳	2	1 077.89	中山	7	281.18
东莞	3	740.95	肇庆	8	177.62
佛山	4	697.50	珠海	9	141.84
惠州	5	316.68			

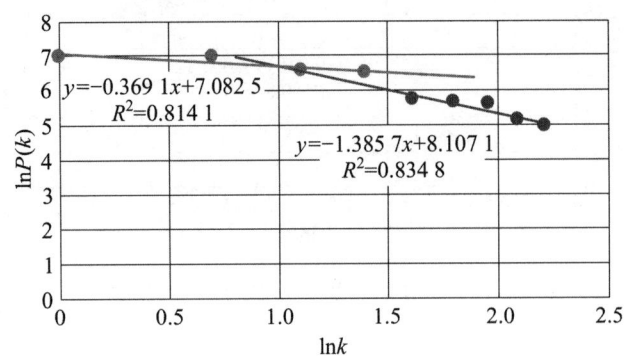

图 4.9　珠三角城市群城市位序-规模分布 1

从图 4.9 中可看出，对于珠三角城市群，其点列（$\ln k$，$\ln P(k)$）在坐标图中不能完全形成一条直线，而是大致形成两段直线，分别对两段直线点列进行线性回归，可得到前段的 Zipf 维数 $q = 0.369\ 1$，复相关系数 $R^2 = 0.814\ 1$；后段的 Zipf 维数 $q = 1.385\ 7$，复相关系数 $R^2 = 0.834\ 8$；而若考虑全段线性回归（图 4.10）可发现，其 Zipf 维数 $q = 0.987\ 8$，复相关系数 $R^2 = 0.854\ 9$。

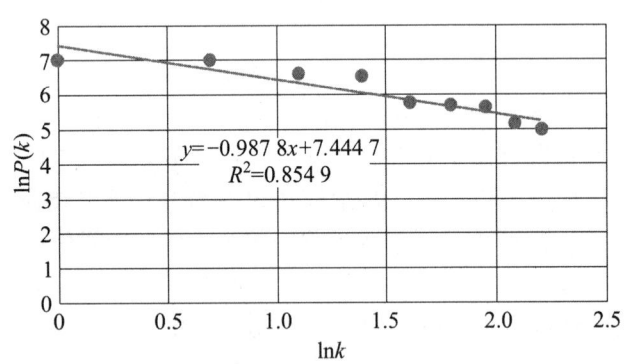

图 4.10　珠三角城市群城市位序-规模分布 2

整理上述 Zipf 维数值 q，如表 4.26 所示。

表 4.26　珠三角城市群城市规模分布的 Zipf 维数（2014 年）

点列分段	前段	后段	全段
回归点数	4	5	9
q 值	0.369 1	1.385 7	0.987 8
R^2 值	0.814 1	0.834 8	0.854 9

从表 4.26 中可看出，珠三角城市群的城市规模分布呈现出两个层次，第一层次为城镇人口在 600 多万以上的前 4 位城市（广州、深圳、东莞、佛山）；第二层次为城镇人口在 100 万~400 万间的后 5 位城市（惠州、江门、中山、肇庆、珠海）。其中从图 4.9 中可明显看出，第一层次与第二层次出现明显的断层。珠三角城市群城市规模结构由该两个层次的特征构成。具体而言，孤立看每一层次，第一层次的城市位序规模 Zipf 维数值 $q = 0.369\ 1 \ll 1$，城市规模分布集中度高，其发展具有极为显著的均衡性，珠三角城市群呈现多中心发展特征。而第二层次的城市位序规模分布 Zipf 维数值 $q = 1.385\ 7 > 1$，表明后 5 位城市分布较为分散，受第一层次的影响较小。中间断层则进一步说明珠三角城市体系结构不够完善。从全段 Zipf 维数值 q 的角度出发，全段点列 Zipf 维数值 $q = 0.987\ 8 < 1$，说明珠三角城市群整体上人口分布较为均衡，且前 4 位城市中仅有一位城市（广州）位于全段模拟出的趋势线下方，进一步说明现阶段珠三角城市群中广州的核心地位在前 4 位城市中处于最高水平。

3. 成渝城市群

成渝城市群 16 个城市城镇人口规模结构及其规模分布双对数坐标图如分别如表 4.27、图 4.11 所示。

表 4.27　成渝城市群 16 个城市的城镇人口数（2014 年）

城市	序号 k	城镇人口数 $P(k)$/万人	城市	序号 k	城镇人口数 $P(k)$/万人
重庆	1	1782.87	内江	9	165.02
成都	2	1015.26	乐山	10	149.27
南充	3	268.74	遂宁	11	146.43
绵阳	4	220.43	资阳	12	135.50
达州	5	217.83	自贡	13	128.01
宜宾	6	196.01	眉山	14	120.96
泸州	7	190.57	广安	15	115.72
德阳	8	165.96	雅安	16	63.75

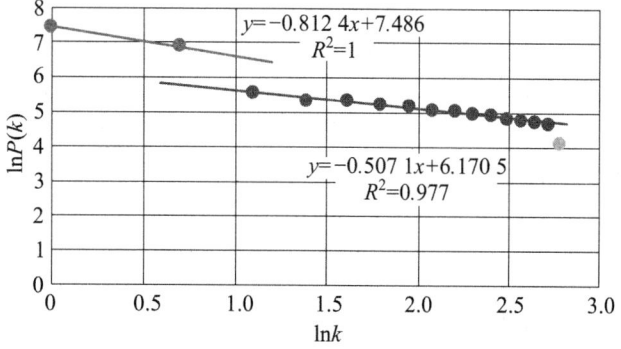

图 4.11　成渝城市群城市位序-规模分布 1

从图 4.11 中可看出，对于成渝城市群，其点列（$\ln k$，$\ln P(k)$）在坐标图中不能完全形成一条直线，而是大致形成两条直线段和一个孤立的点，分别对两段点列进行线性回归，可获得前段的 Zipf 维数 $q = 0.812\ 4$，复相关系数 $R^2 = 1$；后段点列的 Zipf 维数 $q = 0.507\ 1$，复相关系数 $R^2 = 0.977$。而若考虑全段线性回归（图 4.12）可发现，其 Zipf 维数 $q = 0.977\ 5$，复相关系数 $R^2 = 0.893\ 2$。

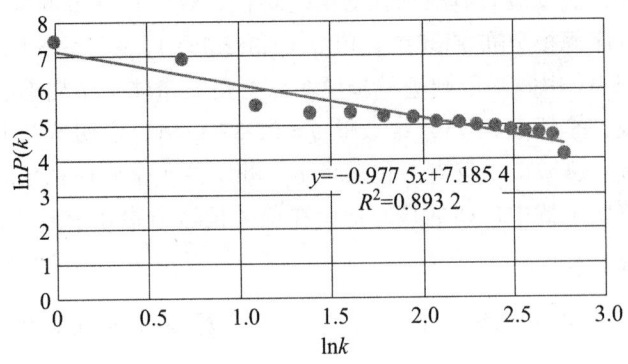

图 4.12　成渝城市群城市位序-规模分布 2

整理上述 Zipf 维数值 q，如表 4.28 所示。

表 4.28　成渝城市群城市规模分布的 Zipf 维数（2014 年）

点列分段	前段	中段	后段	全段
回归点数	2	13	1	16
q 值	0.812 4	0.507 1	—	0.977 5
R^2 值	1	0.977	—	0.893 2

从表 4.28 中可看出，成渝城市群城市规模分布呈现出三个层次：第一层次为城镇人口在 1 000 万以上的前 2 位城市（重庆、成都）；第二层次为城镇人口在 100 万 ~ 300 万间的中间 13 位城市；第三层次为城镇人口在 100 万以下的 1 位城市（雅安）。其中，从图 4.11 可以明显看出，成渝城市群人口规模分布出现两次断层，城市发育程度差异明显。具体而言，从全段 Zipf 维数值 q 的角度出发，全段点列 Zipf 维数值 $q = 0.977\ 5 < 1$，说明成渝城市群从整体上城市规模分布较均衡。而孤立看每一层次，第一、二层次的城市位序规模分布 Zipf 维数值均小于 1，说明城市规模分布较为集中。且第二层次的 Zipf 维数值较第一层次的 Zipf 维数值低，则说明第二层次城市规模分布集中度更高。而对于第三层次，由于与第二层次断层，仅为孤立的点，说明该城市规模较小，发展迟缓，未能有效受到核心城市的经济辐射作用。

4. 关中城市群

关中城市群 9 个城市城镇人口规模结构及其规模分布双对数坐标图如表 4.29、图 4.13 所示。

表 4.29　关中城市群 9 个城市的城镇人口数（2014 年）

城市	序号 k	城镇人口数 $P(k)$／万人	城市	序号 k	城镇人口数 $P(k)$／万人
西安	1	626.44	铜川	6	52.58
咸阳	2	236.59	兴平	7	32.37
渭南	3	202.31	韩城	8	25.41
宝鸡	4	179.52	华阴	9	14.05
商洛	5	107.03			

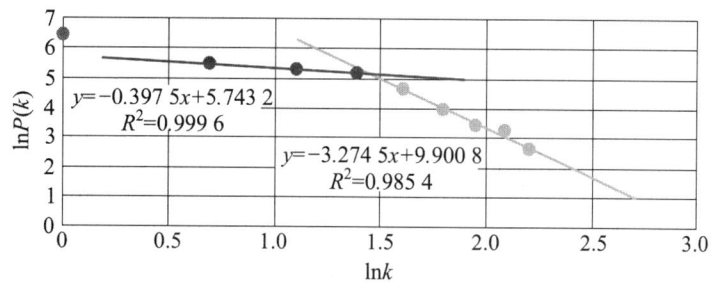

图 4.13　关中城市群城市位序-规模分布 1

从图 4.13 中可看出，对于关中城市群，其点列（$\ln k$，$\ln P(k)$）在坐标图中不能完全形成一条直线，而是大致形成两条直线段和一个孤立的点，分别对两段点列进行线性回归，可获得前段的 Zipf 维数 $q = 0.3975$，复相关系数 $R^2 = 0.9996$；后段点列的 Zipf 维数 $q = 3.2745$，复相关系数 $R^2 = 0.9854$。而若考虑全段线性回归（图 4.14）可发现，其 Zipf 维数 $q = 1.6244$，复相关系数 $R^2 = 0.892$。

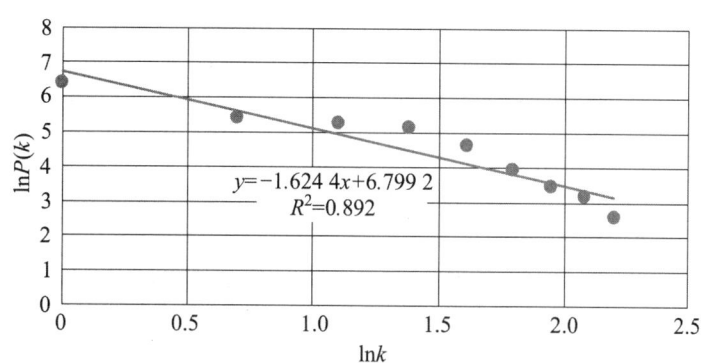

图 4.14　关中城市群城市位序-规模分布 2

整理上述 Zipf 维数值 q，如表 4.30 所示。

表 4.30　关中城市群城市规模分布的 Zipf 维数（2014 年）

点列分段	前段	中段	后段	全段
回归点数	1	3	5	9
q 值	—	0.3975	3.2745	1.6244
R^2 值	—	0.9996	0.9854	0.892

从表 4.30 中可看出，关中城市群的城市规模分布呈现出三个层次：第一层为城镇人口在 600 万以上的首位城市西安；第二层次为城镇人口在 170 万～250 万间的中间 3 位城市；而第三层次为 100 万附近及以下的后续 5 位城市。其中从图 4.13 可看出，第一层次与第二层次间出现明显断层。关中城市群城市规模结构由该三个层次的特征构成。具体而言，孤立看每一层次，第一层次为孤立的城市西安，其规模远远高于第二层次与第三层次。第二层次的城市位序规模分布 Zipf 维数值 $q = 0.3975$，远远小于 1，显示出关中城市群中咸阳、渭南、宝鸡三市发展极具有均衡性，未来有发展成为中心城市的趋势。而第三层的城市位序规模分布 Zipf 维数值 $q = 1.6244 > 1$，表明该层次的城市规模分布较为分散，差异性较大。

5. 总 结

从上述分析可以看出，各典型城市群规模分布均呈现出层次性特征。

（1）长三角城市群城市规模分布呈现出三层次。其中，第一层次为上海、苏州、南京、合肥、无锡、南通、盐城、杭州，其城市规模分布较为集中，各城市发展均衡，具备多中心发展特征；第二层次为常州、泰州、扬州、安庆、芜湖、宁波、镇江、滁州、绍兴、马鞍山、宣城、台州、金华，其城市规模分布较为分散，受第一层次的影响较小；第三层次为湖州、池州、铜陵、舟山，其城市规模较小，各城市发展迟缓，未较好受到中心城市的经济辐射作用。而从全局上看，长三角城市群城市规模分布集中，中间位序的城市发育程度较高，人口分布显得较为均衡。

（2）珠三角城市群城市规模分布呈现出两个层次，且层次间出现断层。其中，第一层次为广州、深圳、东莞、佛山，其城市规模分布集中，且各城市发展极具有均衡性，具备多中心发展特征；第二层次为惠州、江门、中山、肇庆、珠海，其城市规模分布较为分散，受第一层次的影响较小。而从全局上看，珠三角城市群城市规模分布较为集中，人口分布显得较为均衡。

（3）成渝城市群城市规模分布呈现出三个层次，且层次间出现断层。其中，第一层次为重庆与成都，其城市规模分布略为集中，两市发展具有均衡性，具备多中心发展特征；第二层次为南充、绵阳、达州、宜宾、泸州、德阳、内江、乐山、遂宁、资阳、自贡、眉山以及广安，其城市规模分布集中度较第一层次高，但由于与第一层次断层，其人口规模较小；第三层次为雅安，其城市规模较小，发展迟缓，受第一层次的影响小。但从全局上看，成渝城市群城市规模分布较为集中，中间位序的城市发育较多，人口分布显得较为均衡。

（4）关中城市群城市规模分布呈现出三个层次，且第一层次与第二层次出现断层。其中，第一层次为西安，城市规模较大，是该城市群的中心城市。第二层次为咸阳、渭南、宝鸡，其城市规模分布集中，且各城市发展极具有均衡性，未来有发展成为中心城市的趋势；第三层次为铜川、兴平、韩城、华阴，其城市规模分布较为分散，差异性较大。而从全局上来看，关中城市群城市规模分布分散，人口分布差异较大，首位城市的垄断地位较强。

4.4.1.2 典型城市群空间结构分形

1. 典型城市群集聚分形

采用 ArcGIS Desktop 地理信息软件，可确定各城市群规划区域的重心及各节点坐标。

（1）长三角城市群。

计算长三角城市群回转半径 $R(s)$。由于直观判断幂函数关系散点图无标度区要难于线性关系散点图无标度区，因此利用变换关系，将幂函数拟合方程 $R(s)=as^{1/D}$ 转换成线性拟合方程 $\ln R(s)=1/D\ln s+b$ 的形式，具体如表 4.31 所示。

表 4.31　长三角城市群各节点与重心距离及回转半径

s	城市	r_i	$R(s)$	$\ln s$	$\ln R(s)$	s	城市	r_i	$R(s)$	$\ln s$	$\ln R(s)$
1	常州市	60 433	60 433	0	11.009 29	14	南通市	137 949	108 224	2.639 057	11.591 96
2	湖州市	64 361	62 428	0.693 147	11.041 77	15	绍兴市	168 564	113 251	2.708 05	11.637 36
3	无锡市	68 443	64 495	1.098 612	11.074 35	16	滁州市	168 675	117 484	2.772 589	11.674 06
4	苏州市	91 898	72 326	1.386 294	11.188 94	17	上海市	171 736	121 348	2.833 213	11.706 42
5	宣城市	94 333	77 231	1.609 438	11.254 55	18	铜陵市	179 000	125 249	2.890 372	11.738 06
6	镇江市	101 570	81 792	1.791 759	11.311 93	19	池州市	217 970	131 766	2.944 439	11.788 78
7	南京市	117 069	87 704	1.945 91	11.381 73	20	合肥市	232 000	138 511	2.995 732	11.838 71
8	马鞍山市	119 503	92 281	2.079 442	11.432 59	21	盐城市	233 367	144 448	3.044 522	11.880 67
9	嘉兴市	120 369	95 809	2.197 225	11.470 11	22	宁波市	240 805	150 175	3.091 042	11.919 56
10	扬州市	121 658	98 699	2.302 585	11.499 83	23	金华市	243 151	155 379	3.135 494	11.953 62
11	芜湖市	121 681	101 005	2.397 895	11.522 92	24	安庆市	263 551	161 340	3.178 054	11.991 27
12	杭州市	121 714	102 890	2.484 907	11.541 41	25	舟山市	274 090	167 315	3.218 876	12.027 64
13	泰州市	133 822	105 591	2.564 949	11.567 33	26	台州市	339 127	177 034	3.258 097	12.084 1

将对数点列绘制在双对数坐标图中，如图 4.15 所示。

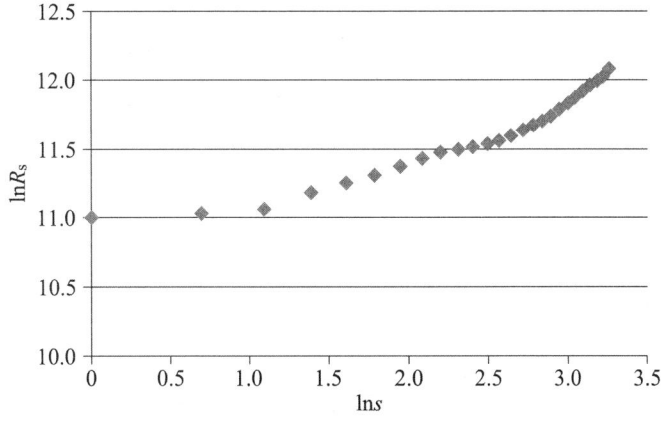

图 4.15　回转半径与城市数目的双对数散点

通过观察点列的绘制结果，可以发现点列具有无标度区的存在，无标度范围是 $i=3\sim 16$，借助最小二乘法对无标度区点列进行线性回归，可以算得随机集聚的分维数值。线性拟合结果和分维结果，如图 4.16 所示。

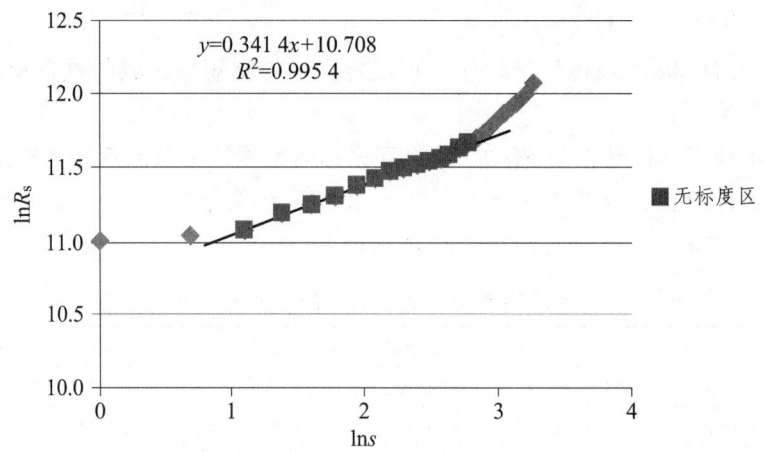

图 4.16　长三角城市群回转半径与城市数目双对数散点的线性拟合与分维

通过回归线性拟合，得到 $\ln R(s) = 0.341\,4\ln s + 10.708$，$R^2 = 0.995\,4$，集聚维数 $D = 1/0.341\,4 = 2.929\,1 > 2$，分维测算的无标度区为 $3 \sim 16$，覆盖范围相对狭窄，点列分布的对数线性状态一般，无标度区外点列向上偏离于拟合直线，表明长三角城市群主要城市整体上围绕区域重心大致均匀散开，但远离重心的外围城市呈现较强离散分布特征。

（2）成渝城市群。

计算成渝城市群回转半径如表 4.32 所示。

表 4.32　成渝城市群各节点与重心距离、回转半径及对数点列

s	城市	r_i	$R(s)$	$\ln s$	$\ln R(s)$	s	城市	r_i	$R(s)$	$\ln s$	$\ln R(s)$
1	遂宁市	41 044.7	41 045	0	10.622 42	9	眉山市	141 414	103 771	2.197 225	11.549 94
2	资阳市	57 072.32	49 709	0.693 147	10.813 94	10	重庆市	150 323.2	109 322	2.302 585	11.602 05
3	内江市	88 257.43	65 144	1.098 612	11.084 36	11	广安市	154 580.2	114 180	2.397 895	11.645 53
4	南充市	99 114.12	75 091	1.386 294	11.226 46	12	乐山市	163 179.4	119 036	2.484 907	11.687 18
5	成都市	109 147.3	83 028	1.609 438	11.326 93	13	泸州市	167 009.2	123 390	2.564 949	11.723 11
6	德阳市	112 376.7	88 597	1.791 759	11.391 85	14	宜宾市	185 204.6	128 793	2.639 057	11.765 96
7	自贡市	117 299.1	93 240	1.945 91	11.442 93	15	雅安市	214 683.1	136 215	2.708 05	11.821 99
8	绵阳市	126 735.6	98 055	2.079 442	11.493 28	16	达州市	241 435.5	145 045	2.772 589	11.884 8

将点列绘制在双对数坐标图中，并进行无标度区的判断和线性拟合，结果如图 4.17 所示。

从坐标图和计算结果来看，无标度区取 $i = 3 \sim 15$，分维测算的无标度区覆盖范围较好，无标度区外的点稍微偏离于拟合直线，对数点列分布的线性状态良好，分维值 $D = 1/0.436\,3 = 2.292 > 2$，表明成渝城市群主要城市在区域内分布较均匀，围绕区域重心均匀散开，呈现弱离散分布特征。

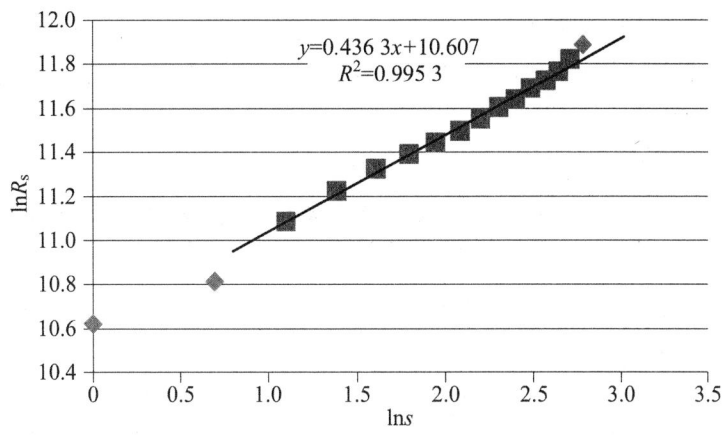

图 4.17 成渝城市群回转半径与城市数目双对数散点的线性拟合与分维

（3）珠三角城市群。

计算珠三角城市群回转半径如表 4.33 所示。

表 4.33 珠三角城市群各节点与重心距离、回转半径及对数点列

s	城市	r_i	R_s	$\ln s$	$\ln R_s$	s	城市	r_i	R_s	$\ln s$	$\ln R_s$
1	中山市	27 875	27 875	0	10.235 5	6	深圳市	82 359	53 663	1.791 759	10.890 48
2	江门市	44 755	37 283	0.693 147	10.526 29	7	惠州市	105 928	63 806	1.945 91	11.063 61
3	东莞市	45 500	40 209	1.098 612	10.601 84	8	肇庆市	113 815	71 983	2.079 442	11.184 19
4	佛山市	49 584	42 746	1.386 294	10.663 03	9	广州市	113 815	77 751	2.197 225	11.261 27
5	珠海市	56 447	45 815	1.609 438	10.732 37						

将对数点列绘制在双对数坐标图中，并进行无标度区的判断和线性拟合，结果如图 4.18 所示。

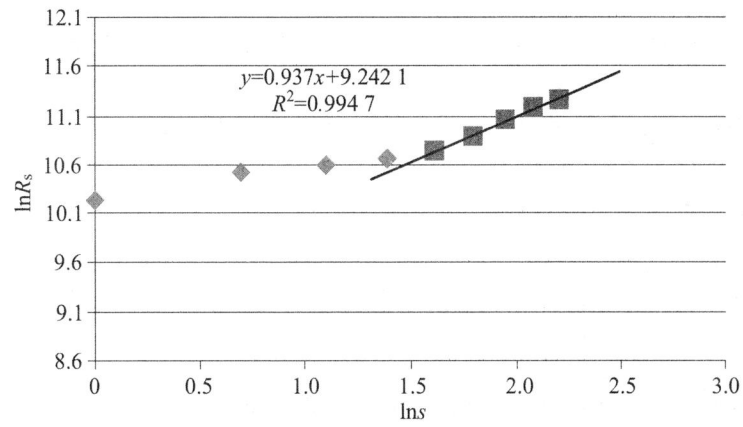

图 4.18 珠三角城市群回转半径与城市数目双对数散点的线性拟合与分维

可以观察到，无标度区取 $i = 5\sim9$。从坐标图和计算结果来看，分维测算的无标度区覆盖范围狭窄，对数点列分布的线性状态较差，无标度区外的点向上偏离于拟合直线，说明靠近区域

重心的若干城市在一定范围内远离重心呈聚集分布。由于分维值 $D = 1/0.927 = 1.0787 < 2$，可以认为珠三角城市群主要城市在区域内分布呈集聚状态，城市体系形态具有向心特征。

（4）关中城市群。

计算关中城市群的回转半径如表 4.34 所示。

表 4.34　关中城市群各节点与重心距离、回转半径及对数点列

s	城市	r_i	$R(s)$	$\ln s$	$\ln R(s)$	s	城市	r_i	$R(s)$	$\ln s$	$\ln R(s)$
1	西安市	39 188	39 188	0	10.576 13	5	兴平市	61 250	47 892	1.609 438	10.776 7
2	咸阳市	42 597	40 928	0.693 147	10.619 58	6	华阴市	94 483	58 302	1.791 759	10.973 4
3	渭南市	43 208	41 702	1.098 612	10.638 3	7	韩城市	155 266	79 734	1.945 91	11.286 45
4	铜川市	49 994	43 922	1.386 294	10.690 17	8	宝鸡市	173 416	96 550	2.079 442	11.477 82

将点列绘制在双对数坐标图中，并进行无标度区的判断和线性拟合，结果如图 4.19 所示。

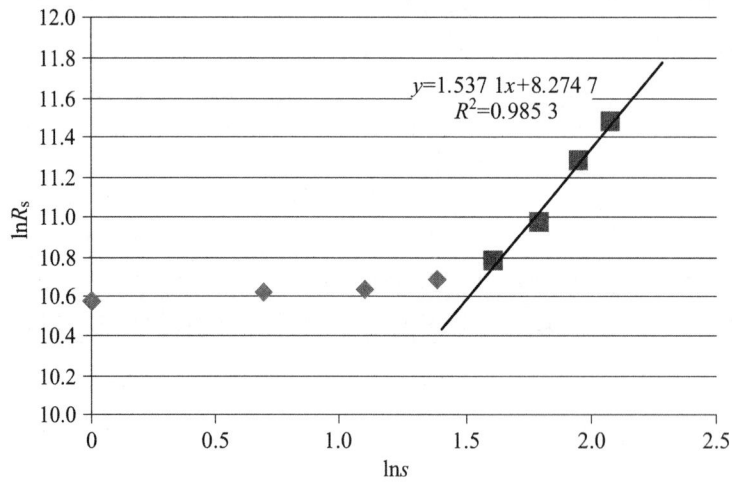

图 4.19　关中城市群回转半径与城市数目双对数散点的线性拟合与分维

可以看到，无标度区取 $i = 5 \sim 8$，分维测算的无标度区覆盖范围狭窄，对数点列分布的线性状态较差，无标度区外的点列向上偏离于拟合直线，并且回转半径数值相差较小，表明靠近区域重心的若干城市在一定范围内远离重心呈聚集分布。由于分维值 $D = 0.6506 < 2$，可知整体上关中城市群主要城市围绕重心在区域内呈集聚分布，城市体系形态整体上具有向心特征。

（5）总结。

长三角、成渝、珠三角和关中城市群城市集聚分形基于区域重心位置的分维、地理几何意义的分异对比，如表 4.35 所示。

2. 典型城市群城市体系分形与高速铁路网络分形实证

高速铁路是一种主要承担跨区域的中长途旅客运输的交通方式。在城市群城际铁路发展初期，部分高速铁路除了承担中长途客流运输，还有效替代城际铁路的功能，兼顾实现了城市群核心城市间以及核心城市与主要中心城市之间城际客流的运输。但是，随着城市群社会

表 4.35　城市群基于区域重心位置的分维及其地理几何意义

城市群		长三角	成渝	珠三角	关中
无标度区		3～16	3～15	5～9	5～8
分维 D		2.929 1 > 2	2.292 > 2	1.078 7 < 2	0.650 6 < 2
测定系数 R^2		0.995 4	0.995 3	0.994 7	0.985 3
标度特征		标度区相对狭窄	标度区范围适中	标度区范围狭窄	标度区狭窄
无标度区外点的特征	无标度区前	向上偏离于拟合直线	稍微向下偏离于拟合直线	向上偏离于拟合直线	向上偏离于拟合直线
	无标度区后	向上偏离于拟合直线	稍微向上偏离于拟合直线	—	—
地理几何意义		城市分布较均匀，外围城市呈现较强离散分布特征	城市在区域内分布较均匀，围绕区域重心均匀散开，呈现弱离散分布特征	靠近区域重心的若干城市在一定范围内远离重心呈聚集分布，城市体系形态具有向心特征	靠近区域重心的若干城市在一定范围内远离重心呈聚集分布，城市体系形态整体上具有向心特征
趋势强弱		长三角城市群空间结构的离散分布特征强于成渝城市群		珠三角城市群空间结构的集聚分布特征强于关中城市群	

经济的发展，城际客流需求显著增加，高速铁路的区域运输能力可能会存在不足；同时，城市群范围内的高铁线路仅覆盖主要城市节点，未能实现城市群各级城市节点的连通，故而在城市群发展的中后期时，高速铁路将无法充分满足快速增长的城市群城际客流的运输需求，这就需要根据城市群发展阶段适时合理的规划城际铁路，完善城市群城际铁路体系的建设。因此，本书深入分析了典型城市群高速铁路线网的发展特征及空间分布，为城市群城际铁路线网规划布局与建设时序等研究奠定了基础。

（1）长三角城市群。

① 交通网络发育度。

借助有关交通地图测算高速铁路连通的城市两两之间的高速铁路里程，借助城市分布图测得城市两两之间的直线距离，为了保证高速铁路网络分形分析结果的合理性，确定直线距离时，其起终点要与高速铁路线起终点尽量保持一致，这也是不采用前文各城市节点地理坐标确定城市间直线距离的原因所在。

长三角城市群 26 个节点城市之间的直线距离和高速铁路里程如表 4.36 和表 4.37 所示。

分别采用城市之间的直线距离和城际铁路线路里程度量城市分布规律。根据数据系列分布特征，度量步长取 30 km。直线距离的度量结果如表 4.38 所示。

表 4.36 长三角城市群 26 个城市之间的直线距离 km

城市	上海	南京	杭州	宁波	镇江	扬州	苏州	无锡	常州	盐城	南通	泰州	湖州	嘉兴	绍兴	金华	舟山	台州	合肥	滁州	芜湖	铜陵站	安庆	池州	宣城	马鞍山
上海	0																									
南京	254	0																								
杭州	145	230	0																							
宁波	149	351	137	0																						
镇江	208	62	224	324	0																					
扬州	228	70	251	349	23	0																				
苏州	69	186	127	193	147	168	0																			
无锡	212	162	150	218	107	127	41	0																		
常州	144	113	170	268	69	89	79	38	0																	
盐城	265	203	348	412	149	135	550	200	179	0																
南通	106	195	212	253	135	146	85	75	89	160	0															
泰州	194	127	255	331	63	61	146	109	83	97	97	0														
湖州	128	170	70	183	159	181	76	85	103	280	156	185	0													
嘉兴	280	237	77	125	203	225	65	101	136	296	145	210	72	0												
绍兴	143	266	38	94	266	289	146	177	205	377	230	285	109	85	0											
金华	282	328	219	202	344	366	264	283	299	478	349	382	199	214	136	0										
舟山	156	389	193	66	361	381	214	255	293	424	265	354	265	164	157	267	0									
台州	279	436	206	133	429	452	301	336	367	533	378	445	271	237	163	168	170	0								
合肥	387	143	328	461	202	200	318	285	251	315	335	261	281	350	374	380	512	522	0							
滁州	304	51	278	409	105	97	242	203	166	210	240	157	227	288	333	377	451	493	106	0						
芜湖	278	79	210	343	136	147	211	183	158	281	247	199	164	235	256	276	395	407	118	107	0					
铜陵	330	147	235	372	206	216	266	244	222	350	312	269	206	278	279	264	430	414	119	161	69	0				
安庆	412	147	303	436	290	298	349	330	244	430	398	353	285	355	343	295	498	458	151	229	155	87	0			
池州	367	193	260	395	252	262	305	286	267	396	356	315	241	310	301	264	456	423	142	203	116	47	44	0		
宣城	244	114	156	291	152	170	180	162	147	301	234	210	120	191	202	220	346	350	173	157	58	87	169	125	0	
马鞍山	269	40	222	355	103	110	204	171	139	243	226	167	172	239	274	308	403	430	114	69	41	107	188	153	88	0

注：该部分以及以下文的直线距离数据全部来源于地图出版社编制的《中国地图册（2015 年版）》测定。

表 4.37 长三角城市群 26 个城市之间的高速铁路线路里程

km

城市	上海	南京	杭州	宁波	镇江	扬州市	苏州	无锡	常州	盐城	南通	泰州	湖州	嘉兴	绍兴	金华	舟山	台州	合肥	滁州	芜湖	铜陵站	安庆	池州	宣城	马鞍山
上海	0																									
南京	279	0																								
杭州	159	256	0																							
宁波	314	411	155	0																						
镇江	230	64	389	544	0																					
扬州市	165	101	324	479	158	0																				
苏州	84	227	240	395	153	249	0																			
无锡	126	175	285	422	111	269	27	0																		
常州	165	146	324	479	72	230	84	39	0																	
盐城	M	M	M	M	M	M	M	M	M	0																
南通	338	284	497	652	331	173	422	442	403	M	0															
泰州	229	165	388	543	222	64	313	333	294	M	119	0														
湖州	243	185	71	226	242	286	311	338	314	M	459	350	0													
嘉兴	84	379	85	230	314	249	165	210	249	M	422	313	159	0												
绍兴	202	299	43	112	356	367	283	328	367	M	540	431	114	118	0											
金华	352	449	193	348	129	287	536	478	57	M	460	351	264	225	236	0										
舟山	M	M	M	M	M	M	M	M	M	M	M	M	M	M	M	M	0									
台州	448	563	289	152	602	613	550	582	631	M	786	677	378	382	246	482	M	0								
合肥	468	157	410	568	231	106	384	342	303	M	289	170	342	552	456	591	M	720	0							
滁州	354	59	315	470	124	160	189	246	189	M	333	224	244	438	358	508	M	622	99	0						
芜湖	279	15	490	432	89	116	242	200	266	M	289	180	200	415	314	640	M	560	40	30	0					
铜陵站	309	93	505	441	167	116	310	278	281	M	289	180	215	430	329	745	M	575	10	45	78	0				
安庆	381	155	567	503	134	178	382	340	403	M	351	242	277	492	391	717	M	637	82	107	140	62	0			
池州	366	150	561	498	224	173	377	335	447	M	346	237	272	487	386	712	M	632	77	102	135	57	5	0		
宣城	M	M	M	M	M	M	M	M	M	M	M	M	M	M	M	M	M	M	M	M	M	M	M	M	0	
马鞍山	284	10	266	421	47	111	232	158	119	M	284	175	195	350	309	176	M	555	30	25	10	20	82	77	M	0

注：该部分以及下文的高速铁路里程数据全部来源于《中国铁路地图集（2015年版）》。表中 M 代表高速铁路未连通的区域，下文同。

表 4.38　长三角城市群城市和高速铁路网络的空间关联数目

码尺	基于直线距离		基于高速铁路里程（2016）		码尺	基于直线距离		基于高速铁路里程（2016）	
	数目倍数	累积数目	数目倍数	累积数目		数目倍数	累积数目	数目倍数	累积数目
30	28	28	46	46	450	18	652	26	440
60	18	46	16	62	480	12	664	16	456
90	52	98	30	92	510	4	668	18	474
120	46	144	30	122	540	6	674	4	478
150	62	206	16	138	570	2	676	20	498
180	68	274	48	186	600	0	676	6	504
210	66	340	18	204	630	0	676	6	510
240	52	392	32	236	660	0	676	10	520
270	62	454	30	266	690	0	676	2	522
300	54	508	38	304	720	0	676	6	528
330	36	544	32	336	750	0	676	2	530
360	42	586	38	374	780	0	676	0	530
390	28	614	26	400	810	0	676	2	532
420	20	634	14	414					

注：码尺为度量步长的整数倍。

将度量所得的数据点以 $\ln r$ 为横坐标、$\ln N(r)$ 为纵坐标标绘在双对数坐标图上，如图 4.20（a）与（b）所示。

从图 4.20 可知长三角城市群城市和高速铁路网络的空间关联维数及其有关参数，如表 4.39 所示。

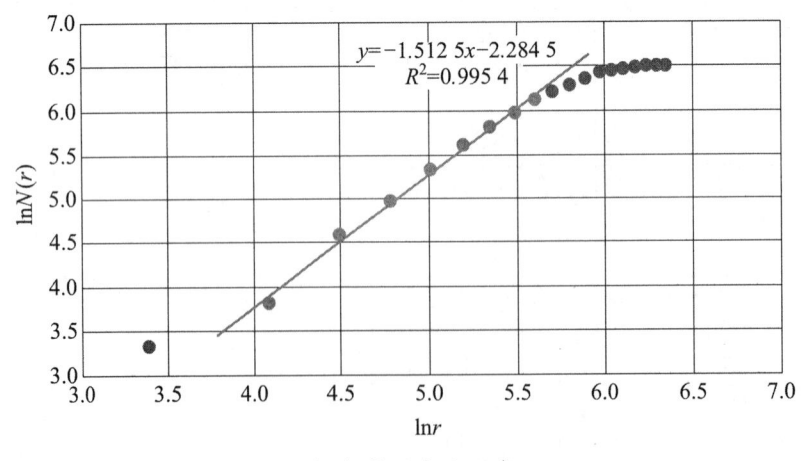

（a）基于直线距离

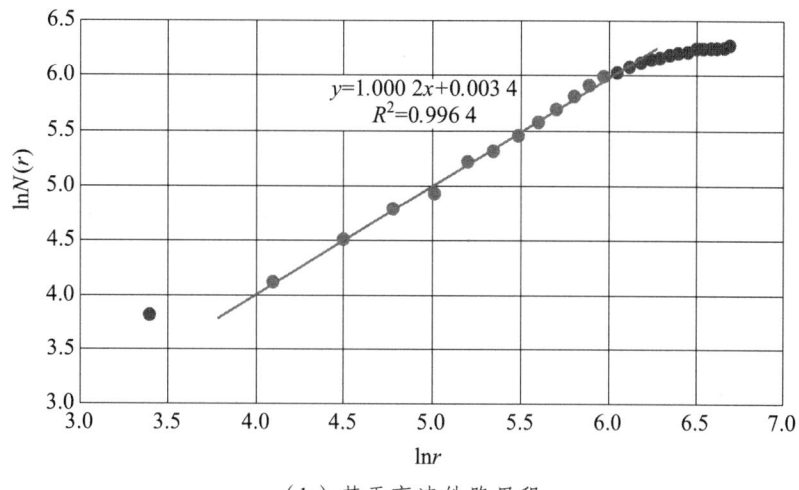

(b) 基于高速铁路里程

图 4.20　长三角城市群城市体系-高速铁路网络空间关联的无标度特征

表 4.39　长三角城市群城市和高速铁路网络的空间关联维数及其有关参数

距离类型	无标度区范围	无标度区占比	关联维数	测定系数 R^2	空间关联距离/km
直线距离	2~9	42%	1.512 5	0.995 4	60~270
高速铁路网络	2~13	46%	1.000 2	0.996 4	60~390
$\omega = 0.661\ 3$					

基于直线距离的分维反映城市空间的规律，而基于高速铁路里程的分维则反映连接城镇的高速铁路交通网络的结构特征。由图 4.20 和表 4.39 可知，长三角城市群城市体系在 60~270 km 的关联距离内存在自相似性，该城市群内的高速铁路网络空间结构在 60~390 km 范围内存在自相似性。同时，长三角城市群高速铁路网络发育度为 0.661 3，表明 26 个主要城市间高速铁路网络的关联程度良好。

② 高速铁路网节点覆盖率与节点平均度。

高速铁路网节点覆盖率是高速铁路联通的城市节点数目与城市群城市节点总量的比值；节点度是与城市节点直接相连的高速铁路网的边数。节点覆盖率和节点平均度能够直观反映高速铁路网络结构特征及其在区域的发展水平，从总体上表征线网的结构性能。

截至 2016 年年底，长三角城市群高速铁路网发展现状如图 4.21 所示。

由图 4.21 可知，长三角城市群高速铁路网覆盖了除宣城市、盐城市和舟山市外的所有城市节点，城市群核心区域高速铁路网络较为发达。宁启高铁开启了苏北的高铁时代，南京经扬州、泰州在 2.5 h 内即可抵达南通市；京沪线衔接了滁州和上海；沪宁线紧密联系了南京、镇江、无锡、苏州及上海；宁杭高速铁路连起了南京、湖州和杭州；合宁高铁沟通了合肥和南京；沪杭高铁串联了上海、嘉兴和杭州；宁安高铁加强了南京与长三角西南部若干城市的联系；甬台温高铁实现了宁波与泰州的高铁互通。

根据节点覆盖率与节点平均度定义可知，长三角城市群高速铁路网节点覆盖率为 88%，节点平均度为 1.9。长三角城市群仅部分边缘城市节点尚未纳入高速铁路网络，整体上城市群高速铁路网络结构正处于完善阶段。京沪线等若干高铁线路除了承担中长距离的跨区域客流的运输外，还兼顾了城市群的城际客流运输任务。随着城际客运量的快速增长，当高速铁路的覆盖范围以及区域运输能力无法满足城际客流的运输需求时，需要适时适当发展城际铁路运输。

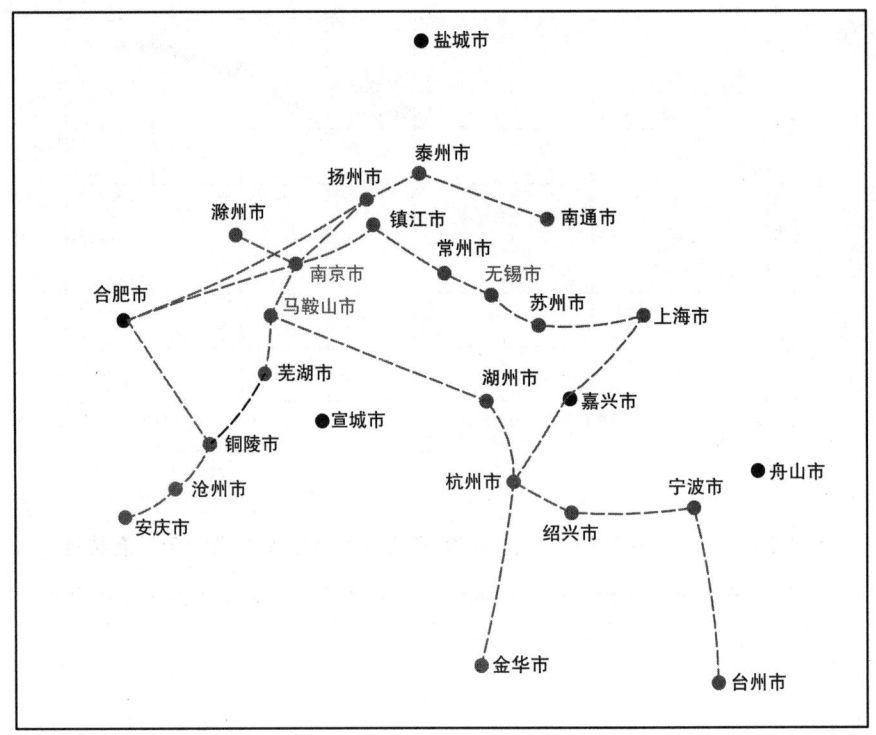

图 4.21　长三角城市群高速铁路网

（2）成渝城市群。

① 交通网络发育度。

测算得到的成渝城市群各城市节点间的直线距离和高速铁路里程表分别如表 4.40 和表 4.41 所示。

表 4.40　成渝城市群 16 个城市节点之间的直线距离　　　　　km

城市	成都	自贡	泸州	德阳	绵阳	遂宁	内江	乐山	南充	眉山	宜宾	广安	达州	雅安	资阳	重庆
成都	0															
自贡	155	0														
泸州	226	79	0													
德阳	64	205	268	0												
绵阳	107	234	288	45	0											
遂宁	135	150	178	130	129	0										
内江	145	40	82	186	210	112	0									
乐山	121	108	184	186	228	204	132	0								
南充	187	204	216	167	149	60	164	265	0							
眉山	70	123	202	134	177	174	132	53	233	0						
宜宾	213	70	86	269	301	219	103	128	270	165	0					
广安	236	212	200	224	211	101	205	293	63	270	269	0				
达州	322	327	317	291	261	197	293	400	138	370	387	116	0			
雅安	125	184	262	182	227	247	198	79	305	74	206	344	442	0		
资阳	75	86	151	119	148	97	70	110	157	83	153	189	293	157	0	
重庆	258	171	129	270	270	142	146	273	142	270	212	94	197	342	191	0

4 典型城市群实证研究

表 4.41 成渝城市群 16 个城市节点之间的高速铁路里程（2016 年） km

城市	成都	自贡	泸州	德阳	绵阳	遂宁	内江	乐山	南充	眉山	宜宾	广安	达州	雅安	资阳	重庆
成都	0															
自贡	M	0														
泸州	M	M	0													
德阳	66	M	M	0												
绵阳	113	M	M	47	0											
遂宁	146	M	M	212	259	0										
内江	153	M	M	219	266	299	0									
乐山	135	M	M	201	255	281	288	0								
南充	213	M	M	279	326	67	366	348	0							
眉山	82	M	M	148	202	228	235	33		0						
宜宾	M	M	M	M	M	M	M	M	M	M	0					
广安	288	M	M	354	401	142	441	423	75	370	M	0				
达州	374	M	M	440	487	226	525	509	159	456	M	234	0			
雅安	M	M	M	M	M	M	M	M	M	M	M	M	M	0		
资阳	83	M	M	149	196	229	70	218	296	165	M	371	457	M	0	
重庆	313	M	M	379	426	167	166	448	234	395	M	309	393	M	236	0

分别采用城市之间的直线距离和高速铁路线路里程度量城市分布规律。根据数据系列分布特征，度量步长取 25 km。直线距离的度量结果如表 4.42 所示。

表 4.42 成渝城市群城市和高速铁路网络的空间关联数目

码尺	基于直线距离		基于高速铁路里程（2016）		码尺	基于直线距离		基于高速铁路里程（2016）	
	数目倍数	累积数目	数目倍数	累积数目		数目倍数	累积数目	数目倍数	累积数目
25	16	16	16	16	300	10	234	12	100
50	4	20	4	20	325	8	242	4	104
75	18	38	8	28	350	6	248	4	108
100	16	54	4	32	375	2	250	10	118
125	22	76	2	34	400	4	254	6	124
150	32	108	10	44	425	0	254	4	128
175	20	128	10	54	450	2	256	8	136
200	28	156	2	56	475	0	256	4	140
225	28	184	12	68	500	0	256	2	142
250	14	198	14	82	525	0	256	4	146
275	26	224	6	88					

将度量所得的数据点列标绘在双对数坐标图上，分别如图 4.22（a）和图 4.22（b）所示。

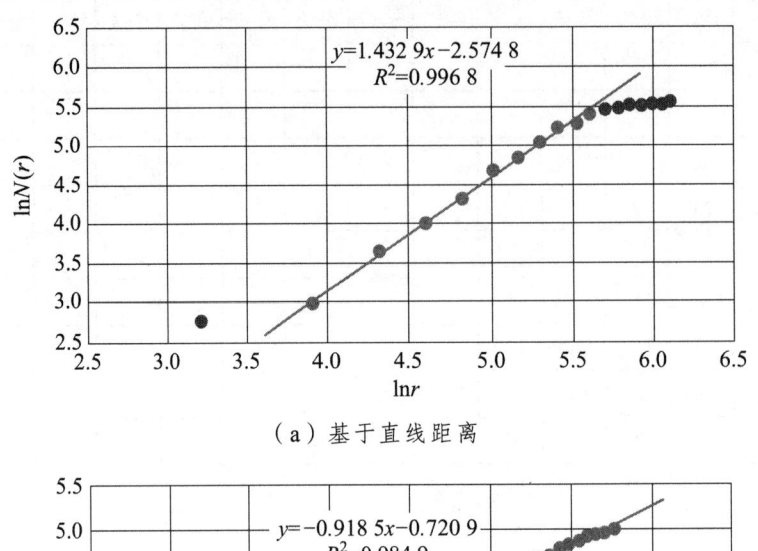

（a）基于直线距离

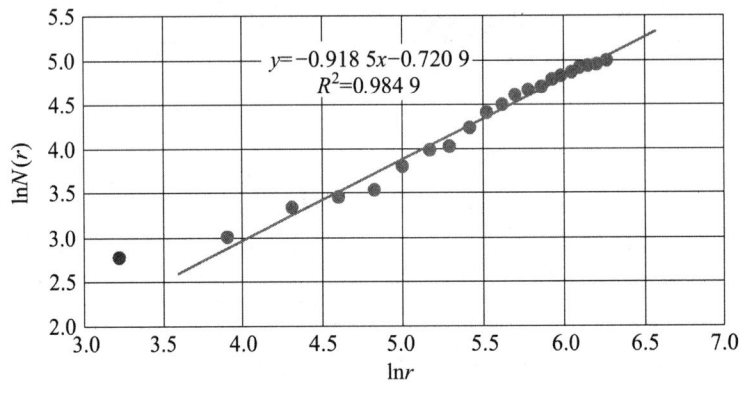

（b）基于高速铁路里程

图 4.22　成渝城市群城市体系-高速铁路网络空间关联的无标度特征

由图 4.22 得到的成渝城市群城市和城际铁路网络的空间关联维数及其有关参数如表 4.43 所示。

表 4.43　成渝城市群城市和高速铁路网络的空间关联维数及其有关参数

距离类型	无标度区范围	无标度区占比	关联维数	测定系数	空间关联距离
直线距离	2~11	55%	1.432 9	0.996 8	50~275
高速铁路网络	5~15	95%	0.918 5	0.984 9	125~375
$\omega = 0.641$					

从双对数坐标图和计算结果可以看出，成渝城市群城市体系在 50~275 km 的关联距离内存在自相似性，该城市群内的高速铁路网络空间结构在 125~375 km 范围内存在自相似性。成渝城市群 16 个主要城市间的高速铁路网络发育度为 0.641，整体上而言，成渝城市群主要城市间高速铁路网络关联程度较好。

② 成渝城市群高速铁路网络节点覆盖率与节点平均度。

截至 2016 年底，成渝城市群高速铁路网发展现状如图 4.23 所示。

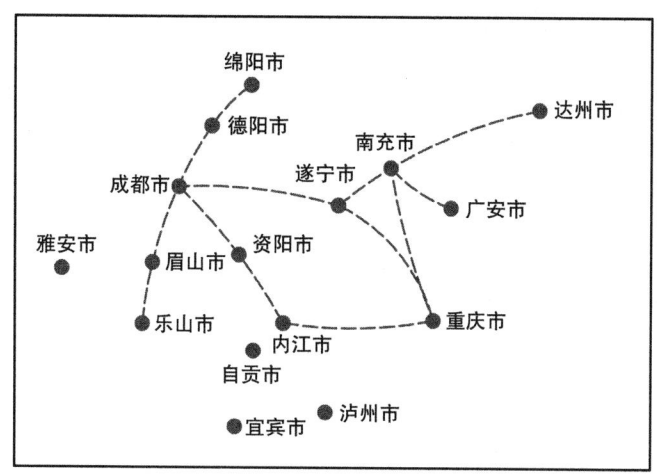

图 4.23　成渝城市群高速铁路网

由图 4.23 可知，成渝城市群依靠成渝高铁强化了成都、资阳、内江和重庆之间的联系，成绵乐高铁连通了绵阳、德阳、成都、眉山和乐山，达成高铁则加强了成都、南充、遂宁与达州的联系。

根据节点覆盖率与节点平均度定义可知，成渝城市群高速铁路网节点覆盖率为 75%，节点平均度为 1.625，整体上高速铁路网主要围绕核心城市成都和重庆以及部分主要城市节点布局，雅安、宜宾、泸州和自贡尚未纳入高铁网，城市群内部高速铁路网络正处于形成阶段。同时，在西成高铁开通之前，成绵乐等高铁线路仅实现了城际客流的运输任务，未来随着西成高铁的开通运营以及城市群城际客流需求增强，需要适时新增或拓宽区域内城际客流运输通道。

（3）关中城市群。

① 交通网络发育度。

关中城市群各城市节点间的直线距离和高速铁路里程表分别如表 4.44 和表 4.45 所示。

表 4.44　关中城市群 9 个城市节点之间的直线距离　　　　km

城　市	西安市	铜川市	宝鸡市	咸阳市	渭南市	商洛市	兴平市	韩城市	华阴市
西安市	0								
铜川市	80	0							
宝鸡市	159	189	0						
咸阳市	25	92	131	0					
渭南市	54	70	207	78	0				
商洛市	116	163	263	136	93	0			
兴平市	44	104	116	17	95	150	0		
韩城市	184	130	320	206	137	189	222	0	
华阴市	110	107	264	134	56	83	152	107	0

表 4.45　关中城市群 9 个城市节点之间高速铁路里程（2016 年）　　　km

城　市	西安市	铜川市	宝鸡市	咸阳市	渭南市	商洛市	兴平市	韩城市	华阴市
西安市	0								
铜川市	M	0							
宝鸡市	167	M	0						
咸阳市	30	M	137	0					
渭南市	63	M	230	93	0				
商洛市	M	M	M	M	M	0			
兴平市	M	M	M	M	M	M	0		
韩城市	M	M	M	M	M	M	M	0	
华阴市	121	M	288	151	58	M	M	M	0

分别采用城市之间的直线距离和高速铁路线路里程度量城市分布规律。根据数据系列分布特征，度量步长取 25 km。直线距离的度量结果如表 4.46 所示。

表 4.46　关中城市群城市和高速铁路网络的空间关联数目

码尺	基于直线距离		基于高速铁路里程（2016）	
	数目倍数	累积数目	数目倍数	累积数目
25	13	13	9	9
50	2	15	2	11
75	6	21	4	15
100	12	33	2	17
125	12	45	2	19
150	12	57	2	21
175	6	63	4	25
200	6	69	0	25
225	6	75	0	25
250	0	75	2	27
275	4	79	0	27
300	0	79	2	29
325	2	81	0	29

将度量所得的数据点标绘在双对数坐标图上，如图 4.24（a）与图 4.24（b）所示。

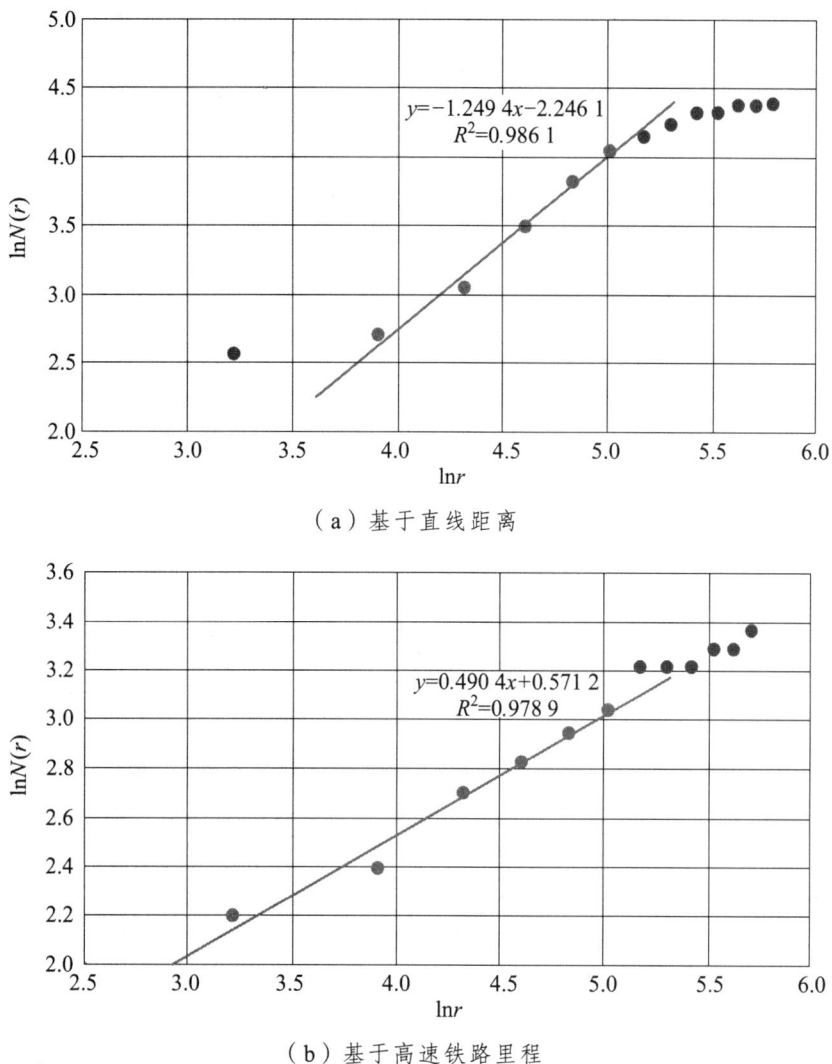

（a）基于直线距离

（b）基于高速铁路里程

图 4.24　关中城市群城市体系-高速铁路网络空间关联的无标度特征

从图 4.24 和表 4.47 可知，关中城市群无论是城镇分布还是高速铁路网络结构的无标度区均较为狭窄，且二者呈现自相似性特征的空间距离范围一致。关中城市群高速铁路网络发育度仅为 0.39，表现出关中城市群区域内主要城市之间的高速铁路关联程度较差。

表 4.47　关中城市群城市和高速铁路网络的空间关联维数及其有关参数

距离类型	无标度区范围	无标度区占比	关联维数	测定系数	空间关联距离
直线距离	2~6	0.384 615	1.249 4	0.986	50~175
高速铁路网络	1~6	0.5	0.490 4	0.979	50~175
$\omega = 0.392\ 5$					

② 关中城市群高速铁路网节点覆盖率与节点平均度。

截至 2016 年年底，关中城市群高速铁路网发展现状如图 4.25 所示。

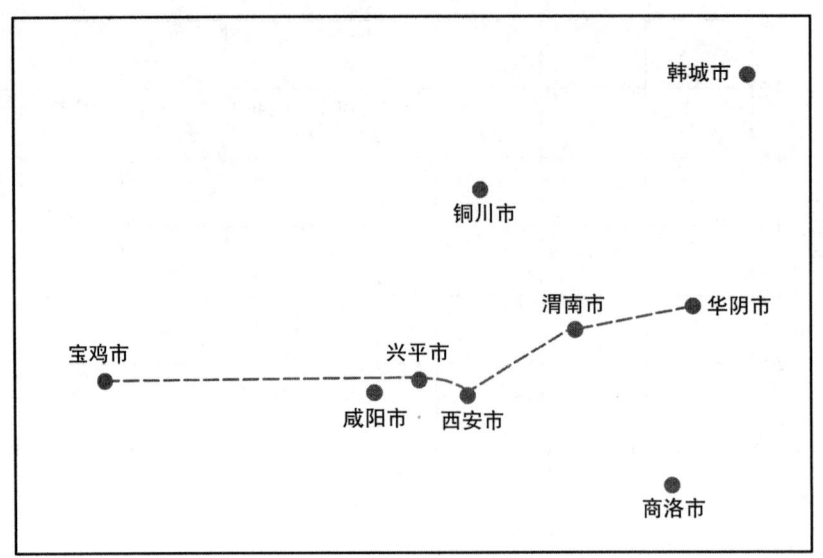

图 4.25　关中城市群高速铁路网

由图 4.25 可知,目前关中城市群区域内仅建成两条高速铁路线路,即郑西高铁陕西段和西宝高铁,自西向东连通宝鸡、咸阳、西安、渭南和华阴,关中城市群区域内部高速铁路尚未成网。

根据节点覆盖率与节点平均度定义可知,关中城市群高速铁路网节点覆盖率为 56%,节点平均度为 0.9,距离西安市较远的城市节点尚未纳入到高铁网络中,边缘城市通达性较差。由于受到区域经济发展水平限制,城际客流出行需求有限,目前,城市群城际客流在高速铁路覆盖范围内主要由高速铁路承担,即郑西高铁承担了沿线的城市群城际客流运输任务,高速铁路未覆盖区域则采用其他运输方式实现城际客流的运输。但是,随着社会经济的发展以及城市群综合实力的提高,关中城市群城际客流需求将会大幅度提高,因此,在发展高速铁路的同时,更需要适时适当发展城际铁路线网。

（4）珠三角城市群。

① 交通网络发育度。

珠三角城市群各城市节点间的直线距离和高速铁路里程表分别如表 4.48 和表 4.49 所示。

表 4.48　珠三角城市群 9 个城市节点之间直线距离　　　　　　　　km

城市	广州	深圳	珠海	佛山	江门	东莞	中山	惠州	肇庆
广州	0								
深圳	88	0							
珠海	90	68	0						
佛山	19	107	104	0					
江门	50	95	60	54	0				
东莞	61	56	102	77	97	0			
中山	38	78	56	48	19	77	0		
惠州	127	51	116	145	145	73	126	0	
肇庆	85	170	144	49	86	123	88	193	0

表 4.49　珠三角城市群 9 个城市节点之间高速铁路里程（2016 年）　　　　km

城市	广州	深圳	珠海	佛山	江门	东莞	中山	惠州	肇庆
广州	0								
深圳	102	0							
珠海	116	218	0						
佛山	M	M	M	0					
江门	65	167	72	M	0				
东莞	63	76	179	M	128	0			
中山	70	172	52	M	20	133	0		
惠州	158	56	274	M	223	54	228	0	
肇庆	76	178	192	M	141	139	146	234	0

分别采用城市之间的直线距离和高速铁路线路里程度量城市分布规律。根据数据系列分布特征，度量步长取 25 km。直线距离的度量结果如表 4.50 所示。

表 4.50　珠三角城市群城市和高速铁路网络的空间关联数目

码尺	基于直线距离		基于高速铁路里程（2016）	
	数目倍数	累积数目	数目倍数	累积数目
25	13	13	11	11
50	8	21	0	11
75	16	37	14	25
100	20	57	4	29
125	10	67	4	33
150	10	77	10	43
175	2	79	6	49
200	2	81	6	55
225	0	81	4	59
250	0	81	4	63

将度量所得的数据点标绘在双对数坐标图上，如图 4.26（a）与图 4.26（b）所示。

由图 4.26 得到的珠三角城市群城市和高速铁路网络的空间关联维数及其有关参数如表 4.51 所示。

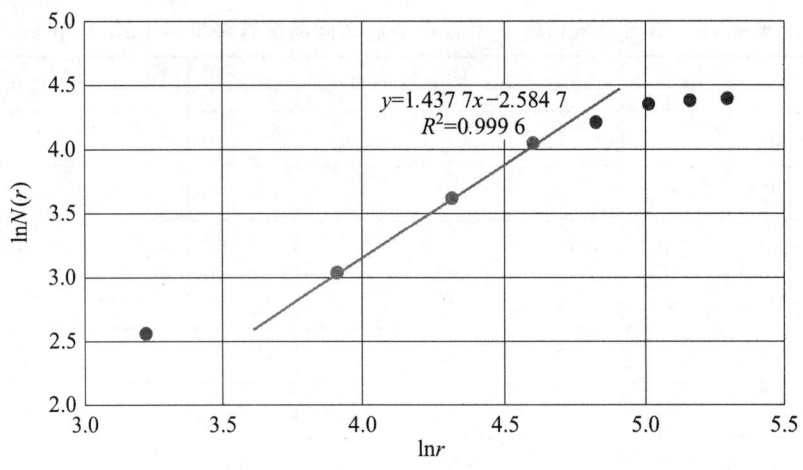

(a) 基于直线距离

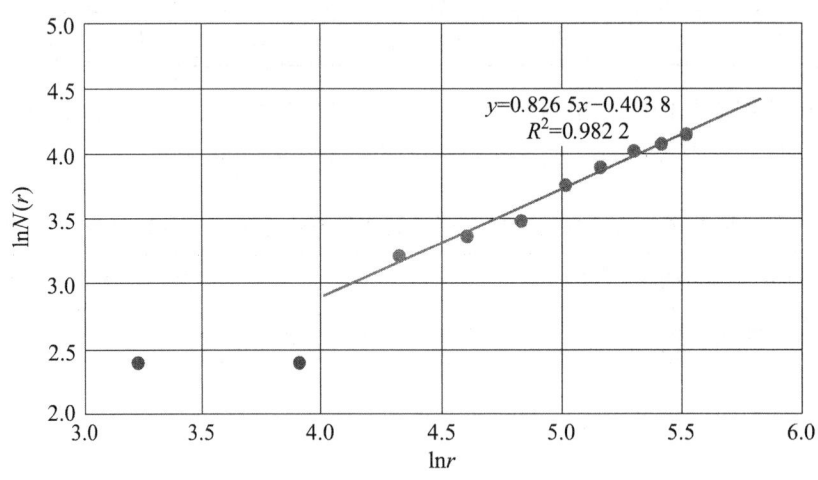

(b) 基于高速铁路里程

图 4.26 珠三角城市群城市体系-高速铁路网络空间关联的无标度特征

表 4.51 珠三角城市群城市与高速铁路网络的空间关联维数及其有关参数

距离类型	无标度区范围	无标度区占比	关联维数	测定系数	空间关联距离
直线距离	2~4	38%	1.438	0.999 6	50~100
高速铁路网络	3~10	80%	0.826 5	0.982 2	100~250
$\omega = 0.574\ 9$					

从双对数坐标图和计算结果可以看出,珠三角城市群城市体系在 50~100 km 的关联距离内存在自相似性,该城市群内的高速铁路网络空间结构在 100~250 km 范围内存在自相似性。珠三角城市群高速铁路网络发育度 0.574 9,城市群区域范围内 9 个主要城市间的高速铁路网络连通性较好。

② 珠三角城市群高速铁路网节点覆盖率与节点度。

截至 2016 年底,珠三角城市群高速铁路网发展现状,如图 4.27 所示。

由图 4.27 可知,目前珠三角城市群区域内京广高铁至深圳的延伸线,即广深线连通了广州、东莞和深圳;广珠线始于广州南站,途径中山,南抵珠海;厦深高铁广汕支线则连通广州和惠州;惠州至深圳的高铁线是昌吉赣深客运专线的一部分;广州至肇庆的高铁线使得从肇庆到广州的旅行时间缩短为 1 h 之内。

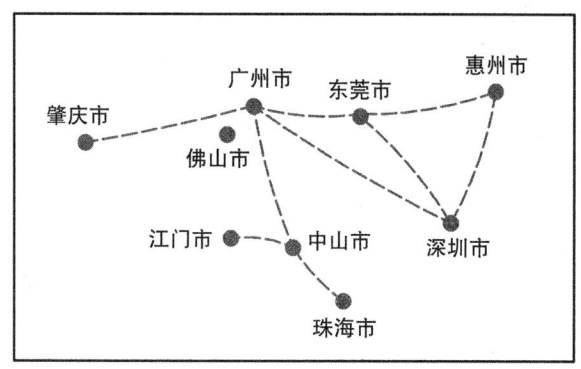

图 4.27 珠三角城市群高速铁路网

根据节点覆盖率与节点平均度定义可知,珠三角城市群高速铁路网节点覆盖率为89%,节点平均度为 2;同时,综合考虑城市群主要城市节点的空间分布可知,广州、深圳与其他城市节点之间的城际客流主要通过高速铁路实现客流运输,二、三级城市节点间高速铁路的互联互通性不好。总体上,在珠三角城市群城际铁路发展初期,围绕核心城市的城际客流运输任务主要由广深、广珠等高速铁路承担,在核心城市外的主要城市节点之间城际客流采取其他运输方式,但是,随着城市群的社会经济发展到一定水平以及城际客流量增长至一定规模时,需要适时规划建设城际铁路线网,以提高各级城市之间的可达性。

(5)总结。

通常,城市体系空间分布的形成要早于交通网络的形成,一定意义上,城市体系对初期交通网络的形成起主导作用,交通节点的选取和线路方向的确定主要以城镇分布为依据。截止 2016 年年底,我国四个典型城市群区域高速铁路网的发展现状及特征如表 4.52 所示。

表 4.52 典型城市群高速铁路网络结构特征

城市群	长三角	成渝	珠三角	关中
高速铁路节点覆盖率	0.88	0.75	0.89	0.55
节点平均度	1.9	1.6	2	0.9
高速铁路网络发育度	0.661 3	0.641	0.574 9	0.392 5

由表 4.52 高速铁路节点覆盖率可知,长三角城市群和珠三角城市群高速铁路在区域的节点覆盖率基本一致,高速铁路覆盖了绝大多数的主要城市节点;成渝城市群高速铁路网络连通了大部分的主要城市节点;关中城市群高速铁路覆盖范围最为狭窄,仅连通了刚超过半数的主要城市节点。从节点平均度指标来看,珠三角、长三角和成渝城市群节点多为线型连通,尚未形成完全网络布局,高速铁路网络正处于形成和完善阶段;关中城市群则处于高速铁路线网建设初级阶段。长三角、成渝、珠三角城市群的高速铁路网络发育度较

为接近，主要城市间的高速铁路网络连通性较好；关中城市群与三者差距较大。

同时，本书采用 SPSS 系统聚类的组间树状图方法，分析各个典型城市群高速铁路网络发展特征。具体方法为：将高速铁路节点覆盖率、节点平均度、网络发育度三项指标进行无量纲处理，采用 SPSS 系统聚类分析，得到聚类组间树状图。其中，聚类树状图以其能够体现组间聚类顺序的特点，为组间相似性关系的判断提供了方法和思路。系统聚类树状图反映的聚类过程如图 4.28 所示。

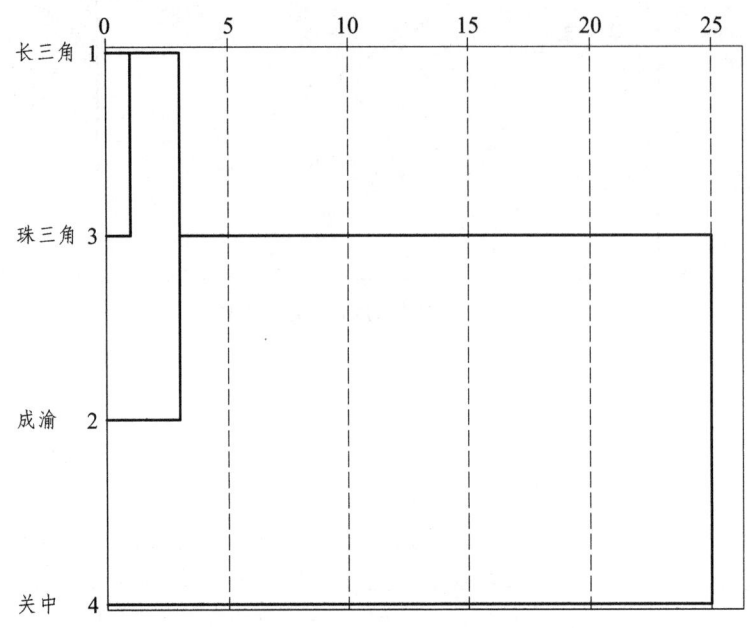

图 4.28　系统聚类树状图

显然，由表 4.52 可知，长三角城市群高速铁路线路分布最为密集、现有城市体系的高速铁路网络通达性最高、发育度最好。由系统聚类树状图 4.28 反映的聚类过程可知，长三角城市群与珠三角城市群最先聚为一类，因此判断其组间相似性最大，同理可知，成渝次之，关中最小。因此，珠三角城市群高速铁路发展与长三角城市群最为接近，成渝城市群高速铁路发展优于关中城市群，关中城市群高速铁路发展最为缓慢。这种差异的存在不是偶然，而是历史必然。长三角城市群相比于其他城市群，具有优越的地理经济区位，有助于城市群社会经济发展，相应地，其城市群高速铁路规划与发展也较其他城市群起步早。相对而言，关中城市群发展起步最晚，区域一体化程度也最差，高速铁路网络结构发育水平最低。总体上，各典型城市群的高速铁路网络尚未完全覆盖城市群区域内主要城市节点，且部分主要城市节点之间的通达性有待改善，城市群城际铁路线网规划与建设迫在眉睫。

5 城际铁路规划与城市群发展

城市群的可持续发展需要城市群综合交通系统的有力支撑，同时，城市群综合交通系统又兼具满足城市群运输需求和引导经济发展的作用。城市群城际铁路是城市群综合交通系统的重要组成部分，为城市群间的要素流动提供了坚实的基础。显然，较高的城市群城际铁路供给能力能够促进土地开发利用、引导城市群空间结构合理演化、传递城市之间的经济效益，增强城市群整体竞争力。但是，盲目增加其供给水平就会造成过度建设和资源浪费。因此，正确认识城市群城际铁路规划与城市群之间的关系，有助于城市群与城际铁路的协调发展。

5.1 城际铁路规划与城市群社会经济发展的适应性

城际铁路作为城市群经济社会的交通基础设施，与城市群可持续发展具有内在的动态相关性。城际铁路体系建设既要遵循交通运输子系统的供给与经济系统的运输需求之间的关系，又要满足城市群演进的阶段性特征。因此，城际铁路规划与城市群社会经济的适应性研究，主要包括城际铁路与社会经济发展相互作用和动态变化趋势，城际铁路承载能力与城市群社会经济需求的适应性特征等体现交通供需状态的适应性分析，以及城市群城际铁路与城市群社会经济的适应性机制。

5.1.1 城际铁路规划与城市群经济发展的内在联系

5.1.1.1 城际铁路规划与城市群社会经济发展的关系

交通运输可以描述社会经济发展与空间位移的关系。城市群城际铁路作为城市群综合交通运输系统的骨干运输方式，是城市群区域国民经济的基础性和服务性产业，是合理配置资源、提高经济系统运行质量和效率的基础和重要保障。对城际铁路与社会经济发展关系的研究涉及区域经济学、产业经济学、运输经济学、发展经济学等多学科领域。城际铁路与社会经济发展的内在联系，应考虑空间因素，从时间和空间两个维度深入研究城际铁路与区域经济增长、区域空间结构演化、区域间相互作用等方面，如图5.1所示。

1. 城际铁路规划对城市群社会经济发展的影响

城市群城际铁路作为城市群的一项重要基础设施，是城市群区域经济可持续发展的坚实支撑。城市群城际铁路规划以满足城市群客流出行需求、优化区域产业结构、推动区域经济发展为目标，对城市群社会经济发展产生了积极作用。

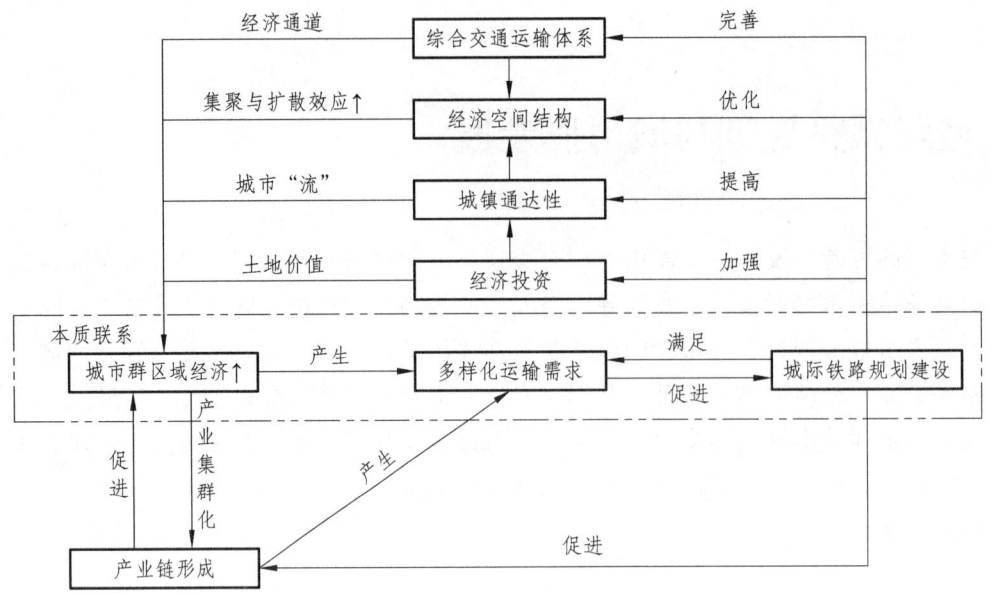

图 5.1 城市群城际铁路与区域经济发展的关系

（1）满足多样化的客运需求。

城市群城际铁路最直接的运输产品是旅客的位移服务。从经济角度来说，运输产品与其他的产品一样具有多重属性，其整体构成包括核心产品、形式产品、扩大产品三大部分。对于旅客运输来讲，其核心产品是旅客的位移服务，票价和旅行时间则属于形式产品范畴。旅客对票价和旅行时间的敏感程度主要与两个方面因素有关，即收入和出行目的。收入较高的人其时间价值相对较高，对服务的敏感度要高于票价；收入较低的人通常对票价的敏感度超过对时间价值的敏感度。从出行目的来看，随着城市群经济的快速发展，城市群各城市间通勤和商务出行的城际客流比重将持续增长。城际铁路以其优于其他交通运输方式的安全、快捷、准时以及运输产品种类较丰富等特点，可以满足多样化的旅客出行需求。

（2）促进轨道交通产业链的规模经济增长。

区域经济发展是在交通运输影响下，生产要素持续增长、生产率不断提高和规模经济的产物。作为网络型基础产业的城市群城际铁路，其规模经济可通过技术创新、降低运输成本的形式促进城市群经济增长，或是通过城市群城际铁路规划、建设、运营等阶段带动区域基础建设、车辆运用、通信信号和运营调度控制等相关产业环节以及土木、机械、电气、自动化和材料等多个产业领域的发展，以轨道交通产业链的形式促进城市群经济增长。因此，城市群城际铁路规划对扩大空间市场范围、优化生产要素配置、提高运输生产要素供给水平有着直接影响。

（3）吸引投资，提高区域土地价值。

城市群经济的发展离不开区域中心城市的带动，城际铁路作为中心城市辐射功能的载体，可以有效提高核心城市经济辐射和吸引力度。首先，城市群城际铁路规划通过提高沿线地区可达性，促使线路周边一定范围的土地开发力度增强，提高土地价值。其次，城市群城际铁路规划对城市群产业调整，引导城市群合理挖掘区域优势资源，形成新的优势产业，提高对投资的吸引力等方面起到了推动作用，促使城市群逐步形成基于城际铁路线网发展的物资、技术、产业、市场和人力高度聚集的经济带。

（4）提高城市群区域可达性，增强城市群空间相互作用。

城市群区域可达性从时间和空间的范畴表现了城市群的发展阶段，较高水平的可达性与高质量的生活和满意度等相关联，体现了社会和经济价值。城市群城际铁路规划通过改变城际铁路沿线各区域的交通地理区位条件，提高了城市群区域之间空间相互作用能力，扩大了人才、物流、信息流等众多城市流的可达空间范围，有利于提高中心城市对周边区域经济辐射和吸引强度，促进城市群内部的互联互通，强化与外部的衔接和交流，扩大城市群与外界交流的影响范围，促使城市群内经济发展差异化演进趋向均质性，提高城市群整体竞争力。

城市群空间相互作用是城市群空间各经济主体间联系的主要表现方式。城市群区域内各个城市间的空间相互作用实质上就是物质、人员、能量和信息等相互传输过程。由于城市群空间相互作用与可达性呈正向关联，城市群城际铁路作为区域内资源要素传输的主要通道和媒介，能够充分发挥其缩短各城市间时空距离的优势，强化了城市群间相互作用，提高了城市群内部时空相互作用驱动力，促使城市群向结构和功能逐步优化的方向不断演进。

（5）促进城市群经济空间结构优化，增强城市群集聚与扩散效应。

城市群经济空间结构是指在城市群地域范围内各经济要素的相对区位关系和分布形式。作为重要的综合交通基础设施，城市群城际铁路的规划通过缩短城市群内城镇间的时空距离，提高区域可达性，加强核心城市与边缘城市/镇的经济联系，针对不同经济空间形态的发展阶段，从区域规划角度引导各产业的结构调整和地域空间优化布局，从而提高产业规模经济效应和集聚经济效应，促进城市群经济空间结构优化。

集聚和扩散是城市经济空间演化的基本表现，集聚功能源于城市发展的内在动力，扩散功能源于核心城市自身结构的优化。城市群城际铁路作为产业经济向内集聚、向外扩散的基本传递手段，引导核心城市沿交通骨干线网集聚和扩散，从而形成经济发展轴线或产业密集带，体现城市群由点轴发展向网络发展的变化趋势，有利于改善城市群经济发展非均衡性，促进经济协调发展。

（6）完善城市群综合交通运输体系，全面提升区位优势。

根据我国"十三五"规划发展要求关于加快完善安全高效、智能绿色、互联互通的综合交通运输基础设施网络，才能更好地发挥对经济社会发展的支撑引领作用。中国城市群正处于快速发展时期，社会经济发展诱发大量交通需求。城际铁路作为城市群多层次轨道交通网络的骨干支撑，对缓解城市群交通压力、满足多样化客运需求、改善交通运输结构、高效衔接大中小城市和城镇有着积极作用，从而促进城市群整体竞争力的提升。

2. 城市群社会经济发展对城市群城际铁路规划的影响

城市群城际铁路是城市群社会经济进入快速增长阶段重要的基础支撑。城市群社会经济发展主要从运输需求与产业结构两方面对城市群城际铁路规划产生直接或间接的影响。

在运输需求方面，随着我国城镇化进程加速，区域内经济活动增强，各种要素流（人流、物流、资金流、技术流等）流动频繁，引发交通运输需求呈多元化态势增长，对城市群城际铁路的规划与建设提出了"点线面"三层次的要求。"点"层表现为，城市群经济发展激发大量潜在需求，相应地需重新规划新的线网节点进入城际铁路网络结构中；"线"层表现为，城市群内各要素流的增加与频繁流动，会促进城际铁路线路规划建设新线，或优化既有线路的运输方案；"网"层表现为，根据近远期城市群经济发展态势，把握城市群城际铁路规划近远期发展目标，确定线网大致布局形态。除此之外，多样化的运输需求从旅客心理的角度，对城市群城际铁路规划提出了质与量的要求，即规划建设的城市群城际铁路要求既能保证城市群区域范围内城镇的较高通达率，又能向旅客提供多样化运输服务。

在产业结构方面，随着城市群产业集群化发展，城市群内的产业链形成发育，城市群内部城镇构成产业链各环节的节点，随着节点间相对重要度的变化，产业链结构发生横向或纵向变化，对城市群城际铁路规划产生间接影响。具体地，城市群产业链的形成本身会激发运输需求增长，且随着产业结构的调整，进一步造成产品结构发生变动，促使运输需求结构呈现多样化特征，最终影响运输结构，从而间接影响城市群城际铁路规划。

5.1.2 城际铁路规划与城市群社会经济发展的适应性分析

5.2.1.1 城际铁路社会经济适应性的概念

城市群社会经济的发展离不开城际铁路系统的支撑，城际铁路规划的核心内涵是解决城市群社会经济发展问题，二者相互促进、相互制约、关联密切。系统论指出，适应性是用来描述系统与环境间的物质、能量、信息交换的稳定有序程度[22]。城市群城际铁路系统与城市群社会经济间的适应性正是反映二者在合作竞争中相互发展、相互协调适应的能力，直接关系到国家区域经济发展战略与城际铁路发展战略的契合度。

城市群城际铁路社会经济适应性是指在城市群形成发育的不同阶段，城际铁路规划的阶段性战略目标原则、线网架构方案、建设时序等与国家、城市群社会经济规划中的战略目标、政策保障、投资决策方案等之间的相互协调、制约关系。值得注意的是，城市群城际铁路社会经济适应性还与城市群的常规战略与差异战略息息相关，由于不同演化阶段的城市群空间结构不同，相应地，城市群经济结构同样也存在差异性，而经济结构的差异性又会导致运输结构的不同，从而影响城市群城际铁路规划。因此，城市群空间结构为二者间适应性的传递因子，如图 5.2 所示。

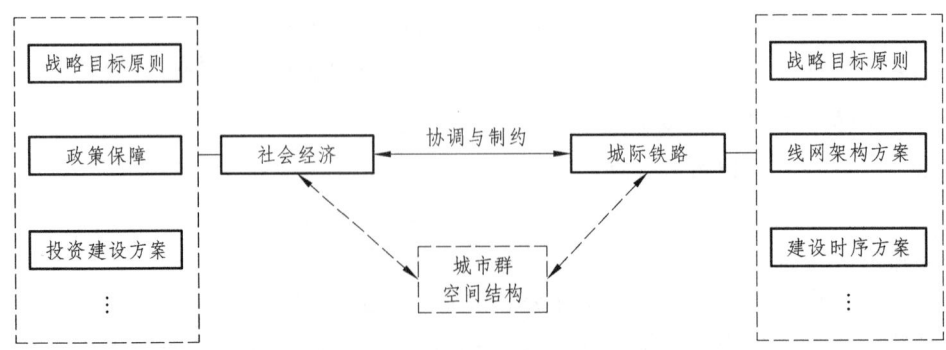

图 5.2 城际铁路与城市群社会经济适应性关系

5.1.2.2 城际铁路社会经济适应性的内涵

城际铁路社会经济适应性研究涵盖内容丰富，可从多维角度来描述。从系统科学角度，城际铁路社会经济适应性研究表现为城际铁路与城市群社会经济二者的多重互馈机制、演化规律研究，以及城市群城际铁路与综合交通运输系统的协同性发展研究。从经济学角度，城际铁路社会经济适应性研究表现为城际铁路作为交通经济基础产业与其余城市群社会经济产业间的经济空间联系机制研究。从交通运输规划角度，城际铁路社会经济适应性研究表现为城市群城际铁路规划与城市群运输需求间协调度研究。从管理学角度，城际铁路社会经济适应性研究则多侧重于国家、区域发展战略，政策保障措施、体制制度等对城市群社会经济与城际铁路规划的双重影响机制研究。

综上所述，城市群城际铁路社会经济适应性内涵主要反映在以下四个方面：战略目标适应、线网结构与经济结构适应、建设时序与经济投资适应以及发展模式与机制适应，如图 5.3 所示。它们具有硬实力与软实力相结合、静态与动态相结合、局部与整体相结合、低层次与高层次相结合、短期与长期相结合的典型特征。

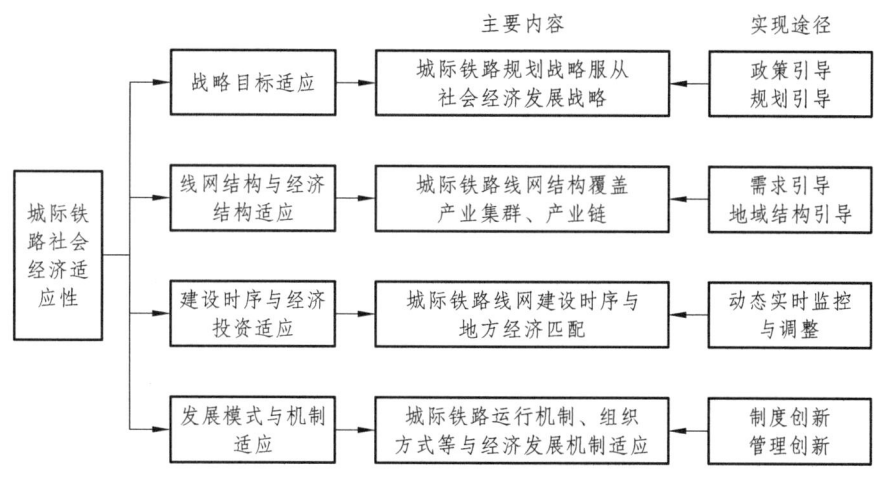

图 5.3 城际铁路社会经济适应性内容

1. 战略目标适应

战略目标适应是指城市群城际铁路发展战略目标应承接城市群社会经济发展战略，并与主要经济通道实现有效衔接，实现国家"一带一路"战略，符合城市群区域社会经济发展要求。

2. 线网结构与经济结构适应

线网结构与经济结构适应是指城市群城际铁路线网架构方案应有效覆盖城市群内主要产业集群、产业链，匹配城市群空间经济结构，合理促进城市群各要素流间的相互联系与作用，以此提高城市群社会经济效益。

3. 建设时序与经济投资适应

建设时序与经济投资适应是指城市群城际铁路线网建设时序安排应与城市群社会经济发展水平相适应，规划建设线路的先后顺序应考虑经济投资额度的大小，合理支配投资金额，最大程度达到规划建设城际铁路的目的。

4. 发展模式与机制适应

城际铁路运输系统的运行机制、组织方式、管理模式要与国家、城市群社会经济发展的要求相适应，这是二者相互协调和促进的基本保证[22]。

5.1.2.3 城际铁路社会经济适应性分析方法

城际铁路社会经济适应性分析方法主要分为两类：一类是依据运输供需关系直接描述城市群城际铁路社会经济适应性；另一类是通过建立城市群城际铁路社会经济适应性评价指标，运用某种数学分析方法，间接得到城市群城际铁路社会经济适应性大小。

1. 供需均衡点法

城际铁路的形成和与发展源于交通运输需求的产生。理论上，判断城际铁路运输系统是否适应城市群社会经济发展，可以通过将实际运输供给量与需求量的比较得知。本节总结前人研究成果，将理想状态下城际铁路运输系统供给函数与社会经济发展对运输的需求函数的交点定义为均衡点[23]，但由于影响需求和供给的因素较多，需求函数和供给函数虽然客观存在，却较难确定，因此，本节将客观存在的运输需求、供给函数称为潜在运输需求、潜在运输供给函数，二者相互作用之下，会产生一个潜在的供需均衡点，如图5.4所示。

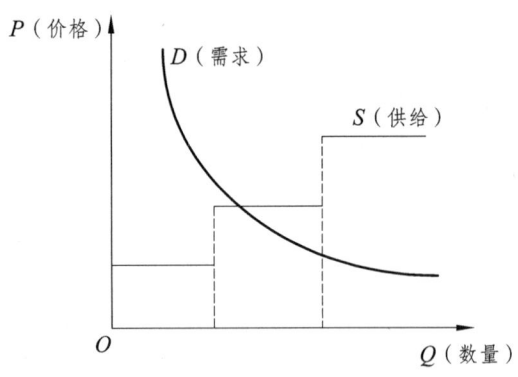

图 5.4 城际铁路供需平衡示意图

在城市群形成发育的不同阶段，若城市群区域范围内运输供需总是以潜在均衡点为期望，并围绕其波动或调整，则城市群城际铁路线网发展规模将趋于合理化，城市群社会经济发展速度将趋于最大化。因此，在城市群形成发育演化的不同阶段，对应不同的运输需求，城市群城际铁路线网规划能提供相应的运输供给能力，以适应城市群社会经济发展。

2. 数据包络分析法

当前，交通运输系统经济适应性定量分析普遍采用数据包络分析法（Data Envelopment Analysis，DEA）。它是以相对概率为基础，以凸分析和线性规划为依据，对若干类型的具有多输入、多输出的决策单元进行相对效率比较的系统分析与评价方法[22]。采用数据包络分析法可有效减少主观成分因素（指标权重）对输出结果的影响，使输出结果客观性增强，同时针对输入指标，该方法能准备计算输入指标的利用率，可有效验证交通运输系统经济适应评价指标体系的合理性。因此，城际铁路作为交通运输系统中的重要运输方式，其社会经济适应性同样可采用数据包络分析法。

5.1.2.4 城际铁路经济适应性的划分方法

城市群城际铁路经济适应性的大小反映了城市群城际铁路与其社会经济系统间的协调共进或相互制约关系。假设 F 为城市群城际铁路系统与城市群社会经济系统集成前的总成效，W 为城市群城际铁路系统与城市群社会经济系统集成后的总成效，则城市群城际铁路社会经济适应性可用表 5.1 定量分级表示。

表 5.1　城市群城际铁路社会经济适应性的划分

适应程度	负效应	正效应	
	制约	基本适应	适度超前
判断依据	$W < F$	$W = F$	$W > F$

从表 5.1 中可知，当 $W < F$ 时，城际铁路系统与城市群社会经济系统表现为制约，即城市群城际铁路发展相对滞后，城市群内各要素流运动受阻，严重制约了城市群社会经济的发展；当 $W = F$ 时，城市群城际铁路线网发展基本适应城市群社会经济发展的要求，城市群运输需求基本满足；当 $W > F$ 时，城市群城际铁路线网发展适度超前城市群社会经济发展，城市群城际铁路社会经济适应性较高，运输供给满足相应的运输需求。

综上所述，由于城际铁路工程建设属于典型资本密集型产业，具有投资规模大、投资不可分性、资本回收期长以及资本流动性差等缺点，因此为保证城市群社会经济发展水平稳步向上，城际铁路规划应考虑适度超前，以提高城市群城际铁路社会经济适应性，进一步优化城市群社会经济结构，促进二者协调共进。但需注意，城市群城际铁路规划不能过度超前，因为过度超前势必会造成社会资源的浪费，反向阻碍城市群社会经济发展。

5.1.3　城际铁路规划与城市群社会经济发展的适应性机制

城际铁路规划与城市群社会经济协调发展是实现社会资源优化配置的核心前提。因此，为了实现二者的长短期协调发展、提高城市群区域整体发展水平和增强城市群经济竞争力，研究城际铁路与城市群社会经济发展的适应性机制是十分必要的。

5.1.3.1 城际铁路与城市群社会经济的协同发展模式

交通运输协调发展观中已明确指出，交通运输系统与社会经济系统的协调发展是二者相互匹配，共同演化，直至二者在结构与数量上达到协同的过程。城际铁路规划与城市群社会经济的协同发展模式按照时间长短可划分为短期协同发展模式与长期协同发展模式，具体分析可借助"木桶理论"。

1. 短期协同发展模式

按照城际铁路规划与城市群社会经济发展间的相互关系，城际铁路与城市群社会经济短期协同发展模式可归纳为"制约型""同步型"和"引导型"。

（1）制约型。

"制约型"发展模式是指城市群城际铁路发展滞后于城市群社会经济发展，城际铁路成为城市群经济发展的"短板"。造成该发展模式的主要原因在于城市群城际铁路规划出现数据预测失误，低估了城市群社会经济增长速度，造成短期城际铁路线网规划难以满足城市群社会经济快速增长激发的运输需求，从而整体上制约了城市群社会经济发展。为改善这种发展局面，城市群城际铁路发展应致力于技术创新与投资引进，加速城际铁路发展。

（2）同步型。

"同步型"发展模式是指城市群城际铁路基础设施建设与城市群社会经济发展基本同步。在该种模式下，城际铁路短期规划满足城市群社会经济各部门的正常运转以及通勤客流运输需求，其综合经济效果好。

（3）引导型。

"引导型"发展模式是指城市群城际铁路发展超前于城市群社会经济发展，能够引导城市群社会经济结构进一步优化。造成该发展模式的主要原因有三点：一是城市群城际铁路规划出现数据预测失误，致使城际铁路短期规划建设能很好满足城市群区域范围内的运输需求。二是城市群社会经济发达，产业结构剧烈变动，城际铁路运输需求分布与大小相应发生改变，既有城际铁路可能会运输供给过剩，这时候切忌盲目规划城际铁路，需注意控制城际铁路的建设投资步伐，保持城际铁路规划与发展和区域经济发展二者间的平衡。三是政府主导因素，人为使城市群城际铁路规划超前发展，以引导城市群经济快速发展。

不同发展模式下城际铁路的经济发展影响、投资效果、国民经济效果以及综合分析如表 5.2 所示。

表 5.2　不同发展模式的比较分析

发展模式		对经济发展的影响	投资效果	国民经济效果	综合分析
制约型		阻碍经济发展	较好	较好	较差
同步型		与经济发展基本同步	较好	较好	较好
引导型	预测失误下的"引导型"	引导经济发展	较差	较好	一般
	经济高度发达导致的"引导型"		较差	较好	较好
	政府主导的"引导型"		较好	较好	较好

2. 长期协同发展模式

通常，城市群城际铁路规划时长较长。在城际铁路规划的不同阶段，城市群城际铁路与城市群社会经济协同发展模式会发生变动，因此就城际铁路的阶段性发展过程来看，长期协同发展模式可归纳为四种，分别是"制约—引导—同步"型、"制约—同步—同步"型、"引导—引导—同步"型和"同步增长"型，如图 5.5 所示。

从图 5.5 中可以看出，OM 阶段社会经济发展水平极低，社会需求结构很简单，资本形成不足，必须把较大的社会资本份额用于直接生产，因此工业发展领先于城际铁路。经济发展到 M 点时，发展滞后的城际铁路交通运输成为制约经济发展的瓶颈，促使大量投资加入到城际铁路的规划建设中，使城际铁路不成为城市群整体发展的短板。经济发展到 N

点时，城际铁路交通运输网络已基本形成，经济结构高度化的基础性条件已经具备，此时城际铁路交通运输应同直接生产活动保持协调与适应，采用"同步发展战略"。其中，当城市群社会经济实力不强时，城际铁路规划与城市群社会经济发展模式可采用"制约—引导—同步"型和"制约—同步—同步"型。当城市群社会经济实力较强时，城际铁路规划与城市群社会经济发展模式可采用"引导—引导—同步"型和"同步增长"型。

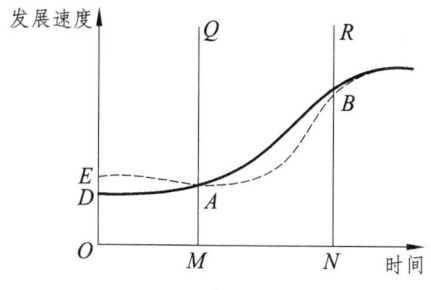

（a）"制约-引导-同步"型

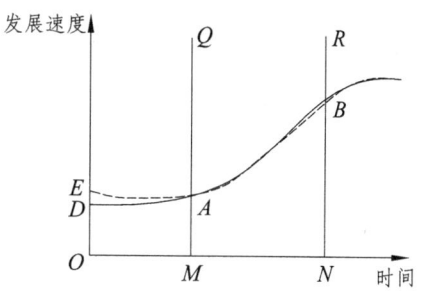

（b）"制约-同步-同步"型

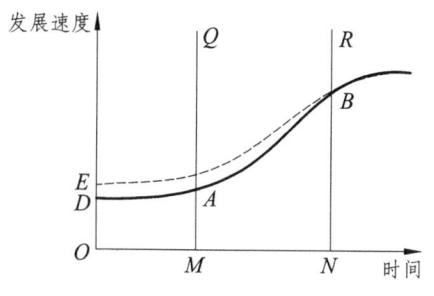

（c）"引导-引导-同步"型

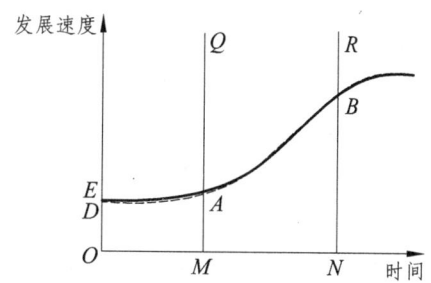

（d）"同步增长"型

注：图中实线为城市群城际铁路发展水平；虚线为城市群社会经济发展水平；
OM、MN分别表示经济发展的初级和中级阶段，N点后经济发展进入高级阶段

图5.5 城际铁路与城市群社会经济发展关系演变曲线

综上，城际铁路规划与城市群社会经济发展的协同模式是二者适应性的具体表现。城际铁路规划若滞后于城市群社会经济发展，影响各要素的流通，严重制约城市群内部产业发展；若二者发展保持同步，或城际铁路适当超前于城市群社会经济发展，将会有利于城际铁路发挥交通基础设施的引导功能，促进城市群经济运输的一体化发展。因此，对城际铁路规划与城市群社会经济发展的协同模式的研究，即为有效评价分析城际铁路运输供给与社会经济发展对运输供需平衡关系，针对发展问题采取优化调控措施，促使二者间形成协调共进的良性发展关系。

5.1.3.2 城际铁路系统与城市群经济发展的适应性机制

城际铁路与区域经济协调发展具有"共同发展，持续发展"的涵义，但协调发展并不意味着"平等发展"，而是在发展过程中能够相互促进与适应。城际铁路与区域经济的适应协调是一项复杂的系统工程，只有不断调节，才能保持系统之间的动态协调与适应关系。

区域经济系统交易行为的发生派生了交通需求，会增加城际铁路的规划和建设投入；反过来，适宜的城际铁路系统网络通过提供交通供给来满足经济发展的交通需求并促进其发展。城市群城际铁路与城市群经济的相互作用关系决定了二者在发展过程中要保持相对的一致与同步，才能最有效的利用社会资源，实现资源的最优配置，达到最大程度的相互促进与发展。

当城际铁路的供给水平落后于区域经济对交通运输的需求时，交通供给短缺成为经济进一步发展的限制因素，这时需要分析城际铁路运输供给不足发生的原因。若分析结果是由于物理网络基础设施不足导致的供给低于临界值，这时城际铁路运输的网络适应性开始发挥作用，需要进行下一步的城际铁路规划和建设，提高城际铁路物理网络的数量和质量，使之适度超前于社会经济发展水平，能够在未来一段时间充分服务于社会经济；若在物理网络足够的情形下，因运输网络交易效率低下、交易成本过高导致的运输供给不足，城际铁路制度适应性和组织适应性就要开始协调城际铁路的资源配置等要素，以降低运输经济活动的交易成本使运输供给量向均衡点移动。若运输供给水平超过了供需均衡点，这时城际铁路的发展是领先于社会经济的，城际铁路基础设施为社会经济的进一步发展创造了良好的外部发展环境，有利于新的产品市场的开拓与原有产品市场覆盖范围的扩大，最终社会经济发展速度会大大加快，以适应发达的城际铁路运输系统。

综上所述，区域经济与城际铁路二者在发展过程中会形成一个起促进或制约作用的反馈环，不间断地反馈作用力使双方协同发展，共同向更高水平演化。反馈环的作用力强弱和效果取决于二者发展水平的差距大小。需要注意的是，二者在各自发展的同时也在谋求相互间的协调与平衡，城际铁路与区域经济的相互作用机制就是二者协同发展的内在逻辑。因此，城市群区域经济的发展与城际铁路规划密切相关，二者始终交织在一起，相互依存、共生共长。

5.2 城际铁路规划与城市群空间演化互馈关系

城市群空间结构是城市群内产业、企业、人口在地理空间上的分布情况和组织形式，它反映了城市群空间范围里内各种生产要素、经济活动、社会活动及它们相互关系的特定发生空间、流动方向、流量及交流频率等，当这种特定的分布情况随时间发生变化时，城市群空间结构就发生了演进。

城市群在形成过程中，其空间结构呈现出与城际铁路网络形态明显的相关性。发达的城际铁路网络是城市群发展与空间结构演化的主要驱动力，对城市群各种要素的重新分布和社会活动、经济活动的发生有引导作用。城市群空间结构演化对城际铁路布局也有重要影响，城际铁路网络的布局需要满足不同空间结构演化阶段城市群的发展要求，与城市群经济和空间结构的发展水平相适应、协调发展。因此，在进行城市群城际铁路规划时要正确科学地认识和掌握其与城市群空间演化的互馈关系，合理分析城市群对城际铁路交通的需求，这对科学合理的城际铁路规划的制定具有重要意义。

5.2.1 城际铁路规划与城市群空间演化的互馈机制

5.2.1.1 城市群城际铁路对城市群空间结构演化的作用机理

城市群城际铁路通过影响城市群区域企业、产业及人口在空间上的分布情况和组织形式，引导形成更加合理的城市功能、职能定位，改善产业布局，疏解人口，促进城市群空间结构的演化。影响的主要路径有两条：一是城市群城际铁路通过延长迂回生产线促进产业分工和专业化水平的提升，从而改变产业区位和人口区位；二是城市群城际铁路作为城市群经济、社会发展的轴线，能够通过促进中心城市集聚-扩散效应的发挥，改变城市群产业结构、社会活动空间和人口分布情况。

1. 城际铁路对城市群企业、产业区位选择的作用机理

城际铁路线网的发展可以降低各城市的平均运输成本和交易成本，提高交易效率，促进分工与专业化的形成和深化。在这一过程中，分工与专业化的深化使得各生产企业在各自的生产环节具有了更高的专业性，生产产品品种少而精，生产链条得到了延伸，被细分出许多独立的环节，由一些独立环节所生产的中间产品被更广泛地应用在更多产品制造上，这促进了新的优势产业形成，提升了区域经济的吸引力。另外生产链条延伸使得部分生产环节被拆分或者有新的生产环节加入，形成了新的产业集聚，这使得企业、产品原有的区位选择条件发生了变化，并改变了原有的产业空间关联结构和布局，城市群空间结构发生演化。另一方面，分工与专业化演进推动了集聚-扩散效应的发挥。城市群产业在各城市通过集聚与扩散重新进行了分布，各城市保留了具有比较优势的产业作为主导产业，将多余的产业分离了出去。城市将更多精力放在了发展主导产业上，产业规模迅速扩大并且转化为了城市自身的竞争力。与此同时，主导产业产生的强大集聚力吸引周边城市相关产业集聚从而促进了新的规模经济、专业化经济以及产业集聚的形成。城市群原有的产业结构和布局状态被打破。因此，延长了的生产链和集聚扩散作用共同促使区域内企业、产业区位的选择发生了调整。

从更微观的角度看，分工与专业化促使生产链条中单位交易成本较高的企业和部门聚集到运输成本较低的区域，以方便与上、下游企业和部门进行交易和联系；而单位交易成本较低的企业和部门为了降低生产成本逐步向外围地区扩散。在这样的集聚与扩散双向区位选择机制作用下，企业和产业之间的交易网络随分工深化而扩大，推动了产业集聚与扩散的形成，并经过多次的互动作用，逐步扩展了城市集聚力与分散力的覆盖范围，不断调整城市产业、功能及等级，紧密了各城市之间的经济联系，推动城市群的空间结构的演化。值得注意的是，城际铁路不仅能促进分工与专业化的演进，也是产业扩散与集聚的重要轴线和空间指向，它利用自身网络结构成为城市群产业空间转移的轴线，形成了企业、产业在城际铁路网节点城市集聚的空间形态，推动了城市群空间结构的有序演化。城际铁路在企业和产业区位调整路径中对城市群空间结构演化具有推动作用。

2. 城际铁路对城市群人口区位选择的作用机理

城际铁路对城市群人口区位选择的作用主要是通过两条路径实现的，一是通过迂回生

产链条的延伸。分工与专业化作用的结果之一是生产链条的延伸导致了产业结构和产品结构的变化，影响了劳动力结构并引致了新的劳动力需求，这使企业对工人的技术水平有了新的要求，增加了对高技能工人的需求，同时生产环节的增加与细分需要高水平的管理人员进行统筹管理，劳动力人口也转变了对居住区位和工作区位的选择，在空间上形成了新的集聚和关联，促进了城市群职住分离状态的形成。二是分工和专业化产生的集聚-扩散效应作用于城乡间以及运输交易成本存在差异的城际间的人口流动与人口区位选择。平均运输成本较低、交易效率较高的城市发挥集聚效应吸引其他城市和农村人口不断迁往该城市，寻找更好的就业和生活机会。伴随着城市规模的扩大，城市将不再有能力承担更多人口和产业，这时部分人口开始向周边其他城市或者广大的农村地区扩散，从另一个角度看，城市人口的扩散就是在其他城市或农村地区人口新的集聚，这提高了其他城市要素、产品的交易效率和人口区位选择优势，也推动了农村地区城镇化的进程。因此在集聚与扩散的推、拉力作用下，城市群人口区位选择与分布发生了变化。

人口区位选择和分布的变化，直观的体现是其在空间上的集聚和扩散，它从两个角度对城市群空间结构演化发生作用。一方面，人才资源在空间上的流动和扩散使知识的溢出效应日益显著，使得技术创新速度和技术引进效率得到极大提高，刺激了产业结构的转化和升级，推动了城市群内各城市产业结构的演化和城市功能的合理分工，紧密了各城市之间的经济与社会联系。另一方面，由资源和要素集聚、扩散导致的人口区位选择的改变，又反作用于生产要素、资源向城市集聚或向新城市扩散，城市规模和数量发生了变化，促进了各城市职能的转变，推动产业结构调整，最终改变区域交易网络，区域内产业、人口及社会组织等呈现出不同的空间布局形态，从而推动城市群空间结构的演变。

需要注意的是，城际铁路除了能够刺激人口区位调整，还能够成为人口区位调整的引导力，以城际铁路线网站点为核心、线路为方向，促进人口的集聚与扩散，推动城市群人口空间结构的演化。

5.2.1.2 城际铁路规划与城市群空间演化的互馈机制

在城市群发展的各个阶段，城市群城际铁路和城市群空间结构一直处在动态变化当中，并且二者都不是孤立发展，发展过程中二者相互影响、促进、协调与配合。

1. 城际铁路规划对城市群空间演化的影响机制

城际铁路的发展缩短了城市群内各城市之间的时空距离，降低了产品的交易成本，交易效率获得了提高，各种生产要素、资源和人口沿着城际铁路快速流动，推动了分工与专业化的演进。从时间维度看，分工的顺序是产业间分工、产业内分工以及产业链分工三个阶段。产业间分工通过部门专业化最终导致了城乡分工，产业内分工通过产品专业化导致了城市间分工，产业链分工则通过功能专业化导致了城市群分工。

（1）分工与专业化，通过延长生产链条推动城市群空间结构的演变。

随着城市群分工的细化和专业化水平的提高，原有的生产链条被重新划分生产环节。产业链被重新划分的结果是生产环节更多，分工更加细致，各个环节的劳动生产率和专业化水平获得了提升，生产链条得到了延伸，产业结构更加复杂，企业对原有产业进行优势比较，只选择全产业链当中一个或几个生产环节进行专业化生产，发展自身优势产业，并通过专业化和规模经济形成核心竞争力，改变了其对外部要素和资源种类的吸引力，以及与城市群其他城市的空间联系结构，促进了城市群分工，进而推进城市群整体产业结构的和布局的调整，最终推动城市群空间结构向网络化方向发展。

（2）分工与专业化，通过集聚-扩散效应推动城市群空间结构的演变。

分工与专业化的发展通过引发集聚与扩散效应，改变企业、产业和人口的区位选择，促进城市群空间结构的演化。分工与专业化发展的最初阶段，企业生产活动专业化程度提高，在空间分布上趋于分离和扩散。后来企业注意到分离的空间分布会产生较大的交易成本，这时便开始追求在空间上的集中，旨在追求空间集聚带来的规模经济。规模经济产生的同时，在区域内会引发生产要素和经济活动的大量集聚，城市规模得到扩大和空间范围得到延伸，城市对周边地区的辐射范围更广。但由于土地资源和环境保护的制约性，过高的集聚水平会与空间有限性产生矛盾，这促使要素、资源和经济活动等开始向外扩散，在保证城市规模发展适度的基础上实现了产业结构的优化。因此，分工与专业化引发的集聚与扩散的多次互动中，企业、产业在动态的发展中不断权衡，以选择最优的发展区位，并引发人口分布的改变，进而推动城市群空间结构的演化。

2. 城市群空间演化对城际铁路规划的影响机制

城市群空间结构演化的实质是城市群产业与人口分布在城市群空间分布上的调整。这种调整在区域内激发出了新的运输需求，改变了原有运输需求的总量、结构与要求。为了适应城市群空间结构的演化，城市群城际铁路规划的规模、等级和结构也在不停的转变。

城市群通过空间结构演化寻找最优的布局形态，实现区域经济的最发达状态，因此城市群空间结构是更需要被适应的对象，城际铁路的规划发展应适度超前于城市群空间结构，最大程度服务于社会经济。

3. 不同发展阶段的城市群空间结构与城际铁路规划的互馈

（1）分散发展阶段的城市群空间结构与城际铁路规划的互馈。

从城市群形成的初期开始，城际铁路规划与城市群空间演化就存在着一定的相互作用关系。分散发展阶段，城际铁路发展很不完善，空间可达性差，城市之间联系很少，城市群空间规模的扩大受到制约。同时该时期分散独立发展的城市群空间结构特征也决定了只存在较少的城际运输需求，对进一步发展城际铁路缺乏激励。分散发展阶段城际铁路规划和城市群空间演化的相互作用规律表现为：城际铁路规划与城市群空间规模在较低层次上相互对应。城际铁路规划与城市群空间的演化速度都比较缓慢。

（2）单中心发展阶段的城市群空间结构与城际铁路规划的互馈。

单中心发展阶段，城际铁路与城市群空间演化不仅各自表现出快速发展的趋势，二者之间还存在着明显的相互作用关系，强度远大于分散发展阶段。这个阶段城市群中心城市为发挥其集聚效应，促使城际铁路以其为核心，向多方向延伸出去，形成了放射状的城际铁路网，城际铁路成为了大量人口和生产要素向中心城市集中的传导轴，为中心城市空间扩张产生强大推力。城际铁路的发展提高了区域可达性，延长了人们的出行距离，又由于铁路线路附近的交通出行较为方便，人口分布呈现出了向城际铁路沿线附近聚集的特征，城市群空间以新的可达距离为限向外扩展。城市群空间结构的扩张继而又对城际铁路规划提出了更高的要求，促进城际铁路的快速发展。此阶段，城际铁路规划对城市群空间演化的制约或促进作用比城市群空间演化对城际铁路规划的影响更大。

（3）扩散发展阶段的城市群空间结构与城际铁路规划的互馈。

扩散发展阶段城际铁路规划与城市群空间演化在较高水平上实现相互对应、相互作用的关系，二者之间的耦合强度远大于前两个阶段。这一时期，城市群空间结构发生了较大的变化，城市群内出现了为中心城市分担部分城市功能和产业的副中心城市。副中心城市在形成之前，需要城际铁路在其与中心城市之间建立和搭建起产业和功能转移的平台，并且作为中心与副中心城市今后的联系通道。副中心出现以后，城市群产业布局、原来的生产要素、社会经济活动在城市群区域的空间分布状态都产生了变化，表现出由最初的向单中心汇集变成向中心与副中心双向汇集以及中心与副中心之间的联系也越来越强的趋势，这又促进了城际铁路规划的发展。在二者的相互作用过程中，城市群空间不断演化。城市群空间演化的速度和规模越大，越会要求城际铁路向更高水平发展。这种相互作用在城市群分散发展阶段表现得最为突出。因此，城际铁路是影响城市群空间扩展的重要因素，并且在城际铁路发展过程中，不断受到城市群空间演化的推动。

（4）多中心网络化发展阶段的城市群空间结构与城际铁路规划的互馈。

在稳定期，由于城际铁路规划和城市群空间演化都发展到比较完善的程度，各自表现出一定的结构刚性，所以，二者处于相对稳定的状态。但它们之间仍存在相互作用的关系，这种相互作用关系和演化规律可表述为，稳定期的城际铁路规划与城市群空间演化在更为完善的高级阶段达到相互对应、相互协调的状态；稳定期的城际铁路规划与城市群空间演化之间仍然存在着相互作用、相互耦合的关系，但耦合程度低于发展期；城际铁路规划与城市群空间规模和空间结构在稳定期仍有继续演化的趋势，但演化的速度明显降低；城际铁路的演化朝着更加注重快捷、方便、自由和舒适的方向发展，而城市群空间的演化则由多种新的城市群空间结构逐步发展成空间尺度更大的区域化大都市空间结构。

因此，城市群城际铁路规划与城市群空间结构的演化是一个相互影响和促进的动态发展变化过程，如图5.6所示。当城际铁路规划和城市群空间结构相互协调时，城际铁路规划能够在符合城市群总体规划、空间结构布局要求的前提下，与城市群经济发展、产业结构与布局、人口规模与布局等相互适应，通过空间组织、运营组织及制度安排等方式使城市群内各级城市在工业化、城镇化及未来发展过程中的运输需求得到满足，并能够在规划、建设、运营过程中不断降低成本，使得有限的资源最有效地发挥作用，实现资源的最优配置，逐步形成城际铁路与城市群空间结构相互支持、共同演化的有序发展状态，最大限度地促进城市群社会经济的进步。

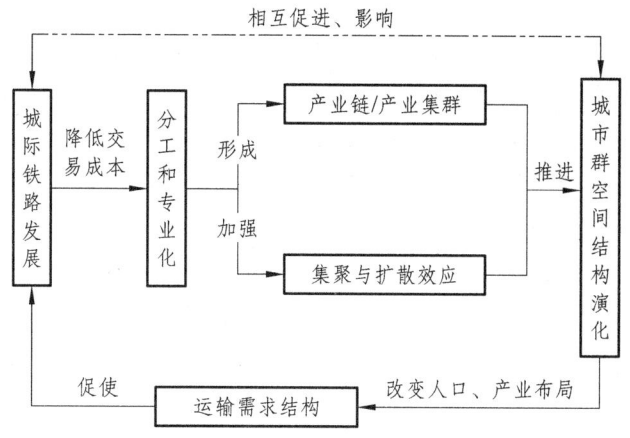

图 5.6 城际铁路与城市群空间结构演化的互馈机制

4. 城际铁路规划与城市群空间结构演化的协调性

城际铁路规划与城市群空间结构互馈作用的方向和目的是趋向于使二者间达到最大程度的协调，最有效地作用于城市群区域大系统的整体发展。对二者协调性的判断，有助于规划部门有的放矢，及时调整城市群城际铁路规划、建设和运营方案，优化城市群空间结构，促进二者之间的相互协调。

城市群城际铁路规划与城市群空间结构相互协调性意味着城市群地理空间层面、功能层面、组织层面和环境层面都实现了协调，因此，反过来可以从以下几个方面分别入手以实现对二者整体协调性的判断。

（1）组织层面。

组织层面的协调是城际铁路规划与城市群空间结构协调性实现的基础，它直接影响地理空间层面、功能层面与环境层面的协调水平，其主要考察规划、投资、运营与保障机制构建中是否与城际铁路与城市群整体规划、投资相适应，以及是否实现了客运组织的高效管理。因此，一方面，组织层面协调性是城际铁路在运营组织上实现与城市群产业发展运输要求相适应的基础，能够适时调整运输功能、运营组织方式，提高运营组织效率。在旅客运营组织中，通过设置灵活多层次多样化的运营模式，包括连通直达、快慢运输等满足不同层次的运输需求，并能根据客流量灵活进行运力安排和时刻安排，以及能够在城际铁路与其他交通方式间实现方便、快捷的换乘衔接等。另一方面，组织层面的协调能够使相关部门及时沟通、协调，以保证城际铁路发展规划与城市群总体发展规划、空间布局、功能布局的相吻合。因此，组织层面协调性不仅对城市群各城市及各部门的组织和协调能力提出了更高的要求，更是城际铁路与城市群空间结构演化保持长期协调的基础。

（2）地理空间层面。

地理空间层面的协调是指城市群城际铁路的站点、线路、网络与城市群产业、人口、功能等布局相协调。在空间上通常表现为在城际铁路站点或沿线有明显的产业与人口的围绕分布状态。

城际铁路站点协调要求城际铁路规划在进行节点选取时要与城市群各发展中心相互协调，一方面有助于中心城市以城际铁路为纽带充分发挥其经济辐射力，带动周边区域的发展；另一方面中心城市也能为城际铁路提供充足的客流，提高城际铁路的运营效率。此外，站点协调性还要求在产业聚集区、人口聚集区等周围应设有相应数量的站点、枢纽分布，便于与城际铁路实现接驳与换乘。

线路协调性要求城际铁路规划线路、线路规模及建设时序科学合理，在有效满足区域经济活动所派生的城际运输需求基础上，作为中心城市集聚和扩散作用发挥和传导的介质，发挥其对城市群空间结构发展的引导性作用，使得城市群产业布局、人口分布以及空间结构向更合理方向演化。

网络协调性是指整个城际铁路网络在站点、线路方面可达性的覆盖范围能够符合城市群产业、人口空间布局的要求，充分发挥城际铁路运输网络的整体效应。

（3）功能层面。

城际铁路的功能是实现城际运输需求，因此功能层面的协调性主要考察的是城市群城际铁路规划与区域经济发展之间的协调性。功能层面协调性要求城际铁路发展规划与城市群的经济、社会发展水平相协调，不仅能够从总量，还要从结构和服务质量上满足城市群产业、人口的城际运输需求。具体来看，一方面，城际铁路发展规划要与城市群产业发展水平、产业结构与产业区位相协调，能够为提升产业发展水平、优化产业结构提供高效运输服务和保障；另一方面，城际铁路发展规划要与城市群人口的规模、结构、分布及城镇体系相适应，能够有效提供高质量的客运服务以满足居民消费和出行的需求。因此，功能层面的协调性要求城际铁路能够提供具有较高的服务质量与满意度的运输服务，以满足城市群经济活动派生出的大量运输需求。

（4）环境层面。

环境层面的协调要求城际铁路发展规划要符合环境保护的要求，具体包括噪声水平的控制、资源能耗的控制和土地利用等方面，以实现经济、社会和环境的可持续发展。

5.2.2 城际铁路规划与城市群空间演化互馈的阶段性规律

5.2.2.1 城市群城际铁路规划与城市群空间演化阶段的划分

随着城市群不断发展，城市群空间结构演化趋势明显，而这种演化是必然的，演化历程是漫长的。虽然各城市群空间结构形态各不相同，但是从国内外发达城市群空间结构演化过程来看，城市群空间结构的演化总体上都要经历四个阶段，即分散发展阶段、单中心发展阶段、扩散发展阶段和多中心网络化发展阶段。伴随城市群空间结构演化的不同阶段，城市群城际铁路的规划与发展大致可以分为两阶段，骨干网建设时期和辅助网建设时期，如图5.7所示。

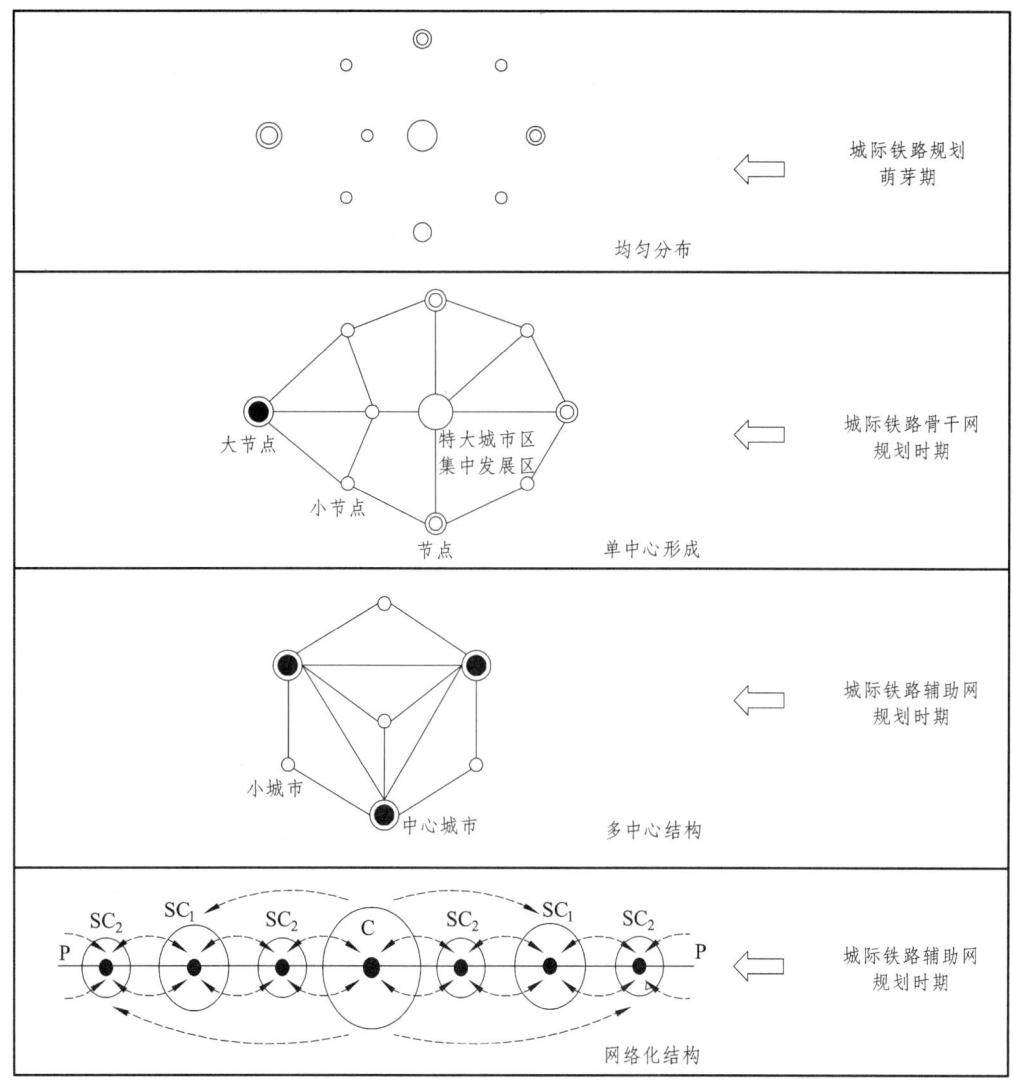

图 5.7 城市群空间结构演化与城际铁路发展规划的阶段性划分

1. 城市群空间结构分散发展阶段——城际铁路萌芽期

分散发展阶段的城市群空间结构为低水平均衡分布状态,即城市群内各城市呈均匀分布。该阶段城市群的规模较小,城镇化水平低,城镇体系、基础设施网络还不完善,各城市基本处于经济分散、孤立发展的阶段。这个时期城市间交通不便,人们的经济活动和社会活动空间非常有限,各个城市主要以发展自身为主,与其他城市的联系非常微弱。其中,个别城市得益于先天优越的自然资源条件和良好的交通区位条件,工商业发展水平较高,成为区域发展的中心,但与非中心城市发展差距不明显。区域内产业分布、人口分布等都处于分散阶段,城市之间的土地为农业用地,城市的内、外向连通功能较弱,城际铁路运输需求较弱,区域没有形成一体化发展趋势,城市群整体发展速度非常缓慢。

2. 城市群空间结构单中心发展阶段——城际铁路骨干网规划时期

单中心发展阶段,也称为极化发展阶段。随着城市群社会经济的发展,城市群中心城市发展优势体现的越来越明显，与非中心城市之间产生了较大的发展差距，迅速发展成为区域经济的"增长极"。中心城市与非中心城市间跨等级的社会经济联系逐渐加强，城镇化水平快速提升，城镇体系愈发完整。其中，典型性中心城市在增强极化（内向集聚）作用的同时，也在发挥扩散（外向扩散）作用，中心城市逐渐发展壮大。中心城市内向集聚力表现为对周边地区的吸引力和集聚力，大量的生产要素、资源呈现向心聚合的倾向和人口增加的趋势；外向扩散作用表现为中心城市利用其强大的辐射力，为周边中小城市带去发展活力。

此时，城市群内交通基础设施逐步完善，并呈现以交通网络为轴线向外扩张，中心城市与非中心城市之间的联系越来越紧密，物质、资本、人员交流日益密切，城际间交通运输需求量逐渐攀升，城际铁路需求增强，城际铁路规划以核心城市为中心，沿城市群"点-轴"空间格局规划城际铁路骨干线路，强化核心城市群的集散效应，由此扩大城市群核心城市的社会经济辐射功能。城市群空间结构单中心发展阶段处于城际铁路骨干线路规划的快速增长时期。

3. 城市群空间结构扩散发展阶段——城际铁路骨干网规划时期

单中心发展阶段中心城市通过极化作用规模不断扩张，并与其相邻的城镇发展成为"核心-边缘"发展单元。当中心城市规模过于庞大，最终超过了集聚阈值时，产业和人口在城市的过度集中带来的负效应逐渐显现，城市群经济将呈现产业向外部区域扩散的趋势。产业扩散是城市空间向外扩张、蔓延和创新行为在地域空间的传播过程，扩散效应最终在特定地区结合区域自身发展优势形成了区域副中心，此时，城市群空间结构逐步扩散发展，各城市之间联系增强，城市群功能完善。根据城市群城际铁路的战略目标，其规划应满足城市群产业转移、空间结构扩散的要求，充分发挥交通运输对城市群空间结构演化的引导作用，城市群空间结构差异化明显。

为满足城市群产业结构调整和布局优化，在城际铁路骨干线路规划建设的基础上，依据其功能定位，主要规划城际铁路各方向骨干线路，城际铁路规划布局呈现出明显的具有向心特征的放射状网络布局模式，即形成以单中心城市为圆心，多方向分层级向外放射的城际铁路网络。同时，为了加强城市群空间结构扩散效益，强化区域中心、区域副中心等重要经济区域的连通性，逐步考虑补充规划建设重要区域范围的辅助线路，促使城际铁路骨干网规划满足城市群空间结构扩散发展阶段的要求。

4. 城市群空间结构多中心网络化发展阶段——城际铁路辅助网规划时期

多中心网络化发展模式是城市群空间结构发展的较高阶段，城市群内不同区域的交流更加密切、频繁，区域各中心城市进行了明确的功能划分，愈加细致的产业分工推动着城市群空间结构向趋于协调方向发展。该阶段城市群形成了多个"核心-边缘"结构，多个中心城市与其他非中心城市逐步协调发展，城市群内等级结构更为复杂和多样。各城市在产业分布、功能布局上逐步协调、均衡，城市群进入到新的快速增长阶段。

在这个过程中，交通网络依然是集聚与扩散效应的良好介质与引导轴。当城市群产业分工与专业化水平发展深化后，不同区域之间的交通需求结构发生变化。因此，为满足城市群网络化空间结构发展需求，城际铁路在前期骨干线网规划建设的基础上，加强对辅助网络的建设，通过强化城市群各级城市间多层级网络化联系，搭建起区域内各城市之间的交流平台，引导城市群经济空间协调发展。

5 城际铁路规划与城市群发展

综上所述，城际铁路发展规划和城市群空间演化各阶段特征如表 5.3 所示。

表 5.3 城际铁路发展规划和城市群空间演化各阶段特征

指标	城市群空间结构演化的阶段			
	分散发展阶段	极化发展阶段	扩散发展阶段	网络化发展阶段
城市群规模	较小	扩大	扩大	继续扩大
城镇体系	尚未出现	逐渐完善	等级化	复杂化
城镇化水平	较低	提高	高	继续提高
分工协作水平	低	分工出现	分工演进	网络化分工
城市群发展速度	慢	中心城市发展快	非中心城市发展快	新增长阶段
城际铁路网规模	—	骨干线路	骨干线网	骨干线网+辅助线网

5.2.2.2 城市群城际铁路规划与城市群空间演化的阶段性规律

城市群空间结构的演化在各个阶段都呈现出了与城际铁路网络形态明显的相关性，二者之间存在着历史对应和持续的相互作用关系。长期来看，城际铁路规划与城市群空间演化是一个不断发展的过程，在相互适应的过程中都在不断变化、补充和调整。

在城市群漫长的发展过程中，无论是城市群空间结构演化还是城际铁路规划的发展都不是在均匀增加，而是表现出明显的阶段性。这种阶段性演化规律可以表述为，城际铁路规划与城市群空间演化大体经过三个发展时期，即萌芽期、快速发展期和稳定期。由于在任一阶段总是存在若干制约条件，可以认为城际铁路规划与城市群空间演化所能达到的阶段性最高水平是一定的。但是当技术进步和经济发展等打破了城际铁路原有的某些时空限制后，这个阶段性的最高水平又会得到提升，从原来较低的水平跃迁到较高的水平，此时将引发新一阶段的空间结构演化过程。往往在跃迁到新阶段的初始时期，演化速度往往较低，城市交通与空间演化之间的相互作用强度也较弱。随着技术成熟、人们认识提高、限制条件放松以及新阶段初期存在较大的发展空间和较小的发展阻力，演化速度迅速加快。当各自接近阶段性最高水平时演化速度再次减慢，直到新的技术、机制、政策或经济因素等引发新的跃迁进入新一阶段的演化。这种过程循环往复，不断向更高阶段发展。

当城市群空间结构演化处于分散发展阶段时，各城市之间的联系非常微弱，城际铁路由于缺乏运输需求的刺激，发展很不完善；在极化发展阶段，中心城市与非中心城市之间的联系逐渐增强，中心城市对周边地区其他城市有较强的经济、社会、文化辐射和向心作用，需要城际铁路作为其辐射力的载体以及城市群区域各生产要素流动的纽带和传导介质，城际铁路因此得到一定程度的发展，但是尚未成网；扩散发展阶段是由于中心城市极化程度过于严重，其规模的继续扩大受到了资源和环境的制约，导致极化不经济现象出现，迫使中心城市将部分人口和产业向其他地区转移，在其他地区形成区域副中心分散中心城市的压力并承担相应的功能。而中心城市的压力转移和功能分散过程是通过城际铁路布局实现的，城际铁路的布局引导中心城市向特定地区转移其部分功能和适当分散其吸引力，并在特定地区形成了副中心城市。随着城市群社会经济的进一步发展，中心城市与副中心城市以及非中心城市之间的联系变得越来越紧密，反过来又进一步促进了城际铁路网规划和发展逐步完善；当城市群空间结构发展到网络化阶段时，城市群产业分工更细致，专业化程度更高，城市群内各城市都有自己的主导产业，城市功能划分明确，城市群经济又进入了一个新的增长阶段，城际铁路作为城市间紧密联系和沟通的载体，网络化必然是其发展和规划方向。

6 城市群城际铁路线网规划理论

城市群城际铁路线网规划主要以科学发展观为指导,坚持以人为本、服务运输、系统优化、综合交通的规划思想,综合考虑各因素概念网,并借助专家意见和综合分析,构建功能明确、布局合理、能力充分、衔接顺畅、安全便捷的城际铁路网络,以此加快城市群城乡统筹发展,推动城市群经济和社会和谐发展。合理的规划离不开理论的支撑,城市群城际铁路线网规划理论主要依托综合交通运输系统规划理论基础,并在前文城际铁路规划与城市群空间演化的互馈关系研究的基础上,确定城市群城际铁路规划目标和原则、提出适合于城市群城际铁路线网规划的方法体系及规划流程。

6.1 综合交通运输系统规划理论与实践

综合交通运输系统规划是指在一定地域范围内(一个国家或地区)对交通运输系统进行总体战略部署,即根据国民经济发展的要求,以当地具体的自然条件和经济条件为基准,通过综合平衡和多方案的比较,确定交通运输发展方向和地域空间分布。综合交通运输系统规划是实现国民经济对交通运输要求的重要手段,也是编制各种交通运输方式总体规划的基本依据。其中,城际铁路作为城市群内(区域内)交通走廊方向客流集散的主要运输工具,其规划布局对综合交通运输系统整体规划有着重要影响。因此,本书借鉴综合交通运输系统规划的理论与方法,针对城市群城际铁路线网的功能定位提出相应的规划理论。

6.1.1 综合交通运输系统规划理论基础

6.1.1.1 综合交通运输系统规划层次性划分

综合交通运输系统规划涵盖内容广泛,主要解决交通运输业发展方向、准则、规模、速度、布局和部门结构等问题,对交通运输业的各部门及布局做出全面合理的安排。综合交通运输系统规划具有层次性,如图 6.1 所示。

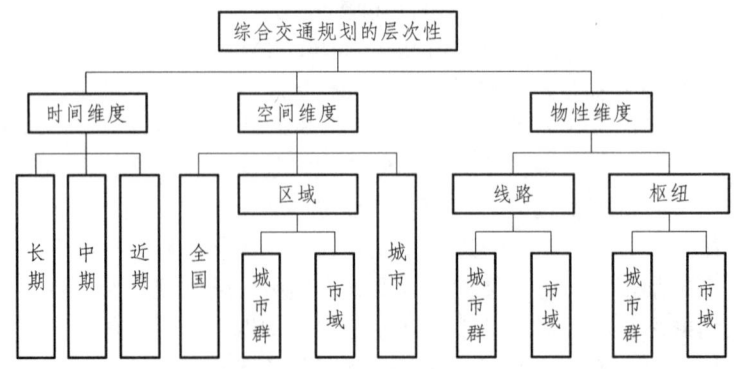

图 6.1 综合交通运输系统规划的三维层次划分[24]

其中，在时间维度中，综合交通运输系统规划可分为长期规划、中期规划与近期规划。长期规划是站在战略层，宏观把握制度体系与全局交通网络布局设计；中期规划是以交通线网结构性需求为支配要素，对综合交通运输网络布局进行调整，侧重科学的设计与编制；近期规划是站在执行层，以总量规模和时序安排为目标。

在空间维度中，依据空间范围的大小，综合交通运输系统规划可分为全国层规划、区域层规划和城市层规划。其中，全国层规划重在对战略性交通运输网络和运输通道的合理布局以及对国家交通运输发展各项战略政策的制定；区域层规划主要分为城市群综合交通运输规划与市域交通规划，其规划对象为区域性交通网络和通道；城市层规划是以城市交通发展为特征，对城市内交通线网进行布局，并制定城市综合交通发展政策。

在物性维度中，综合交通运输系统规划可分为交通枢纽规划和交通线路规划两部分。其中，交通枢纽规划又分为国际性枢纽、全国性枢纽和地区性枢纽三层规划。在城市群内，交通枢纽规划对象为国际性枢纽和全国性枢纽，市域交通枢纽规划对象为地区性枢纽。尽管规划对象不同，但两者均重视枢纽整体性布局以及无缝化运输过程的实现；而交通线路规划内容则为运输线路的分等级划分及布局。

综合交通运输系统规划层次性的划分是规划的前提，有利于梳理规划的内容、确定规划的方法等。在城市群城际铁路线网规划中，层次性的划分也是必不可少的。相应地，在时间维度中，城市群城际铁路线网规划可分为近期规划与远期规划。近期时，城市群已初具规模，该阶段内城际铁路线网规划侧重于骨架线网和次干线网的规划布局，衔接城市群内核心城市与次中心城市、次中心城市与次中心城市，加速各要素流运动，提高城镇间联系紧密度。远期时，城市群发展较为成熟，城际铁路线网规划以支线或辅助型线路规划为主，进一步完善线网结构，增强线网稳定性。在空间维度中，城市群城际铁路线网规划的层次划分依据为城市节点等级，即层次一是线网规模覆盖城市群内的主要客流集散节点，层次二是线网覆盖城市群内的辅助节点，层次三则是覆盖城市群内的补充（边缘）节点。在物性维度中，城市群城际铁路线网规划同综合交通运输系统规划类似，可分为重要节点规划与运输通道规划。其中重要节点规划侧重于城市群不同演化阶段下节点布局的调整。运输通道规划主要客流集散通道的规划，满足主要客流的运输需求。城市群城际铁路线网规划的层次性划分，如图 6.2 所示。

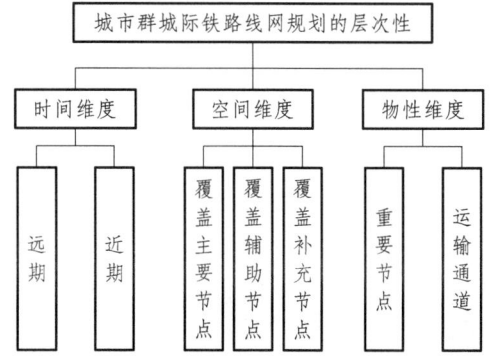

图 6.2　城市群城际铁路线网规划的三维层次划分

6.1.1.2 综合交通运输系统规划理论基础

由于综合交通运输系统规划是一种有层次、有时序的设计,且各层次间联系紧密,因而不同规划理论间也相互关联,相互印证,同时也有层次划分。综合交通运输系统规划理论主要包含交通规划方法论、区位经济理论、交通区位论三类,体现出规划哲学与规划经济学两方面层次性。

1. 交通规划方法论

交通规划方法论为哲学层次的交通规划方法,用于宏观指导规划方法的选取及应用,主要包括背景变换分析法、慢变量分析法、结构分析与趋势外推组合预测法、主客均衡分析法与本体论分析法。

其中,① 背景变换分析法,是将综合交通运输系统各层次系统分别放置于规划背景环境中单独分析,以保证各层次系统规划具备较高的环境适应性。其中,分析内容包含国民经济指向与交通运输指向的同构分析、区域发展模式与新的经济增长点分析、地域外部环境对规划地域施加的地缘政治、经济因素分析[24]。② 慢变量分析法,是通过分析慢变量(即复杂系统中的支配要素,如地理环境、产业空间分布形态、运输供给),指导综合交通发展规划。③ 结构分析与趋势外推组合预测法,是结合结构分析与趋势外推的优劣分析,确定运输需求短期预测可基于历史数据趋势外推,长期预测则通过运输需求结构分析把握趋势变化,提高预测合理性。④ 主客均衡分析法,主要用于综合交通运输系统近期规划,通过分析历史数据揭示近期交通流变化规律,并以此作为综合交通运输系统规模测算和建设时序方案的基础。⑤ 本体论分析法,主要用于综合交通运输系统远期规划,通过综合运输系统结构要素布局交通基础设施,提高环境适应性。

2. 区域经济理论

区域经济理论是用来分析经济空间分布及联系的理论,主要包括平衡发展理论、梯度推进理论、增长极理论、点-轴开发理论、网状开发理论、循环积累因果论、圈层结构理论等。其中,点-轴开发理论与网状开发理论对综合交通运输系统规划影响较深。

点-轴开发理论是以增长极(点)和交通干线(线)为重点研究对象,分析区域人口、产业分布情况,确定区域内经济增长点与经济增长轴,研究交通条件对区域经济间的互馈机制,从而作为综合交通运输系统规划的基础。网状开发理论是点-轴开发理论的拓展,重点研究由经济增长点与经济增长轴构成的网状经济结构,并以此作为区域内各要素流的流动网,分析区域内城镇一体化程度以及区域运输需求结构特征,对综合交通运输网络布局有重要指导意义。

3. 交通区位理论

交通区位理论,属于规划经济学层次,是从运输需求结构和运输网络结构出发,分析地理因素、社会因素以及科技因素对综合交通运输系统规划的影响。其中,在交通区位理论中,交通区位线的分析至关重要。交通区位线属于原理线,会随城市的变迁而变化。依据交通区位线规划运输线路时,需结合区域内产业布局形态与区域交通运输需求特征,选择合理交通制式。同时,依据交通区位线建设的运输线路能力、等级会在一定时期内受到区域经济需求和交通技术需求的影响，因此需实时动态调整线网整体布局。

6.1.1.3 综合交通运输系统规划方法

综合交通运输系统规划理论已明确指出，不同层次的综合交通运输子系统需采用不同的规划方法，以实现交通资源在时空维度上的优化配置。传统的综合交通运输系统规划方法是从系统的角度出发，对所有交通运输方式的客、货运输需求量进行预测，同时优化交通流的网络与枢纽，将预测的需求量分配给多种运输方式，然后进行合成与网络模拟，通过信息反馈合理调整各种运输方式的分担率，以此确定运输系统供给模型，提出综合运输系统规划初选方案，并对初选方案进行评价与优化，获得最终推荐方案，具体流程如图6.3所示。传统方法优点明显，即可在理想的情况下对各种交通运输方式同时进行处理，提高了网络的运营效率，加强了各种交通运输方式间的协调配合。但该方法也存在弊端，即未考虑综合交通运输系统规划的层次性，规划内容不够全面细致，也未能有效反映各阶段规划的目标与内容，规划结果无深浅性。

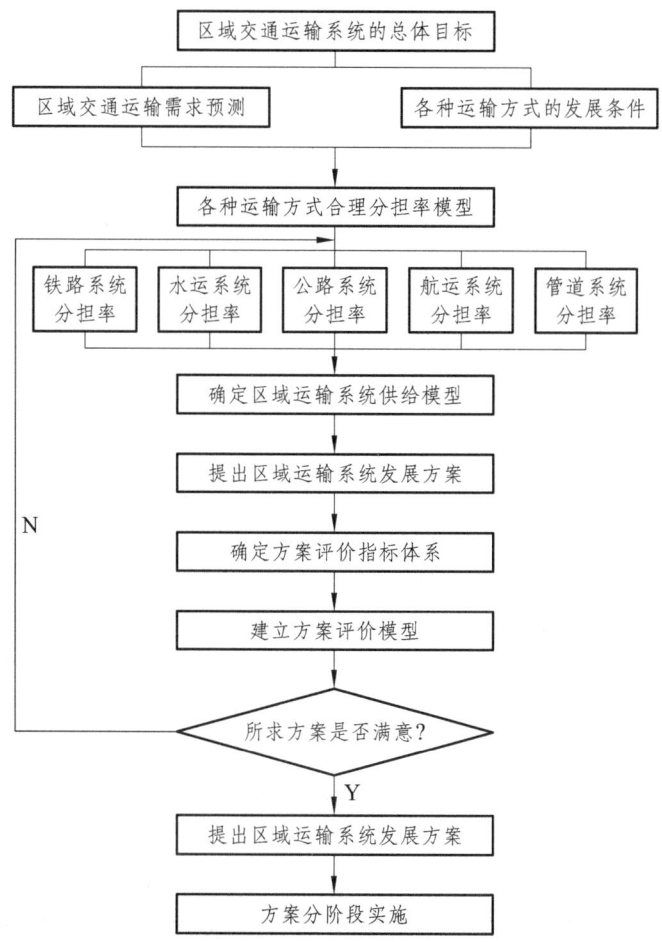

图 6.3 传统综合交通运输系统规划流程

因此，现阶段综合交通运输系统规划主要依据自身层次性的特征，针对不同的规划内容提出了不同的规划方法，即四阶段法、总量控制法、交通区位法、重要度区位联合布局法四种规划方法。

1. 四阶段法

四阶段法是一种基于交通流量预测的交通规划方法，它贯穿于线网规划的全过程，其核心思想是将交通流预测过程划分为交通量的发生与吸引、交通分布、交通方式划分和交通流量线路分配四个阶段，每个阶段中应用不同的模型进行分析预测，并将其预测结果作为下一阶段的输入数据，最终得到各路段的交通量，确定交通线路的分布、网络规模和断面结构。

2. 总量控制法

总量控制法是充分利用现有交通统计资料，依据区域内的社会经济发展和社会生产力布局特征，通过对路网需求、路网建设资金等多个总量指标的预测，来控制路网建设总规模，确定交通网络的总格局，同时也综合考虑各节点政治、经济、文化、地理环境特征，按照政策、技术、经验相结合的原则将近期规划的网络流量分配给各线路，由此也确立了技术等级与建设时序。

3. 交通区位法

交通区位法是基于交通区位理论发展起来的，其核心是交通节点与交通线路的区位分析。该方法主要采用背景变换和历史回采分析方法，分析综合交通运输系统自身特点及其与环境的同构性，重视综合交通运输系统对经济发展的引导作用，具有一定的前瞻性。

4. 重要度区位联合布局法

重要度区位联合布局法在综合交通运输系统规划中的运用核心是通过建立交通节点重要度评价指标体系确定并排序各交通节点，再按照相应准则确定一定地域范围的重要交通节点，并结合交通区位论和重要度规划布局运输通道。

综上所述，综合交通运输系统规划涉及内容众多，概括起来需重点解决三方面的问题：一是交通运输总量问题；二是交通运输结构问题；三是交通运输衔接问题。交通运输总量即综合交通运输系统规划目标值，亦即综合交通运输系统的总体供需水平，应与社会经济发展水平相吻合。不同时期内的社会经济发展要有相应的交通运输基础设施做支撑，而支撑社会经济发展的交通运输基础设施的基本量是各种交通运输方式能力总和。交通运输总量的预测需做到交通运输基础设施的发展与社会经济发展相互关系的曲线不能出现大的波动，且能保证基本的交通运输需求，尤其是边际运输需求。交通运输结构则是指各种运输方式在空间的联系。综合交通运输系统规划需从交通方式选择及优化两方面着手解决交通运输结构问题，即综合考虑各种交通运输方式的优势对比，在多种交通运输方式市场交叉重叠的区域，做到各种交通运输方法各取所长、优势互补、协调发展，充分发挥综合交通运输系统整体效益。而关于交通运输衔接问题，则主要指针对综合交通枢纽的规划问题。如上所述，综合交通枢纽规划一般采用交通区位法或重要度区位联合布局法，确定其区位、功能和作用。综合交通枢纽是交通运输衔接的要点，在规划中应注意体现客运的"零距离换乘"和货运的"无缝衔接"理念。

6.1.2 国内外综合交通运输规划的实践及发展

6.1.2.1 国外综合交通运输规划的实践及发展

国外综合交通运输发展起步较早,其实践与发展大致可分为两个阶段。

1. 第一阶段——20 世纪 80 年代以前

20 世纪 80 年代以前,综合交通运输系统规划研究与实践主要有两种典型模式:一是以苏联为代表的计划经济体制模式;二是以欧美等西方发达国家以及日本为代表的市场经济体制模式。前者在该阶段的规划研究中,所使用的运输模型均具有鲜明的技术和数量经济特征,运输方式分工及其衔接与配合与各种运输方式的运距密切相关,同时该阶段运输模型简化处理了运输需求及其部分影响因素,导致理性化的系统缺乏可操作性和可实施性,与实践脱离。后者以市场作为配置运输资源的手段,旨在实现用户效用最优化,所使用运输模型强调需求的多样化,最大程度实现资源的优化配置,且具有可操作性和可实施性。例如,在 20 世纪 70 年代初,美国交通运输部率先尝试多式联合运输规划,其规划特点表现为以下几个方面:① 重视交通运输规划对社会、经济、环境以及公众利益的影响与评价;② 规划主次分明,注重既有交通设施改良及运输通道上运输方式的选择与衔接;③ 注重发展轻轨铁路运输;④ 强化政策引导,鼓励多种运输方式的公平竞争等。而日本在该阶段主要发展干线铁路与高速公路两种运输方式,其规划侧重点放在将工业地带和各个新产业城市的"点"连接起来,实现"点—线—面"转化。日本交通运输规划在该阶段的特征主要表现为硬件的发展,注重通过产业布局来扩充两种运输网的社会资本,并大规模地建设以缩小地区间的差距。

上述两种不同体制下的综合运输系统的规划研究与实践发展,其运输技术和过程管理的理论与原理具有共性,这是由运输产品具有共同的位移特征和运输活动的经济本质决定的。然而其社会实践效果却大不相同。以欧美等西方国家为代表的研究与实践对运输活动的经济配置的认识更为深刻,原因是两者的经济环境、实现手段、运营机制、管理体制和各种支撑、保障条件的差别所致。

2. 第二阶段——20 世纪 80 年代以后

20 世纪 80 年代以后,计划经济体制下和市场经济体制下的综合交通运输系统规划与实践分别处于停滞状态和飞速发展状态。随着世界经济一体化进程的加速,计算机、信息和通信技术迅猛发展,交通运输由快速、大容量交通时代逐步走向智能个性化交通时代,突破了制约综合运输的瓶颈问题,各国实施放宽运输市场管制等政策,有效促进各国对综合运输系统规划实践与发展。例如美国在 20 世纪 90 年代初,重新制定新的 20 年交通运输规划,其规划重点为运输线路与多种运输设施的连通性,以及交通运输需求管理等。英国也放宽政策,在 1998 年颁布的综合交通白皮书《交通新政》中已明确指出发展综合交通运输一体化的必要性,并提出了综合交通运输规划需要考虑土地利用、环境负担和经济可持续发展的观点。同期,日本也提出"交通网络构想"与完善国际交通体系的战略构想,重点发展内外综合交通,形成内外经济圈的互动与协作,并注重国土发展轴的规划。在该阶段,日本交通规划侧重点在软件方面。

这一阶段，综合交通运输系统规划与实践主要侧重于发展多种运输方式一体化和交通智能化，但是目前的研究实践表明，对于综合交通的研究明显落后于各种单一运输方式，在综合运输系统未来的研究中也需重视其对土地、环境等的负外向性作用。

6.1.2.2 国内综合交通运输规划的实践及发展

国内综合交通运输发展起步较晚。1987年党的"十三大"报告中，首次将加快发展综合运输体系作为今后相当长时期内调整和改造交通产业结构的基本方向；2001年国务院通过了《国民经济和社会发展第十个五年计划综合交通体系发展重点专项规划》，指出我国交通运输发展的长期战略目标是：以市场经济为导向，以可持续发展为前提，建立客运快速化、货运物流化的智能型综合交通运输体系；而2006年通过的《国民经济和社会发展第十一个五年规划纲要》则要求"统筹规划、合理布局交通基础设施，做好各种运输方式相互衔接，发挥组合效率和整体优势，建设便捷、通畅、高效、安全的综合运输体系"；"优化运输资源配置，强化枢纽衔接和集疏运配套，促进运输一体化"。而相应的，在《"十二五"综合交通运输体系规划》中则指出，在既有的综合交通运输发展战略的基础上，初步形成"五纵五横"为主骨架的综合交通运输网络、国家快速铁路线网、高速公路线网，扩大和优化民用航空网络、天然气运输网络，强化城市公共交通，基本建成42个全国性综合交通枢纽。我国综合交通运输系统在近些年来飞速发展，各种交通运输方式固定投资建设情况如表6.1所示。

表6.1 近几十年我国各交通运输方式固定投资建设汇总表　　万亿元

指　标	"十五"时期	"十一五"时期	"十二五"时期
总投资	2.94	7.97	13.49
铁路	0.48	2.42	3.58
公路	1.98	4.08	7.10
水路	0.18	0.50	0.73
民航	0.09	0.25	0.63
管道	0.08	0.22	0.35
城市轨道交通及其他	0.13	0.50	1.1

注：铁路总投资含机车车辆购置和更新改造费；
　　数据来源：中国铁路总公司官网、综合交通运输发展规划等。

目前，我国综合交通运输网络已初具规模，规划的线路也加快了建设的步伐。即便如此，现阶段的各项基本运输设施网络尚不完善，技术等级、网络覆盖度与通达度还有待提高，交通运输能力仍明显不足，难以满足相关运输需求。同时各种运输方式间的有效衔接尚未完全形成，综合交通枢纽和一体化服务发展滞后，造成能力浪费。因此，我国仍需以发展综合交通运输系统为目标，充分发挥各种运输方式的优势，全力扩展运输网络，增强综合交通运输网络的稳定性。同时也需满足旅客不同层次的运输需求，有针对性地发展不同的运输方式，也要注意各种运输方式间的衔接与匹配，实现综合运输能力最大化。

6.1.3 目前综合交通运输规划存在的主要问题

1. 缺少用以指导我国综合交通发展的战略规划

长期以来，由于国家和地方各级交通主管部门分设，形成了"各自为政"格局，交通运输规划和建设部门只负责单一交通运输方式，未考虑与其他交通运输方式的衔接等。而这一传统观念和习惯做法长时期较难改变，加之，综合交通运输的概念较为复杂，人们对如何发展综合交通运输的认识和理解不够统一，因此科学合理地做好全国和各地的综合交通运输规划任重道远。另外，上述现象突出表现为我国综合交通运输发展缺少战略规划，用以指导各种交通运输方式间的协调配合、有机衔接，使交通运输基础设施的规划、建设和管理统筹协调、一体化运作。因此，专门编制我国综合交通发展战略规划，用以指导各种交通运输方式优化衔接，已成为综合交通运输发展中亟待解决的问题。

2. 预测分析中缺少背景驱动和制约分析

在综合交通运输规划中，运输需求预测是规划的基础。规划人员需要预测规划期内社会人口规模分布、经济发展水平及结构、社会再生产行为、环境影响、基础创新、土地利用变化等，以此作为规划交通运输线网的依据。但目前采用预测模型存在两大不足：一是认为预测模型中的各个变量之间的关系均是确定性的；二是假定不包含在模型中的参数均不影响交通需求行为。这意味着运输需求预测方法忽视了交通系统和经济系统的突变性，而仅仅是在结构不变的前提下利用历史统计数据进行趋势外推来预测交通需求总量、各运输方式的分担总量等，会造成预测结果误差较大。该误差不同于统计技术所导致的数据误差，而是需求预测模型与预测对象实际结构不符合导致的内源性差异。因此，即便是规划人员考虑了交通运输与社会经济的发展关系，在进行运输需求预测时把社会经济背景分析作为基础，也无法使预测模型与规划内容相对应，造成运输线路走向、枢纽布局方案与社会经济背景想脱离，没有直接的因果关系。

3. 不同时间跨度、不同区域范围的规划均采用相同的规划方法

在综合交通运输系统规划中，规划目标会随着规划时期、规划范围不同而不同，规划方法也会发生相应的变化。任何一种规划方法均有一定的适用范围，不能用同一种方法来应对所有的交通规划。现阶段的综合交通系统规划中针对不同时间跨度、不同区域范围均采用相同的规划方法，例如在规划中常用的四阶段法，虽然它能对规划区域内的城市进行划分，并利用其划分后的城市或城市组团间的联系布局线路，但对于大区域、长期的规划，交通需求不可能像城市一样划分为若干小区，此时运输量的集散点很多，交通现象繁杂，四阶段法已经不再适用。同时，因该规划是长时期的，而四阶段法对运输需求预测结果的准确性会随着时间的推移而降低。故针对该类时间跨度和区域范围的规划不宜使用四阶段法，而应采取其他方法进行规划。

综上所述，综合交通运输系统规划是多维多层次的规划，可由多种运输方式的子规划构成。城市群城际铁路线网规划作为其中一项重要的规划内容，其规划的理论基础与方法均可借鉴综合交通运输系统规划的理论方法体系。例如，在规划的理论基础方面，城市群城际铁路线网规划与综合交通运输系统规划的理论基础相通，均包含交通规划方法论、区位经济理论、交通区位论三类。其中,在交通规划方法论中,城市群城际铁路线网规划更多运用的是结构分析与趋势外推组合预测方法以及近远期规划分别采用的主客均衡法与本体论分析法。而区位经济理论在城市群城际铁路线网规划中的运用同综合交通运输系统规划一致,均注重线网形态与区域经济发展的匹配度。同样在交通区位论中,两者规划均重在对交通区位线的把握。对于规划方法,城市群城际铁路线网规划与综合交通运输系统规划使用的方法原理一致,但综合交通运输系统规划的空间维度远远超出城市群城际铁路规划的范围,其侧重点也存在差异。因此城市群城际铁路规划需在综合交通运输系统规划方法的基础上,作出合理的调整与改进,以符合自身规划特征,同时也需注意在不同时间跨度、不同区域范围的规划应采用不同的规划方法等,以此达到规划的目的。

6.2 城市群城际铁路网络主要内容

如前所述,城市群城际铁路线网规划是综合交通运输系统规划的子系统,且在物性维度中,两者均需对交通节点与交通线路进行系统规划,但城市群城际铁路线网的节点与线路又不完全吻合于综合交通运输系统的节点与线路。因为综合交通运输系统中的节点泛指多种运输方式并存的综合交通枢纽,而城市群城际铁路线网中的节点则一般为城市群内的城市节点。而对于交通线路,综合交通运输系统不仅研究城市群的交通运输走廊,还包括市域的交通线路,涵盖范围比城市群城际铁路线网更广。因此,单独研究城市群城际铁路线网基本要素,分析城市群城际铁路线网规划特征,明确其规划的主要内容,对于合理规划城市群城际铁路线网具有重要意义。

6.2.1 城市群城际铁路线网基本要素

城市群城际铁路线网的基本构成要素主要包含"点"与"线"两方面。

1. 城市群城际铁路线网中的"点"

城市群城际铁路线网中"点"是指线网节点,亦即通过筛选条件进入线网的城市节点,它是交通运输需求产生的主要源点,也是城市群内的最小单元,是政治、经济、社会等各种要素的综合体。城市群城际铁路线网节点不同于一般铁路线网节点,它具有双重性,综合反映了城市群空间结构与城际铁路线网结构。

2. 城市群城际铁路线网中的"线"

城市群城际铁路线网中"线"是指由线网节点通过一定的判别条件和连接标准而形成的线路,有效地将客流集散点串联起来。在城市群城际铁路线网规划中"线"研究的重点是寻找城市群客流主方向及交通走廊,从根本上解决城市群内部交通运输问题。城市群城际铁路线网中的线路是城市群产生和生长所需物质和能量的通道,又是发挥城市群集聚和扩散作用的纽带,也是加强相互间的经济作用力的催化剂。

3. 城市群城际铁路线网中的点线关系

"点""线"作为城市群城际铁路线网的基本构成要素,是相互关联而非独立存在的。城市群内的城市节点相对分散,各城市节点间的联系强度有强有弱,城际铁路线路正是将这些城市节点有机的连接起来,形成城市与轨道交通双重网络,进一步加强各城市间的联系强度,促进经济均衡发展。城市群内的城市节点众多,但并非每一个城市节点均进入城际铁路线网结构中,而是需要经过定性与定量相结合的分析,以一定的准入条件筛选出适合的城市节点。进入路网的城市节点也需要通过节点之间连接关系的判断才能生成线路,而不是单纯的两两连接。在城市群城际铁路线网中,点与线的合理布局影响着城市群空间结构的演化,因此点线布局需要时刻以城市群结构空间为基础,以区域分异特征为依据,在点中选线,在线中定点。

6.2.2 城市群城际铁路规划特征

随着城市群综合交通运输网络日臻完善,各种运输方式竞争程度日趋激烈,各种交通方式间可替代性提高,追求运输质量的倾向性需求更加突出,而城市群城际铁路作为承担城市群地理范围内、外围圈层范围外的各城市和主要中心城镇之间,城市组团、次中心城镇之间的客流运输任务的交通方式,能够在满足城际运输需求外,还能有针对性地结合不同城市间的不同层次运输需求提供不同种类的运输产品,有效增强城市间的经济联系与城市群一体化水平。因此,合理规划城市群城际铁路线网至关重要。

城市群城际铁路线网规划不同于一般的普速铁路线网规划。一般的普速铁路规划主要依托的是区域综合交通运输规划,是从需求分布的各 OD 对入手,根据特定节点对之间的需求大小确定线路的规模以及走向。其中线路规划的前提是基于区域发展现状,忽略了各节点对成长性以及区域阶段性发展的考虑。因此一般的普速铁路规划整体上表现为区域性不强,而规划的线网结构也在一定程度上脱离了区域的空间发展结构,在不同的区域之间没有形成特征鲜明的线网布局形态。城市群城际铁路规划是在此基础上,新增城市群发展规划,以城市群空间结构为支撑进行城际线网规划布局,使城市群区域内部自然地理、产业布局、人员交流、资本流动的特点和交通走廊需求相吻合。城市群是具有空间范围的区域性城市集群,各主要城市的特点、发展水平之间存在较大差异,但不同城市之间的经济联系密切,城市之间保持动态、密切的联系,并且随着城市区域化进程的推进,城市群向区域一体化的发展目标迈进。城市群具明显的层次结构特征,城市之间的联系也按一定的层次分布,而城际铁路作为城市之间运输联系和经济联系的主要承担者,其线网结构的规划构建也应该与城市群自身的结构特征合理匹配,并根据城市群的发展阶段提供适宜的供给网络,因而从整体上看城市群城际铁路线网规划具有区域性的特征。

6.2.3 城市群城际铁路线网规划内容概述

城市群城际铁路的建设为城市功能的疏解和城市的扩散提供了可能,为核心城市及主要中心城市周边的中小型城市发展成为卫星城提供了条件。同时也缩短了各城市、城镇间的时空距离,放大了各种生产要素、资源配置的空间,加速了区域内城市经济的发展,同城效应更加凸显。而城际铁路的建设具有不可逆性,线路一经建成则难以更改,因此规模、布局合理的城际铁路线网将直接影响城市群空间结构的合理性以及建成后带来的经济效益和社会效益。城市群城际铁路线网规划是区域轨道交通建设的基本依据和长期计划,体现着城市群总体发展战略。

城市群城际铁路线网规划涉及专业面广、综合性强、技术含量高,从规划实践来看,其主要内容包括:总体规划背景研究、城市群城际铁路需求预测、线网规划方案及建设时序研究、城市群城际铁路线网综合评价与优化调整等。其中:

① 城市群城际铁路线网总体规划背景研究是对城市群城镇体系现状及规划、城市群社会经济现状及规划,以及城市群城际铁路现状及发展等进行分析总结,从城际铁路与城市空间、城市群客流出行需求以及经济产业布局等方面得到发展城市群城际铁路的必要性以及城际铁路在其内的功能定位与具体分工等,进一步论证城市群城际铁路发展的可行性;

② 城市群城际铁路需求预测作为其线网规划的重要基础,是根据城市群城际铁路规划与城市群发展互馈关系,确定适合城市群城际铁路的需求预测原理及方法。而其需求预测结果也能直接作为路网节点间的连接标准的判定;

③ 城市群城际铁路线网布局规划方案及建设时序研究则是线网规划内容的核心,确定了与城市群发展需要相适应的运输供给。一套完整的线网布局规划方案涵盖内容丰富,包括城市群城际铁路重要节点规划与运输通道规划、合理线网规模的匡算、线网形态及其架构(布局)等。由于城市群的演化是阶段性的过程,相应地,其线网规划也呈现出阶段性的特征;

④ 城市群城际铁路线网建设时序的研究正是针对城市群空间结构演化确定线路优先建设次序,确保阶段性满足运输需求和建设投资等。建设时序的主要内容包含建设时序的判断、建设时机的确定以及城际铁路分期规划研究三方面。当线网规划方案生成后,对线网方案的综合评价必不可少。因为城市群城际铁路线网规划一旦确定,对城市群各项规划将产生制约和促进作用,而且后续实施的时间很长,因此线网规划方案必须做到线网形态和线路布设适应于城市群的总体发展战略,包括城镇体系、经济等上位规划,并适应城际客流的需求、线网建设顺序和进度适应城镇群总体发展进度和建设方的经济承受能力等;

⑤ 城市群城际铁路线网综合评价与优化调整是城际铁路线网规划过程的关键环节,它贯穿于城际铁路线网方案构架设计及评优决策的始终,其主要为线网规模及架构的综合评价。其中,线网规模评价主要是从经济的角度出发,探寻线网规模与社会经济发展之间耦合协调度,而线网架构的评价则是通过借助于一套科学的评价方法和评价指标体系以评估规划架构方案的合理性,并依据评价结果做出相应的优化与调整,最终得到较为满意的线网规划方案。

6.3 城市群城际铁路线网规划目标与原则

6.3.1 城市群城际铁路线网规划目标

城市群城际铁路线网规划目的是在综合考虑城市群区域特征,以及兼顾城市群的人文地理环境等条件的基础上，构建与城市群空间结构相适宜的多目标、多层次、多元化的城际铁路线网。

城市群城际铁路线网规划的目标是对城市群城际铁路整体发展建设的宏观定位，也是对规划设计的城际铁路线网结构的技术性能、社会效益等方面的硬性要求，主要涵盖了战略层规划目标和执行层规划目标，如图6.4所示。两者共同指导规划方案的确定，满足区域社会经济整体协调发展的要求。

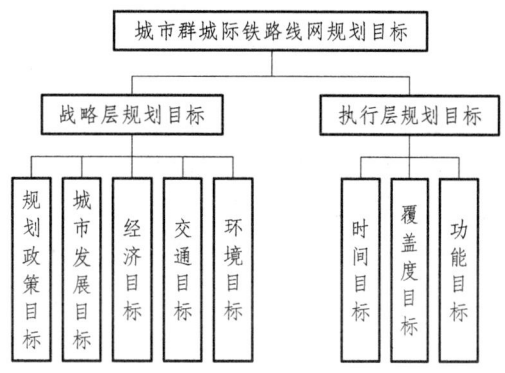

图 6.4　城市群城际铁路线网规划目标

6.3.1.1　战略层规划目标

战略层规划目标是从基础设施规划建设、与城市间的联系、区位交通与经济以及生态环境等方面，充分考虑城际铁路线网规划对城市群发展的作用及影响所制定的，具体包括：

（1）规划政策目标。作为具有规模集聚效益的交通基础设施，城市群城际铁路的规划建设要与城市群规划战略目标相一致，与城市群内各城市总体规划密切配合，并适度超前经济发展，适应城市未来发展需要，并与城市群区域经济走廊、城市组团发展相适应，为社会经济提供有力的保障。

（2）城市发展目标。一方面，城市群城际铁路线网的规划应正确指引城市群空间形态的发展方向，有效引导各级城镇向边缘城市和卫星城发展，形成城市组，进一步拉近各级城镇之间的距离，打造中小城市与核心城市的同城效应。

（3）经济目标。城市群城际铁路线网规划应带动城市群社会经济的发展，促进区域内产业布局的调整与优化，强化城市群的区位经济优势，进一步增强城市群集聚与扩散效应。

（4）交通目标。以核心城市为主枢纽，构建快速的城际运输通道，并强化内部的交通网络建设，建立高效、合理的快速轨道交通体系，打造快速交通小时圈，为城市群的发展提供良好的交通基础设施保障，促进城市群综合交通体系的发展与完善，提高区域内的可达性。

（5）环境目标。城市群城际铁路线网规划应做到减少环境污染、节省土地资源、缓解能源紧张的现状，进一步打造绿色城市群，实现城市群的可持续稳定发展。

6.3.1.2　执行层规划目标

执行层规划目标为战略层规划目标的细化，是从城际铁路线网本身的功能效益出发，要求规划的线网能够覆盖主要的城市，实现各城市间快速通达，有效承担城际客流的运输任务。执行层规划目标又分为时间目标、覆盖度目标、功能目标。

1. 时间目标

城市群内城市间的客流根据城市等级可以分为三个层次,即中心城市间快速到达的城际客流,中心城市与重要城镇间的城际客流以及都市圈之间及都市圈内部的部分城际客流,不同层次的客流的性质不同,对时间的要求也存在差异。根据前文城际铁路的最新定义可知,城际铁路最高运行速度应为 200 km/h,因此针对不同类型的城市群,其城市群内部核心城市与核心城市、核心城市与次中心城市、次中心城市与次中心城市之间的运行时间会因其距离的不同,致使规划的城际铁路运行时间目标存在差异性,具体如表 6.2 所示。

表 6.2 不同类型城市群城际铁路运行时间目标

城市群类型	核心城市之间		核心城市与次中心城市之间, 次中心城市之间	
	距离/km	时间目标/h	距离/km	时间目标/h
单核心城市群	—	—	<100	<1.0
			(100,200]	<1.5
			>200	<2.5
双核心/多核心 /复合型城市群	[100,200)	<1	<100	<1.0
	[200,300)	<1.5	(100,200]	<1.5
	>300	<2.0	>200	<2.5

2. 覆盖度目标

城市群城际铁路服务于城市群的社会经济发展,规划线网应该符合城市群空间结构特征,对不同等级、不同规模的城市合理覆盖,而不同城市产生的需求不同,在路网中的功能定位也存在差异,规划的城际铁路线网应有效覆盖其中主要的需求节点、大规模人口节点以及枢纽节点等。

具体而言,一般地,除核心城市外,人口数量在 50 万以上的地级市是城市群的副中心城市,城际铁路线路应尽量 100% 覆盖,保证与核心城市间的有效连通。此外,人口数量在 20 万以上的城市在不同的地区发展水平不同,城际铁路的修建可以促进该类城市的发展,应结合地区发展和城镇规划确定,以保证达到城市群内部所有方向上的通达性。相对来说,中东部地区经济发展快,城市群发展比较成熟,因此城际线路应覆盖 70% 以上的人口在 20 万以上的县级市(区)。西部地区的发展比较落后,交通网络还不成熟,中小城市的发展水平较低,短期内很难达到很高的发展阶段,因此城际铁路的覆盖度相对较低,但应尽量保证覆盖 50% 以上的县级市或人口在 20 万以上的城市(区)[14]。

然而,有些城市本身可能等级较低,但由于位于运输通道上或者核心城市的重点辐射区内抑或者是某方向城市之间的联系纽带,轨道交通线路也应有效覆盖这些城市以保证和大城市间的交流以及路网的通达性。

3. 功能目标

城际铁路作为城际客运系统的主要运力,应该合理承担相应比例的客流运输任务,缓解区域公路城际客运系统的压力,提升城际交通的运输能力,在综合交通体系中发挥骨干作用。同时与其他运输方式合理衔接、有序配合,提升综合运输体系的运输效率。

6.3.2 城市群城际铁路线网规划原则

城际铁路线网规划原则的系统构建是确定规划方案的前提,有效指导线网的规划实施。城际铁路线网规划的总体原则是:根据城际铁路的功能定位和运营特征,结合城市群区域的具体情况和城际客流需求特点,规划具有先进技术水平和较高运营服务水平的城际铁路网络,发挥城际铁路在城际客运交通体系中的骨干作用,满足和引导区域经济社会全面发展。

城际铁路作为城市群内部各中心城市之间、中心城市与次中心城市之间、中心城市与中心城镇之间以及次中心城市与中心城镇之间的客运骨干交通系统,线网规划应考虑以下五项基本原则:

1. 与城市群可持续发展相协调,近远期规划有效结合

应运用系统论方法,合理规划网络建设方案和规模。网络布局要充分体现稳定性、灵活性、连续性的统一。稳定性是指线网主骨架要稳定;灵活性指主骨架以外的线网要为发展变化留有余地;连续性是指线网规划应随城市群发展规划和各城市总体规划的调整扩展而不断扩充完善。遵循可持续发展的原则,外部注重生态与环境保护原则,节约土地资源,坚持交通与土地利用协调发展,保证环境资源的可持续发展;内部以交通需求为导向,力求项目财务可持续发展。另外,城际铁路网络建设,是一项长远规划,既要考虑近期需求和建设目标,也要考虑分期建设和运营衔接的可能性,远近结合;既要考虑实施进度计划的合理性,也要考虑国民经济承受能力和可行性;既体现加快发展的精神,也要把握科学、合理的原则;既要避免盲目发展,又要避免交通阻碍经济社会发展。

2. 与城市群整体发展规划、综合交通规划等上位规划合理衔接

城际铁路线网规划是城市群内经济、交通、社会发展等总体规划的重要组成部分,必须与城市群内各中心城市的城市总体规划密切配合,结合城市群城镇体系规划、产业布局规划、综合交通规划等各项规划,适应和引导城市群发展。城际铁路主要运送城市群内部的城际间客流,为了方便旅客换乘、吸引城际客流,城际铁路线网规划必须统筹考虑与区域内的既有或规划建设的高速铁路、普通铁路、高速公路以及城市轨道交通等各种交通方式间的相互衔接和合理分工,最大程度实现资源共享,形成城市群区域快捷方便的公共交通体系。

3. 遵循系统协调性原则,实现区域内外交通一体化

城际铁路线网主要服务于城市群内部的城际出行需求,其规划布局以路网现状为基础,并与区域对外联系通道合理衔接。作为城际客运通道系统,与其他系统之间以及系统内部要素之间应该保持良好的协调发展关系。在系统协调性原则的指导下,做到建设城际客运主通道与扩大城际交通网覆盖面相结合,提高网络承载能力与增强运输机动性相衔接,实现各种运输方式之间及与城市交通系统相协调。

4. 以客流为依据，因地制宜选择合理线网

城际铁路线路走向应选择客流集中的交通走廊，满足城际客流需求，最大限度地连接城市群内主要城镇、经济据点、产业基地、重要客流集散点（如铁路车站、汽车客运站、航空港等交通枢纽）等。在选择线路走向时，在结合城市总体规划的基础上，应坚持有利于吸引客流、方便旅客出行的原则，为旅客提供最快捷、最经济的出行方式，满足多层次的出行需求。尽量做到用总里程最短的线网最大限度地覆盖客流分布区域和城市区域，带动和促进沿线地区开发，加快城镇密集带的形成。同时也需注意文物保护和环境保护，充分考虑地形、地貌和地质条件，尽量避开不良地质地段和重要的地下管线等构筑物，以利于工程实施和降低工程造价。

5. 符合城市群空间结构特征，引导城市群空间合理发展

城市群空间结构是城际铁路线网规划布局的基础，影响着线网布局形态的选择。城际铁路线网规划方案应合理地强化核心城市群的龙头地位，推进其社会经济的快速发展，并及时将经济影响效益有效传递到影响区域内，带动其他城市的综合发展；同时巩固其他副中心城市的地位，加强各主要城市之间的经济联系，并通过运输线路的规划使其成为核心区域与边缘区域的连接纽带；进一步加快规划区域的城市发展，形成新的经济增长点，促进城市群空间结构的优化。

规划原则从整体上指导城际铁路线网的规划布局，也是进行路网规划的目标约束，是确定具体规划方案的前提。但是规划原则的制定只能从宏观上进行引导，具体线网规模测算、架构方案确定、规划方案评价还应该遵循具体的原则实施，因此城际铁路线网规划也是复杂的系统工程问题，系统内外皆存在不同层次的目标约束，合理制定原则对规划方案的合理性意义重大。

6.4 城市群城际铁路线网规划方法体系及规划流程

6.4.1 城市群城际铁路线网规划的影响因素

城市群城际铁路线网规划的主要影响因素为城市群演化分异特征、国家及区域发展政策导向、城市群空间结构。

6.4.1.1 城市群演化分异特征

城市群城际铁路线网规划是以城市群为背景，城市群的空间结构特征会影响城际铁路线网的布局形态。而不同类型的城市群空间结构存在分异性，例如，从各典型城市群规模分布分形来看，城市群规模分布均可划分多个层次，若层次与层次之间出现明显的断层，如成渝城市群与关中城市群，可间接说明城市群内城市联系不紧密，人口规模在各层次间差异明显。为改善这种局面，城际铁路线网布局规划可重点放在断层处，促进各种要素流的流动，加强断层处城市间的联系，提高城市群整体规模分布的均衡性。从各个典型城市群城市集聚分异来看，城市群空间结构可分为离散分布特征（例如，长三角城市群与成渝

城市群）与集聚分布特征（例如，珠三角城市群与关中城市群）。其中，对于空间结构呈现离散分布特征的城市群，城际铁路线网布局应重点加强次干线网的架设，有效促进城市群外围城市与核心城市的交流联系；对于空间结构呈现集聚分布特征的城市群，城际铁路线网布局应重视城市群内城市组群间的连接，实现"同城效应"。

另外，城际铁路线网架构需尽量沿着城市群空间发展轴线进行铺设，充分考虑城市群演化的分异特征，这样才能保证城际铁路的建设能够促进城市群产生新的经济增长极，缩短城市间的时空距离，同时城市群空间结构的进一步演化也能扩大城际铁路运输需求的范围。

6.4.1.2　国家及区域发展政策导向

宏观上讲，国家或区域在经济发展、空间结构发展、综合交通系统建设发展等方面制定政策规划、投入资金与土地，以及颁布有关技术标准化规范等政策导向。第一，能够为城市群城际铁路规划起宏观指导作用并提供政策支持和制度保证；第二，可以帮助制定未来的交通发展战略，为城市群城际铁路线网规划提供决策依据和发展方向；第三，能够协调城市群城际铁路的规划与其他多种交通运输方式间的有效结合、合理分工，充分发挥交通基础设施对区域发展的促进作用。城市群城际铁路线网规划应该作为城市群地区综合交通规划的重要组成部分纳入城市群区域的经济发展总体规划。

具体而言，在国家或区域经济发展方面，城市群城际铁路线网规划会受其相关政策导向的影响，首要规划城市群内主要交通走廊方向的线路，并与国际通道衔接，形成关联紧密的"城市群交通走廊经济带"，强化生产贸易、金融、基础设施三条供应链的互联互通与合作发展，积极响应"一带一路"的发展战略，为城市群城际铁路发展确定主要方向；在国家或区域城镇空间结构发展方面，如用于指导城镇体系规划、城市总体规划的《全国城镇体系规划》中指出差异化分工及协调是确保城镇存在价值的关键，城市群城际铁路规划需在既有城镇体系的基础上，通过合理布局规划重塑区域城镇体系空间结构形态，即在点层面，城际铁路需在发达地区与欠发达地区规划站点与城市产生联系，强调支撑与指引两方面作用；在线层面，城镇体系会依托城际骨干线路，使区域城镇体系按照"点-轴"模式发展；在面层面，城镇体系相互功能组合的多样性要求城际铁路线网布局规划能实现交错通道与多样链接等。上述城镇体系规划对城市群城际铁路规划提供了决策依据。在国家或区域综合交通系统建设方面，城市群城际铁路规划应实现主要枢纽与其他运输方式的有效衔接，尤其是与城市群高速公路的一体化衔接，充分扩展城市群腹地辐射范围。

6.4.1.3　城市群空间结构

城市群是多种要素构成的大系统，其中要素流在城市之间的流动会形成一定的空间结构，主要涵盖节点、线路和流强度等要素，对城际铁路的线网规划指导意义重大，同时城市群空间结构也按照一定的规律进行演化，为其运输线网的演化分析提供基础。城市群空间结构包含地理空间结构、经济空间结构、产业发展空间结构、城市需求网络结构四类，对城市群城际铁路线网规划的影响各不相同。

1. 城市群地理空间结构对城际铁路线网规划的影响分析

城市群是由不同性质、不同规模的城市构成的集合体，城市节点作为主要的构成要素，其所处的地理区位、交通区位以及行政地位共同决定了其在地理空间的层次和地位，而依托城市自身的地理特征形成的各城市间有效衔接的城市群空间网络，为城际铁路线网的形成提供了一定的依据，特别是空间规模及布局走向，规划时由于地理条件的限制可能导致某城市节点对之间的线路走向必须绕行，或者由于地理上的阻隔造成某城市对之间不能直接连通，而必须考虑通过其他城市间接连通，因此构建城市群的地理空间结构有助于准确判断城际铁路骨干线网的走向。

2. 城市群经济空间结构对线网规划的影响分析

城市群的经济空间是指存在于空间范围内的经济元素之间相互关联而形成的抽象空间，是对城市群地域范围内的产业关系的概括与抽象，它强调的是城市群区域的产业通过功能联系和空间联系所形成的具有密切经济关系的经济空间。城市群经济空间作为一个完整的经济系统，其运行需要一定的支撑条件，如交通运输、通讯电力等基础设施。因此，城市群经济系统的有序运转离不开交通运输等基础设施的支撑，其空间分布格局也必然对城际铁路线网的形成及发展产生影响。

城市群经济系统的格局与内部各城市的经济发展水平密不可分，而城市群本身就是由不同规模、不同等级的城市构成，各个城市的发展水平差异较大，一般核心城市以其优越的地理条件以及完善的基础设施等成为城市群的经济核心，在城市群内的经济地位较高，而其他城市的人口、经济集聚程度相对偏低。同时，城市群经济系统的状态由各子系统之间的关系决定，城市之间的关系产生决定于经济要素在城市之间的流动，因此城市间经济要素的流量、流向对整个系统的经济结构都产生一定的影响。从中观层面，城市群内城市的人口与国内生产总值能够体现不同城市的职能，是一种相对重要性的表现形式，而且城市群经济空间的系统状态决定于各种经济要素的相互关系，城市间的相互作用可以通过经济联系强度体现，而具体相互作用强度大小与城市间的距离有关，随着距离的增大城市间的经济引力越小，因此在城际铁路快捷输送保障下，城市的物流、资金流、信息流等能够快速传送并被接收，一定程度上也证明了城际铁路线网规划与城市群经济空间演变的相互关系。

城市之间经济要素的流动促进了城市群经济空间结构的形成，具体要素流的强度、流的方向等则是对经济空间结构质量的表征，而城市之间的经济交流强度影响线路的连通性，是判断其线路连接的主要条件之一，因此依托城市间的经济联系所形成的经济空间结构是城际铁路线网规划方案的基础。城际铁路规划应该实现与经济空间结构的结合，一方面合理覆盖产生经济效益较大的节点，及时传递其经济效应，另一方面考虑线网结构的层次性，首要保证经济联系总量较大的城市间的优先连通，再按照联系强度的层次分布进行各层次线路的布局，因此城市间经济联系强度确定的经济空间结构一定程度上决定了城市群城际线网的形态。

3. 城市群产业发展空间结构对线网规划的影响分析

产业发展是提高城市群整体发展水平的关键因素，也是城镇化发展依托的重要载体，对城市群的形成与发展起到推动作用；反之，城市群的发展促进产业布局的重新调整，使不同的产业结构在城市群范围内合理分布。同时，城市群综合发展规划一般会明确主要的产业空间结构，包括产业带的布局、走向、覆盖城市，这些产业集中分布地带是城市群主要的核心区域，能够产生较大的运输需求，需要交通运输线网提供支持，而运输线路的主动规划也能够间接刺激运输需求的增加而带动区域的发展。产业布局特征是确定城市群主要发展轴的依托，而城际铁路线网中主要线路的规划应该保证实现与主要发展轴的空间结合，满足产业发展对运输的需求，并主动促进城市之间的产业交流，提升城市群整体发展水平。

4. 城际需求网络结构对线网规划的影响分析

城市群城际铁路规划建设的主要目的是为满足城市之间的出行需求，而不同规模城市间的需求大小及需求分布特点可能存在一定的差异，通过对不同城市间的 OD 分析可以得到整个城市群内的城际需求分布结构，即城际运输需求网络，但城际铁路规划建设存在最低标准，只有达到建设标准才能规划实际的线路，因此在运输需求的基础结构上，会产生需求的转移和叠加，叠加后的需求网络结构则是线网规划的重要依据，同时考虑结合城市间的经济联系强度分布特征以及产业发展规划布局确定各层次线路的建设标准。

由于城市规模及发育程度的不同，城市间的经济交流强度不同，导致不同层次城市间的城际需求大小会存在一定的差异，因此城际运输需求网络也具有一定的层次性。线网的规划过程中首先应该考虑满足高等级城市间的大规模的运输需求，即保证骨干线网的架构生成，其次规划的支线或辅助线路与中小城市等次级城市和边缘城市的需求分布相符。城市群的城际运输供给应保证与运输需求的平衡，因此规划的城际铁路供给网络应与运输需求结构相适应。

上述依托不同要素形成的子系统的空间结构均对城际铁路线网规划产生重要影响，以保证规划的城际铁路线网能最大程度上符合城市群的特征及发育程度，但总体上看对空间结构的分析归根结底是在对城市节点进行系统分析的基础上探讨节点之间的相互关系，即确定每一个城市产生的各种要素流的大小与方向。其中地理空间结构是城市群自身空间分布的基础，一定程度上决定了产业分布、经济发展的总体态势，影响实际线路的走向；产业发展结构特别是产业带的分布与运输通道的布局密不可分，产业发展轴的构架为城际铁路的主骨干的确定提供依据；而经济空间结构结合了影响运输需求大小的两个关键指标，即人口和地区生产总值，分析不同城市群内城市间经济联系的强度，并以此作为主要依据构建城市群的经济空间结构，分析其网络特征，为城市群的空间发展提供依托。

因此，在城市群地理区位特征的基础上，以反映城市节点发展水平的综合要素进行等级划分，以城市间经济流的大小与方向为依托构建城市群的经济联系结构，根据产业分布特征及发展需求确定与产业发展相结合的城市群空间发展轴线，最后以城市运输需求的大小及分布进行修正，这样便能有效确定线网布局方案。

6.4.2 城市群城际铁路线网规划方法体系

城际铁路线网规划在我国起步较晚，虽然各城市群均有城际铁路线网的规划方案，但是尚未形成一套独立的理论体系和规划方法，目前多是以交通运输系统分析为基础，借鉴城市轨道交通线网规划、公路网规划以及综合交通运输系统规划的理论和方法等。既有的线网规划方法相对比较健全，各方法的规划起点不同，均有一定的优缺点及适用范围，如表 6.3 所示。

表 6.3 不同规划方法的特点及适用范围

规划方法	规划起点	分析问题方式	优 势	劣 势	适用范围
点线面要素层次分析	客货运量预测	定性分析	能够充分吸收规划人员的经验,便于从整体上把握线网规划的总体框架,可实现运输能力最大化	过分依赖经验,忽略了客流特征,规划深度较浅	长期大区域交通规划(未含现状客流分布特征)
功能层次分析法	城市群空间结构、产业布局分析	定性分析	能与区域城镇、产业等总体发展规划有效衔接	缺乏定量分析	短、中、长期大区域交通规划
主客流方向规划法	交通需求预测及分布特征分析	定性分析	不用过度依赖经验,减少了点、线、面分析过大的工作量,同时有利于兼顾运输需求与城市发展	对于区域来讲,缺乏对一些客观因素分析	城市轨道交通线网规划
逐线规划扩充法	既有线网分析	定性分析	投资效益高、功效见成快	缺乏整体线网把握,不易引导城市群发展	短、中、长期大区域交通规划
效率最大优化法	线路效率分析	定量分析	以线路效率最高为目标和原则	割裂了线网的整体构成,无法兼顾网络效益判断;线路效率定义复杂,难保证科学准确性	短、中、长期大区域交通规划
重要度布局法	规模总量预测	定量分析	基于现有统计数据,无需前期交通调查、数据收集工作,可实施性较强	选取指标缺乏引导性和前瞻性;缺乏对对外经济、交通格局、线网布局的影响分析	中短期路网布局
交通区位法	节点及线路区位分析	定性分析	考虑地理因素	定量分析薄弱,易受规划人员主观意识的影响	长期大区域交通规划
重要度联合区位布局法	规模总量预测及节点与线路区位分析	定性分析与定量分析相结合	具备重要度布局法和交通区位法双重优势	工作量大	长期大区域交通规划

上述方法为城际铁路线网规划方法的确定提供了理论基础。不同的规划方法其实质相同,即均以点线面三要素入手,依次进行节点(枢纽)规划、线路(通道)规划以及线网整体规划。而不同点在于各要素规划时所选择的方法存在差异。例如,在点线面要素层次分析法中,节点的筛选主要运用的是定性分析,大量依靠了规划人员的经验。在重要度布局法和重要度联合区位布局法中,主要是通过建立重要度评价指标体系,计算各节点重要度的大小,依据一定的准则定量筛选节点进入路网等。而针对线路规划方面,各方法依旧是站在不同的角度进行分析。具体而言,点线面要素层次分析法是站在旅客路径选择的角度,结合线网主要辐射方向要求及客货运量预测结果确定节点连接标准,其中该节点连接标准全面具体,包

含了骨干线路、次干线路、支路线路等多个层次。逐线规划扩充法与功能层次分析法则是站在线网形态的角度进行线网规划。交通区位法是从地理区位特征的角度出发，以寻找出的规划区域内交通产生的高发地带（交通区位线）作为线路布局走向的依据来确定运输通道。而重要度布局法则全部通过定量计算确定线路的重要程度并以此划分线路等级等。

对于线网整体规划，各方法的出发点虽然相同，但均难以涵盖影响城市群城际铁路线网规划的多方面因素，因此本节综合考虑多种方法的优势，结合城市群的空间结构特征及发展演化模式，提出了适于城市群城际铁路线网规划的方法体系，如图6.5所示。

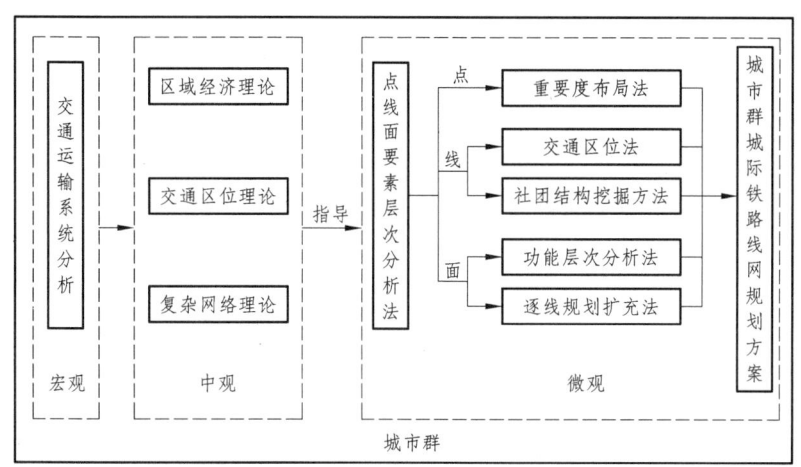

图6.5 城市群城际铁路线网规划方法体系示意图

城市群城际铁路线网规划方法体系是以城市群总体发展规划、城市群城镇体系规划、城市群综合交通发展规划以及各城市发展规划为背景，以交通运输系统分析为思想，以区域经济理论、交通区位理论以及复杂网络理论为指导，整体运用点线面要素层次分析法，定性对主要客流集散点、客流分布、重要对外辐射方向及线网结构形态进行分层研究，同时基于点、线、面三要素分别采用定性与定量相结合的方法完成对应的规划。其中，对线网重要节点的规划，主要采用重要度布局法，通过建立反映节点重要度的经济指标体系，计算各节点重要度，运用系统聚类分析划分节点层次、类型。对线网运输通道的规划，则主要采用交通区位法与社团结构挖掘方法综合分析城市群的运输通道。而对城际铁路网络的规划主要采用功能层次分析法和主线规划扩充法，依据城市群内主要城市的功能定位、性质、规模、空间分布及产业分布形态，对线网进行分层规划，以确定近、远期线网规划方案，引导城市群向层次化发展，适应未来规划发展需要。城市群城际铁路线网规划方法体系是实现规划的重要技术手段。

6.4.3 城市群城际铁路线网的层次布局分析

运输需求具有层次性，不同层次的运输需求对城际铁路线路的规划要求存在较大差异，因而其线网的布局也具有层次性。城市群城际铁路线网布局的层次性研究是从网络结构构成要素出发，以点线面要素层次分析法为主，单因素分析为辅来进行的。同时结合城市群区域特征及运输需求层次性，将城市群城际铁路线网的层次布局规划分为"点-线-面"三个层次进行，其中，点代表城市群内的城市节点，线代表城市群内的交通区位线，面则是代表城市群城际铁路线网形态与结构。

1. "点"的层次性分析

城市群城际铁路线网节点会受到城市群自身发育程度大小的影响,即城市群内的城市节点发育程度愈高,则与外界的联系愈频繁,相应地,对外联系的需求也愈加强烈,因而进入线网的几率也就越大。并且,针对不同城市群以及同一城市群内的城市节点,其发育程度具有明显的差异,这主要受自然、历史、社会条件的影响。因此,城市群城际铁路线网节点是分层次、分等级的。不同层次的线网节点具有不同的等级,亦即联系强度存在差异性。而该差异性也正表现为运输供给需求的层次性。另外,线网节点的层次性为线路等级的确定、线网层次的划分提供了重要依据。

2. "线"的层次性分析

城市群城际铁路线路层次性主要是依据节点重要度及连接机制而确定的,主要包含运输通道、骨干线路、次干线路、支线线路三类。其中运输通道与城市群发展轴相匹配,是主客流集散方向。骨干线路是支撑整体线网的重要基础,其布局规划依托于城市群内主要运输通道的分布,而交通通道的分布又与城市群交通区位线有直接关联。城市群交通区位线也存在层次性,其中连接省会城市、直辖市与发展较快的地级以上城市的线路是最高等级的交通区位线,而这些城市之间以及与县级市、城镇之间的连接线路则是更低等级的区位线,这对城市群线网的层次性判断提供了重要的依据。而针对次干线路,其布局规划依托于骨干线路,一般为骨干线路的延伸线,完善整体路网结构。支线线路则是作为骨干线路与次干线路的补充线,亦或是结合城市群发展规划的特殊用途线,如资源型线路等。

3. "面"的层次性分析

城市群城际铁路线路的层次性决定了线网层次性,即基于整体线网发展程度的城市群城际铁路线网层次布局规划基本是按照骨干线网、次干线网、支线网的层次进行的。其中骨干线网是规划布局主要是对规模较大、发展较快的节点之间的线路设计,一定程度上忽略了对于线路中间节点的连通以及区域边缘节点的覆盖。该阶段线网布局重视主要节点规划、运输通道规划与城市群空间结构的贴合度,是线网规划的核心。次干线网的布局则是在骨干线网的基础上,运用逐线扩充法,对规划线路的走向进行进一步的调整,对边缘区域的线路进行进一步完善,形成线网规划中的"扩展层",在既能满足高等级节点间有多条线路贯通,又能保证高等级与次高等级节点间的网络通达性的同时,选择性地满足旅客出行的需求。而支线网的布局又是在"扩展层"的基础上,为进一步完善线网结构,再分析低等级节点之间的连接需求,规划相应的连接线路,补充线网中的"充实层"。低等级节点是城际铁路线路在线网布局合理的情况下,以求得最大客流的支持,在保证高、次高等级节点利益的基础上而逐渐增加的节点。然而,由于低等级节点的综合发展水平相对较低,节点之间的经济联系强度、运输需求规模也较小,很难达到量化的线路规划标准,因此线路的规划判断很大程度上取决于对线路的功能定位以及对边缘区域的合理覆盖,"充实层"的线路规划对线网结构的合理性、线网的功能效益影响较大,必须有效结合城市群的整体发展规划进行完善。

6.4.4 城市群城际铁路线网规划思路及流程

1. 城市群城际铁路线网总体规划思路

城市群城际铁路线网规划受多种要素综合影响,其中,城市群的区域特征是线网规划的基础。因此,应充分结合城市群的区域特征,以城市群社会经济规划、城镇体系规划、综合交通运输系统规划等为基础,结合国家宏观经济及区域经济社会发展的新形势和新要求,以城际客运需求特征为导向,以完善区域交通网络、提高综合交通效率为目标,基于城市群城际铁路线网规划方法体系,分别从"点-线-面"三要素入手,对城市群城际铁路线网进行分层次、分阶段规划,最终确定各城市群的城际铁路线网规划方案。

2. 城市群城际铁路线网规划流程

由上述城市群城际铁路线网总体规划思路可确定其规划的一般流程,如图 6.6 所示。

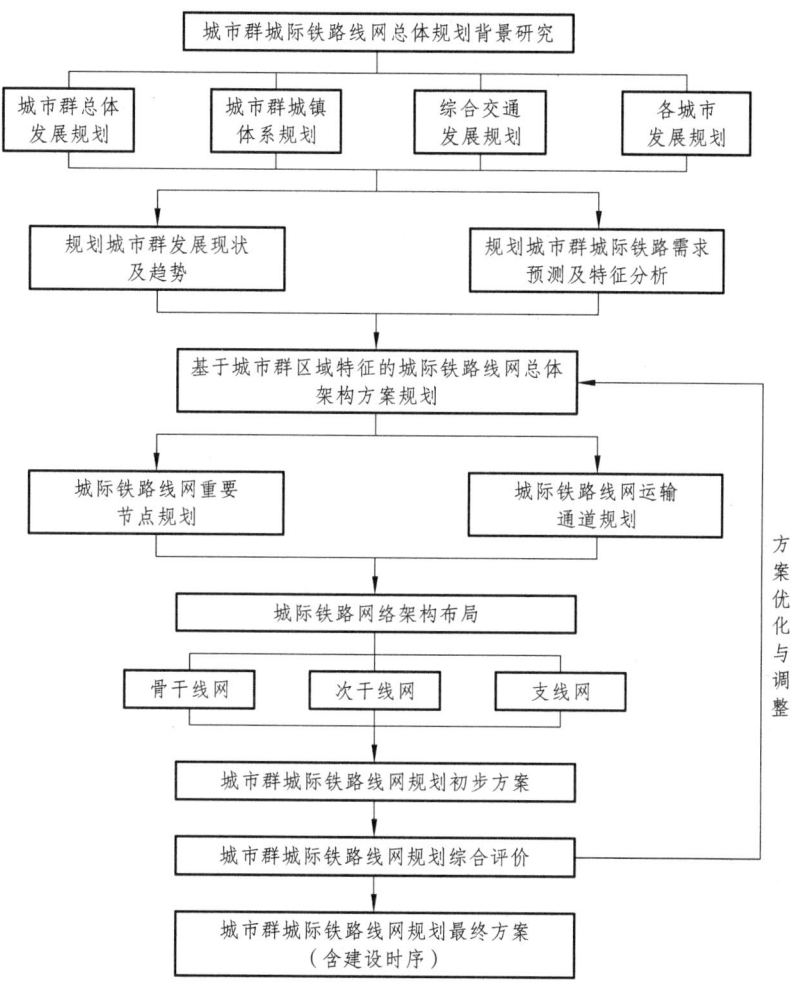

图 6.6 城市群城际铁路线网的一般规划流程

由流程图可知,首先,采用定性与定量分相结合的方式分析城市群总体发展规划、城市群城镇体系规划、综合交通发展规划以及各城市发展规划等,提出城市群及其城际铁路的发展战略,作为指导整体线网规划的宏观背景。其次,分析规划范围内城市群发展现状及趋势,总结城市群结构特征及其演化规律,并以城市群铁路需求预测结果为基础,基于城市群城际铁路线网规划方法体系,从点、线、面三要素出发分层次对城市群城际铁路线网布局方案进行分析,得到基于城市群区域特征的城际铁路线网构架初选方案。同时,在此基础上,对初步方案进行评价与优化调整,得到城市群城际铁路线网的最终规划方案。最后,依据最终规划方案确定城际铁路建设时序以及对应的分期建设方案。

7 城市群城际铁路线网规划方法

城市群城际铁路线网规划的核心问题就是基于城市群发展战略，综合考虑城市群空间布局，以及城市群城际铁路规划与城市群演化互馈关系，构建满足城市群发展的城际铁路网络。本章提出了基于社团挖掘的城市群城际铁路线网规模测算方法和基于"分类分层"思想的城市群城际铁路线网布局方法，综合分析城市群城际铁路线网演化与建设时序的关系，系统研究城市群城际铁路线网规划方法。

7.1 城市群城际客流需求分析与预测

城市群城际铁路交通需求分析与预测是在分析城际客流特征和运输需求形成机制、影响因素等的基础上，立足城市群经济发展现状，在特定城市群空间结构布局模式下，通过对城市群人口、社会经济、土地利用等方面的历史、现状和规划资料的分析，采用交通模型等技术手段，预测各目标年限城际铁路网络相关客流指标的过程。需求预测能够为城际铁路规划提供定量化信息，以辅助规划部门了解各系统的运行现状，分析判断未来城际铁路交通的需求特点、发展趋势、发展条件和水平，成为系统选择、工程设计、经济分析的重要依据。

7.1.1 城市群城际客流特征

1. 城市群城际客流总体趋势

城市群社会经济的发展和进步，使得区域客运需求呈现出新的特征。正确把握城市群区域客运需求特征，是合理规划城际铁路线网、保证城市群交通运输适度供给的前提。城市群城际客流总体趋势主要表现在两个方面。

（1）城市群交通需求量大，客流构成的多元化趋势。

城市群是经济发展和城市化水平较高、产业联系紧密的城市集合体，城市群经济的快速发展促进了城市间的频繁交流，未来城际运输需求继续保持相对较高的增长趋势，将形成以城市群内部城镇短途客流、城市群内城市间中短途城际客流以及城市群内外交流客流为主题的多元化客流形式，逐渐趋同于选择以成本最低、效益最大的运输方式实现位移。

（2）城市群城际客流具有分布不均衡，客流集中化明显的趋势。

我国城市群多处于发展期，空间结构稳定性较差，经济空间结构差异性较大，城际交通流呈现出明显的空间分布不均衡性，客流集中化趋势明显。主要体现在3个方面：一是城市群其他线路与主要交通轴线相比，承担的交通流量相差甚远；二是单中心城市群交通流主要集中于以核心城市为中心的放射网状城际运输通道上，呈现向核心聚集和向外辐射特征；三是双中心和多中心城市群的客运需求主要分布在中心城市之间的运输通道以及以核心城市为中心的放射网状城际运输通道上。

2. 城市群城际客流出行特征

城市群范围内由于地理环境等客观因素，城际铁路客流在出行目的、出行时间、出行距离、出行费用、出行分布等方面具有与城市轨道交通、干线铁路相异的出行特征。

（1）出行目的。

目前，城市群城际铁路客流出行目的以公务和探亲为主。随着城市化水平的提高以及城市群快速客运系统的完善，城市群同城效应趋势明显，客流职住分离状态会导致通勤出行需求急剧上升，传统城市内部相当部分的通勤流将会转移到城市群范围内，具有分布时间和地点的集中性。此外，随着城市群居民生活水平提高，以娱乐、休闲等为目的的旅游客流出行量将增大。

（2）出行时间。

城际铁路旅客的出行时间分布特征与其出行目的密切相关，旅客出行目的不同，导致客流的分布时段不同。例如，城市群公务、探亲旅游客流，多选择早晨和上午外出，中午和夜间返程较少，时间分布较为平稳。此外，由于节假日城际旅客出行主要以旅游探亲为主，上下班、上下学和商务出行客流大幅度下降，使得节假日城际客流出行时段分布较为平均，没有明显高峰。

（3）出行方向。

城际客流的出行主要包括中心城市之间的出行、中心城市与其所辖卫星城镇间的出行等。

（4）出行距离。

城市群城际客流的出行距离与城市群城镇密度分布有关，并且伴随城市群的发展扩散以及中心城市集、扩散效应，城际客流跨区、跨城镇的出行需求增大，单次出行的出行距离将增加。

7.1.2 城市群城际铁路运输形成机理及分布

7.1.2.1 城市群城际铁路运输需求影响因素

城市群城际铁路需求是指城市群空间在一定时期，社会经济活动对人和货物提出的以各种目的、方式进行空间位移并且具备支付能力的要求，它具有需求时间和空间分布的不均衡性、需求目的的差异性、实现需求方式的多样化选择等特征。

影响城市群城际铁路需求的因素分为外因和内因，即社会经济因素和服务属性因素两个层面。

1. 社会经济因素（外因）

（1）城市群经济发展水平。

城市群经济发展水平是区域客流发生的基础，是现状以及规划年城际铁路客流预测的重要外部条件，直接影响区域客流出行强度和出行总量等。经济发展水平较高的城市群，其社会经济活动密切，自然派生更多的城际运输需求。

（2）城市群城市化进程。

伴随城市群经济发展，区域城市化水平越来越高，根据区域空间组织理论和国外的发展经验，在城市化进程通过引起产业结构调整、人口数量增长及人口分布的变化都将对区域城际铁路旅客运输需求产生极大影响。

（3）区域内各城市间的产业关联性。

生产性出行是城市群城际客流出行的重要组成部分，区域内城市间具有关联性的产业，比如纺织业与服装业、石油开采业与石油加工业等，他们是同一产业链的不同环节，随着城市流交互，城际铁路运输需求产生变化。因此，区域内相关产业通过影响区域经济凝聚力和区域经济活动的强度，影响城际铁路客运需求。

（4）城市群土地利用形态与用地发展规划。

城市群用地形态对城市群交通发展具有重要的影响。土地利用形态包括土地利用布局、利用性质和开发利用强度等，城市群不同的土地利用形态产生不同的交通需求，研究城市群土地利用形态是研究城市群城际铁路需求的基础。

（5）其他影响因素。

其他影响因素包括城市群区域旅游业的发展水平、与其他运输方式间竞争等因素。旅游资源对客流的定向吸引和集聚力的作用，直接影响周边城市的客运需求量。同时，其他运输方式的开通、运价水平和服务质量直接影响城际铁路运输需求。

2. 服务属性因素

影响城际铁路客流预测的服务属性因素主要体现在城际铁路的运营服务水平，具体包括运行速度、开行间隔、交通价格以及拥挤水平，这些指标能够较好地直观反映城际铁路对城际客流吸引力的强弱。

（1）运行速度。

城际铁路运输生产的产品是旅客位移，随着生活节奏加快，旅客出行对快速性要求越来越高，速度是城际铁路运输产品性能的基本体现，影响到与其他运输方式的竞争，对旅客旅行需求起到抑制或促进作用，是构成对城际客流吸引力的重要因素。

（2）发车密度。

城际铁路旅客列车的发车密度反映铁路运输部门所能提供给旅客运输服务产品的数量水平，是城际铁路客运产品便捷性的重要体现，对旅客的旅行需求影响较大。缩短发车间隔意味着城际铁路运营趋于公交化，不仅可以使旅客更加自由地选择出行时间，还可以减少旅客在站平均候车时间，从而缩短旅客出行无效时间、方便旅客出行，增加城际铁路的客流吸引力。

（3）票价。

城际旅客通过支付相应费用向运输服务部门购买位移服务从而实现城际出行。合理的票价是影响旅客选择出行方式的重要因素。对于同一种运输服务，不同收入水平的旅客对交通价格的敏感程度不同，高收入群体更加注重旅行时间和旅行舒适度，而收入较低的群体对票价的敏感性更为强烈，一般会选择出行价格较低的出行方式。但是总体上构成城际客流主体的是高收入客流群体，因此票价的影响并不十分突出，城际铁路只要和公路的票价相当，就可以保持稳定客流。

（4）舒适度。

随着人民生活水平的提高，城际客流出行不仅仅满足于实现位移需求，对舒适度也提出了越来越高的要求。若城际铁路舒适度较低，将会迫使部分城际旅客出行受到抑制或者转而选择其他交通运输方式，因此舒适度是影响城际客流的一个重要因素。

分析影响城际铁路需求的外因和内因有助于对运输需求所处的城市群外部环境进行客观审视，寻找到与城市群外部发展环境相匹配的城际铁路发展模式，并且对城际铁路发现自身发展的薄弱环节以及能够增强其与其他运输方式竞争力突破点的确定有重要意义。

7.1.2.2 城市群城际铁路运输需求形成机理

城际铁路客流的产生与城市集散效应密切联系。城市群在形成发展过程中，不仅城市的集聚与扩散引起人口流动、经济活动频繁，城市群产业布局也始终处于不断的动态变化调整中。城际运输需求派生于城市群社会经济活动，在一定时期、城市群特定产业区位布局条件下，产品细化、专业化水平的提高、地域间分工的形成，以及各地区生产资料和产品的流动是促进强大的城际铁路运输需求的形成的原因。

总体上看，城市群城际铁路客流包括三部分，即转移客流、诱增客流和趋势客流。转移客流是城际铁路利用其相对于其他运输方式所特有的优势，比如安全、快捷、运量大及经济性等，在运输市场竞争中将原本属于其他交通方式的一部分客流吸引、转移到城际铁路上来的那部分客流；诱增客流的来源是潜在城际客流，由于城际铁路的发展使得沿线地区的土地开发强度增加和人口集聚水平提高，地区之间的联系更加紧密，新增了大量城际铁路客流；趋势客流是指随着社会经济发展，城市间吸引力增强，随居民社会生产活动增加而增加的那部分客流。

在城市群城市集聚和扩散效应以及区域产业布局调整的共同驱动下，城际铁路线网规划通过提高区域可达性，刺激新的经济增长模式，提高诱增客流及趋势客流量；同时，通过提高服务质量水平增加转移客流。反过来，大量的城际客流出行又反作用于城市群社会经济。

因此，伴随城市群演进过程，城际铁路运输需求的形成与分布建立在城市产业空间分布、不同区域之间空间相互作用强弱演化及发展特点、市场驱动、城市群经济发展带来出行者的支付能力的变化以及思想价值观的基础上。在一定时期相对稳定的城市群产业分工布局模式下，城市群客流的产生和分布是客观存在的。

7.1.2.3 城市群城际铁路运输需求空间分布

1. 需求空间分布的内涵

城市群城际铁路运输需求空间分布[25]是指，以城市群各个城市/镇为城际铁路需求集聚点的节点体系在空间上的分布形态、节点间相互作用关系以及在地域空间上的组合形式，主要包括三个方面的内容：

（1）空间分布形态结构。

我国城市群空间结构差异性较大，城市（镇）在城市群中的地理空间分布不尽相同。由于城市的地理区位和职能分工等内外条件不同，城际铁路运输需求会形成不同的空间布局关系。同时，由于城际铁路与城市空间演化的互馈作用，城际铁路需求空间分布形态结构一直处于动态变化之中。

(2) 各集聚节点间的相互作用。

城际铁路运输需求派生于城市群内城市间的社会经济活动，并不是孤立存在。城市群在不同发展阶段，城市间相互作用关系的改变会引起城市节点间运输需求空间结构形态发生调整。对某一城市来讲，其与其他城市节点之间的城际铁路运输需求分布可能呈现聚集型、扩散型或均衡型等。

(3) 各节点运输需求在空间上的网络化结构。

从城市群城际铁路运输需求产生的时空维度出发，运输需求呈现"点-轴-网"的发展趋势。随着城市群的集散效应增强，城市间城际铁路空间网络化更为显著，不同区域和处于不同发展阶段的城市群表现出不同的城际铁路运输需求网络结构。

2．需求空间分布的内容

通常，城市群城际铁路运输需求主要分布于城市群经济发展的核心区域，总体上与城市群经济空间结构的分布特征相互吻合，主要包括核心城市之间的需求、核心城市与周边区域之间的需求、城市群对外运输需求。

(1) 核心城市之间的需求。

城际铁路客流需求空间分布主要依托于经济空间发展轴。不同等级、不同规模的核心城市之间的城际客流流动呈现出高频率、周期性的特点，并且运输需求多层级趋势明显，逐渐形成交叉纵横的复杂网络化运输需求形态。

(2) 核心城市与周边区域之间的需求。

核心城市与周边区域之间的需求，是指核心城市与其卫星城市、联系紧密的周边城镇间的城际铁路运输需求，主要服务于维持城市正常运行的生产和生活活动所必需的，由中心城市的集聚和扩散效应引起的运输活动需要，依托这种短途运输需求形成的运输网络与对外连接干线也有一定的差距。随着城市功能的完善和调整，不同区位城市发展特征和需求呈现出不同的特点，相互间差异较大。

(3) 城市群对外运输需求。

城市群对外城际铁路运输需求，指的是城市群内部产生的与其他城市群和地区由于生产联系所派生的运输需求。城市群地理空间和经济空间差异性的存在，导致城市群之间的运输需求存在较多不同。城市群内外交通一体化趋势以及外向型城市经济发展模式使得城市群对外经济活动强度增大，城市群城际铁路能够为满足此类需求提供基础支撑，提升城市群整体竞争力。

7.1.3 城市群城际铁路需求预测方法

7.1.3.1 城市群城际铁路需求预测思路

1．传统四阶段法的不足及其在区域规划中的局限性

由于传统的四阶段法研究对象是城市交通需求，将其应用于城市群城际铁路规划中，

会存在几点不同。

（1）调查基础的差异性。

传统的四阶段法是以大规模的旅客出行调查为研究基础，判断交通发生与吸引等阶段的标定参数和模型。城市群城际铁路规划需要以城市（镇）为单位进行个体出行调查，工作量巨大，无法准确判断实际城际铁路客运需求特征和未来发展趋势，因此需要改进调查方式。

（2）未能体现交通与土地利用之间的互馈关系。

传统四阶段法在影响交通量的社会经济分析时，仅能定性的反映特征年起讫点及周边的土地性质，未能体现交通与土地在时间维度的互馈关系，因此尚未考虑与经济空间结构演进的动态联系。

2. 城市群城际铁路四阶段预测方法思路

基于前文城市群城际铁路客流形成机理和空间分布的研究，通过梳理客流预测方法理论，综合考虑城际铁路运输方式的服务属性和旅客出行特征，以"四阶段法"为基础，进行城市群城际铁路需求预测，如图7.1所示。

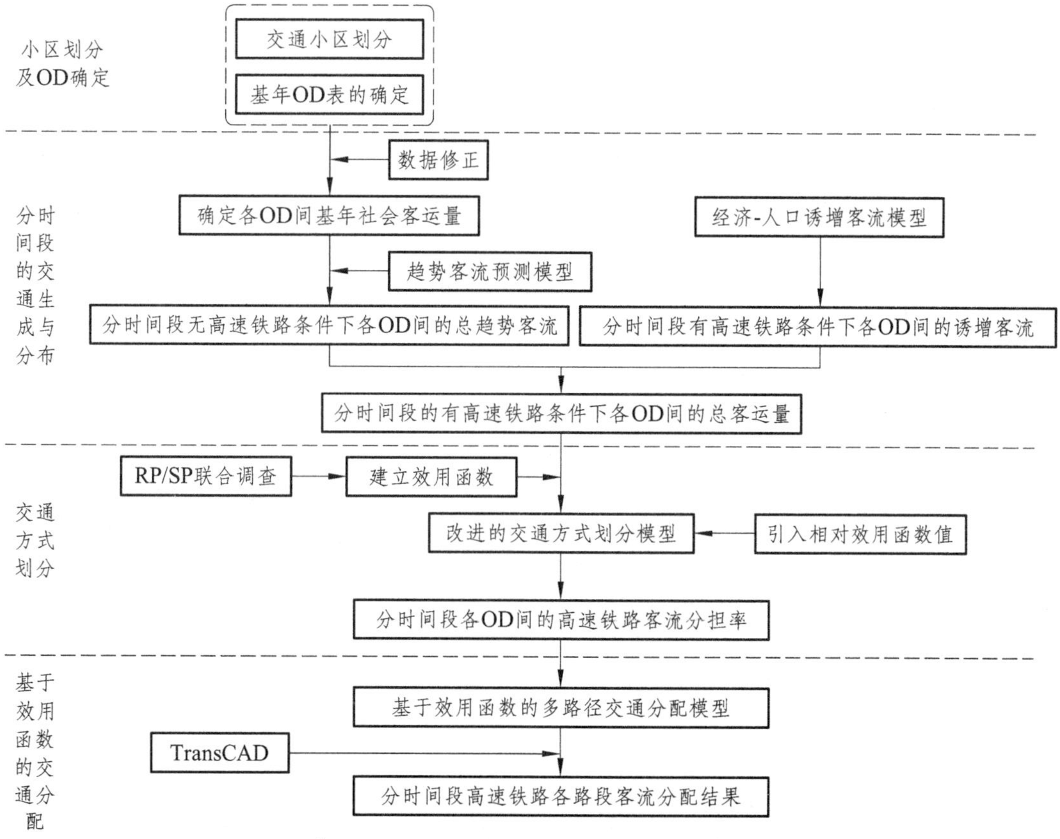

图 7.1 城市群城际铁路四阶段预测方法思路

将城市群区域进行交通小区划分，确定基年OD表；根据城际铁路建设的不同阶段，提出分时段的交通生成与分布模型，确定总客流OD表；通过旅客出行方式选择模型确定各交通小区各种交通方式的分担率；最后通过构建多路径交通分配模型，得到各路段的城际铁路客流量。

7.1.3.2 城市群城际铁路需求预测方法

目前，城际铁路客运需求预测分析的理论和方法仍以"四阶段交通需求预测方法"为基础，从交通发生吸引、交通分布、交通方式分担和交通分配四个步骤进行交通需求预测[24]。

1. 交通出行生成与吸引预测

交通生成是四阶段法的基础。在将城市群划分交通小区，预测特征年时各个交通小区的交通发生吸引量[26]时，除了遵循一般基本原则外，在交通经济带周边区域应按照交通流特征划分，在城市群边缘区域应考虑距离影响确定小区范围，考虑地区旅游业等特色产业的分布情况确定交通小区范围[27]。

城市群目标年各交通小区出行生成量预测模型参数通过以基年出行量为因变量，以基年 GDP、人口、土地利用、区域综合交通系统发展水平等作为自变量来标定，然后根据目标年各交通小区的相应指标进行预测。常用的预测方法有增长率法、原单位法、聚类分析法、函数法、趋势法、回归分析预测模型中的一元和多元回归分析法等。

2. 出行分布预测

出行分布预测是在各交通小区生成与吸引量预测的基础上，得到各交通小区之间的空间 OD 量，即各小区与其他小区交换的出行数据。采用的方法通常有增长系数法、Detroit 法、Fratar 法、重力模型、介入机会模型法、最大熵模型法等，最常用的是增长系数法和重力模型，二者比较如表 7.1 所示。

表 7.1 两种交通分布预测方法比较

交通分布预测方法	原理	模型	适用性	不足
增长率法	根据运输需求历年增长率推测未来某期增长率	$Q_t = Q_0(1+\alpha)^t$ Q_t——预测期客运需求量； Q_0——基期运量； α——确定的运量增长率； t——预测期年限	适用于运量增长率变化不大或者历史客运量增长趋势在未来将会继续保持的情况	要求有完整基准年 OD 表；当小区划分、土地利用方式变化较大时，方法不适用；现状 OD 交通量值很小时，可信性较低的交通量将被扩大
重力模型法	根据重力模型原理假定 i, j 间的交通量与 i 小区的发生交通量和 j 小区的吸引交通量成正比，与两小区间的距离成反比	$t_{ij} = k \dfrac{G_i^\alpha \cdot A_j^\beta}{R_{ij}^\gamma}$ t_{ij}——i, j 小区间的交通量； G_i——i 小区的发生交通量； A_j——j 小区的吸引交通量； R_{ij}——i, j 之间的距离或一般化费用； k, α, β, γ 为参数	可以一定程度表述土地利用对交通的产生与吸引作用，结构简单，适用性广，对基准年 OD 表要求不高	未能揭示旅客选择行为；小区距离较小时，预测值过高；小区间所需时间应随交通方式和时间的变化而变动，但在模型中仅采用时间一个因素

7 城市群城际铁路线网规划方法

3. 城际铁路的分担率预测

客流分担率是指某种运输方式或线路在同方向各种运输方式或线路中所承担的客运量比例，是旅客在各种运输方式之间选择的结果，它表明各种运输方式在通道客运市场所占有的份额。城市群综合运输系统各种运输方式依靠各自技术经济优势承担一定运输市场份额，确定城市群城际铁路线网对客流的分担率，能够为城市群城际铁路的发展和合理规划提供科学依据。

运输方式分担率预测方法有集计方法和非集计方法两大预测模型[28]，非集计方法中 Logit 模型的理论基础是假设出行者对交通方式的选择符合 Gumbel 分布，这与大交通出行分布的特点一致，因此选择 Logit 模型构造城际铁路分担率模型。

城际铁路分担率 Logit 模型构建思路为：从影响各运输方式效用的主要因素出发，计算各影响因素效用值，并建立效用函数，得到运输方式综合效用值，以此作为城际铁路分担率模型构建的基础。城际铁路的分担率模型如下：

$$P_i = \frac{e^{\left(U_i / \sum_{i=1}^{n} U_i\right)}}{\sum_{i=1}^{n} e^{\left(U_i / \sum_{i=1}^{n} U_i\right)}} \quad (7.1)$$

式中　P_i——运输方式 i 的预测分担比率；

U_i——运输方式 i 的效用值。

在区域综合运输体系背景下，各运输方式之间存在竞争与合作，并以其各自具备的技术经济优势承担相应的运输需求，通过城际铁路运输方式综合效用值计算其分担率是确定城市群城际铁路合理线网规模的基础。

4. 交通分配预测

交通分配是在已知城市群各交通小区间出行交换量条件下，应用分配模型具体确定每一个出行交换量所选用的路线，将全部出行交换量分配到各条具体路线上去，得出路网各路段交通流量。由于客流出行路径选择受到多因素影响以及对出行路径效用评价的不一致，路径选择结果可能是次优的出行路径，这就形成了基于效用函数的多路径交通分配模型[29]。

（1）路径效用函数。

当出行者 n 在出行时，路径 k 的效用函数表示为：

$$U_{kn} = V_{kn} + \varepsilon_{kn} \quad (7.2)$$

式中　V_{kn}——出行者 n 选择 k 路径的效用函数中的固定项；

ε_{kn}——出行者 n 选择路径 k 的效用函数中的随机项。

（2）多路径选择模型。

假设效用函数的随机项部分相互独立且服从于 Gumbel 分布，因此路径 k 被选择的概率为：

$$P_k = \frac{e^{V_k}}{\sum_{i=1}^{k} e^{V_i}} = \frac{1}{1 + \sum_{i \neq k} e^{V_i - V_k}} \quad (7.3)$$

式中　　P_k——路径 k 被选择的概率。

（3）计算过程。

Step1：确定各 OD 对间有效径路，形成有效径路集合 k_n [30]；

Step2：计算各 OD 对间各有效路径效用函数值 V_i；

Step3：对每条有效径路进行城际客流量分配，公式为：

$$f_k^n = q^n p_k^n \quad (7.4)$$

式中　　f_k^n——选择路径 k 上的客流量；

　　　　q^n——客流量。

Step4：计算城际铁路线网中各路段的客流量，表示为：

$$q_a = \sum_n \sum_{k \in K_n} f_k^n \delta_{a,k}^n \quad \forall a \quad (7.5)$$

7.2 城市群城际铁路重要节点和运输通道规划

依据城市群空间分布特征和城市群交通需求特征，城市群城际铁路线网应以点线面基本要素为主体，从"宏观-中观-微观"三个层次进行规划。其中，在城市群城际铁路线网规划中，重要节点与运输通道是线网的基本构成，也是线网基本形态确定的基准。

7.2.1 城市群城际铁路线网重要节点规划

城市节点是城市群经济、人口等因素的集合体，城际铁路线网重要节点的规划对城际铁路线网规划起到关键作用，其规划内容包括线网节点的选取、节点评价指标的筛选、节点重要度计算及等级层次划分，以及节点的空间分布特征分析几个方面。

7.2.1.1 城市群城际铁路线网节点的选择

城市群城际铁路线网节点与城市群内城市节点相对应，且为从属关系，即城市群城际铁路线网节点被包含在城市群城市节点之内。在城际铁路线网规划中合理选择关键节点，对保证规划精度、划分规划层次等至关重要。

城市群城际铁路线网节点的选择，应综合考虑节点城市功能及潜在的运输需求。具体地，在人口规模方面，城市群城际铁路线网节点应选择人口规模在 50 万以上的城市，即优先满足交通出行量较大的城市，保证主客流方向以及经济节点的线网覆盖度；在战略地位方面，城市群城际铁路线网节点应选择边境口岸及具有国防战略意义的城市。原因在于，边境口岸为贸易的主要交接点，城际铁路能有效增强贸易往来的频繁性，促进国家经济发展。而具有国防意义的城市对区域乃至国家的战略意义重大，城际铁路的建设可增强与其他城市的衔接有利于城市群发展战略的实施。在综合交通发展方面,城市群城际铁路线网节点一方面应选择线路里程较长的既有铁路支线端点,既充分考虑既有铁路线网布局情况,减少交通基础设施的建设投入,又能实现多种运输方式的合理衔接;另一方面,线网节点应选择主要枢纽城市,承担重要的运输任务,促进综合交通运输体系一体化的发展。在特殊节点方面,城市群城际铁路线网节点选取应考虑旅游城市与港口城市等。由城际铁路主要客流构成可知,旅游客流占城际客流的比重较大,且随着社会经济发展,该比重会呈现逐步增长的趋势。城际铁路的建设一方面能满足该部分运输需求,另一方面也能提高旅游城市的知名度。而对于港口城市,顾名思义,城际铁路能有效满足港口城市产生的大量国际运输需求,可带动当地地区经济发展,间接也刺激了运输业的发展。

以上主要从定性的角度分析了城市群内的城市在城际铁路线网中的定位,确定了城市群城际铁路线网规划影响较大的城市节点。为进一步合理有效筛选线网中的关键节点,还需横向对比各节点间的相对重要性,综合选取线网节点,满足规划需求。

7.2.1.2 节点重要度的计算

城市群城际铁路线网节点的选取与多种影响因素有关,其中包括社会经济、交通运输、城市发展潜力等。为综合衡量上述影响因素,本节采用"节点重要度"这项指标定量反映城市群内各节点功能的强弱。

节点重要度主要包含五项可量化影响因素。一是社会经济因素,包括人口规模、地区生产总值、地区财政收入,进出口额等。其中人口规模和地区生产总值更具代表性,是影响运输需求产生与分布以及城市群城际铁路规划建设的关键因素。综合考虑,选取人口规模和地区生产总值两项指标代表社会经济因素即可。二是交通运输因素,由可测量的运输供给能力表征,即城市节点的年客运量(年旅客发送人数)和年货运量(年货物运输量)。三是节点网络性能因素,可由节点的度来衡量,即线网节点在线网中连接线路的数量;其中,鉴于城市群城际铁路线网规划是在既有线网的基础上实施的,各节点在线网中已能体现出一定的网络性能,会对城市群城际铁路线网规划产生一定程度的影响,故节点的度需根据城市群内综合交通运输网络发展现状进行判定。四是行政等级因素。我国城市按照行政地位可分为直辖市、副省级、地级市以及县级市四个等级。其中,直辖市与副省级城市一般为城市群内的核心城市,其重要度最大;而地级市数量多,一般为城市群的副中心级城市,其重要度相对较高。为定量描述该项影响因素,本节将对每一等级城市赋予一个相对系数(如公式(7.6)所示),与该等级城市重要度相匹配。五是特殊节点因素。如前所述,特殊节点主要包括旅游城市、资源分布城市以及港口城市等。这些具有特殊功能的节点是城市群城际铁路线网布局的关键要素,会影响节点的重要度。

因此,综合上述五项可量化影响因素,节点重要度可表示为:

$$Z_i = \beta_i \gamma_i \left(\alpha_1 \frac{R_i}{R_a} + \alpha_2 \frac{G_i}{G_a} + \alpha_3 \frac{P_i}{P_a} + \alpha_4 \frac{Q_i}{Q_a} + \alpha_5 \frac{D_i}{D_a} \right) \tag{7.6}$$

式中 Z_i——第 i 个城市节点的重要度;

R_i——第 i 个城市节点的常住人口,万人;

R_a——城市群内各城市节点常住人口的平均值，万人；
G_i——第 i 个城市节点的地区生产总值，亿元；
G_a——城市群内各城市节点地区生产总值的平均值，亿元；
P_i——第 i 个城市节点的客运量，万人；
P_a——城市群内各节点城市客运量的平均值，万人；
Q_i——第 i 个城市节点的货运量，万吨；
Q_a——城市群内各城市节点货运量的平均值，万吨；
D_i——第 i 个城市节点的度分布；
D_a——城市群内各城市节点的度分布的平均值；
α_1、α_2、α_3、α_4、α_5——节点城市 i 中人口、地区生产总值、客运量、货运量以及节点的度五个指标的权重；
β_i——节点城市 i 的行政地位系数，节点的行政地位越高，该系数的取值越大，为反映出各等级城市节点的差距，按城市节点等级由高到低的顺序可依次取为 2.5、2、1.5 和 1；
γ_i——节点的其他功能修正系数，若筛选的节点具有特殊性质或功能，则根据影响强度赋予其一个大于 1 的系数，否则取值为 1。

我国各典型城市群城际铁路线网节点重要度汇总如表 7.2 所示。

随着城市群的发展，城市群内部城市逐渐发育成熟，初步或完全具备进入城际铁路线网的资格。这时候，应重新测定该类城市的节点重要度，考虑将其纳入线网结构中。城际铁路线网节点的规划是一个持续且有周期的过程，因此需要设定城市节点进入线网的节点重要度阈值，当某一城市（镇）的节点重要度高于设定的阈值时，表示该城市节点可以进入线网。其中，阈值是依据城市群的发育程度以及各城市发展的均衡程度来确定的，需要随着城市群的演化做周期性的调整。

7.2.1.3 节点的等级层次划分

在第 4 章典型城市群实证研究中已指出，城市群内各城市规模分布存在分形。这意味着城市群内各城市间是等级化、层次化的。而城市群城际铁路线网中的节点为城市群内部分城市节点，应同样具备相同的属性。因此，有必要对城际铁路线网节点进行等级层次划分。

城际铁路节点等级层次划分的主要依据为节点重要度。具体划分方法为，首先根据各城市的整体发展概况及其及节点重要度的分布特征初步判断节点层次的外部结构。其次再运用聚类分析法确定各层次内的节点构成。运用该方法，我国大部分城市群节点层次一般可划分为三层，第一层次为主要客流集散节点（一级节点），一般为核心城市；第二层次为辅助节点（二级节点），一般为地级市城市；第三层次为补充节点（三级节点），一般为旅游型城市、资源型城市以及构成环线的城市等。而少数城市群划层次划分可达到四层，其层次划分更细。我国典型城市群城际铁路线网节点等级层次划分结果如表 7.3 所示。

表 7.2 我国各典型城市群城际铁路线网节点重要度汇总

长三角城市群			珠三角城市群			成渝城市群			关中城市群		
序号	城市	节点重要度	序号	城市	节点重要度	序号	城市	节点重要度	序号	城市	节点重要度
1	上海	11.72	1	广州	6.55	1	重庆	17.17	1	西安	9.29
2	苏州	3.52	2	深圳	3.31	2	成都	5.29	2	渭南	6.24
3	杭州	3.47	3	佛山	1.47	3	南充	1.04	3	咸阳	2.61
4	南京	2.92	4	东莞	1.30	4	达州	0.87	4	宝鸡	2.00
5	宁波	2.05	5	惠州	0.88	5	泸州	0.86	5	商洛	1.93
6	合肥	1.90	6	江门	0.73	6	绵阳	0.80	6	韩城	1.51
7	芜湖	1.75	7	中山	0.65	7	宜宾	0.74	7	高陵	0.97
8	无锡	1.63	8	珠海	0.63	8	德阳	0.73	8	兴平	0.80
9	南通	1.47	9	肇庆	0.60	9	资阳	0.71	9	户县	0.77
10	安庆	1.23				10	内江	0.70	10	华阴	0.56
11	盐城	1.22				11	乐山	0.68	11	铜川	0.55
12	常州	1.22				12	遂宁	0.66	12	杨陵	0.28
13	绍兴	1.20				13	眉山	0.61			
14	嘉兴	1.15				14	自贡	0.50			
15	金华	1.13				15	广安	0.47			
16	泰州	0.94				16	雅安	0.34			
17	扬州	0.94									
18	滁州	0.93									
19	镇江	0.93									
20	台州	0.92									
21	湖州	0.83									
22	舟山	0.63									
23	宣城	0.61									
24	马鞍山	0.56									
25	池州	0.55									
26	铜陵	0.29									

从整体上看,如表 7.3 所示,各大城市群城际铁路线网中一级节点与二级节点所占比例较小,侧面反映出我国普遍城市群空间结构为典型的单核或多核模式。而等级较低的节点,其数量均等于或超过规划节点数量的一半,甚至达到规划节点数量的 80% 以上,如成渝城市群和关中城市群,间接也反映出成渝城市群、关中城市群较长三角城市群与珠三角城市群差距大。

表 7.3 我国典型城市群城际铁路线网节点等级层次划分情况

城市群名称	一级节点及所占比例	二级节点及所占比例	三级节点及所占比例	四级节点及所占比例
长三角城市群	上海（3.85%）	苏州、南京、杭州（11.54%）	合肥、宁波、无锡、常州、盐城、南通、绍兴、芜湖、安庆（34.62%）	镇江、扬州、泰州、湖州、嘉兴、金华、舟山、台州、滁州、铜陵、池州、宣城、马鞍山（50%）
珠三角城市群	广州（11.11%）	深圳（11.11%）	东莞、佛山（22.22%）	珠海、江门、中山、惠州、肇庆（55.56%）
成渝城市群	重庆（6.25%）	成都（6.25%）	德阳、绵阳、宜宾、乐山、泸州、南充、自贡、达州、内江（56.25%）	眉山、遂宁、广安、雅安、资阳（31.25%）
关中城市群	西安（8.33%）	渭南（8.33%）	咸阳、宝鸡、高陵、户县、兴平、铜川、华阴、韩城、商洛、杨凌（83.33%）	—

从局部来看，结合表 7.2 与 7.3 可知，长三角城市群城际铁路线网节点可划分为四个等级，其中一级节点为上海，其节点重要度远远高于其他等级节点，核心地位明显突出；二级节点为苏州、南京、杭州；三级节点为发展较快的城市，包括宁波、无锡、常州、盐城、南通、绍兴、合肥、芜湖、安庆；二级节点与三级节点间的重要度差距较小，侧面反映出二级层次与三级层次中的城市发展差距较小；四级节点为发展相对落后且数量较多（占城市群内城市总数的 50%）的边缘城市，包括镇江、扬州、泰州、湖州、嘉兴、金华、舟山、台州、滁州、铜陵、池州、宣城和马鞍山。从上述划分结果可看出，长三角城市群整体差异化明显，发展呈现不均衡性。

珠三角城市群城际铁路线网节点依据其重要度可划分为四个等级，其中一级节点广州与二级节点深圳为珠三角城市群的核心城市，而三级节点东莞、佛山与二级节点差距相对较小，剩余的惠州、江门、中山、珠海、肇庆为四级节点。从整体来看，珠三角城市群整体差异化不明显，发展较为均衡。

成渝城市群城际铁路线网节点可划分为四个等级，其中一级节点重庆，重要度明显高于其他等级，核心力显著，侧面也反映出重庆经济、交通、城市潜力等方面发展突出；二级节点成都，节点重要度约为重庆 3/10，但也明显高于后续的城市节点，其核心影响力较为显著；三级节点为区域主要中心城市，而剩余城市发展落后，运输需求较小。综合来看，成渝城市群是典型的双核城市群。

对于关中城市群，西安作为运输通道上的关键集散点，其节点重要度高于区域内其他城市，是关中城市群的一级节点；而渭南因处于新亚欧大陆桥的重要地段，具有较强的运输功能，在线网中地位较高，发展水平仅次于西安，故被划分为二级节点；其他城市经济发展落后，运输需求较小，属于关中城市群的三级节点。

7.2.1.4 节点的空间分布特征分析

节点是实现社会经济空间联系的功能实体单元[31]。它既属于城市节点，也属于城际铁路线网节点。如前所述，城际铁路线网节点仅为城市节点的子集。因此，城市节点的空间分布特征不仅会对城市群空间结构的塑造产生影响，还会对城市群城际铁路线网结构均会产生较大影响。

在第4章典型城市群实证研究中已指出，长三角城市群与成渝城市群的城市集聚形态整体呈现出离散特征，即城市分布较均匀，外围城市具备较强或较弱的离散分布特征；而珠三角城市群和成渝城市群的城市集聚形态整体上呈现出集聚特征，即城市体系形态具有向心特征。而这样的城市空间集聚形态一定程度上决定了城市群城际铁路线网布局形态以及线路的空间走向。具体而言，针对节点空间分布具有离散特征的城市群，其核心区域内，节点分布较为均匀，主要运输通道应沿着城市发展轴进行布设，而外围边缘地区的节点因分布较为离散，其城际铁路线网应考虑各边缘城市与主干线的连通。对于边缘城市联系较为紧密的城市，则需考虑新增城际铁路线直接将其串联；针对节点空间分布具有集聚（向心）特征的城市群，则城际铁路线网布局应优先考虑城市发展轴防线的联系，进一步增强核心城市的吸引力。

节点的合理选择、（基于节点重要度的）等级层次划分以及空间分布特征分析是进行城市群城际铁路线网布局的基础。在此基础上，分析节点间相互关系（含节点要素流强度、需求总量、空间距离等）即可确定节点间线路连接的基本条件，为确定线路规模、线路等级等创造条件，尤其是为运输通道的规划奠定基础。

7.2.2 城市群城际铁路线网运输通道规划

运输通道，亦称作交通走廊，是方式多样、设施完善、安全高效的交通基础设施密集地带，在地域上通常表现为沿一定的狭长地带，连接着主要的交通源。

通常，城市群城际铁路线网运输通道的规划既要满足城市群城际客流的出行需求，也要满足跨区域客流的需求，即满足与区域外部干线铁路的衔接。因此，城市群城际铁路线网运输通道需要整合高速铁路、既有铁路等多种轨道交通方式的资源配置，合理规划城际铁路线网，实现城市群的互联互通。

7.2.2.1 城市群城际铁路运输通道设计的关键

如第4章所述，城市群空间发展轴是支撑城市群整体的基础，决定了城市群经济效益传递的方向以及城市群主要运输通道的空间布局。因此，城市群城际铁路运输通道设计关键在于与城市群城市空间轴线有效对应。

目前，对于不同空间结构的城市群而言，其发展轴线的分布特征存在较大差距，有些城市群仅有几条空间发展轴线，而有些城市群的空间发展轴线已呈现出一定的网络特征。作为满足城市群内旅客出行需求的重要交通方式，城市群城际铁路通道建设应满足城市群空间发展轴的分布，同时合理引导新的空间发展轴的建设，为提高城市群核心竞争力奠定基础。

首先,城市群城际铁路线网运输通道应有效覆盖城市空间发展轴线。关中城市群的主要发展轴线为"宝鸡—咸阳—西安—渭南",其经济发展贡献比例占关中城市群经济总量的87.34%;成渝城市群有两条发展轴线,其中轴线"成都—资阳—内江—重庆"将核心城市成都与重庆串联起来,其经济发展贡献比例占成渝城市群经济总量的64.68%;珠三角城市群的发展轴线目前共三条,基本将珠三角城市群中的主要城市连接起来,其三条空间发展轴线经济贡献量相对均衡,均占其经济总量的50%左右;长三角城市群因发育较其他城市群成熟,其空间发展轴线数量较多,基本形成空间发展轴线网,有效覆盖了近20个主要城市,且各轴线经济贡献程度较为均衡。从上述可以发现,城市群空间发展轴线具备较强的经济吸引力和凝聚力,因此,城际铁路线网规划应首要满足该空间发展轴线方向的客流运输,即城市群城际铁路运输通道的大致方向可确定为城市群空间发展轴线方向。

城市群空间发展轴线仅是确定城际铁路运输通道大致方向的定性依据,作为定量依据,还需结合其他不同的方法对城际铁路线网运输通道进行全面综合分析。

7.2.2.2 城市群城际铁路运输通道规划方法

城市群城际铁路线网的运输通道规划的目的在于解决城市群内主要城镇间通勤客流的运输问题。而通勤客流又与城市群的人口规模分布和就业密度有密切联系,即造成城市群通勤客流出行的重要原因之一是各主要城镇间劳动力和就业的缺口。因此,城市群城际铁路线网运输通道合理确定的思路为:首先,运用宏观分析法,分析城市群内各主要城镇间劳动力与就业人口的分布情况,确定运输需求,结合城市群空间发展轴线,初步判定城际铁路线网运输通道的数量及大致走向;其次,综合运用"交通区位线法""出行期望径路图法""两步聚类法"三种方法定量分析城际铁路线网运输通道的具体走向;最后,再次结合客流集散区的就业岗位数与劳动力分析,调整并确定城市群城际铁路线网运输通道的最终合理走向。城市群城际铁路线网运输通道规划方法体系,如图7.2所示。

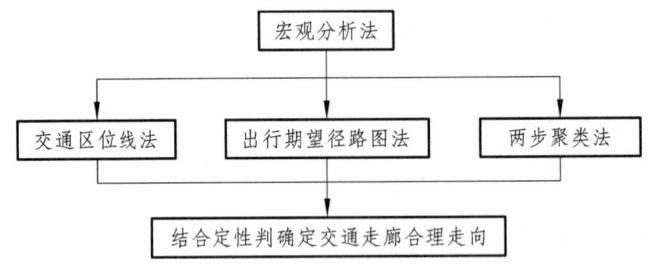

图 7.2 城市群城际铁路线网运输通道规划方法体系

1. 宏观分析法

城市群城际铁路线网运输通道宏观分析法属于定性分析方法,是在城市群总体发展战略规划、城市群综合交通发展战略规划的基础上,依据城市群空间结构、人口规模分布以及产业布局等,分析城市群内各交通分区的劳动力与就业岗位分布情况,定性得到各交通分区间的就业数与劳动力的差距(即交通出行量),并结合城市群空间发展轴线,确定城市群内各交通分区的运输通道,然后对方向一致的运输通道进行合并,由此初步得到城市群城际铁路线网运输通道的数量及大致走向。

2. 定量分析法

定量分析法主要包含"交通区位线法""出行期望径路图法"和"两步聚类法"。三种方法均是在宏观分析法的基础上,综合考虑其他影响运输通道分布的因素定量确定城市群城际铁路线网运输通道布局。三种方法相互补充,相互验证,最终筛选出全面、合理的运输通道。

(1)交通区位线法。

交通区位线法是城市群城际铁路线网运输通道布局优先采用的方法,通过它得到的运输通道有利于满足未来交通发展需求。一般情况下,交通区位线按照节点等级的不同,可划分为三种类型:最高等级交通区位线(一级节点间的连接线),中、次级交通区位线(一、二级节点间的连接线),低级交通区位线(二、三级节点间的连接线)。

从分类来看,交通区位线存在等级之分,而该等级正是城际铁路线路层次划分的依据,即高等级区位线的布局规划是为城际铁路骨干线网的铺设提供依据,决定了运输通道的主要方向;中等级交通区位线则与城际铁路的次干线路相对应,有效延伸和拓展骨干线网;而低等级交通区位线则与支线线路对应,是对城际铁路线网结构、区位结构的补充和完善。交通区位线的等级通常是借助两两节点间经济吸引力值的相对大小来确定的。两两节点间的经济吸引力越大,则说明城市间的经济往来愈频繁,对城际铁路的规划建设需求也愈强烈。不同节点间经济吸引力主要表现为人口规模、地区生产总值与节点空间距离的关系,在计算时可根据实际情况与要求量化该指标,具体可参考孙希华等研究学者提出的区域经济吸引力模型[32]。另外,城际铁路规划涉及因素众多,为保证交通区位线等级确定的合理性,还应综合考虑节点间客流分布情况。

值得注意的是,交通区位线法得到的区位线(含运输通道)是理论层面上的,与实际的交通区位线间存在一定的差距。该差距主要源于运输供需间的矛盾,也是经常导致区域经济发生"瓶颈"的关键所在。因此,在城市群城际铁路线网运输通道规划中,也需要借助城市群发展轴线进行实时调整,缩小该差距。

(2)出行期望径路图法。

出行期望径路图法是依据城际客流运输需求结构来确定城市群城际铁路线网运输通道的方法。其中,城际客流运输需求结构由城市群空间结构所决定,具有一定的层次性。不同层次的城际客流运输需求总量不同,对整体城际铁路线网规划指导也存在差异性,其中,高层次的城际客流运输需求正是运输通道形成的基础所在。因此,为合理有效确定城市群城际铁路线网运输通道,应切实运用出行期望径路图法,具体实施步骤如下:①实施客流预测,得到规划远期的全社会城际铁路客流需求 OD 矩阵;②以最短路径为准则将城际铁路客流需求 OD 分配到远期线网上,得到规划远期出行期望径路图;③综合考虑城市群空间分形调整径路。

(3)两步聚类法。

两步聚类法又称二阶聚类分析法,其核心在于利用样本间的距离或相似性实现动态聚类。该方法具体运用在城市群城际铁路线网运输通道规划中,则主要为:①动态聚类城市群内各交通分区的 OD 量,形成多个聚类中心;②基于模糊聚类建立两两相似矩阵 R;③进行矩阵迭代,得到等价矩阵;④结合宏观分析法,得到城市群城际铁路线网运输通道。具体可参考研究学者范东涛等人提出的城市交通流主流向两步聚类法[33]。

3. 最终走向的确定

上述确定的城际铁路线网运输通道并非为最终的结果，还应立足于城市群通勤客流出行的重要原因，即再次结合城市群客流集散区[33]劳动力和就业分布情况，调整并最终确定城市群城际铁路线网运输通道的具体走向。

综上所述，城市群城际铁路线网运输通道是多因素共同作用的结果，单一的方法难以涵盖多类规划影响因素，因此，建立上述城市群城际铁路线网运输通道规划方法体系具有实际指导意义。

7.3 基于社团结构挖掘的城市群城际铁路线网规模测算方法

城市群城际铁路线网是由线网节点及连接节点的线路组成的拓扑结构，具有复杂网络的相关特征，如城市群空间社团结构，它反映了城际铁路线网分布的局部不均匀性，是对整体线网的抽象建模。基于社团挖掘的城市群城际铁路线网规模测算方法正是以城市群空间社团结构为基础，结合城市群城际铁路线网发展的阶段性特征，综合考虑城际线网规模的主要影响因素，对线网空间结构进行定量化处理，直观上揭示其空间尺度和规模特征。

7.3.1 城市群城际铁路线网规模的阶段性分析

通常，城市群城际铁路的发展会受到城市群内投入产出社会经济效益、环境资源承载力和环境污染承载力等多因素制约，最终达到发展的最大规模，并维持该状态，而非继续无限扩增。与城市群空间结构发展相类似，城市群城际铁路线网规模成长也是阶段性发展过程，如图 7.3 所示，即会遵循起步期（$0 \sim t_1$）、快速发展期（$t_1 \sim t_2$）、稳定期（$t_2 \sim t_\infty$）三阶段[34]，对应于每个阶段的发展速度存在差异，即开始较慢，中间较快，后期会越来越慢，如图 7.4 所示。

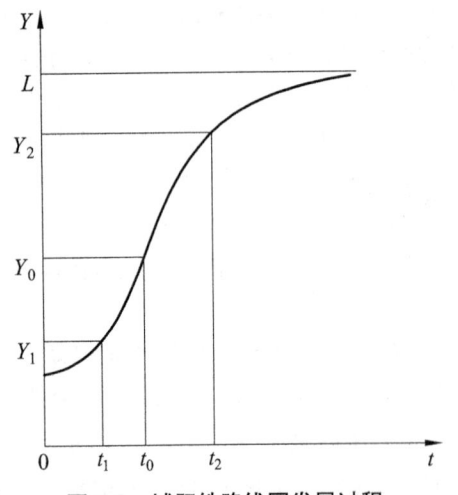

图 7.3 城际铁路线网发展过程

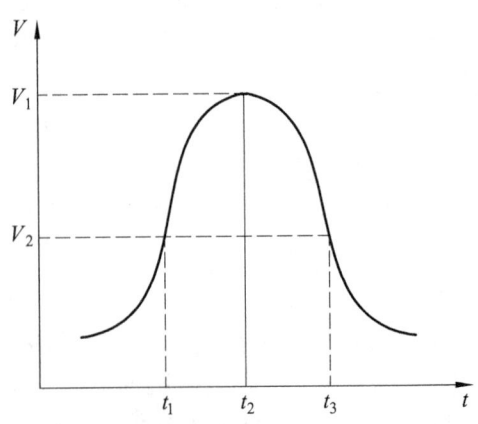

图 7.4 城际铁路线网发展速度曲线示意图

根据前文典型城市群的强化过程以及城际铁路规划与城市群空间演化互馈的阶段性规律研究结果,当城市群处于快速发展期时,与之相对应为城际铁路的起步期阶段,城际铁路线网规模呈现快速增长的特征,逐步形成骨干线路。当城市群发展到一定水平时,与之相对应是城际铁路的快速发展期阶段,此时城际铁路线网规模稳速发展,即在骨干线网的基础上进一步增加次干线路和支线线路,扩大城际铁路的覆盖范围,提高线网的区域可达性,形成较为完善的城际铁路线网。当城市群发展到相对较高水平时,与之相对应的是城际铁路的稳定期阶段,城际铁路线网将达到一定规模并处于持续稳定状态,此时其发展目标着重放在对线网利用率的提升。

另外,城际铁路线网规模发展从宏观上基本符合生长曲线的变化规律外,微观上还存在多阶段性[34],即随着城市群社会经济发展进程的推进,城际铁路线网规模发展到一定阶段后可能会再次出现波动的情况,从而出现二次生长现象。其原因在于城际铁路发展的影响因素较多,且各因素之间相互制约,因而城际铁路线网规模发展与其影响因素之间维持着动态的平衡。同时,城际铁路线网的建设周期长、投资大,在线网的建设期间需要持续性的投入,且建设一旦投入,则难以停止。除此之外,在建设过程中供给规模逐渐增加,与运输需求之间的平衡也处于动态变化中,因此在城际铁路线网规模的发展过程中会出现二次生长的现象,在此周期内线网规模经历相似的发展阶段,直至与城市群社会经济发展水平重新达到新的动态平衡。其中,各发展阶段持续的时间与城市群整体的发展情况有关,故针对不同的城市群,其城际线网发展阶段持续时间可能存在差异性,但整体变化规律是一致的,如图 7.5 所示。

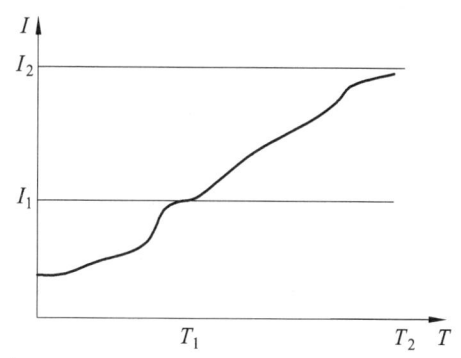

图 7.5 城际铁路线网规模的多阶段变化曲线

相对而言,城际铁路线网规模发展的多阶段性一般存在于经济发展相对滞后的城市群。因为城市群经济发展滞后,相应地区域交通条件自然落后,因此需要出台交通扶持政策、增加交通建设投资、提倡技术创新等,而这些措施均可能会导致城市群城际铁路线网发展出现二次生长现象。与此同时,对于经济发展相对滞后的城市群,在其社会经济条件逐渐改善的过程中,城际铁路线网规模与社会经济发展水平不会时刻保持同步,通常情况下,城际铁路线网规模的增长速度一般会低于城市群社会经济的增长速度,故此时,城际铁路线网发展会始终处于快速发展期,城际铁路线网规模测算的复杂性及难度大大提高。

综上所述,城市群城际铁路线网规模的阶段性分析有助于分析不同发展阶段、不同发展速度下线网规模的特征以及影响线网规模的主要因素,为确定城市群城际铁路线网规模测算方法奠定基础。

7.3.2 基于社团挖掘的城市群空间社团结构辨识

7.3.2.1 基础理论

近年来,随着复杂网络理论和技术的不断发展,复杂网络中社团结构的挖掘逐渐成为研究热点，社团结构的挖掘有助于揭示复杂系统内在功能特性、理解网络拓扑结构特点以及了解网络内个体关系、行为及演化趋势[35]。

在复杂网络中，社团结构是指网络中具有高内聚性质的节点集合的若干子集，每一子集内部节点间的连边相对稠密，而不同子集间的节点间的连边相对稀疏，如图7.6所示。图7.6为一个具有典型社团结构的复杂网络，该网络由20个节点构成，三个实线圆圈代表三个社团：社团Ⅰ、社团Ⅱ和社团Ⅲ。从图中可明确看出，社团内部节点连边较为密集，而社团之间的连边较为稀疏。该种社团结构可以直观地反映出城市群空间结构分形特征，即城市群内核心城市与其紧密相邻的次级中心城市组成一社团，而远离核心城市的其他城镇因其节点重要度相似或联系密切程度等则组成另外的一个或多个社团，其中社团内部节点间的联系明显强于社团外部间的联系。

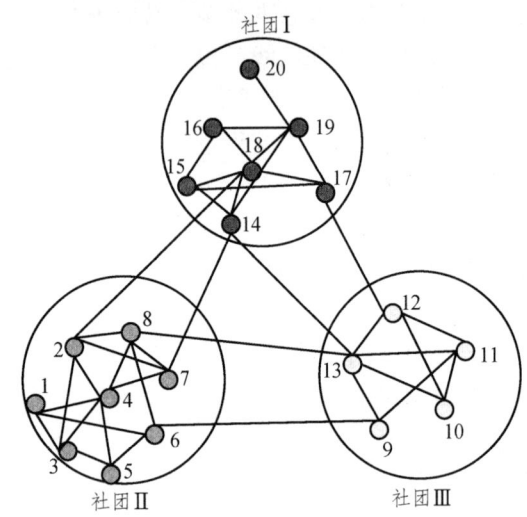

图 7.6 基于子图的局部社团示意图

城市群空间社团结构的引入可以依据不同城市群的分异特征确定划分机制，有效对城市群内的城市进行不同层次的归类，有利于从全局上把握城市群空间结构分布特征、城市功能划分等，从而为城市群城际铁路线网规模测算奠定基础。

7.3.2.2 基本算法

复杂网络的社团挖掘是根据复杂网络的拓扑结构把网络分割成多个社团的过程。社团挖掘理论有较多的实际应用，如分析实际网络中的功能划分、结构重组等。目前，理论研究中对社团结构的挖掘主要集中于探测方法以及探测指标两方面[36]。其中，现有的社团结构算法主要包括图形分割法与分级聚类算法，如表7.4所示。图形分割法是将网络中的节点分割成给定数目、大小相等的子网络，使得分割时切断子网络之间的边数或边的权重最小，例如Kernighan-Lin算法和基于Laplace矩阵特征值的谱平分法。分级聚类算法则是基于节点之间的相似性或强度来对网络进行划分，可进一步分为分裂算法和凝聚算法。此外，从表7.4还可以看出，分级聚类算法较优于图形分割算法，而分级聚类算法中的凝聚算法较优于分裂算法，因此选择凝聚算法更有利于复杂网络中的社团结构挖掘。

表 7.4 图形分割算法与分级聚类算法[37]

算法分类	典型代表	算法思路	算法局限性
图形分割算法	Kernighan-Lin 算法	定义增益函数 Q（任意社团内部的边数减去连接两个社团间的边数的所得值），采用贪婪算法找出 Q 值最大时的划分结果，该结果即为社团结构	需预知网络在初始化时分配节点形成两个社团的节点数量；算法结果仅为局部最优解；对于未知网络，算法迭代终止条件不明
	基于 Laplace 矩阵特征值的谱平分法	以网络的 Laplace 矩阵（矩阵对角线为节点的度值，其余量仅用 0、1 表示节点连接情况）的特征向量对网络进行社团挖掘	需预知社团数量来判断算法终止条件；每次只能将网络划分为两个子网络，再次迭代难以保证社团结构的准确性；对于社团结构不明显的网络，难以保证算法的效率和划分精度
分级聚类算法	分裂算法	从整体出发，依据节点相似性逐步分割网络，直至每个节点都是一个社团，如 GN 算法	算法虽克服了图形分割算法的缺点，但其时间复杂度较大，仅适合中等规模
	凝聚算法	从单个节点出发，依据节点相似性（从高到低）来合并节点，最终全部的节点形成一个社团，如 FN 算法	算法虽较分裂算法有提高，且可适用于大规模网络，但时间复杂度依然存在；不适用于结构过于混乱的网络

综上所述，社团挖掘算法可从不同的角度对网络进行划分，从而得到社团结构，但各类算法均存在局限性，如部分算法精确度较差或时间复杂度较高等。因此，在选择社团挖掘算法时应先准确定位待解网络，明确划分待解网络的依据，结合各算法的优劣性选择合适的社团挖掘算法。

7.3.2.3 城市群空间社团结构划分

由复杂网络社团定义可知，城市群作为一个典型的复杂网络，其社团结构综合反映了城市群空间结构特征与区域划分情况，如图 7.7 所示，城市群内部节点因经济吸引与空间距离的双重作用，会紧密围绕某一核心节点形成城市组团，即社团。而对于不同的社团，因核心节点的经济吸引力存在差异，其所吸引的节点数量也不同。

如前所述，城市群空间社团结构划分方法多样，各类方法的精度性和准确性差异明显。为准确掌握城市群空间网络的自组织结构以及其功能特

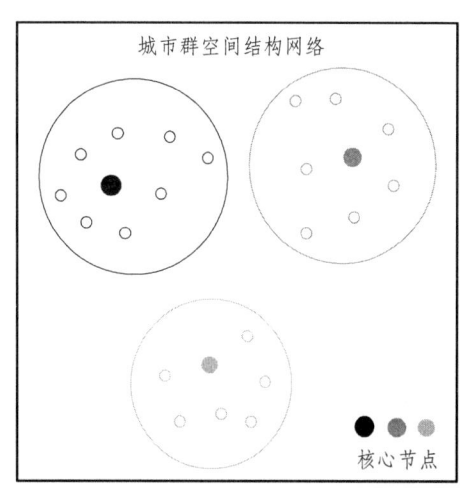

图 7.7 城市群社团结构划分示意图

性，本章采用将凝聚算法来实现城市群社团结构的划分。

1. 基于城市节点重要度的凝聚算法

基于城市节点相似度的凝聚算法是在城市群内城市节点重要度层次划分的基础上，根据城市节点的相似度作为社团划分的判断标准，通过多次迭代最终得到城市群空间网络最优的社团结构。

（1）节点相似度的定义。

城市节点的相似度是指在城市群空间网络结构中城市节点间联系密切的程度，综合考虑了城市节点间要素交流强度。具体地，在城市群空间结构中，城市节点间的要素流强度决定了连接边是具有权值的，因此城市群空间结构网络为加权网络，以联系强度 G_{ij} 定义边 e_{ij} 的权值，若节点 i 和 j 之间不连通，则 $w_{ij}=0$。节点 i 的相似度则为所有连接边的权值之和，表示为：$w(i)=\sum_{j}w_{ij}$。在节点相似度的一般计算方法基础上，结合连接边的权值，定义城市群空间结构中节点之间相似度的计算方法如下：

$$S_{ij}=\begin{cases}\sum_{k\in\Gamma(i)\cap\Gamma(j)}\dfrac{1}{w(k)} & \text{节点}i\text{与}j\text{之间连通}\\ 0 & \text{节点}i\text{与}j\text{之间不连通}\end{cases} \quad(7.7)$$

式中，S_{ij} 为节点 i 与节点 j 之间的相似度，$\Gamma(i)$ 是节点 i 的邻接节点集合，$\Gamma(i)\cap\Gamma(j)$ 是节点 i 与节点 j 的共同邻接节点集合。

上述相似度计算方法综合考虑了城市节点在地理上的邻接关系，并同时兼顾了城市节点之间经济联系强度，符合城市群空间的结构特性。可以看出，在城市群空间结构中，城市节点间的相似度越大，则这两个城市同属一个社团的概率越大。

（2）基于城市节点相似度的凝聚算法设计。

定义城市群空间结构网络为 $A=\{V,G\}$。其中，V 表示城市节点集合，G 表示节点之间的联系强度分布矩阵。

Step1：按照节点重要度以及节点间相似度的计算方法，依次确定有 N 个节点的城市群空间结构网络的节点重要性矩阵 Z 及相似性矩阵 S；

Step2：选取城市节点集合 V 中高于核心节点判断阈值的 i 个节点作为探测社团结构的核心点，用集合 V_0 表示，剩余节点以 V_1 表示；

Step3：选取 V_0 中的核心节点构成初始社团 C_{0i}；

Step4：按照节点重要度顺序，从集合 V_1 中选取与节点 i 相似度最大的节点进入到初始社团结构中，更新集合 V_0 和 V_1；

Step5：依次判断新增节点与社团结构核心节点所在社团的连接关系，更新社团结构，得到一个社团结构 C_{mi}；

Step6：重复上述步骤，直至遍历集合 V_0 与 V_1 中所有节点，得到城市群空间结构的社团结构，记为 $C=\{C_1,C_2,\cdots,C_m\}$。

基于城市节点重要度的凝聚算法充分考虑了城市群内节点发展的不均衡性以及节点之

间的交互作用,并选取主要的核心节点作为支配社团结构的中心,符合城市群社会经济发展以及空间演化的需要,由此确定的社团结构既考虑了一般网络的特点以及社团的结构特征,又充分融合了城市群空间结构网络的特殊性质,更符合城市群空间结构的实体特征。另外,考虑城市群发展与演化可知,随着城市群的不断发展,其内部部分城市节点重要度会发生改变,相应城市节点间的相似度也会发生改变,因此,针对不同城市群发展演化的不同阶段,其社团结构的划分结果是不一致的,可能会存在社团增长现象。

2. 典型城市群社团结构

运用上述凝聚算法,对我国典型城市群——长三角城市群、珠三角城市群、成渝城市群以及关中城市群进行社团结构划分,其结果如下:

(1)长三角城市群社团结构。

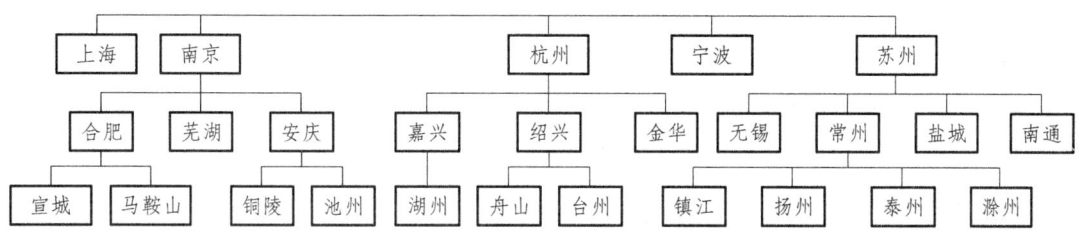

图 7.8　长三角城市群社团结构

(2)珠三角城市群社团结构。

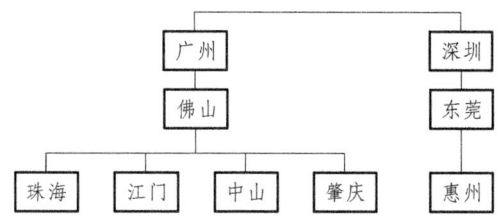

图 7.9　珠三角城市群社团结构

(3)成渝城市群社团结构。

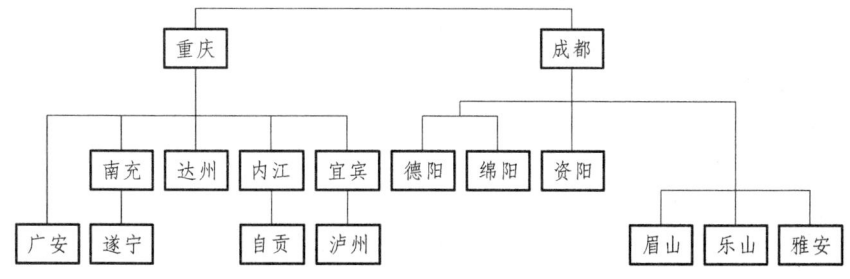

图 7.10　成渝城市群社团结构

(4)关中城市群社团结构。

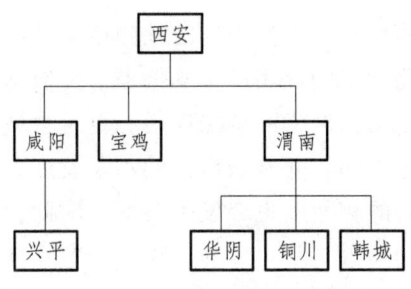

图 7.11 关中城市群社团结构

从城市群社团结构划分结果可以看出，长三角、珠三角和成渝城市群均属于多中心社团型城市群，而关中城市群则为单中心社团型城市群，这与前文典型城市群的分类结果相匹配。

7.3.3 城市群城际铁路线网规模测算方法

传统的城市群城际铁路线网规模测算方法是基于"点""线""面"三要素展开的城际铁路线网规模测算，即先确定城市群城际铁路服务范围，其次，分析城市群经济结构与产业结构等对规划线网规模的影响，构建各规划节点间线路空间重要度相关模型，最后，从城际客流需求的角度对整体线网提出约束。该种方法针对性不强，未充分考虑城市群空间结构特征对城际铁路线网规模的影响，整体上有失准确性。因此，本节提出了基于社团挖掘的城市群城际铁路线网测算方法，其关键在于从城市群内部要素出发，通过划分城市群社团结构，连接城市群社团内外节点，完成城际铁路线网规模测算，整体上较为准确地把握住了城市群空间结构特征。

基于社团结构挖掘的城市群城际铁路线网规模测算的基本思路为：首先，依据城市群空间结构社团结构研究，确定城市群社团内与社团间的连接关系矩阵，以此为基础测算城市群空间规模，用以界定城际铁路线网的覆盖范围；其次，以城市群空间规模为基础，结合运输需求限制要求与城市群节点的空间分布特点，修正节点连接及线路走向，初步得到城市群城际铁路线网规模总量；最后，以城市群城际铁路投资建设总额为约束条件，调整、优化得到最终适宜的城际铁路线网规模总量。依据该思路，城市群城际铁路线网规模测算关键环节如下。

7.3.3.1 城市群社团结构内外节点连接关系的判定

在城市群社团结构中，社团内外节点的连接与否是与节点间联系的密切程度有关，而该联系的密切程度通常是以相关经济指标来衡量。因此，采用联系强度 G 作为城市群社团结构内外节点连接的依据。具体地，假设某一社团 k 内部城市节点 i 与城市节点 j 间的连接关系判断变量为 x_{ij}，则

$$x_{ij} = \begin{cases} 1 & G_{ij} \geqslant G_s \\ 0 & G_{ij} < G_s \end{cases} \tag{7-8}$$

式中，G_{ij} 表示城市节点间的联系强度；G_s 表示城市节点间联系强度的阈值。当城市节点间

(i, j) 联系强度 G_{ij} 达到设定的阈值 G_s 时, 城市节点 i 与城市节点 j 连接 (x_{ij} 取值为 1); 否则城市节点 i 与城市节点 j 不连接 (x_{ij} 取值为 0)。

7.3.3.2 城市群空间结构规模的测算

基于城市群社团结构内外节点连接关系的判定, 可得到城市群内外部节点间连接关系的连通矩阵（0-1 矩阵）, 根据该矩阵, 城市群空间结构规模总量 L_s 测算方法如下:

$$L_s = L_{s1} + L_{s2} = \sum_{k=1}^{l} \sum_{i,j \in C_k} x_{ij} l_{ij} + \sum_{k,s} \sum_{i' \in C_k, j' \in C_s} x_{i'j'} l_{i'j'} \qquad (7.9)$$

式中, L_{s1} 代表各社团内部的空间规模之和; L_{s2} 代表各社团外部的空间规模之和; l_{ij} 为社团 k 内部城市节点间的空间距离; $l_{i'j'}$ 为不同社团间两两城市节点间的空间距离。

城市群空间结构规模不仅从总量上界定了城市群空间范围, 而且一定程度上也决定了城际铁路线网的覆盖范围, 尤其是节点间空间关系的建立为城际铁路线路规划提供了技术支持。

7.3.3.3 基于运输需求的城际铁路线网规模的测算

城际铁路线网的规划主要源于运输需求的推动, 即在实际规划中, 规划线路需求必须达到相应客流需求标准值时, 方可真正将其线路两端的节点连通。因此, 本节在城市群空间规模的基础上, 以运输需求限制为条件, 结合城市群节点的空间分布特征, 并考虑一定的非直线系数, 修正节点连接、线路走向, 初步得到城市群城际铁路线网规模总量 L_n。

$$L_n = \xi(L_{n1} + L_{n2}) = \xi(\delta_1 L_{s1} + \delta_2 L_{s2}) \qquad (7.10)$$

式中, L_n 为规划线网的规模; L_{n1} 为各社团结构内的线路覆盖规模; L_{n2} 为社团间的线路连接规模; ξ 为线路的非直线系数; δ_1、δ_2 为考虑运输需求限制的修正系数, 其具体计算方法如下:

$$\delta_1 = \frac{\overline{O}_{ij}}{O_n} \qquad \delta_2 = \frac{\overline{O}_{i'j'}}{O'_n} \qquad (7.11)$$

式中, $\overline{O}_{ij}$、$\overline{O}_{i'j'}$ 分别为社团内部的需求均值以及社团之间节点间需求规模, O_n、O'_n 分别为社团内部及社团之间线路连接的客流需求标准。

上述初步得到的城市群城际铁路线网规模总量因同时兼顾了城市群社会经济空间结构与运输需求结构对城际铁路线网规模的影响, 故其测算结果科学合理。

7.3.3.4 基于投资限制的城市群城际铁路线网规模综合确定

城市群城际铁路线网规模测算涵盖因素众多, 除城市群社会经济结构与运输需求结构外, 还应重点考虑投资限制, 即规划建设城际铁路线网的成本不得超出运输总投资的限制, 故以最少的建设成本提供最适宜的供给水平是确定城市群城际铁路线网规模的关键所在。基于投资限制的城市群城际铁路线网规模的综合确定是在初步测算得到的规模基础之上,对运输成本进行核算，判断是否超出运输总投资。

$$\text{opt. } L_n = \xi(L_{n1} + L_{n2}) = \xi(\delta_1 L_{s1} + \delta_2 L_{s2})$$
$$\text{s.t. } L_n \cdot f_c \leq F_n \tag{7.12}$$

式中，f_c 为单位长度线路的建设成本，F_n 为规划线网的运输总投资。

在此过程中，若规划线网的总成本超出投资总量上限，则应该进一步调整与优化，直至满足投资限制。为简化计算，直接确定资金超过总量，并根据单位长度线路的建设成本换算超出的线网规模，从总量中减去超过部分即可得到建设资金全部利用下的线网规模。进一步，基于规划线路的等级及功能定位差异化，考虑去掉层次性偏低的线路。由于在城市群空间规模测算中具体涉及各层次连接线路的规模，因此，综合节点的等级、节点间的经济联系以及运输需求确定各连接线路的相对重要性，从总量中删除重要性最低的线路，但若在实际规划中线路的功能性较高，可考虑作为远期规划线路。由此确定的线网规模既满足建设投资的限制条件，同时也保证规划线路优先覆盖城市群空间中的重要节点以及经济联系区。

综上所述，城市群城际铁路线网规模测算流程如图 7.12 所示。

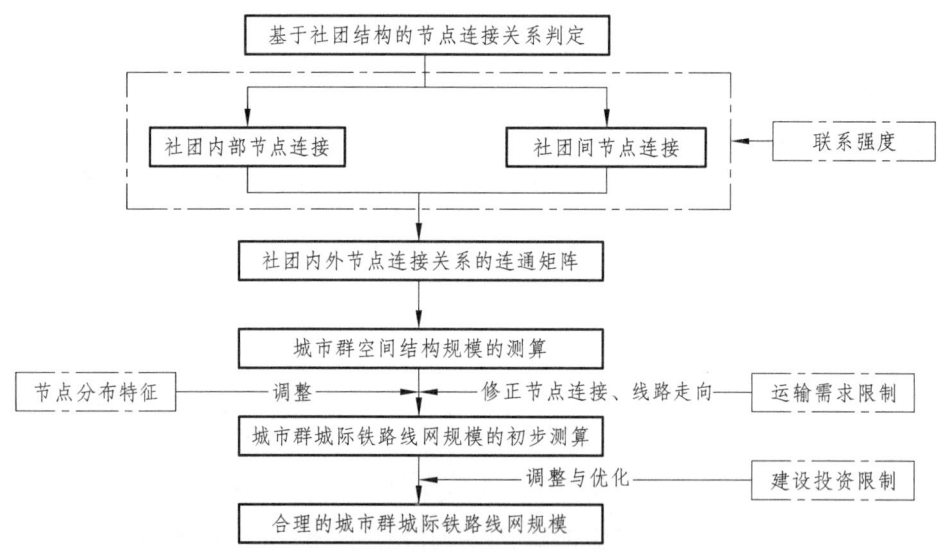

图 7.12　城市群城际铁路线网规模测算流程

7.3.3.5　基于城市群空间分形特征的城际铁路线网规模测算过程调整

基于前文对城市群空间结构及典型城市群空间结构分形特征分析，合理修正城际铁路线网规模测算方法，从理论上完善了线网规模测算方法，确保计算结果符合城市群的区域特征。

1. 城市群空间规模测算的合理修正

如前所述，城市群空间演化对城际铁路的发展提出一定的要求，城际铁路线网的合理布局反过来也引导城市群空间的有序发展，但根据城际铁路线网规模发展的阶段性，当线网规模发展趋于稳定时，其所产生的经济效益也保持稳定，因此不能无限制地增加线网规模，而必须紧密结合区域空间结构的发展需求而定。上述对城市群空间规模的测算是以社团结构为基本单元，分别确定社团结构内部节点连接规模与社团间节点连接规模，因此社团规模、内部构成以及相互联系对城市群空间规模的确定影响较大，而不同城市群内社团划分及分布差异化明显，联系空间的形成条件、判断依据等均存在差别，对空间规模判定以及规划线网的规模测算均产生影响。

从社团结构划分的角度，城市群空间范围不同，决定社团划分的数量不同，进一步社团内部的节点构成、空间位置等也存在差异。以节点间的经济引力构建联系空间时，对于社团内部各层次联系强度标准的确定应该有所差异，节点分布紧凑、经济发展水平高的城市群内经济联系强度大，则相应联系线路的连接标准提高。同时，社团之间的联系与城市群自身的分布特征有关，规模较大的城市群内社团间的空间距离大，空间联系受地理条件影响，在联系线路构建时不仅要降低相应的标准值，同时还应该考虑其经济影响效应以及产业结构调整需要。

城市群空间构成的复杂性直接影响联系网络的构建，不仅从定量的角度影响各判断标准的确定，同时对各联系线路的经济意义、空间影响等功能判断提出不同的要求，在空间规模判断时必须紧密结合城市群的空间结构特征，社团内部联系标准、社团间连接条件的制定一方面基于城市群自身的空间发育程度，另一方面横向对比城市群之间的差异而有所差距，为准确测算线网的空间规模提供科学的依据。

2. 城际铁路线网规模确定的优化调整

城际铁路线网规模测算以城市群的空间结构规模为基础，而城市群空间结构的差异性决定其规划线网的空间范围也有所差别。城市群结构与城际铁路线网的空间互动是进行线网规模测算的基础，而这种空间互动在不同城市群之间呈现出不同的特征，对线网规模的影响也不同，需要在城市群空间规模修正的基础上进一步结合二者的互馈机制调整线网的规模，保证测算结果的科学合理。

运输需求分布是在城市群空间基础上构建线网的主要依据，决定线路连接的关键要素，同时线路层次性的产生也与需求的层次结构密不可分，即不同线路承担的客流规模、需求层次不同，相应的连接标准也有所不同。由于线网规模测算是对总量的把握，规划线路的功能影响相对弱化，因此对线网规模的修正一定程度上是对量的调整。根据前文提出的规模计算模型，以运输需求分布确定的规模测算系数与城市群运输需求强度以及线路规划的需求标准值有关，而不同城市群内的城际需求规模不同，在确定客流需求标准时也应该有所差别，特别是发展相对落后的城市群内，城际铁路的主动规划一定程度源于交通的引导功能，因此客流约束标准则应该相应降低。

综上所述，由于本章提出的线网规模测算方法依托于城市群的空间结构规模，规模调整的主要出发点是沟通城市群空间与线网的关键要素，即运输需求的规模与分布。不同城市群的运输需求发展水平不同，对线网规划的影响强度差异化明显，应据此分析城市群整体发展水平以及运输需求对线网规划的作用，针对性地确定不同城市群内城际铁路线网规划的客流需求标准，区分城市群之间的差异性。

城市群的发育程度、空间规模对城际铁路线网的规模测算、结构设计均产生较大影响，决定线网规模测算过程存在一定的差异性，在一般计算模型的基础上结合城市群的特征进行合理修正，使测算结果更加科学可靠。在规模测算的基础上，需要进一步判断测算结果的合理性，一方面保证测算结果符合城市群的发展水平，另一方面便于对方法进行及时调整，完善线网规模测算的方法体系。

7.4 基于"分类分层"的城市群城际铁路线网布局方法

7.4.1 方法原理及布局思路

既有的区域交通布局规划方法是从不同的角度出发，着重强调影响线网规划的关键因素；而城市群的区域特征明显，对线网的规划布局产生直接影响。故在城际铁路线网布局规划时，综合考虑结合城市群的区域特征，根据其空间特征提出针对性的规划方法。因此，基于区域交通规划的一般理论及方法，以城市群社会经济发展、城镇体系布局、综合交通线网规划为基础，结合国家宏观经济及区域经济社会发展的新形势和新要求，以城际客运需求特征为导向，以完善区域交通网络、提高综合交通效率为目标，针对不同城市群的区域特征，采用分类分层、由点生线、逐线扩充、全面整合的规划方法，构建各城市群的城际铁路线网布局方案。

其中，"分类分层"思想是指针对不同特征的城市群进行合理分类，将发育程度、空间分布特征类似的城市群进行有效归并，针对不同种类的城市群提供适宜的规划方法；同时，对线网进行合理分层，结合线网规划的阶段性特征，依次构建骨干线路、辐射线路以及支线等。

基于"分类分层"思想的城市群城际铁路线网布局方法，就是将满足城市群空间特征需求的基本要求，贯彻于线网布局规划实施的全过程，即按照城市群空间布局特征对城市群进行分类界定，并基于此，实现线网要素的分层规划，以满足不同类型城市群城际铁路线网规划目标。

7.4.2 城市群城际铁路线网布局流程

城市群城际铁路运输线网布局规划是多目标协调优化过程，寻求所要解决的决策问题中技术因素和政策因素合理平衡，使决策结果建立在技术和政策两方面基础上的过程。基于"分类分层"思想的城市群城际铁路线网规划方法，是在城际铁路线网规划目标和原则的指导下，综合点线面分析法的优势，突出节点、线路类型和层次的划分，符合城市群经济空间结构特征；其次，城际铁路线网布局规划是阶段性过程，涉及影响因素众多，其线网规划应考虑城市群演化趋势，科学设定线网的增长机制，构建线网布局模型，从而得到城际铁路线网初步方案。

因此，城市群城际铁路线网布局的具体规划流程如图 7.13 所示。

城际铁路线网的形成是一个阶段性过程，通常可以从"点"维度设计、"线"维度设计和"面"维度设计逐层递进规划。

7 城市群城际铁路线网规划方法　　159

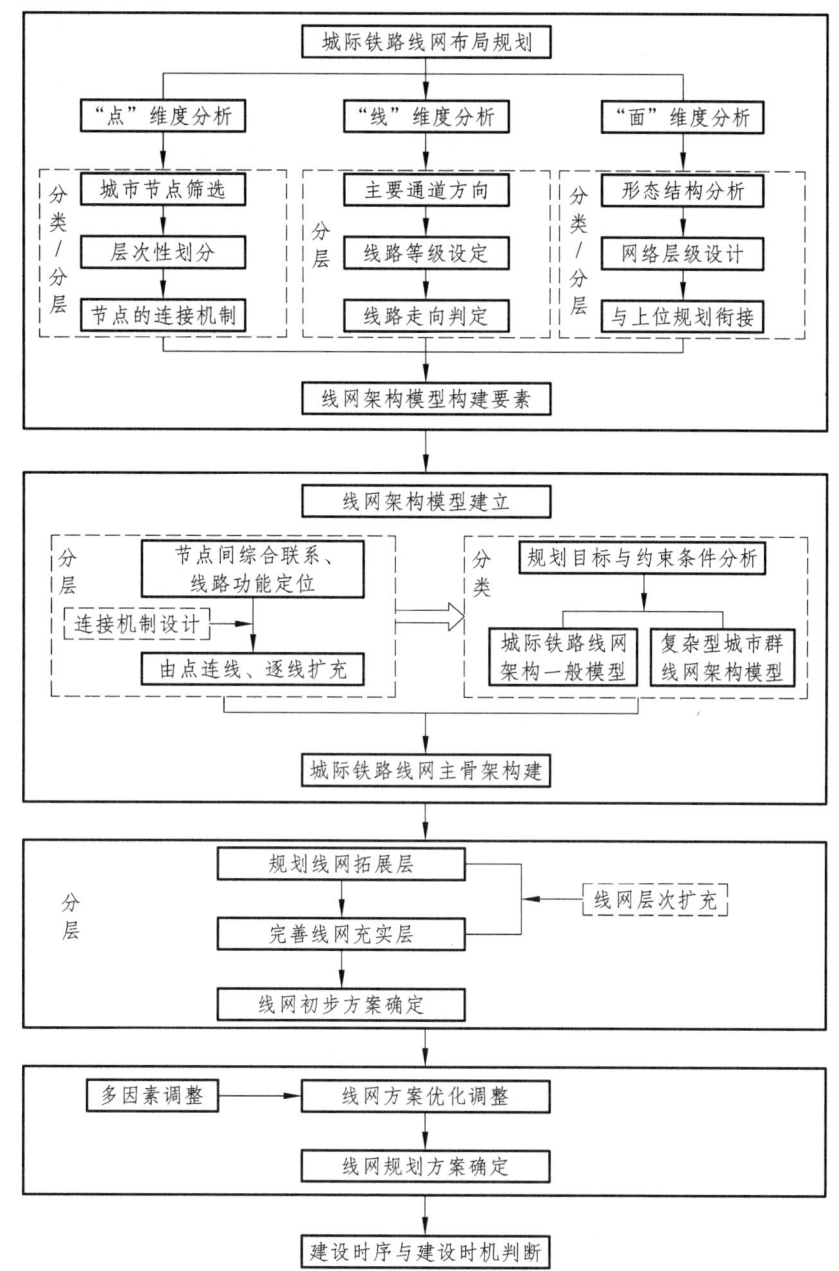

图 7.13　城际铁路线网布局流程

7.4.1.1 "点"维度设计

1. 城市节点的筛选

城市群内部分布着大量节点，且各节点处于不断生长过程中。城际铁路线网布局无法涵盖所有的城市节点，因此需要合理筛选构成线网的关键节点。

具体地，根据城市群内城市节点的分布特征以及其运输功能强度，确定城市群线网布局的空间范围，在对节点重要度分析的基础上，综合考虑节点的对外联系功能、旅游集散功能、资源分布特征等，确定节点筛选标准。其中，城市群内外联系的主要衔接点承担联系城市群内外联系的主要任务，应该考虑将其纳入到路网中；而有的城市节点是重要的资源型城市，如旅游资源、矿产资源等，这些城市本身的城际运输需求可能较小，但是其对城市群经济发展的贡献不可忽略，也需通过运输线路将其与其他城市进行衔接，引导其城市发展。

2. 节点层次性设计

在进行节点层次划分时，可以采用定性判断和定量分析的综合方法，即根据各城市的发展情况及其节点重要度的分布特征初步定性判断，然后采用定量分析的方法确定各层次的节点构成。

3. 节点的连接机制

节点连接机制是确定城市群城际铁路线网点层的重要判定标准。节点发展水平、节点之间联系强度等差异性导致不同层次节点之间的连接强度不同，即节点之间综合联系值不同。按节点等级依次将各层次节点纳入到路网结构中，根据节点间的需求分布矩阵、节点间的经济联系矩阵等，在考虑节点间线路特殊功能定位的基础上，确定各节点对间的线路综合值，从而判断各层次节点的连接关系，从而确定城际铁路线网点层布局。节点之间的综合联系强度如下：

$$T_{ij} = \alpha_i \frac{O_{ij}}{\overline{O}} + \beta_i \frac{G_{ij}}{\overline{G}} \tag{7.13}$$

式中　T_{ij}——节点 i 和节点 j 之间连接线路的综合功能值；

O_{ij}——节点 i 和节点 j 之间的需求量；

G_{ij}——节点 i 和节点 j 之间的经济联系强度；

$\overline{O}$、$\overline{G}$——需求量及经济联系强度的平均值；

α_i、β_i——需求量及经济联系强度的影响权重，此权重的确定与线路等级有关。

其中，以核心城市为中心构成的一级节点是城际铁路线网骨干的基础点层，非特殊地理条件下，各个核心节点间应按照完全图的原理进行连接。在一级节点的连接关系确定之后，进行下一个周期的判断，即将二级节点纳入路网结构中。首先，确定一级节点与二级节点之间的关系，分别以一级节点作为根节点，根据综合联系值的大小以及地理区位的综合分析，确定与每个一级节点有密切关系的二级节点构成的节点群，将其与一级节点之间进行连接。其次，确定二级节点之间的连接关系，根据二级节点间连接关系判断的综合联系值的大小，考虑将邻接的二级节点之间连接。继而，三级节点进入路网结构中，同样依次判断三级节点与一级节点和二级节点之间的连接关系。其中，三级节点与一级节点之间的线路一般不单独作为核心城市的主要放射轴，而主要是作为一级节点与二级节点之间的延伸线上，因此三级节点与一级节点的连接关系和线路的功能定位有很大关系，在综合联系值判断的基础上，辅以定性分析进行判断。由于三级节点的经济发展水平略显落后，因此其经济联系和运输需求主要发生在临近的二级节点之间，着重分析相邻的节点之间的连接关系，对相应的联系阈值或连接概率的设计也有所差异，具体确定时考虑不同层次节点的连通度的要求。

7.4.1.2 "线"维度设计

1. 主要通道方向

城市群城际铁路网络运输通道规划主要依托城市群经济发展轴和城市群交通区位线,满足城市群经济实体之间的交通高发需求。其方法在前文城市群城际铁路运输通道规划中已详细介绍。

2. 线路等级设定

城际铁路线网规划分阶段、分层次展开,这种阶段性特征主要是由线路的层次性决定,而线路的层次性与连接节点的性质、节点间的联系强度等因素有关,同时也受线路自身的功能地位影响,特别是具有特殊意义的开发性线路、资源型线路以及国防性线路,其规划建设的目的性较强,此时运输需求不是唯一的主导因素,必须综合其功能定位进行判定。一般可以将城际铁路线路划分为骨干线路、辅助线路两个层次,各个层次线路衔接的城市节点、承担的运输需求均不同。线路重要度是决定线路等级的关键因素,同时也为线网的层次性规划提供一定的依据。线路重要度表示如下:

$$IP_{ki} = \frac{Z_k Z_i}{l_{ki}} \quad (7.14)$$

式中 Z_k、Z_i——分别节点 k 与节点 i 的重要度;

l_{ki}——节点之间的空间距离。

3. 线路走向判定

根据城际铁路线网节点的空间分布状态,当节点对之间的运输需求尚未达到最低规划标准时,需考虑对其相应的路径与其他路径进行合并,以其线路数量规模限制以及路段服务水平之间的取舍为标准。根据主要运输通道的分布特征以及既有线路的布局特征,对规划线路的空间走向进行合理调整,与既有通道有效衔接。

(1)提取同一方向上的节点,若某个方向上的线路由多个路段连接而成,则将各个节点依次连接成边,去掉重复边;

(2)若节点对之间存在多条线路,在能力富余的前提下,以尽可能多的覆盖中间节点为原则进行归并,即判断线路之间的极坐标角之差,若其小于规定阀值,则认为两条线路功能、走向一致,进行归并。

另外,任意节点对之间的线路运输供给能力的确定除与自身的运输需求大小有关外,还要考虑实际运输流的合并与转移,即在节点 OD 分布矩阵中,某些城市之间的运输需求大小会因线路能力的限制以及路径的选择而转移或合并。具体地,在城市节点之间的实际运输流尚未达到规划标准的情况下,相应的需求流就会转移其他路段上,当有多条路径可供选择时,一般以最短路为最优,而对于可选择的路段而言,其能力的大小既要考虑自身的实际出行需求大小,还要结合其他长途的合并需求,所以增加了路径选择和能力分析的判断,并且必须考虑被选择路径的能力及服务水平。对于与连接重要城市间的骨干线路平行的线路,在需求量远小于规划标准时,考虑将其路径定位在骨干线路上,相应地增加骨干线路的供给能力;在有多条路径可供选择的情况下,从线网的整体性出发,其他线路的规划建设尽量保证覆盖较多的城市节点，因此路径选择时应在保证被选择路段具备一定的服务水平的基础上而选择最短路径。

因此，城际铁路规划线路的走向需要在骨干线网的基础上逐步调整和完善，为城际铁路"面"维度设计奠定基础。

7.4.1.3 "面"维度设计

1. 城市群城际铁路线网布局形态

城市群城际铁路线网布局是城市群运输供给与运输需求时空耦合动态过程的呈现。城市群城际铁路线网规划布局形态的确定应符合城市群城际客流以及城市群地理空间的要求与限制。因此，结合城市群空间分布形态特征，城市群城际铁路线网布局形态如表7.5所示。

表7.5 不同类型城市群城际铁路线网布局形态

城市群空间形态	城际铁路线网布局形态
单中心放射型	一般采用从中心城市向周围辐射的"放射+环形"线路布局模式，以核心城市为中心规划线网骨干线路或部分放射线，一定时期后，再围绕核心城市以及各方向上的城市之间规划城际铁路环线。这种线网布局形态强调了核心城市的作用，中心城市与其他城市之间的通达性好，并且中等城市之间的互通较好
双中心伸长型	一般采用"主轴+辅轴"的布局模式，首先，连接两个中心城市之间的线路作为骨干线路，中心城市与其影响区域内主要方向上的二级城市之间的线路为辅助线路；其次，规划二级城市之间连接线路（环线）。这种布局方式强调了两个中心城市的重要地位以及中心城市与二级城市的互通性
多中心混合型	采用"主轴+放射"的复合型布局模式，首先，将几个中心城市之间的线路连接作为骨干线网；其次，规划以此主轴为中心向外辐射并且与周围城市连接成环。这种布局方式覆盖面较广，周围城市与中心城市之间的互通性较好
交通走廊型	主要是轴向布局模式，以主轴上骨干线路为基础规划相关辅助线或者支线，并根据需要建立必要的环线
复合型	路网布局形态复杂，呈网络化布局模式。围绕几个主要中心城市建立城际铁路交通走廊；各局域内根据分布特征采用放射+环线、主轴+辅轴、轴+环等多种线网布局形态；最终形成复杂的网络化布局形态

城市群城际铁路线网形态的确定应重视城市群的空间特征及演化趋势，在分析既有的布局形态及模式的基础上，强调其整体性以及层次性。同时，各层次线路的规划需兼顾线网整体的连通性、覆盖深度，实现与城市群结构的空间契合。

2. 网络层级设计

城市群城际铁路线网的层次性布局基本是按照"骨干线网—辅助线网"的层次进行规划，而骨干线网的规划布局主要是对规模较大、发展较快的节点之间的线路设计，一定程度上忽略了对于线路中间节点的连通以及区域边缘节点的覆盖；同时，不同等级线路设定的规划标准和连接机制不尽相同。因此，骨干网和辅助网的规划需满足层级连通性要求以

7 城市群城际铁路线网规划方法　　163

及功能差异性设计,即实现各层次网络的完整性及连通性。

3. 与上位规划的衔接

城市群城际铁路线网布局方案的面层设计,应充分考虑城市群城镇发展规划、综合交通规划以及高速铁路发展规划等上位规划,满足城市群空间发展的要求,完善城市群区域综合交通系统,强化城际铁路骨干网与高速铁路网络的衔接和配合。

7.4.1.4 城际铁路线网初步方案

综上所述,在确定城市群城际铁路线网基本形态和骨干线网后,再对未接入线路的节点进行由"点"到"线"到"面"的规划,从而确定城际铁路线网初步方案。根据节点等级和需求预测,在骨干线网基础上逐线扩充,形成线网规划中的辅助线网,保证高等级与次高等级节点间的网络通达性以及次高等级节点间能够有选择的线路满足旅客出行的需求。

由于线网规划的影响因素较多,在外界环境和条件限制下,难以得到最佳的规划方案,只能形成几个相对有效的初步备选方案,且不同备选方案的确定主线可能存在差异,通过考虑各种因素进一步对备选方案进行调整优化及比选,最终得到最佳适用方案。

7.4.3 城市群城际铁路线网架构模型设计

城市群城际铁路线网架构模型是对城市节点以及城市节点间的连接关系进行系统分析,通过设定优化目标,线路连接约束条件等,从定量的角度实现城市群城际铁路线网布局方案设计。

7.4.3.1 连接变量设计

根据点线面布局的基本思路可知,城际线网布局是通过规划一定的线路依次满足点和面上的需求。而节点作为线网局部的基本构成要素,是线网生成的基础。在城市群内部分布有多个节点,线网布局的目的即是判定节点间的连接条件及连接方式,即在一定约束条件判断的基础上确定节点间的连接关系,将存在连接关系的节点对之间直接连通以确定最终的布局方案。

因此,节点之间的关系存在连通与非连通两种,考虑用 0-1 决策变量 x_{ij} 进行表示,当 x_{ij} 取值为 1 时,表示节点之间连通,取 0 时则未连通,即

$$x_{ij} = \begin{cases} 0 & 未连通 \\ 1 & 连通 \end{cases} \quad (7.15)$$

7.4.3.2 优化目标的设计

城际铁路线网架构是为了设计与城市群结构相对应的城际铁路线网布局方案。考虑线网的层次性特征,不同等级的线路功能不同,承担的运输任务也有所差异,线路上的联系强度越大、线路的等级越高,其建设的迫切度越大;而在一定的规模总量等约束条件下,不能保证所有线路直接连通,而必须优先保证功能性较强的路段优先连通与建设。

因此,将路段的重要度与服务水平综合作为路段建设的主要标准,综合表示为路段连

接的紧迫度，即

$$JP_{ij}=\phi\frac{k_{ij}VP_{ij}}{\overline{VP}}+\varphi\frac{O_{ij}}{C_{ij}} \quad (7.16)$$

式中　ϕ、φ——为路段综合重要度以及线路服务水平所占的权重；

　　　VP_{ij}——线网任意节点对之间线路综合重要度；

　　　$\overline{VP}$——线网节点对之间线路综合重要度的平均值；

　　　O_{ij}——节点间路段的运输需求；

　　　C_{ij}——线路供给能力的大小；

　　　k_{ij}——线路功能定位的修正系数，当线路的规划主要决定于其特殊性质的定性判断时，取值大于1，而具体取值根据其具体的定位进行判断，否则取值为1。

7.4.3.3. 约束条件的设立

1. 线网连通度约束

线网连通性是反映城际铁路规划线网技术性能的重要指标之一，而规划线网的社会经济效益决定于线网本身的网络效益，在城市群综合发展规划的指导下，规划线网结构应该实现一定的连通目标及覆盖目标。线网连通度表示如下：

$$C=\frac{\sum_{i,j}L_{ij}x_{ij}/K}{\sqrt{A\cdot N}}\geqslant C_N \quad (7.17)$$

式中　C——线网连通度；

　　　L_{ij}——节点 i 与节点 j 之间的线路规模；

　　　K——线路的非直线系数；

　　　A——城市群的空间面积；

　　　N——城市群内的节点总数；

　　　C_N——线网连通度的规划目标值。

2. 节点连通性约束

考虑节点的成长，节点进入城际铁路线网前已进行筛选判定，差异性仅体现在节点进入线网的顺序以及在线网中的定位层次。但从网络构建的角度出发，考虑线网的连通性及完整性，不应出现孤立的重要节点，因此最终确定的布局方案应该保证每个重要节点至少有一条边连接，即至少保证是某条线路的起点或终点。

$$\sum_{\substack{j=1\\j\neq i}}^{n}x_{ij}\geqslant 1 \quad (7.18)$$

3. 综合联系值约束

城际铁路线网规划建设存在运输需求强度和经济联系强度等条件限制。运输需求是推动线路建设的主要因素之一，因此，仅当节点之间的预测运输需求量达到建设标准时，才考虑线路的规划建设；另一方面城市间存在较强的经济联系，需要规划修建城际铁路保证要素流的运输。因此，需要根据节点之间的经济联系强度和运输需求量的分布确定节点间联系的综合值，设定一定的标准用以判断节点对之间的连接关系。标准的设定应考虑不同等级的线路条件以及城市群发育程度。

$$T_{ij} = \alpha_i \frac{O_{ij}}{\overline{O}} + \beta_i \frac{G_{ij}}{\overline{G}} \geqslant f_i \quad (7.19)$$

式中　T_{ij} ——由节点之间的需求量和经济联系强度确定的综合联系值；
　　　G_{ij} ——节点之间的经济联系强度；
　　　α_i、β_i ——需求量及经济联系强度的影响权重；
　　　$\overline{O}$、$\overline{G}$ ——需求量及经济联系强度的平均值；
　　　f_i ——其他节点与节点 i 之间综合联系值的最低标准值。

4. 线网规模约束

城市群城际铁路网的规划布局是在规模总量约束下，确定最优服务水平的运输供给方案，实现结构质量的最优化。城际铁路线网布局方案应在不超出规模总量的基础上，保证连通主要的节点，形成节点之间连接关系的最优组合。因此，线网布局方案中涵盖的线网长度不能超过线网规模的限制总量，即

$$\sum_{i=1}^{n-1}\sum_{j=i+1}^{n} x_{ij} l_{ij} \leqslant L_n \quad (7.20)$$

式中　l_{ij} ——起点是 i，终点是 j 的线路弧长；
　　　L_n ——城际铁路线网规模总量。

7.4.3.4 线网架构模型的建立

综合上述对连接变量、目标函数以及约束条件的系统分析，建立城市群城际铁路线网架构的一般模型如下。

$$\max Z = \sum_{i=1}^{n-1}\sum_{j=i+1}^{n} JP_{ij} x_{ij} = \sum_{i=1}^{n-1}\sum_{j=i+1}^{n} \left(\phi \frac{VP_{ij}}{\overline{VP}} + \varphi \frac{O_{ij}}{C_{ij}} \right) x_{ij} \quad (7.21)$$

$$\text{s.t.} \begin{cases} \dfrac{L_{ij} x_{ij} / K}{\sqrt{A \cdot N}} \geqslant C_N \\ \sum_{\substack{j=1 \\ j \neq i}}^{n} x_{ij} \geqslant 1 \quad i \in N \\ T_{ij} \geqslant f_i \\ x_{ij} \in \{0,1\} \\ \sum_{i=1}^{n-1}\sum_{j=i+1}^{n} x_{ij} l_{ij} \leqslant L_n \end{cases}$$

式中，目标函数表示规划线网内的线路的综合建设紧迫度最大，是从线路连接判断的角度进行选取，保证重要性高的线路优先规划。

约束条件一表示规划方案的线网连通度应该达到规划目标值，C_N为根据城市群空间结构及发育程度确定的线网连通度的规划目标值；约束条件二表示节点的连通性约束，避免出现孤立节点，保证每个节点至少有一条边连接；约束条件三表示节点对之间的综合联系值必须达到规定的标准值方可连接；约束条件四为决策变量的取值约束；约束条件五表示布局方案线路长度总和不大于线网规模总量。

7.4.4 城市群城际铁路线网方案调整及优化

城市群城际铁路线网布局规划影响因素复杂，采用定量的方法进行规划时难以将其综合全面考虑，特别是城市群城镇发展规划等上位规划，既有线路等资源整合以及城市群空间演化趋势的影响，需要在初步规划方案的基础上进行优化完善。因此，在初步规划方案的基础上，需要进一步调整和优化线网。

7.4.4.1 城市群城际铁路线网方案调整及优化的指导思想

城市群城际铁路线网规划布局的合理性决定了整个系统的运作效率，直接影响到城际铁路网的布局形式、轨道交通的出行吸引量、居民出行时间的节约和城市群综合交通结构的合理化，同时会对城市群用地布局形态以及城市群社会经济和环境的可持续发展产生较为深远的影响。所以，对城市群城际铁路线网布局方案的优化研究，应当从更科学、更理性的角度出发，在深入研究现有城际铁路线网的情况，认真分析影响布局的因素条件，结合整个城市群的客运交通结构，确定城际铁路合理的布局方案。

在逐步运用路网规划理论、交通区位理论、线网构架理论和四阶段客流预测法进行定性判断和定量计算的基础上，充分论证线网规划方案的可实施性以及实施效果。将运输经济学、区域经济学、可持续发展理论以及交通系统规划与设计理论作为城际铁路线网优化的研究基础；分析规划线网与城市群发展规划、土地利用、综合交通规划等上位规划战略目标的协调性，线路布局走向、线网布局形态与城市群地理区位特征、空间结构的一致性，对规划方案进行合理优化调整。因此，线网结构的优化一方面应该保证有效满足层次性的运输需求，另一方面实现与城市群发展战略的契合。

7.4.4.2 城市群城际铁路线网方案调整及优化的原则

城市群城际铁路线网优化应着眼区域的经济发展及城市群空间的演化趋势，立足于城市群内各层次客运走廊的连通。因此，具体在进行优化时应该遵循以下原则。

1. 针对性原则

针对不同发育程度的城市群，区域城际铁路线网在改善交通状况、支持和引导城市群再发展的侧重点有所不同，线网规划方案应该适应于城市群的阶段性发展需要，与区域经济和社会发展规划目标协调一致或适当超前，与区内各城市总体规划密切配合，注重引导和适应城市群的未来发展，为经济和社会发展提供可靠的运力保障。

7 城市群城际铁路线网规划方法

2. 系统性原则

城市群城际铁路线网的规划目标是提高区域内居民出行的可达性、缩短时空距离、促进区域经济的一体化发展以及提高城市群的整体竞争力，因此，应统筹考虑各种交通运输方式的合理分工和布局，坚持以人为本，注重与其他运输方式的有机衔接，实现零距离或最短距离换乘，形成综合交通枢纽，有效提高综合运输系统的运输效率，最大限度地方便旅客出行。

3. 合理性原则

规划方案在线路走向设计、主要城市覆盖等方面符合线网布局的一般原则。线路走向应选择客流集中的交通走廊，在兼顾运输组织可能的情况下，最大限度地连接城市群内各大经济组团、商业中心、重要客流集散点，尽量以最短的线网最大程度地覆盖客流分布区域和经济发展核心区域，节省工程投资，争取最大运输量和运营效益。

7.4.4.3 城市群城际铁路线网方案调整及优化的方法

（1）基于城市群区域既有及规划普速铁路、高速铁路、城市轨道交通的实际情况，分析研究年度利用既有或在建交通设施开行城际列车的可行性以及能力适应性，调整城际线路规划。

（2）在协同性发展的基础上，根据各城市的用地形式及远景规划，合理确定城际铁路线路与其他运输线网的衔接方式，有效规划综合交通枢纽。

（3）分析城际铁路线网布局与城市群空间结构的适应性，依据城市群的空间发展轴线以及经济产业的主要发展带，对路网结构进行补充修正；同时，统筹考虑各层次城际线网的连通性及层次间互通性规划，完善整体路网结构。

（4）依据区域经济发展的需要、城际客运量大小、运输结构的合理性等循序渐进、逐步发展、分步分批进行，确定新建线网的建设时序。

（5）有针对性地考虑城市群空间分异性，补充城际线网辅助线路规划，完善线网布局。例如，关中城市群城际铁路线网应符合其城市群点轴式全局演化的特征，着重规划轴向辅助线路及核心城市周边环线；珠三角城市群城际线网规划应符合其城市群空间分布均匀，节点差距较小的特征，辅助线路应着重考虑补充多三角式互通规划。

7.4.4.4 复杂型城市群线网布局方案规划及调整

对于规模较大的复杂型城市群，因其城市节点数量众多，不同地区的发展水平差异性较大，且地理特征较为复杂，城市群城际铁路线网布局方案的设计与一般城市群城际铁路线网布局方案设计存在差异性，特别是在节点等级划分、主要发展轴线的确定、节点生长机制、线路连接机制等方面。

此类城市群城际铁路线网布局方案的规划设计需要在城市群空间特征的基础上，利用城际铁路线网测算中社团划分方法，分区域分社团逐层展开规划。根据城市群地理区位、经济空间分布特征将城市群划分成不同的子社团，各个子社团内部有各自的核心城市，对此分别确定社团之间与社团内部的城市间的线路布局方案。

综合考虑复杂型城市群的空间分布特征，将其布局方案的确定过程进行一定的修正和补充，特别是不同条件标准的确定，着重增强对城市群空间结构分布特征的考虑。首先，对城市节点进行分析时，对各个子社团内节点的选取应结合社团内部的综合发展条件进行判定，然后以城市群整体的发展进行补充和完善，最终确定进入城市群骨干线网中的节点，其综合发展水平的判定也应该在骨干线路的范围内。不同区域的发展水平不同，对节点综合重要度的分析也在社团内部对比进而划分等级。其次，在边的连接条件设定上，社团内部的标准按照区域的发展水平确定，而社团之间的关系判断考虑以区域间的差异性以及整体发展需要进行界定，具体社团内部的线网布局方案按上述方法进行确定，而对于不同社团之间的节点之间的关系判断标准不同。

具体地，将以各个核心城市为中心分布的城市区域单独作为一个群体，首先保证核心城市间两两连通，结合交通区位理论，根据城市的位置坐标，确定在连接核心城市的路段上的其他二级及其以下的城市与核心城市间连通，并将相应的需求进行叠加；若由于地理条件限制而且核心城市间的综合联系量均较大时，则考虑选取位于二者之间且与二者联系密切的节点作为连接纽带，这时将两个路段的极坐标角的差值标准也相应增大，而不受前面的约束。

此外，社团之间的经济联系和运输联系可能发生在区域衔接交界节点处，城市在接收各自核心城市经济影响的同时，由于地理优势与其他子社团的城市间也保持密切的联系，因此考虑将其有效纳入到核心城市的线网中，若节点位于核心城市的主要放射方向上，则直接将其与方向上的邻接节点连通，作为延伸线路，否则在社团内部的城市间关系判断时，将其与其他城市间的运输联系有效结合，特别是位于核心城市间骨干线网上的节点，作为骨干线网的一条支线；或者在分析社团区域的节点间关系判断时，将其作为与核心城市联系的一个重要方向，将核心城市作为主要的媒介，实现与其他子社团之间的联系，这样不仅有效满足城市间的运输需求，同时综合了区域内部的经济影响和区域之间的经济交流，为带动城市的发展起到重要作用，使城市群的空间结构更加紧凑。

同时，此类城市群中存在多个发展水平较高的核心城市，它们不仅是城市群骨干线网的重要构成要素，还是各子区域发展的主要核心，因此为发挥其在子区域内的中心地位，围绕其形成不同规模的交通圈环线。环线的规模及具体走向与城市的范围及分布特征有关，根据城市交通发展规划，将其与周边城市有效衔接，并注意与其他线路的有效衔接。

由于此类城市群区域范围较大，各个子区域内部的联系和区域之间的运输联系都直接影响整个城市群的综合发展水平，因此影响线网布局的因素也增多，特别是一些线路的功能定位、经济意义突出，或者是有区域通道功能的作用，其建设的主要目的不是满足需求本身，而是起到区域连通作用，必须在调整优化基本布局方案时对此进行补充和完善。

7.5 城市群城际铁路线网成长与建设时序

7.5.1 城市群城际铁路线网成长

7.5.1.1 城市群城际铁路线网演化过程

作为城市群社会经济发展的重要基础设施，城市群城际铁路线网的演化过程受到城市群经济演化的重要影响。同城市群形成演化过程一致，城市群城际铁路线网的演化也是一个阶段性的过程，大体经过三个发展时期，即萌芽期、快速发展期和稳定期。

城市群演化初级分散发展阶段，城际铁路线网规划建设条件匮乏，处于萌芽期，主要由国家干线铁路承担城际客流运输功能。从单核城市群发展阶段开始，城际铁路线网进入快速发展期，一二级节点和骨干线路依托城市群空间发展轴的优势快速增长；随着城市群核心城市节点的生长演化，城际铁路"点轴式"线路布局将逐步发展为"主轴+放射"复合型布局模式。同时，城市群演化造成空间结构改变时，城际铁路线网也会随之呈现"放射+环线""主轴+辅轴""轴+环"等多种线网复合网络化布局模式，此时，城际铁路线网将进入发展稳定期。

7.5.1.2 城市群城际铁路线网演化特征

基于各城市群的空间分布特征以及城市之间综合联系强度的特点，城际铁路运输网络的演化也呈现出不同的特征，并与城市群的空间结构演化特征类似。

其中，单核城市群内的线网是以围绕核心节点为中心向外辐射而形成，核心城市的经济影响效应沿着各方向的轴线向外传递。多核城市群，根据核心城市在城市群的地位以及影响范围的差异性，其线网演化包括两种类型，即"全局演化"以及"全局演化+局部演化"两种形式。当城市群内部节点的发展水平之间差距较小，并且各层次城市间均保持较大的联系，每增加一个新的节点，则在网络中相应增加两条连接边，线网形态呈现多三角结构的特征，属于"全局演化"形式；若城市群内核心城市地位突出，各层次城市间差距较大，核心城市具有各自的影响范围，因此在影响范围内线网也按一定的规则进行演化，整体上呈现"全局+局部演化"的特点。

具体地，各城市群的线网演化特征对比如表 7.6 所示。

表 7.6 各城市群线网演化特征分析

演化类型	演化特征
全局演化（点-轴式）	基础网路中的节点少，重要节点之间成轴线分布，新增节点首先倾向于与核心节点之间连接，整体呈放射+环状的形态
全局演化	节点发展水平间差距小，新增节点与各层次节点间连接概率大，且每一新增节点进入线网会增加两条连接边，整体呈现多三角结构分布
全局+局部	围绕各核心节点形成局部世界，局域内的节点按规则连接成不同层次的线路，链状分布形态居多；各局域的核心节点连接构成全局的骨干网络，网络结构复杂
全局+局部（弱）	围绕核心节点没有完全形成独立的影响范围，各层次的节点之间保持一定程度的连接，新增节点按照节点吸引及关联强度原则与各层次节点均有连接，局域划分不明显

各城市群线网的演化特征与城市群的空间结构特征类似，随着城市群发育程度的提高，其线网演化规则也会发生一定的变化，如关中城市群内各节点发育逐渐成熟，节点之间的差距变小，线网结构也可能会由点-轴式"全局演化"转化为"全局+局部（弱）演化"。因此，分析城市群空间结构的演化特征是确定线网演化机制的基础。

7.5.1.3 城市群城际铁路线网演化机制

城市群城际铁路线网演化又是一个复杂的动态过程,受多种确定和不确定因素的影响,也受到客观条件和主观目的支配,其中应特别考虑城际铁路客运需求网络的耦合性,因此,应该存在多种机制和规则,来描述网络中节点的数目、节点间的连边关系以及点和边权值的演化。

1. 节点成长机制

将 V 中的节点依次纳入路网中并进行连接后,城市群空间网络结构与城际铁路网络之间即产生联系[38]:$A\xrightarrow[(V,G)\to E(\omega)]{V\to N} B$。随着线网的扩张,城际铁路线网节点的增长规律主要体现在两方面。一方面,在短时期内,城际铁路线网新增节点数目不定,且不具有明显的规律性,但一旦新增节点出现,则一定是采取多个节点同时出现的方式。另一方面,在长期时间内,城际铁路线网新增节点的总体增长规律与线网规模有关,其增速呈现先快后慢的趋势。具体地,随着线网规模的扩大,加入的新增节点数目增多,客流的诱增和集疏效应就越明显,但考虑建设投资限制与地域限制,线网规模最终会趋于稳定,而节点增速也会逐步放缓至相对稳定。

由此,城际铁路线网的节点增长机制可以定义为异速增长机制,其规则可以描述为线网从初始 n_0 个节点开始生长,在生长阶段内,按不同概率 p 出现新增节点或保持既有规模;若出现新增节点,则新增节点的数目上限为 $\Delta(n)\times n(t)$ 个,其中 $n(t)$ 为 t 时刻线网的节点数,$\Delta(n)$ 为增长率,与线网规模 n 有关,将新增节点确定为预测需求量(即需求网络中相应节点或线路的权值)达到或超过一定阈值 ε 的前 $\Delta(n)\times n(t)$ 个节点[39],即

$$n(t)=\begin{cases} n(t-1)+\Delta(n-1)\times n(t-1),\text{概率为}p \\ n(t-1),\text{概率为}1-p \end{cases} \quad(7.22)$$

其中,阈值 ε 是线网节点增长机制过程中一个综合比较值,是综合考虑人均 GDP、运输需求量等影响因素的影响程度而确定的,具体可通过大量统计和分析城市群城际铁路线网规划(如珠三角城际铁路线网规划、长株潭城际铁路线网规划等)可得。另外,随着线网规模的扩充,节点的强度也逐渐增大,当节点 i 每引入一条新边 e_{ki},其强度增加 ω_{ki},即:$s_i=s_0+\omega_{ki}$,其中,s_0 为初始强度值。

2. 线路成长机制

(1)线路的首连机制。

当线网发展至一定规模时,通常会有新增节点的出现,势必也会导致新线的增加。线路的首连是指新增节点间或新增节点与既有线网节点间发生连边关系。综合节点间的需求规模及经济联系强度构建综合联系强度,作为线路连接的判断条件,且不同等级节点之间的标准设定不同。

$$T_{ki}=\lambda_{ki}\left(\alpha_i\frac{G_{ki}}{G}+\beta_i\frac{O_{ki}}{O}\right)\geq f_i \quad(7.23)$$

式中 T_{ki}——新节点 k 与节点 i 间的综合联系强度;

λ_{ki} ——新节点 k 与节点 i 间线路功能定位的修正系数；

O_{ki}、G_{ki} ——节点间的需求量、经济联系强度；

$\overline{O}$、$\overline{G}$ ——城市群节点间需求量、经济联系强度的平均值；

α_i、β_i ——权重系数，且 $\alpha_i + \beta_i = 1$；

f_i ——与节点 i 连接的综合联系强度的最低标准。

若新节点 k 与多个节点均要连接，则按照线路重要度的大小依次进行。

$$\prod_{k \to i} > \prod_{k \to j} (IP_{ki} > IP_{kj}) \tag{7.24}$$

（2）线路的重连机制。

由于线网中既有节点经济增长等原因，在既有节点间可能会发生流量变化的情况。若既有节点间的流量值在不断增加，但线网规模保持不变，或者新增节点加入线网后，影响了线网中流量的分配，同时也可能会引起既有节点间的流量值增加。若该线上的流量减少，则对于已经投入使用的线路来说，其权重不随线路上流量的减少而变化。当该线流量增幅达到或超过一定幅度时，线路进行扩能，则相应线路的权重发生变化，相对于原线网来说，该条线路发生了重连关系。

因此线路的重连机制可以通过线路权重的增长机制来呈现，即定义为满增长机制，其规则为：若该线路的叠加预测需求量达到或超过线路设计能力（即原权值 e_{ij}）Δe_{ij} 时，该线的权重值增长为 e_{ij}（e'_{kij}）（其中，e'_{kij} 为需求网络演化后其线路 k_{ij} 的叠加预测需求量），否则原权值不变。

3. 线路权重演化机制

城际铁路线网中线路的权值 e_{ij}，定义为线路的设计能力。线路的演化机制也可以定义为平台起点、满溢增长机制，其规则同线路的重连机制。

7.5.2 城市群城际铁路线网建设时序

城市群城际铁路线网建设时序规划是承接城市群城际铁路线网规划与建设的中间过程。线网时序的安排一般是在城际铁路线网规划完成之后，在城际铁路线网开始建设之前。而建设时序研究的目标与内容均需与城市群空间演化相吻合，对城市群内城市产业结构建设、人口增长、交通需求、经济社会发展起到支持和促进作用。

7.5.2.1 研究目标

城市群城际铁路线网建设时序规划研究目标主要集中在城际铁路线网规模与运输需求是否相吻合、城际铁路线网布局是否引领城市群空间发展或优化居民出行结构，以及城市群线网建设投资是否与地方经济相匹配等方面。因城市群城际铁路线网建设注重阶段性，故其建设时序研究目标也应分为近期、集中建设期以及远期三个阶段来具体描述。

1. 城市群城际铁路线网近期建设时序规划目标

城市群城际铁路线网近期建设研究目标主要是在既有运输线网背景下，通过合理安排城际铁路线网的建设，使线网进一步适应城际客流需求，即建设骨干线网，最大程度缓解城际间的交通压力。同时，也要进一步完善城市群空间结构，引领城市群发展，提高城市群空间可达性。考虑与既有交通的协调性，则需优化与城市群内既有交通枢纽和客流集散点的衔接，促进城市群内综合交通运输体系一体化，增强城际铁路线网作为综合运输体系中的骨干作用。另外，统筹考虑城市群社会经济发展战略及城市群空间发展战略对城市群城际铁路线网规划的影响，而提高其规划建设的合理性和前瞻性。

2. 城市群城际铁路线网集中建设期建设时序规划目标

集中建设期是城际铁路建设的重要阶段，主要建设连通中心城市与周边城市的城际铁路线网骨干线路。城际铁路线网进入集中建设期时，应需重点考虑线网结构和城际需求的影响，具体表现为：① 优化线网结构，提升服务质量，争取更大的客流；② 在骨干线网的基础上加快建设次干线网，形成网络效应，诱发更多城际客流需求，提高城际铁路建设的社会效益和运营收益；③ 引导城市空间发展，优化城市群布局，有效缓解核心城区的交通压力。

3. 城市群城际铁路线网远期建设时序规划目标

城市群城际铁路线网远期建设时序规划目标是对已初具规模的线网进行加密、延伸和环线的建设。其中，城际铁路线网的加密通常是在线网的次核心及其重要节点增加一些辅助疏导线路，增强城际铁路线网可达性。另外，远期建设时序的安排应需要在城市群空间分异特征的基础上，进一步突出引导城市空间布局优化的作用，弥补城市群空间的缺层。

7.5.2.2 研究方法

现有的确定线网建设时序的方法，其基本思路都是基于比较法，包括静态的全部方案顺序比较法、动态的阶段性比较法等多个；此外还有通过建立"成本-效益"模型来进行判断，考虑线路建设后的综合效益，以线网建设的综合效益最大化作为优化目标建立模型并求解确定，但很难兼顾多种因素对建设时序的影响，并且铁路的建设周期长、投资较大，需求动态变化，短期内很难准确判断其运营收益。

7.5.2.3 主要内容

城市群城际铁路线网布局规划中，"点-线-面"的设计过程在一定程度上体现了各层次线路的建设时序，但不同线路的功能定位对城市群发展的作用以及网络效益的影响等不同，因此在线网架构方案生成的基础上，结合各层次线路建设后的效益影响，确定其建设时序。城市群铁路线路建设时序主要包括建设时序的判断、建设时机的确定以及城际铁路分期规划研究三部分内容。

1. 城市群城际铁路线路建设时序的判断

城际铁路各层次线路的连接关系综合考虑了城市群内外环境各种要素的影响，一定程度上决定了各线路的建设时序。而且，线路综合建设紧迫度指标又从定量的角度为城际铁路线网的建设时序判断提供依据。但是，考虑线网建设的阶段性以及对线路功能的综合定位,其建设时序的确定必须综合多方面因素进行考量,包括线路自身的影响效益、城市群发展规划以及建设投资的限制条件等。因此,在分析线网建设时序影响因素的基础上,通过构建评价指标对各线路的综合影响进行评价,根据评价结果确定其建设时序。

(1) 城际铁路线网分期建设分析。

一般地,铁路线网的规划建设是从等级高的线路开始,优先保证核心城市之间的有效连通,并按照线路的综合重要度对线路排序后依次建设。同时,也应综合考虑线网的网络效益,保证规划的线路能够有效覆盖各等级城市,并形成一定覆盖范围,避免重要城市间线路的集中建设。另外,城际铁路线网规划还应考虑城市群边缘节点的连通性,提高城市群内部的可达性。同时,还应考虑城市节点的成长速度,将此类城际铁路节点纳入相应时期的线网规划中。

(2) 城际铁路线网建设时序的评价指标建立。

为全面考虑城际铁路线网规划建设的多种影响因素以及各层次线路在线网中的综合地位,选取反映线路功能的多方面指标,对线路的功能进行综合评价。从线网结构的线路属性、线路重要度、线路服务水平、线路功能定位4个角度,确定线路的综合评价体系,如图7.14所示。采用理想解的评价方法建立排序模型,计算所有待建线路的综合效益值,并按照从大到小的顺序进行排序,最终确定各线路的相对重要度。

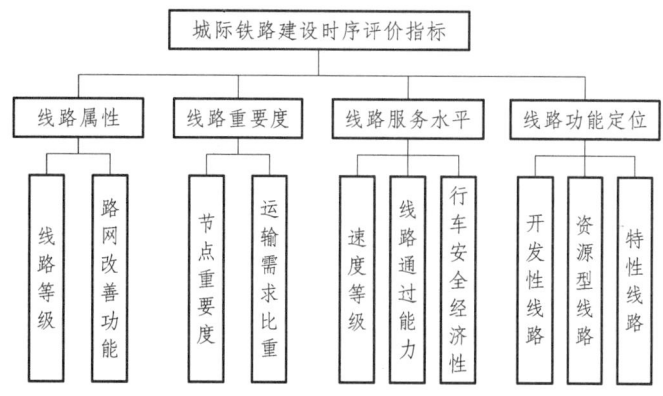

图 7.14 城际铁路建设时序评价指标体系

(3) 建设时序评价方法的选取。

理想点法评价模型的基本思想是构造两个极值方案,即正理想方案和负理想方案,其中越靠近正理想方案的优先级越高,但实际操作中有的接近正理想方案离负理想方案也不远,因此综合两个极值方案对方案评价结果的影响,计算相对贴近度,以此作为各方案的评判依据。基于该方法的评价模型不仅能对各待建线路进行有效排序,而且也能对比其与理想方案之间的差距,从而有利于判断线路的重要性。具体流程如下。

① 构建决策矩阵。

设线网中共有 n 条待建线路,用集合的形式表示为:$A=\{A_1,A_2,\cdots,A_n\}$,影响线路建设时序的指标为:$B=\{B_1,B_2,\cdots,B_m\}$,并对计算指标按成本型和效益型两类进行规范化处理。其中规范化矩阵建立如下:

$$R=(r_{ij})_{n\times m} \tag{7.25}$$

② 加权决策矩阵。

确定各指标的权重,记作 $w_j=(w_1,w_2,\cdots,w_m)$,得到加权决策矩阵如下:

$$C=(c_{ij})_{n\times m}=(r_{ij}\omega_j)_{n\times m} \tag{7.26}$$

③ 确定正、负理想方案。

分别计算综合指标最优的正理想方案 C^+ 和最差的负理想方案 C^-:

$$\begin{aligned} C^+ &= \{\max c_{i1},\max c_{i2},\cdots,\max c_{im}\} \\ C^- &= \{\min c_{i1},\min c_{i2},\cdots,\min c_{im}\} \end{aligned} \tag{7.27}$$

④ 计算评价对象理想方案的距离。

评价对象 i 到正理想点的距离记为 D_i^+,到负理想点的距离记为 D_i^-。

$$\begin{aligned} D_i^+ &= \sqrt{\sum_{j=1}^m (c_{ij}-c_j^+)^2} \\ D_i^- &= \sqrt{\sum_{j=1}^m (c_{ij}-c_j^-)^2} \end{aligned} \tag{7.28}$$

⑤ 确定评判对象与负理想建设时序方案的贴近度。

$$S_i = \frac{D_i^-}{D_i^+ + D_i^-} \tag{7.29}$$

贴近度反映了评判对象靠近正理想建设时序方案同时也远离负理想建设时序方案的程度。相对贴近度越接近 0,待建线路 i 越靠近正理想建设时序方案而远离负理想建设时序方案,该线路建设需求就越高;相对贴近度越接近 1,待建线路 i 越靠近负理想方案而远离正理想建设时序方案,该线路的建设需求就越低。

2. 城市群城际铁路线网建设时机的确定

建设时序决定了待建线路的先后建设次序,而线路建设时机则是确定每个建设周期内各线路的建设时间点,明确地给定线路的建设时间。线路的建设时机必须结合城市群阶段性的发展目标以及各阶段建设资金的限制,并且也是分阶段来实现。传统确定交通项目的建设时机的方法均是以分析其建设能够带来的社会经济效益为基础来判定,综合考虑建设成本以及运营收入来确定项目建设带来的收益,并以效益最大化为主要的目标建立模型来确定各线路的建设时机。城际铁路的建设周期较长,投资回报周期长,建设施工中的不确定性因素较多,并且运营收入与实际的运输需求相关,而运输需求本身就是动态变化的,很难准确估算,因此城际铁路的规划建设很大程度上取决于城市群的发育程度以及运输需求的分布。

3. 城际铁路分期规划研究

城际铁路线网规划是系统性的规划问题。由于城市群的阶段性成长特征,各层次线路的规划建设是分阶段实施,与建设投资限制以及运输需求的层次性等多方面因素有关,而分期规划建设方案的确定必须遵循一定的原则,具体包括以下几方面。

(1) 分期建设实施的原则。

① 城际铁路线网实施安排应该根据区域经济社会发展情况、城际客流需求及既有城际交通方式的能力适应情况进行综合判定,本着统一规划、分步实施的原则分期分批实施。各时期规划方案的确定应该与阶段性发展目标相适应,线网的近期实施方案要突出工程的可实施性,远期工程要适应区域总体规划的发展,既有宏观的控制性,又留有相应调整的可能性。

② 城际铁路线网实施顺序必须与城镇群总体发展规划相结合,与区域空间布局规划及土地开发顺序、重点项目建设安排相结合,支持区域总体规划的有效实施。

③ 城际铁路线网分期实施规划必须有重点、有层次,一般优先建设核心区域的骨干线网,在此基础上进行合理延伸,确定发展区域的基本线网,最后对线网结构进行补充完善,建设边缘区域的支线及资源型线路等。

④ 城际铁路线网的分期实施与城际运输需求的阶段性成长特征相互适应,优先满足主要方向的客流需求,并根据需求的增长特征而逐渐扩充线网规模。

⑤ 城际铁路线网实施顺序要应保证一定的时效性,考虑工程和运营的连续性、效益性,充分发挥其运输效益。

(2) 分期建设实施的主要影响因素。

① 城际运输需求的层次性。

线网规划的主要目的是满足城际运输需求并适当引导运输需求的合理发展。因此,由于城市节点综合发展水平差异性造成的运输需求结构层次性特征是决定线网分期建设的主要因素之一。城际铁路线网分期建设的实施需根据城际运输需求的合理预测,通过详细测算具体线路的客流密度和列车开行对数,研究既有城际通道内规划年度已有各种运输方式的能力适应性和服务属性的适应性,加强城际铁路线网多层次结构的优化建设。

② 建设投资规模的阶段性。

城际铁路线网的规划建设投资需求大、收益回收周期长,在现有的投融资体制下,建设资金难以一步到位。同时,政府等投资主体的出资是阶段性供给,因此,在各阶段有限的投资限制下,需保证建设投资合理、有效的运用。

③ 分期建设工程的可行性。

城际铁路线网建设实施工程对周围环境的影响较大,并且也受限于沿线的区域特征。因此,结合城市群区域建设和规划情况,统筹安排,重点突破,分段实施。

(3) 分期建设实施的主要流程。

根据对线网建设时序的相关分析,选取综合反映线路性能的关键指标,判断各线路在城际铁路线网整体中的地位以及产生的网络影响,综合多方面因素合理安排各线路的建设时序。同时,线路的分期建设实施还需综合考虑线网的供给能力适应性以及规划线路的网络影响效益。确定分期建设实施的主要步骤如下。

① 分析区域现状线网的能力运用情况,筛选出能够承担城际客流的既有线路并计算线路能力的富余情况;

② 结合规划线路的网络影响以及现状线网的能力适应性，根据建设投资的阶段性特征确定分期建设周期，初步确定线路建设时序；

③ 基于各周期内的线路构成，计算其建设成本，并结合沿线的环境特征判断其建设实施的可行性；

④ 根据建设资金构成、来源以及各阶段的投资比例，确定城际铁路线网的分期实施建设计划。

综上所述，城市群城际铁路线网建设依据规划目标分为近期、集中建设期、远期三阶段，各阶段的目标与线网层次性相适应。近期建设目标主要为建设骨干线网，满足主要交通走廊的客流需求；集中建设期建设目标主要为建设次干线网，与骨干线网形成网络效应，引导城际出行分布和城市群发展；远期建设目标则是补充支线或疏导线以加密线网。城市群城际铁路线网建设时序研究内容则主要包括建设时序的判断、建设时机的确定以及城际铁路分期规划研究三部分内容。其中，城际铁路线网建设时序的判断是通过分析影响建设时序的主要因素，以线路的属性、重要度、服务水平及功能定位为评价指标定量分析各线路的综合影响（即贴近度），并依据贴近度的大小安排建设时序。建设时序决定了待建线路的先后建设次序，而线路建设时机则是明确地给定线路的建设时间。建设时机的确定是综合多种因素以确定各待建线路的综合评价值并进行层次划分，按照线路等级分阶段依次确定各线路的建设时机。城市群城际铁路线网建设是阶段性的过程，分期规划建设有利于较好地实现阶段性目标，满足层次化的运输需求。分期规划建设方案与区域现状线网的能力运用情况、建设投资的阶段性特征息息相关，需切实结合各阶段线网结构，确定城际铁路线网的分期实施建设计划。

7.5.2.4 重点问题

城市群演化包含内容众多，如人口规模、城市产业以及城市职能等。而城市空间的扩展过程是城市群演化最直观的表现，同时可从城市群体结构、城市群空间两方面影响城际铁路线网建设时序。因此，如何切实针对城市群体结构演化、城市群空间演化确定线路优先建设次序是城市群城际铁路线网建设时序重点研究的问题。

1. 基于城市空间结构演化规律的城际铁路线网建设时序重点研究问题

城市群空间结构演化是遵循城市增长和区域经济发展的规律，圈层结构由少增多，功能结构由简变繁，内外联系由松变密度，空间结构由不稳定至稳定化。同时，它演化主要体现在其生长形态的变化上，因外在因素的不均一性，城市群形态会由理想状态下的圆形逐步变形为团聚状生长形态、带状生长形态以及星状生长形态。而城市群形态的变化与交通条件和交通设施关系密切。目前，城市群内外联系主要依靠城际铁路和高速公路来实现，其中城际铁路是城市群综合交通运输体系中的骨干交通方式，承担城际主要客流。因此，城市群城际铁路线网建设时序应有效贴合城市群体结构演化，先建设核心区主要交通走廊方向上的线路，满足大客流运输需求。其次，再考虑外围区城际线路的建设，进一步衔接核心区与外围区。最后随着城际铁路线网带动城市群多圈层演化，组群区逐步显现，此时城际线路应有连接各组群区，加强组群区外联系。

2. 基于城市群空间结构演化阶段的城际铁路线网建设时序重点研究问题

城市群空间演化经历了多中心孤立城镇膨胀阶段、城市空间定向蔓生阶段、城市间的向心与离心扩散阶段和城市连绵区内的复合式扩散阶段。在多中心孤立城镇膨胀阶段，集聚程度明显，多依赖自然地形和交通方式设施发展，空间结构相对平衡，且集聚形态以点状为主。该阶段城际铁路线网应注重形成骨架线网，改变城市间联系的微弱性以及城市群空间扩展方向上的不稳定性，逐步将孤立、分散的城市节点串联起来，通过交通与经济的双重引导，逐步形成梯度式发展模式，使集聚进一步加强。随着城市群空间扩展距离的延伸，城市群扩展方向逐步依据城际铁路线路为引导。当城市群空间轴向扩展到一定程度时，大中城市数量增加，此时城市的空间扩展既受到自身向心力和离心力作用支配，也受到区域城市影响力的制约。该时段内城市群集聚形态以带状和组群为主，城际铁路线网的建设应进一步加强线网中核心带状轴的交通联系以及组群间的相互联系。而当城市群空间集聚形态为连绵区时，城市群需要城际铁路线网初具规模，此时城际铁路线网建设应放在支线、疏导线以及资源型线路上，进一步加密线网，弥补城市群空间结构的缺层。

7.6 城市群城际铁路线网规划案例分析

7.6.1 成渝城市群城际铁路线网规划研究

7.6.1.1 基于社团挖掘的城市群城际铁路线网规模测算

选取成渝城市群中综合发展水平较高的16个城市节点（重庆、成都、德阳、绵阳、宜宾、乐山、泸州、南充、自贡、达州、眉山、内江、遂宁、广安、雅安、资阳），进行城市群城际铁路线网的布局规划。

1. 城市群社团结构判断

成渝城市群是典型的双中心社团城市群，核心城市成都和重庆的集聚效应显著。在成渝城市群主要节点的节点重要度层次划分基础上，根据前文城市群社团结构的判定标准，确定成渝城市群空间社团结构如图7.15所示。

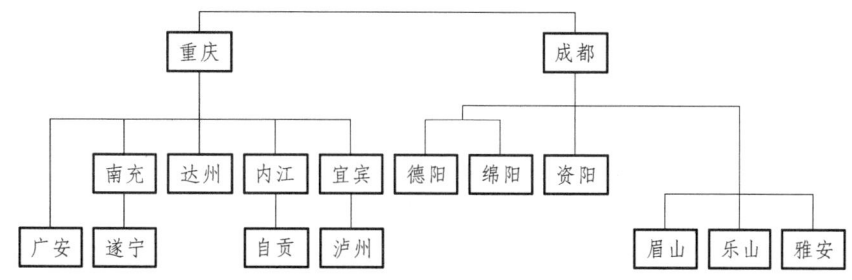

图 7.15 成渝城市群社团结构

2. 城市群城际铁路线网规模测算

（1）城际铁路线网节点分布走向判定。

由于成渝城市群为双中心社团城市群，其城际铁路线网规模测算不仅需要考虑以成都为中心和以重庆为中心的子社团内部的连接关系，还需考虑两个子社团之间的连接关系。

综合考虑成渝城市群内各个节点的空间分布特征以及既有路网中线路的空间走向，提取位于同一方向上的节点集合，并有效归并其相互之间的连接路段。成都社团主要包括：A_1={成都，德阳，绵阳}，A_2={成都，眉山，乐山}，A_3={成都，资阳}；重庆社团主要包括：A_4={遂宁，重庆}，A_5={内江，自贡，宜宾}，A_6={重庆，泸州，宜宾}，A_7={遂宁，南充，达州}，A_8={重庆，南充}，A_9={重庆，广安，达州}，A_{10}={内江，重庆}。

（2）基于运输需求的社团内及社团间节点连接矩阵。

在同一方向上节点判断后进行需求的合理叠加，将合并后需求大小满足规定阈值（22 000人/日）的基本路段的连接变量设置为1，其余设置为0，即可得到满足运输需求限制的成都和重庆社团内节点间连接矩阵 I_1、I_2 及社团间连接矩阵 I_3，分别如表7.7、表7.8及表7.9所示。

表 7.7　成都社团节点连接矩阵

连接矩阵	成都	德阳	绵阳	乐山	眉山	雅安	资阳
成都	0	1	0	0	1	1	1
德阳		0	1	0	0	0	0
绵阳			0	0	0	0	0
乐山				0	1	0	0
眉山					0	0	0
雅安						0	0
资阳							0

表 7.8　重庆社团节点连接矩阵

连接矩阵	重庆	宜宾	泸州	南充	自贡	达州	内江	遂宁	广安
重庆	0	0	0	1	0	0	1	1	1
宜宾		0	0	0	1	0	0	0	0
泸州			0	0	0	0	0	0	0
南充				0	0	1	0	1	1
自贡					0	0	1	0	0
达州						0	0	0	1
内江							0	0	0
遂宁								0	0
广安									0

7 城市群城际铁路线网规划方法

表 7.9 成都和重庆社团间节点连接矩阵

连接矩阵	重庆	成都	德阳	绵阳	宜宾	乐山	泸州	南充	自贡	达州	眉山	内江	遂宁	广安	雅安	资阳
重庆	0	1	0	0	0	0	0	0	0	0	0	1	1	1	0	0
成都		0	0	0	0	0	0	0	0	0	0	0	1	0	0	0
德阳			0	0	0	0	0	0	0	0	0	0	1	0	0	0
绵阳				0	0	0	0	0	0	0	0	0	0	0	0	0
宜宾					0	0	0	0	0	0	0	0	0	0	0	0
乐山						0	0	0	1	0	0	0	0	0	0	0
泸州							0	0	0	0	0	0	0	0	0	0
南充								0	0	0	0	0	0	0	0	0
自贡									0	0	0	0	0	0	0	0
达州										0	0	0	0	0	0	0
眉山											0	0	0	0	0	0
内江												0	0	0	0	1
遂宁													0	0	0	0
广安														0	0	0
雅安															0	0
资阳																0

（3）基于线路重要度的节点连接矩阵。

计算成渝城市群的线路重要度值，根据成渝城市群的线路重要度值的大小依次进行排序，并按此顺序依次进行筛选判断，将线路重要度大于规定阈值的节点间连接变量值设置为 1，其余设置为 0，并将同一方向的节点变量进行相应处理，可得出节点连接矩阵 I_4，如表 7.10 所示（矩阵中加粗路段表示节点间连通的非基本路段）。

表 7.10 基于线路重要度的节点连接矩阵

连接矩阵	重庆	成都	德阳	绵阳	宜宾	乐山	泸州	南充	自贡	达州	眉山	内江	遂宁	广安	雅安	资阳
重庆	0	1	**1**	1	1	**1**	1	1	**1**	**1**	0	1	1	1	0	**1**
成都		0	1	**1**	**1**	1	**1**	0	**1**	1	1	**1**	1	0	1	1
德阳			0	1	0	0	0	0	0	0	0	0	1	0	0	0
绵阳				0	0	0	0	0	0	1	0	0	0	0	0	0
宜宾					0	0	1	0	1	0	0	0	0	0	0	0
乐山						0	0	0	1	0	1	0	0	0	0	0
泸州							0	0	0	0	0	1	0	0	0	0
南充								0	0	0	0	0	1	1	0	0
自贡									0	0	0	1	0	0	0	0
达州										0	0	0	1	0	0	0
眉山											0	0	0	0	0	0
内江												0	0	0	0	1
遂宁													0	0	0	0
广安														0	0	0
雅安															0	0
资阳																0

（4）考虑多因素的成渝城市群城际铁路线网规模测算。

运输需求和路段重要度是两个主要的限制条件，同时各阶段线网规模总量还受建设投资的限制，因此综合考虑各种硬性因素并以追求目标函数的最优来确定节点之间的连接矩阵 I_5，具体如表 7.11 所示。

表 7.11　基于多因素的城市群节点连接矩阵

连接矩阵	重庆	成都	德阳	绵阳	宜宾	乐山	泸州	南充	自贡	达州	眉山	内江	遂宁	广安	雅安	资阳
重庆	0	1	1	1	1	1	1	1	1	1	0	1	1	1	0	1
成都		0	1	1	1	1	1	0	1	1	1	1	1	0	1	1
德阳			0	1	0	0	0	0	0	0	0	0	1	0	0	0
绵阳				0	0	0	0	0	0	1	0	0	0	0	0	0
宜宾					0	0	1	0	1	0	0	0	0	0	0	0
乐山						0	0	0	0	0	1	0	0	0	0	0
泸州							0	0	0	0	0	1	0	0	0	0
南充								0	0	0	0	0	1	1	0	0
自贡									0	0	0	1	0	0	0	0
达州										0	0	0	0	0	0	0
眉山											0	0	0	0	0	0
内江												0	0	0	0	1
遂宁													0	0	0	0
广安														0	0	0
雅安															0	0
资阳																0

由表 7.11 可知，节点间连接变量为 1 的节点对即是满足条件的需要连通的线路，根据城市之间实际的空间直线距离及线路非直线系数可确定成渝城市群城际铁路 2030 年线网总规模为 4 742 km。

7.6.1.2　基于"分类分层"的城市群城际铁路线网布局方案研究

根据前文对成渝城市群的空间结构分析可知，成渝城市群主要呈现双核心+三条主要发展轴的放射状分布形态。城市群城际铁路线网布局方案的总体布局应与城市群的空间结构特征相符，故在城际铁路重要节点和通道规划的基础上，以"分类分层"思想为指导，结合点线面布局的一般思路，确定其架构方案的流程如下。

（1）根据节点间的线路重要度以及各路段的服务水平，计算各节点对间线路的线路紧迫度，计算结果如表 7.12 所示。

7 城市群城际铁路线网规划方法

表 7.12 成渝城市群各节点对间线路的建设紧迫度

紧迫度	成都	重庆	绵阳	德阳	乐山	内江	资阳	南充	达州	泸州	宜宾	眉山	雅安	遂宁	广安	自贡
成都		15.88	4.27	6.21	7.88	3.19	3.10	3.07	1.87	2.25	1.67	4.66	2.76	2.54	2.29	1.63
重庆			2.89	3.92	1.65	2.78	4.17	7.73	3.07	3.61	2.60	3.99	0.52	3.69	3.87	1.79
绵阳				3.29	0.65	0.41	0.41	0.15	0.43	0.16	0.34	0.48	0.08	0.15	0.28	0.19
德阳					0.63	0.45	0.46	0.47	0.38	0.19	0.30	0.53	0.08	0.34	0.15	0.18
乐山						0.21	0.14	0.34	0.66	0.11	0.71	2.15	0.09	0.44	0.21	0.57
内江							1.09	0.15	0.21	0.16	0.22	0.12	0.16	0.35	0.32	0.53
资阳								0.32	0.20	0.52	0.25	0.19	0.06	0.15	0.17	0.43
南充									0.34	0.35	0.15	0.21	0.07	0.77	0.74	0.12
达州										0.15	0.54	0.15	0.10	0.68	0.48	0.40
泸州											0.17	0.13	0.05	0.13	0.15	0.31
宜宾												0.31	0.14	0.33	0.39	0.68
眉山													0.03	0.09	0.10	0.28
雅安														0.18	0.12	0.06
遂宁															0.84	0.26
广安																0.13
自贡																

（2）按照节点的等级依次将节点先后纳入到路网中，并根据节点间综合联系值的约束在满足条件的节点对之间建立连接关系，当一个节点与多个节点间存在连接关系，则按照线路建设紧迫度的大小依次进行判断，并同时考虑规模总量的约束，得到初步的布局方案。在线路连接过程中将功能相似、走向相同的线路合理筛选，并对相应的需求进行有效合并，对方案进行进一步的调整。

考虑不同等级线路之间的建设标准存在差异，因此需要根据节点等级确定节点间的连接标准，具体设置如下：一级节点之间按照完全图的原理铺画，不受联系值标准的约束；一级节点与二级节点、三级节点之间的联系值标准均设置为 2.5；二级节点之间的联系值标准为 1；二级节点与三级节点间的联系值标准取 0.5；三级节点之间的联系值标准为 0.3。

① 一、二级节点进入路网中的连接关系判断。

成渝城市群内的一、二级节点共两个，分别是重庆和成都，节点间线路建设紧迫度为 15.88，符合约束条件，首先考虑将其直接连通，当有其他等级节点再进入时考虑进行线路走向的调整，以覆盖同一方向上的其他节点。

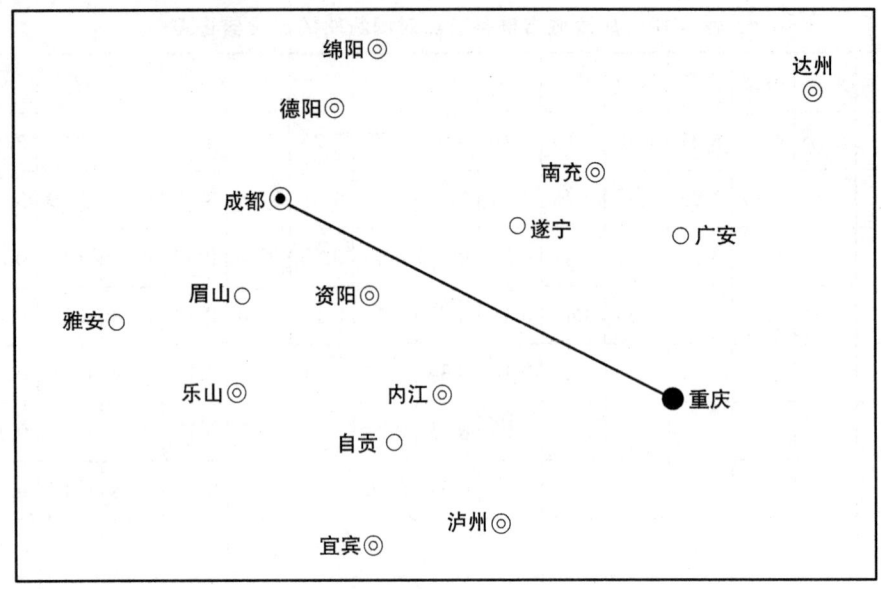

图 7.16　一、二级节点进入后的线路连接示意图

② 三级节点进入路网中的连接关系判断。

将各个三级节点按照重要度的大小依次纳入路网中时，需要判定一、二级节点与三级节点之间，以及三级节点内部的连接关系。在约束条件的限制下，按照节点对之间的紧迫度大小依次建立连接关系，并对线路走向相同的线路进行筛选调整，如成都至内江、成都至资阳、资阳至内江线路均连接，判断可知成都—资阳—内江与成都—内江线路走向一致，因此考虑平行线路功能以及空间走向，在需求处理的基础上保留覆盖节点较多的线路。具体地，路网连接情况如图 7.17 所示。

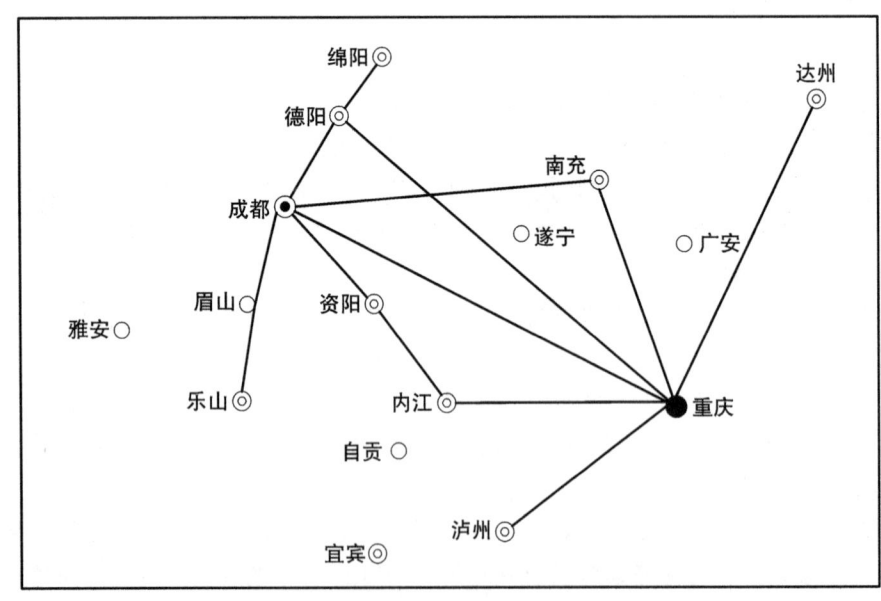

图 7.17　三级节点进入后的线路连接示意图

以上初步形成的线网布局方案中涵盖了连接核心城市之间的主轴以及核心城市主要方向的放射辅轴，形成了整个线网结构的骨架线路，该骨干线网有效覆盖了城市群经济发展的核心区域，并实现了核心城市与主要的副中心城市间的合理连通，能够进一步发挥核心城市的经济带动作用。

③ 四级节点进入路网中的连接关系判断。

四级节点加入到路网中，节点之间连接关系的判断更加复杂。需要依次确定一、二、三级节点与四级节点之间，四级节点内部之间的线路连接关系，并结合节点之间的空间关系判断线路走向，将相同走向的线路按要求合并，确定线网连接示意图如图7.18所示。

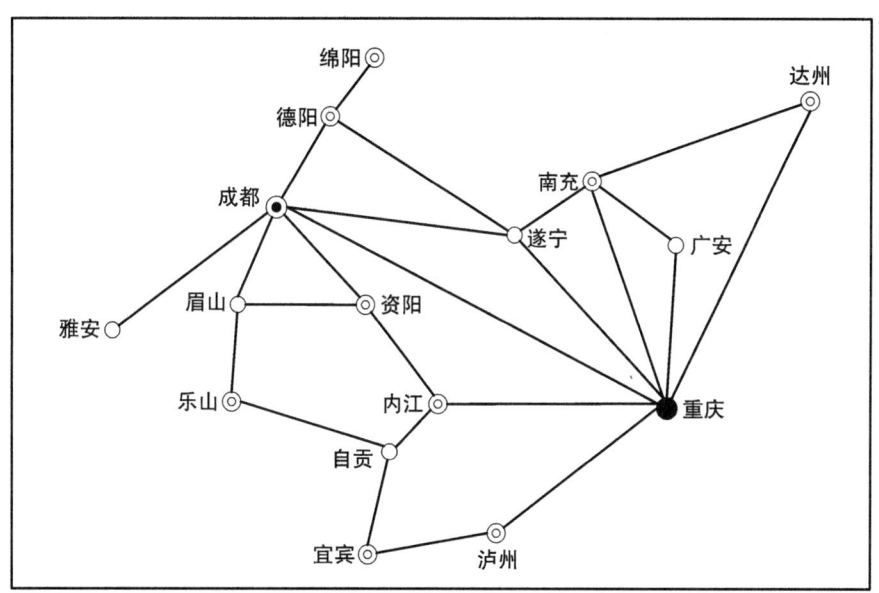

图 7.18 四级节点进入后的线路连接示意图

由图 7.18 可知，节点间连接关系确定后形成的线网结构逐渐完善，连接核心城市周围主要的区域副中心城市间的辅助线网也已经形成，同时位于区域边缘的对外联系节点与核心节点之间实现了直接或间接连通，增加了线网结构的辐射范围，使整个区域的东西横向和南北纵向的城市之间均保持紧密的联系，整个结构的网络化特征显现。

在进行方案调整和优化时，应统筹考虑成渝城市群综合发展规划以及综合交通规划，加强成都城市群北部、川东北城市群及川南城市群间的联系，充分发挥区域次中心城市的经济辐射和带动作用，进一步改善沿线交通条件，考虑连通遂宁与内江，形成贯通南北的联系通道，最终将其规划为平行于双核心城市放射辅轴的第三辅轴。成渝城市群城际铁路调整后的基本布局方案如图 7.19 所示。

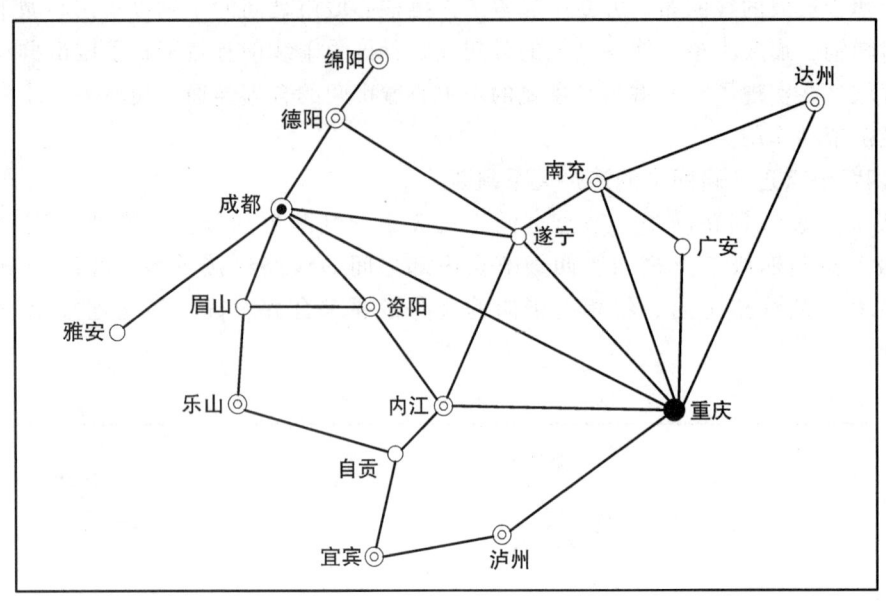

图 7.19 成渝城市群线网布局方案示意图

7.6.1.3 成渝城市群城际铁路线网架构方案分析

规划确定的成渝城市群的城际铁路线网架构方案将采用"主轴+辅轴"的分布形态，呈现一定的网络化特征。并且，城际铁路线网节点间连通性较高，围绕两个核心节点呈现一定的放射状特征，并形成一定规模的轴线，整体上与城市群空间结构的分布特征一致。但是，城市群边缘的个别节点由于发展水平偏低，与其他节点间联系较弱，应加强城际铁路线网规划的引导性作用。总体上，按照上述方法确定城际铁路线网的布局方案比较符合城市群的结构特征，整体连通性、覆盖范围均较高，几个影响较大的节点构成不同层次的中心，形成的线网布局能有效适应城市群发展的需要。

特别地，由于选取的节点重要度较高，初步方案主要实现城际铁路线网整体框架的设计，当考虑城市群中节点重要度较低的节点时，需在此基础上对线路布局进行调整优化，补充辅助线路，扩充线网规模。

将布局方案图 7.19 和已批复的成渝城市群城际铁路线网规划方案图 7.20 进行对比，可以看出，两方案主轴+辅轴构成的骨干线路布局一致，布局方案线网走向判断也比较合理，核心区域的线网规划契合度较高，均呈现一定的网格状特征，选取的主要节点的线路连接判断比较一致，方案整体上比较吻合。但是在个别边缘线路的连接判断存在一定偏差，而且由于没有考虑一些较小的节点，缺少围绕核心城市的环线布局，还需要结合城市群的发展规划及空间特征进一步完善。

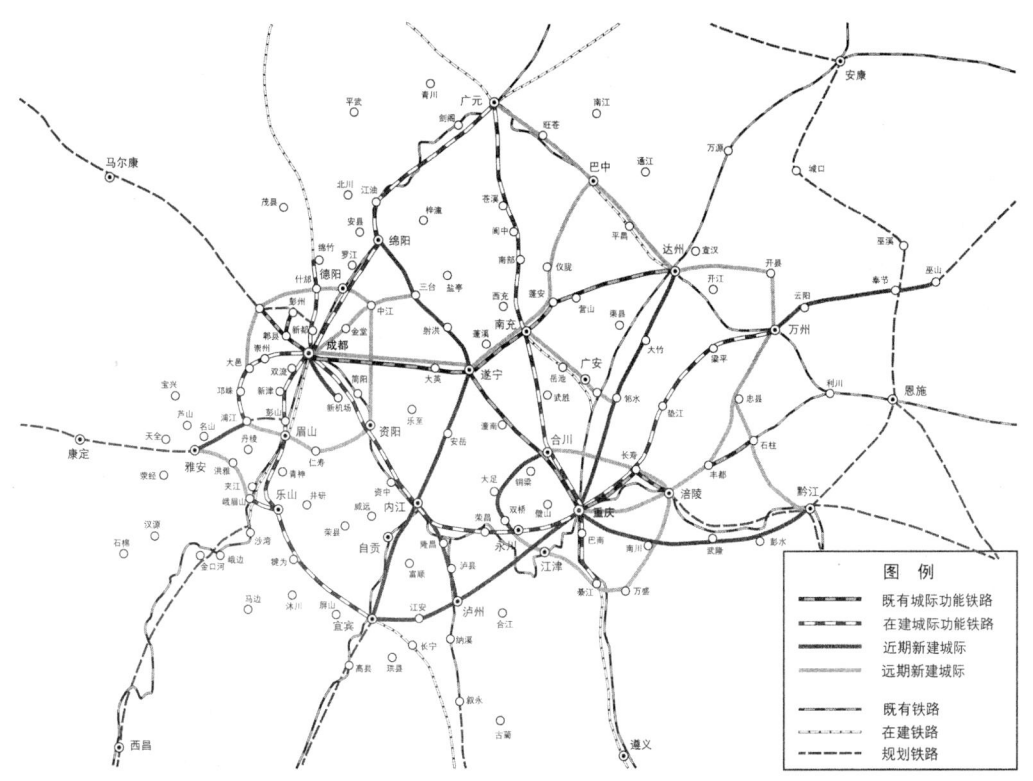

图 7.20 批复的成渝城市群城际铁路线网规划示意图

7.6.2 珠三角城市群城际铁路线网规划研究

7.6.2.1 基于社团挖掘的城市群城际铁路线网规模测算

珠三角城市群的空间范围相对较小,节点分布较为紧凑,选取区域内广州、深圳、珠海、佛山、江门、中山、惠州、肇庆等8个主要城市节点,进行城市群城际铁路线网的布局规划。

1. 城市群社团结构判断

珠三角城市群是典型的双核心社团城市群,核心城市广州和深圳集聚效应显著。在珠三角城市群主要节点的节点重要度层次划分基础上,根据前文城市群社团结构的判定标准,确定珠三角城市群空间社团结构如图 7.21 所示。

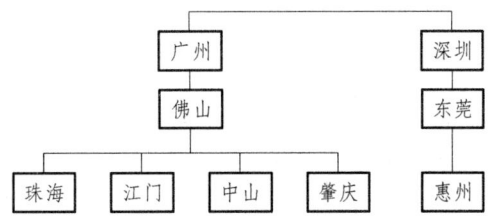

图 7.21 珠三角城市群社团结构

2. 城市群城际铁路线网规模测算

（1）城际铁路线网节点分布走向判定。

由于珠三角城市群是双核心社团城市群，其城际铁路线网规模测算需要考虑以广州为中心和以深圳为中心的子社团内部的连接关系，还需考虑两个子社团之间的连接关系。综合考虑珠三角城市群内各个节点的空间分布特诊以及既有路网中线路的空间走向，提取位于同一方向上的节点集合，并有效归并其相互之间的连接路段。广州社团主要包括：A_1={广州，佛山，江门}，A_2={广州，中山，珠海}，A_3={肇庆，江门，中山，珠海}，A_4={肇庆，佛山}；深圳社团主要包括 A_5={东莞，惠州}，A_6={惠州，深圳}。

（2）基于运输需求的社团内及社团间节点连接矩阵。

同一方向节点判断完成后进行需求的合理叠加，将合并后需求大小满足规定阈值（22 000 人/日）的基本路段的连接变量设置为1，其余设置为0，即可得到满足运输需求限制的广州和深圳社团内节点间连接矩阵 I_1、I_2 及社团间连接矩阵 I_3，分别如表7.13、表7.14及表7.15所示。

表7.13 广州社团节点连接矩阵

连接矩阵	广州	珠海	佛山	江门	中山	肇庆
广州	0	0	1	0	0	0
珠海		0	0	0	1	0
佛山			0	1	0	0
江门				0	1	0
中山					0	0
肇庆						0

表7.14 深圳社团节点连接矩阵

连接矩阵	深圳	东莞	惠州
深圳	0	1	1
东莞		0	1
惠州			0

表7.15 社团间节点连接矩阵

连接矩阵	广州	深圳	珠海	佛山	江门	东莞	中山	惠州	肇庆
广州	0	0	0	0	0	1	0	1	0
深圳		0	0	0	0	0	1	0	0
珠海			0	0	0	0	0	0	0
佛山				0	0	1	0	0	0
江门					0	1	0	0	0
东莞						0	0	0	0
中山							0	0	0
惠州								0	0
肇庆									0

7 城市群城际铁路线网规划方法

（3）基于线路重要度的节点连接矩阵。

根据珠三角城市群的线路重要度值的大小依次进行排序，并按此顺序依次进行筛选判断，将线路重要度大于规定阈值的节点间连接变量值设置为 1，其余设置为 0，并将同一方向的节点变量进行相应处理，可得出节点连接矩阵 I_4，如表 7.16 所示。（矩阵中加粗路段表示节点间连通的非基本路段）。

表 7.16 基于线路重要度的节点连接矩阵

连接矩阵	广州	深圳	珠海	佛山	江门	东莞	中山	惠州	肇庆
广州	0	1	1	1	1	1	1	1	1
深圳		0	0	1	1	1	1	0	0
珠海			0	0	0	0	1	0	0
佛山				0	1	1	0	0	1
江门					0	0	1	0	0
东莞						0	0	0	0
中山							0	0	0
惠州								0	0
肇庆									0

（4）考虑多因素的珠三角城市群城际铁路线网规模测算。

运输需求和路段重要度是两个主要的限制条件，同时各阶段线网规模总量还受建设投资的限制，因此综合考虑各种硬性因素并以追求目标函数的最优来确定节点之间的连接矩阵 I_5，具体如表 7.17 所示。

表 7.17 基于多因素的城市群节点连接矩阵

连接矩阵	广州	深圳	珠海	佛山	江门	东莞	中山	惠州	肇庆
广州	0	0	0	1	0	1	1	1	1
深圳		0	0	0	0	1	1	1	0
珠海			0	0	0	0	1	0	0
佛山				0	1	1	0	0	1
江门					0	1	1	0	0
东莞						0	0	1	0
中山							0	0	0
惠州								0	0
肇庆									0

由表 7.17 可知，节点间连接变量为 1 的节点对即是满足条件的需要连通的线路，而基于城市群路网现状的分析判断，线路的走向曲折、绕行较大，因此线路的非直线系数取最大值 1.5。基于城市之间实际的空间直线距离确定珠三角城市城市群主要节点之间的线路

连接规模为 1 593.78 km，同时考虑主要核心节点的环线设计，最终确定线路总规模约为 1 841.86 km。特别地，此处研究对象为小珠三角城市群范围，不涵盖香港、澳门等地。

7.6.2.2 基于"分类分层"的城市群城际铁路线网布局方案研究

根据前文对珠三角城市群的空间结构分析可知，珠三角城市群主要节点空间分布较为集中，节点之间差距较小。城市群城际铁路线网布局方案的总体布局应与城市群的空间结构特征相符，故在城际铁路重要节点和通道规划的基础上，以"分类分层"思想为指导，结合点线面布局的一般思路，确定其架构方案的流程如下。

（1）根据节点间的线路重要度以及各路段的服务水平，计算各节点对间线路的建设紧迫度，计算结果如表 7.18 所示。

表 7.18 珠三角城市群各节点对间线路建设紧迫度

紧迫度	广州	深圳	珠海	佛山	江门	东莞	中山	惠州	肇庆
广州		4.00	1.21	6.29	1.51	3.27	1.14	0.77	1.06
深圳			0.90	3.49	0.61	3.57	0.48	1.01	0.34
珠海				0.33	0.75	0.25	0.51	0.07	0.06
佛山					0.64	0.65	0.37	0.20	0.78
江门						0.34	0.47	0.08	0.24
东莞							0.28	0.68	0.16
中山								0.08	0.07
惠州									0.06
肇庆									

（2）按照节点的等级依次将节点先后纳入到路网中，并根据节点间综合联系值的约束在满足条件的节点对之间按照紧迫度大小依次建立连接关系，并考虑规模总量条件的约束，得到初步布局方案。在每一步的连接过程中均需将线路走向相同的线路进行有效筛选，并对相应的需求进行合并，对方案进行初步调整。

不同等级节点之间线路的建设标准存在差异，具体设置如下：一级节点之间的联系值标准为 3；一级节点与二级节点之间的联系值标准为 1；二级节点之间的联系值标准为 0.2；一级节点与三级节点间的联系值标准为 0.8；二级节点与三级节点间的联系值标准为 0.15；三级节点之间的联系值标准为 0.1。

① 一、二、三级节点进入路网中的连接关系判断。

珠三角城市群一级节点为广州、二级节点为深圳，三级节点为佛山和东莞，一、二、三级节点仅为 4 个，故一并进入线网，进行连接关系判断。对各节点对按照紧迫度大小建立连接，结合对平行线路功能以及空间走向的考虑，在需求处理的基础上保留覆盖节点较多的线路，具体的，路网连接情况如图 7.22 所示。

7 城市群城际铁路线网规划方法　189

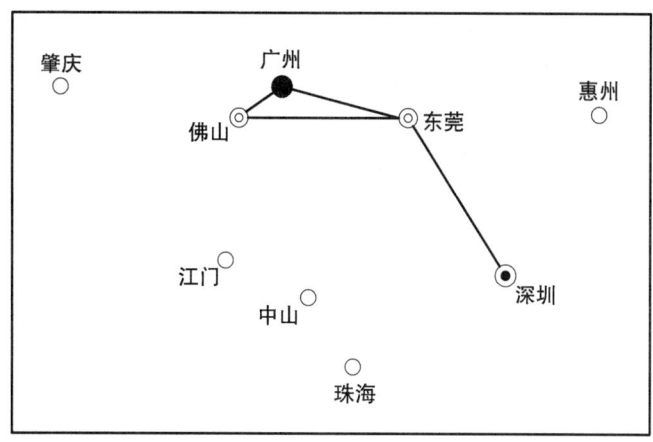

图 7.22　一、二、三级节点进入路网节点连接示意图

② 四级节点进入路网中的连接关系判断。

在一、二、三级节点线路连接基础上,将四级节点按照重要度的大小依次纳入路网中,则存在一级节点与四级节点之间、二级节点与四级节点之间、三级节点与四级节点之间、四级节点内部的连接关系判断。在约束条件的限制下,按照节点对之间的紧迫度大小依次建立连接关系,并对线路走向相同的线路进行筛选调整。线网连接情况如图 7.23 所示。

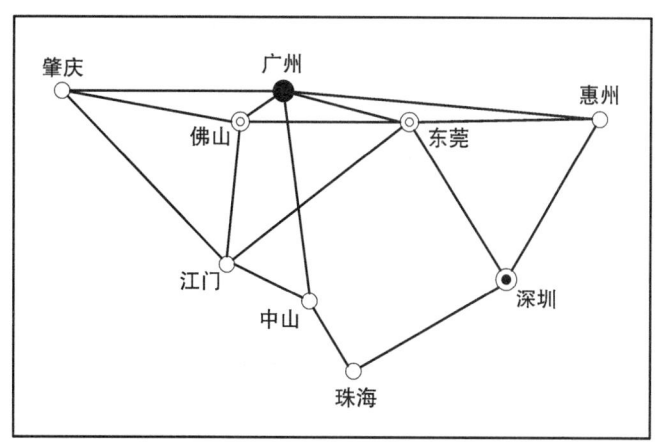

图 7.23　四级节点进入路网后线路连接示意图

由图 7.23 可知,网络中不存在孤立的节点,并且珠三角城市群内的节点分布紧凑,节点的发展较为均衡,节点之间的联系密切,第四层次节点连接关系呈现环状分布,总体上形成的线网架构完善,网络化程度较高。

7.6.2.3　珠三角城市群城际铁路线网架构方案分析

从线网布局示意图 7.23 中可以看出,珠三角城市群的线网结构已经呈现完善的网络特征,核心节点与其他节点之间的连接强度大,在放射+环线布局的基础上形成一定规模的网络,核心节点的线路连接充分,边缘区域的节点之间的连通度也较大,与城市群自身的空间结构特征相匹配。当考虑规划线网沿线城市/镇的成长时,城市群城际铁路线网的中远期规划需要兼顾此类节点的生长演化，确定其将是否纳入城际铁路线网规划内。

将布局方案图 7.23 和批复的珠三角城市群城际铁路线网规划图 7.24 进行对比，可以看出，实例的规划布局方法确定的线网规划布局图在总体上涵盖了批复的线网结构中的骨干线路，特别是关键节点之间线路判断比较准确，网络特征吻合度较高。但是，实例分析选取的节点较少，线路上的部分中间节点未有效覆盖，因此导致部分线路的空间走向不一致，因此需要结合城市群的地理区位特征进行有效修正，保证合理覆盖中间节点。

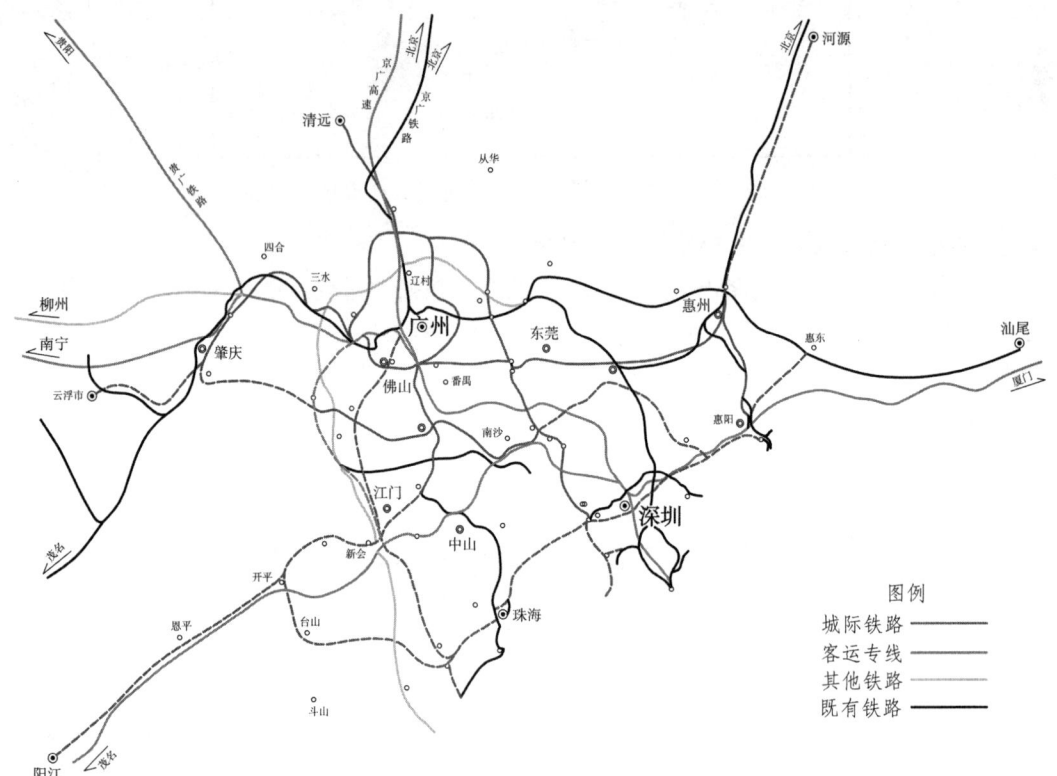

图 7.24　批复的珠三角城市群城际铁路线网规划示意图

8 城市群城际铁路线网规划综合评价体系

城市群城际铁路线网规划属于多因素、多层次、多目标的复杂系统，因而需要运用科学合理的方法，从技术、社会、经济和环境等各方面综合考虑，对规划方案进行全面系统分析，为城市群城际铁路线网规划方案的优选提供科学的判定依据[40]。在城市群城际铁路线网规划过程中，方案评价是方案优选的核心环节。城市群规划方案评价是指通过对备选方案进行经济效益等方面分析，判断其达到规划目标的可能性，发现方法存在的优缺点，为城际铁路决策者选择最佳方案提供理论依据。因此，在城市群城际铁路规划中，对各个备选方案的分析和评价是必不可少的步骤，是系统决策的重要环节。

城市群城际铁路规划方案的评价是对规划方案的描述和对其价值的分析和阐明，方案的评价结果可以为城市群城际铁路运输系统的设计、优化与决策提供科学的判别依据。通过对城市群城际铁路规划方案的评价，有利于分析方案的不足，把握城市群城际铁路发展的薄弱环节，从而制定和做出针对性的发展政策和发展引导，保证城市群城际铁路运输朝着合理科学的方向发展。

8.1 城际铁路线网规划综合评价原则与内容

8.1.1 城际铁路线网规划综合评价原则

城市群城际铁路线网规划方案评价的关键是选择最优方案，或在评价方案优劣的基础上对现有方案进行修正，从而为决策者提供科学的依据。由于涉及的指标数众多，而大多数指标只能从某一角度反映规划线网的性能，因此，如何在众多反映城际铁路线网规划方案优劣的单项指标中，选择科学、合理、客观的指标构建评价指标体系，从而系统、全面地反映规划方案的内涵，对于最终评价结果的科学性和合理性有着至关重要的意义。综合考虑评价指标体系设计与构建的一般性原则以及城市群城际铁路线网的特殊性，城际铁路线网规划综合评价体系构建应遵循以下原则。

1. 系统性原则

城市群城际铁路线网规划是一个多层次、多因素、多目标的复杂系统。城市群城际铁路线网方案的实施，不仅能够改变城市群城际铁路系统本身，而且对社会、经济和环境等方面都会产生重大影响，直接影响城市群社会经济大系统的有效运转。因此，不仅要对城市群城际铁路系统本身的合理程度进行评价，还要在其对技术、经济和社会等多方面的影响进行综合评价，通过所设计的指标体系，系统地反映现象中的内在本质。

2. 科学性原则

城市群城际铁路线网规划综合评价体系的决策指标体系应建立在科学的基础上，即每

个指标的内涵界定清晰，指标的计算以及权重的确定都能准确反映城际铁路线网规划各个影响因素的水平及状态。选取指标要充分考虑各指标之间的相干性关系，保证指标间相互独立且能体现各自特定的评价功能，实现指标体系的结构最优化。

3. 可操作性原则

可操作性原则是指选取指标时应满足理论和实践相结合的要求，所选评价指标应当简单明确、典型实用、使用方便、易于统计和量化处理，可操作性强。

4. 可比性原则

在设置城际铁路线网综合评价体系指标时，需要考虑从横向（不同城市群）和纵向（不同阶段）两个层次对城际铁路网规划方案进行比较，以便找出在不同发展时期、不同区域特点情况下的城际铁路线网发展水平的差距和存在的问题。

5. 动态性原则

由于城市群城际铁路规划具有时空性的特征，随着城市群的发展与演变，城市群城际铁路规划目标相应动态调整。因此，需要依据社会经济环境的变化，阶段性调整城市群城际铁路线网规划评价方案的指标体系，重新对评价指标体系中的某些指标进行动态修正。

6. 完备性原则

完备性原则是指，评价指标体系能够较为全面地反映出城市群城际铁路的整体性能和特征，需要从多个维度和层面综合衡量其属性，即对于城市群城际铁路线网规划方案的评价不仅要考虑方案对规划地区社会经济发展的影响，还要注重方案在发挥区域优势、提高区域在全国的地位和重要程度的作用，多角度衡量城市群城际铁路线网规划方案。

7. 协调性原则

城市群城际铁路系统作为城市群社会经济大系统中的一部分，其发展目标、战略规划必须协调于上位规划的发展趋势，为城市群的总体发展服务；同时作为综合运输系统中的重要构成，与其他方式相互配合、有效衔接共同完成区域内的运输任务，因此城际铁路线网规划必须考虑其他运输方式线网的衔接，协调于区域综合运输系统的整体发展需求。

8.1.2 城市群城际铁路线网规划综合评价内容

在城市群范围内，城际铁路是沟通不同层次城市间的有效方式，是城市群中综合运输通道的重要组成部分。由于城际铁路线网规划方案评价内容较为复杂，需要综合考虑城市群社会经济、地理空间特征，以及交通运输系统的发展特点，因此，城际铁路线网规划综合评价内容需要包括技术、经济、社会等各个角度，全面评价方案的合理性。

1. 技术角度

城市群城际铁路线网规划方案的技术评价，是分析城际铁路网的区域交通功能性，从技术性能的角度，通过研究其系统结构、布局规模等技术指标，衡量其在规划年时的服务质量，为优化城市群城际铁路网规划方案提供理论依据。同时，城际铁路线网规划的技术性能是城际铁路网的社会效益和经济效益的重要保障和支撑，因此，技术评价是城际铁路网规划方案评价系统中的基础。

2. 经济角度

城市群城际铁路线网规划方案的经济评价，主要表现为城际铁路与社会经济适应性评价，不仅要考虑城际铁路网对城市群经济空间分布的影响，而且也要考虑城市群社会经济系统与城际线网规划的动态互馈作用。因此，可以通过分析预测城际铁路线网建成区域的社会经济发展趋势，选取相应的经济指标，全面体现城际铁路线网规划方案对城市群社会经济发展产生的影响。

3. 社会角度

作为重要的交通运输基础设施，城市群城际铁路线网规划的社会效益显著，如何选取合适的指标，定量、客观地评价其社会效益，是城市群城际铁路线网规划综合评价的主要内容。城市群城际铁路线网规划的社会效益，是指分析城际铁路线网规划方案对城市群居民生活、城市群城镇化水平、环境保护等方面的影响。较之可以定量分析的经济角度评价指标，社会影响的评价指标多为宏观的、长期的定性分析，间接影响较多，指标定量化难度较大。

城市群城际铁路线网规划是一个和社会经济、资源环境、城市空间等要素协调耦合的过程。这就决定了城市群城际铁路线规划的目标是多元多维度的，涵盖社会效益、经济效益和技术性能的多个角度，从经济时空角度对城市群城际铁路线网规划方案进行评价。因此，构建城市群城际铁路线网规划方案的综合评价体系，应包括技术性能评价、经济效益评价、社会效益评价三个评价子系统。

8.2 城际铁路线网规划综合评价指标体系

城市群城际铁路规划评价是从相关人员的角度出发，评价城际铁路规划达到规划目标的程度。其中，城市群城际铁路规划方案评价指标体系的构建是综合评价的基础，能够从若干个角度反映规划方案效果，有效衡量城市群城际铁路规划方案线网的结构与功能。同时，可以根据各项指标评价结果选取较优方案或者对原方案进行调整。

对于城市群城际铁路线网规划方案评价指标的选取，既要求能较好地把握城际铁路涉及的相关专业知识和系统评价理论，也要求具备丰富的应用实践和研究经验，因此，城市群城际铁路规划综合评价指标体系的构建需要在充分收集城市群相关资料的基础上，了解行业动态，将定性与定量指标的选取相结合，并使指标体系尽量完善和全面。

8.2.1 评价指标分析与计算

8.2.1.1 技术性能评价指标分析

城市群城际铁路的功能定位决定了其服务水平，城际铁路线网的技术性能是提供城市群运输供给能力的基础。城际铁路技术性能评价包括路网结构性能评价和与城市群空间结构匹配度评价两个层面。

1. 线网密度

城际铁路线网密度反映了城市群范围内城际铁路线网的建设规模，依据分担对象的不同，可以分为单一密度和综合密度，单一密度指标从某一方面反映城际铁路网的供给状况，在城际铁路线网规划的评价中不宜选用，故本章选用综合密度来表示线网密度，该指标为定量指标，其计算公式如下：

$$\rho = \frac{L}{\sqrt[3]{APG}} \tag{8.1}$$

式中　L——线网长度，km；
　　　A——城市群总面积，10 km^2；
　　　P——城市群内人口数量，万人；
　　　G——城市群的经济产值，万亿元。

2. 主要城市覆盖率

覆盖率指标属于网络形态密度指标，反映城市群城际铁路网络与城市群空间布局统计意义上的适应性。在不考虑经济成本的情况下，值越大表明适应性越好。该指标为定量指标，其计算公式为：

$$\text{主要城市覆盖率} = \frac{\text{连通主要城市换算个数}}{\text{规划区主要城市换算个数}} \times 100\% \tag{8.2}$$

城市换算方法：选择城市群中某一城市为标准城市，其他城市按经济、人口指标换算成标准城市。

其中，主要城市是指满足以下某一条件的城市：① 人口在50万以上的城市；② 主要旅游景点所在地；③ 边境口岸及具有国防战略意义的城市；④ 港口城市、交通枢纽城市以及战略地位重要的城市。主要城市的连通不是简单指城际铁路从城市中经过，应考虑站点的辐射范围。

3. 线网连通度

城际铁路连通度是通过考察各节点连通状况，从城际铁路布局方面反映城际铁路网的结构特点。线网连通度定义为城市群内各节点间依靠城际铁路相互连通的强度，其计算公式为：

$$C = \frac{L/K}{\sqrt{A \cdot N}} \tag{8.3}$$

式中　C——规划城市群内城际铁路网节点的连通度；
　　　K——非直线系数，定义为各节点间实际线路总里程与直线总里程之比，通常取1.2～1.4；
　　　N——规划区域连通的节点数。

4. 集聚系数

集聚系数描述网络节点的聚集情况，反映城市群城际铁路网络的紧密性。集聚系数表示城际铁路网中节点的邻点之间也互为邻点的比例,也就是小集团结构的完美程度[41]。城际铁路线网节点i的集聚系数J_i描述的是与该节点直接相邻的节点间实际存在的边数占最大可能存在的边数的比例,即

$$J_i = \frac{2e_i}{k_i(k_i-1)} \tag{8.4}$$

式中 e_i——节点i的邻居节点之间实际存在的边数;
  k_i——节点i的度。

整个城际铁路线网的集聚系数J表示为所有节点i的集聚系数J_i的平均值,即

$$J = \frac{1}{N}\sum_{i=1}^{N} J_i \tag{8.5}$$

5. 与城市群空间结构的契合度

城际铁路网布局应该与城市群经济空间结构相契合,以满足城市群内部不同经济集聚体之间以及城市群与外部其他城市群之间的经济联系。本章采用城际铁路线网布局和城市群经济空间结构的契合度η来分析二者的一致性,η越高说明城际铁路线网布局和城市群经济空间结构的一致性越高。结合网络结构特征所采用的指标,并兼顾在划分网络层次时两个网络所依据的标准不一致,契合度的计算方法如下:

$$\begin{aligned}\eta &= 1 - \sqrt{\sum_{i=1}^{N}(n_{i1}-n_{i2})^2} \\ n_{i1} &= k_{i1}/\langle k_1 \rangle \\ n_{i2} &= k_{i2}/\langle k_2 \rangle\end{aligned} \tag{8.6}$$

式中 n_{i1},n_{i2}——城际铁路线网布局、城市群经济空间结构中城市节点i的连接度所占总连接度的比例;
  k_{i1},k_{i2}——城际铁路线网布局、城市群经济空间结构中城市节点i的连接度;
  $\langle k_1 \rangle$,$\langle k_2 \rangle$——城市群城际铁路线网布局、城市群经济空间结构的连接度总和。

8.2.1.2 经济效益评价指标分析

城际铁路线网对城市群的经济发展具有先导作用,城际铁路的规划拉近了城市群内各城市之间的距离,其辐射效用充分体现并逐步延伸,推动了区域经济的整体发展,并通过诱导大量资本在城际铁路沿线的投入,形成快速通道产业带,调整了产业和人口分布,其经济效益显著。

1. 工程建设投资

工程建设投资指城际铁路工程设施投资的总费用(亿元)。城际铁路投资分为土建费用和车辆设备费用两部分,而工程建设投资指标是指用于工程土建投资费用部分,土建费用在城际铁路投资中占有重要的份额,尤其是在穿越城市内部区域时,经常要求地下和高架

线路，工程投资是地面线路的 3~5 倍。

$$综合建设费用 = 城际铁路每千米造价 \times 城际铁路总里程 \quad (8.7)$$

2. 线网负荷强度

通常以路网上的线路客流负荷强度来衡量运量要与运能是否相适应，它反映城际铁路线网的单位长度所承担的客运量[42]，用以评价城际铁路网的运营效率和经济性。线网负荷强度是城际铁路网日均客运量与城际铁路网总长度的比值，城际铁路的效益与其承担的客运量正相关，而其运营成本则随着线网长度的增长而上升，其表达式为：

$$q = \frac{Q}{L} \quad (8.8)$$

式中 q——线路负荷强度（万人次/日·km）；

Q——城际铁路网日均客运量（万人次/日）。

3. 与城市群经济发展的协调性

城市群城际铁路线网规划综合评价体系从城际铁路网络建设规模与该城市群近远期经济能力的适应程度角度出发，定量评价城际铁路线网规划方案与城市群经济发展的协调性。城市群城际铁路线网与经济发展的协调性 E 可以表示为里程规模与 GDP 的弹性系数指标，即

$$E = \frac{\frac{\Delta L}{L}}{\frac{\Delta G}{G}} \quad (8.9)$$

式中 L——线网总规模；

ΔL——线网规模增量；

G——经济发展总量；

ΔG——经济规模增量。

8.2.1.3 社会效益评价指标分析

城际铁路线网的建成将给社会带来巨大的社会效益，主要表现在：城际铁路网的修建使旅客出行时间缩短、出行质量提高；城际铁路承担了大量的城际客流，缓解了城际间交通压力；城际铁路的建设加强了社会经济活动的交流等。

1. 网络时效

用以评价城际铁路线网修建对居民出行时间的改善程度，同时也反映了整个城际铁路网络的效率[42]。根据推荐的城际铁路网速度目标值，可计算出城市群各中心城市之间城际铁路交通运行时间，结合城市群城际铁路的线网规划目标，可按照下式求得城际铁路网络时效的实现程度。

$$\lambda = \frac{m}{M} \quad (8.10)$$

式中 m——城市群中实现了规划目标中网络时效的城市对数；

M ——城市群规划目标中网络时效涉及的全部城市对数。

2. 客运量市场份额

该指标用来反映城际铁路线网在城市群综合交通体系中的重要程度。在客运需求量分析结果的基础上，可以用城际铁路日均总客运量与区域内各交通方式总客运量的比值表示，其表达式为：

$$\theta = \frac{Q}{Q_{总}} \tag{8.11}$$

式中 Q ——城际铁路的日均客流量；

$Q_{总}$ ——城市群内城际客运总量。

综上所述，城市群城际铁路线网规划的评价指标体系共涵盖了3个方面的要素，如图8.1所示。

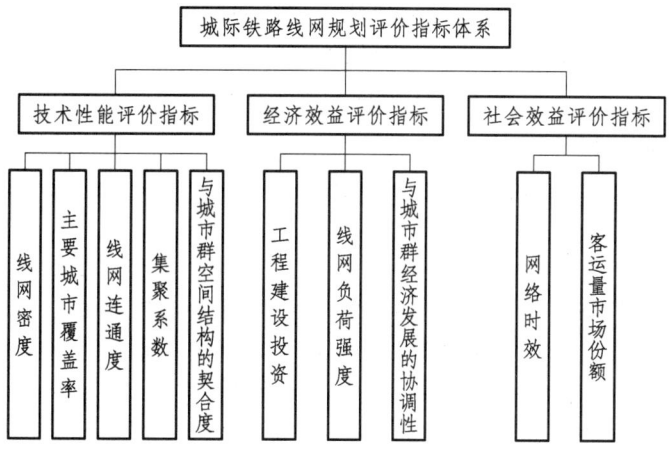

图 8.1 城际铁路线网规划评价指标体系

8.2.2 指标数据的规范化处理

由于各评价指标的实际含义不同而且量纲也不相同，直接使用不同的量纲进行比较难以体现出评价结果的优劣。因此，为了便于分析，保证各指标具有等效性和同序性，需要对原始数据进行处理，使之无量纲化和归一化[43]。

1. 定量指标的标准化处理

城市群城际铁路线网规划方案的定量评价指标体系可分为以下四种类型：成本型（越小越好型）、效益型（越大越好型）、适中型（靠近某一期望值为好）及区间型（属性值在某一固定区间内为好）[43]。针对不同类型的指标采用不同的归一化处理方法，将其归一化为隶属于[0,1]区间的极大型指标。

对于成本型指标：

$$x_{ij} = \frac{x_{0j}}{x'_{ij}} = \frac{\min_i(x'_{ij})}{x'_{ij}} \tag{8.12}$$

对于效益本型指标：$x_{ij} = \dfrac{x'_{ij}}{x_{0j}} = \dfrac{x'_{ij}}{\max\limits_{i}(x'_{ij})}$ （8.13）

对于适中型指标：$x_{ij} = \begin{cases} 1, & x'_{ij} = x^*_j \\ 1 - \dfrac{|x'_{ij} - x^*_j|}{\max\limits_{k}|x'_{kj} - x^*_j|}, & x'_{ij} \neq x^*_j \end{cases}$ （8.14）

对于区间型指标：$x_{ij} = \begin{cases} 1 - \dfrac{x^*_{j\min} - x'_{ij}}{\max\left\{x^*_{j\min} - \min\limits_{k} x'_{kj}, \max\limits_{k} x'_{kj} - x^*_{j\max}\right\}}; & x'_{ij} < x^*_{j\min} \\ 1; & x'_{ij} \in [x^*_{j\min}, x^*_{j\max}] \\ 1 - \dfrac{x'_{ij} - x^*_{j\max}}{\max\left\{x^*_{j\min} - \min\limits_{k} x'_{kj}, \max\limits_{k} x'_{kj} - x^*_{j\max}\right\}}; & x'_{ij} > x^*_{j\max} \end{cases}$ （8.15）

式中 x_{ij}——第 i 个评价对象的 j 指标规范化处理后的标准值；

x'_{ij}——第 i 个评价对象的 j 指标的原始值；

x_{0j}——m 个规划方案中关于指标 V_j 的相对最优值；

x^*_j——指标 V_j 的最佳值；

$[x^*_{j\min}, x^*_{j\max}]$——指标 V_j 的最佳取值区间，其中，$i, k=1, 2, \cdots, m$；$j=1, 2, \cdots, n$。

2. 定性指标的标准化处理

对于定性评价指标的量化，采用集值统计与专家咨询法相结合的方法进行计算。集值统计是经典统计与模糊统计的一种推广，经典统计在每次试验中得到样本空间的一个确定点[44]，而集值统计在每次试验中得到的不是一点，而是样本空间的一个普通或模糊的子集。这个子集相当于一个评定者对某一指标的一个范围估计。设有 n 个评价指标，l 个评定者，其中第 k 个评定者 $l_k(k=1, 2, \cdots, l)$ 对某一评价指标 $u_j(j=1, 2, \cdots, n)$ 的评定结果稳定在一个范围内，记为 $[y_{k1}, y_{k2}]$，且 $[y_{k1}, y_{k2}] \in [0, 1]$。于是形成一个集值统计序列：$\{[y_{11}, y_{12}], [y_{21}, y_{22}], \cdots, [y_{k1}, y_{k2}], \cdots, [y_{l1}, y_{l2}]\}$，则指标 u_j 的评定值 x_j 取为：

$$x_j = \dfrac{\dfrac{1}{2}\sum\limits_{k=1}^{l}[(y_{k1})^2 - (y_{k2})^2]}{\sum\limits_{k=1}^{l}(y_{k1} - y_{k2})}$$ （8.16）

8.2.3 评价指标权重

在多指标决策中，主要采用主观赋权法和客观赋权法来确定各个评价指标的权重。主观赋权大都是采取综合咨询评分的定性方法确定权重，然后对无量纲后的数据进行综合分析；客观赋权根据各指标之间的相关关系或各项指标值的变异程度确定权重[46]。

层次分析法将总目标分解为多目标、多准则，进一步分解为各个指标层次，在各个层次的基础上进行定性定量分析，其在指标过多时权重难以判定，无法挖掘待评价方案的内在信息。

因此，为了客观、全面、准确地评价方案，本章采用"层次分析-熵权法"组合评价的方法确定城市群城际铁路评价指标的组合权重。"层次分析-熵权法"确定评价指标组合权重的流程如下。

（1）构造判断矩阵，并用层次分析法法求初始指标权重系数 $\theta_j = (\theta_1, \theta_2, \cdots, \theta_m)^T$。

$$\bar{R} = \{\bar{r}_{ij}\}_{n \times n} = \begin{bmatrix} \bar{r}_{11} & \bar{r}_{12} & \cdots & \bar{r}_{1n} \\ \bar{r}_{21} & \bar{r}_{22} & \cdots & \bar{r}_{2n} \\ \vdots & \vdots & & \vdots \\ \bar{r}_{n1} & \bar{r}_{n2} & \cdots & \bar{r}_{nn} \end{bmatrix} \tag{8.17}$$

（2）对判断矩阵 $\bar{R} = \{\bar{r}_{ij}\}_{n \times n}$ 进行一致化处理后，得到判断矩阵的标准矩阵。

$$R = \{r_{ij}\}_{n \times n} = \begin{bmatrix} r_{11} & r_{12} & \cdots & r_{1n} \\ r_{21} & r_{22} & \cdots & r_{2n} \\ \vdots & \vdots & & \vdots \\ r_{n1} & r_{n2} & \cdots & r_{nn} \end{bmatrix} \tag{8.18}$$

$$r_{ij} = \frac{\bar{r}_{ij}}{\sum_{i=1}^{n} \bar{r}_{ij}}$$

（3）求指标 j 的熵 E_j：

$$E_j = -\frac{(\ln n)^{-1}}{\sum_{i=1}^{n} r_{ij} \ln r_{ij}}, (0 \leq E_j \leq 1) \tag{8.19}$$

（4）在熵的基础上求指标 j 的偏差度 d_j：

$$d_j = 1 - E_j \tag{8.20}$$

（5）在上一步的基础上确定修正系数 μ_j：

$$\mu_j = \frac{d_j}{\sum_{i=1}^{m} d_j} \tag{8.21}$$

（6）利用修正系数 μ_j 修正层次分析法确定的初始指标权重系数 $\theta_j = (\theta_1, \theta_2, \ldots, \theta_m)^T$，可得：

$$\theta_j' = \frac{\mu_j \theta_j}{\sum_{j=1}^{m} \mu_j \theta_j} \tag{8.22}$$

（7）将层次分析法得到的初始权重与熵权法修正后的权重按照线性加权的方法得到组合权重值，从而可得到各指标较合理的权重系数向量 $\omega_j = (\omega_1, \omega_2, \cdots, \omega_m)$。式中，$\rho$ 的取值根据实际情况确定，通常取 0.5。

$$\omega_j = \rho\theta_j + (1-\rho)\theta_j' \tag{8.23}$$

8.3 城际铁路线网规划方案综合评价

8.3.1 单一评价方法的对比分析

目前，国内外单一评价方法的相关研究较为丰富。由于各个方法的适用范围不同，在进行评价分析前，系统梳理和辨析常用单一评价方法的特征、优缺点及适用对象尤为重要。常用的综合评价方法比较与分析如表 8.1 所示。

表 8.1 常用的综合评价方法比较

方法类别	方法名称	优点	缺点	适用对象
定性评价方法	Delphi 法	操作简单、结论易用	主观判断强，结论难收敛	简单的小系统
统计分析方法	综合指数法	方法简单，经济含义清晰	指标需要做同向处理	经济效益评价
	主成分分析法	全面性、可比性、客观合理性	需要大量的统计数据，没有客观反映真实的发展水平	多指标系统
	聚类分析法	含义明确、可比性强	需要大量的统计数据	适用于相关度大的评价对象
系统分析方法	数据包络分析法	有效找出薄弱环节	只表明评价单元的相对发展指标，无法揭示真实发展水平	评价多输入、多输出的大系统
多属性决策方法	多属性和多目标决策方法	评价对象描述精确，可处理多决策者、多指标、动态的对象	无法涉及有模糊因素的对象	优化系统的评价与决策
多准则决策方法	层次分析法	可靠度高，误差较小	评价对象因素数量有限	优化系统的评价与决策
模糊数学方法	模糊综合评价	可根据不同可能性得出多层次的问题解	隶属函数、模糊矩阵确定有待进一步研究	不确定决策问题模型
灰色系统理论方法	灰色关联度分析法	计算简单，样本量小	分辨率不易确定	不确定决策问题模型
智能化评价方法	人工神经网络评价法	网络具有自适应能力、可容错性	精度低，需要大量样本	非线性、非局域性与非凸性的大型复杂系统

不同类型的评价方法对评价结果有一定的差异。随着研究工作的不断深入,为了克服单一评价方法难以全面反映评价对象的不足之处,方案评价较多采用组合评价方法。在组合评价方法中,层次分析法和模糊综合评价方法的组合或是这两种综合评价方法与其他综合评价方法的组合较为常见。

8.3.2 综合评价方法的确定

城市群城际铁路线网规划呈现复杂的技术特征,单一评价方法难以全面反映线网的性能,而且线网规划方案的评价结果也是对方案再次优化调整的基础,因此,在一般评价结果的基础上,还要判断规划方案与理想方案之间的差距。本章基于城市群城际铁路线网规划方案的特征以及单一评价方法的局限性,分析组合评价方法的适用性及发展趋势,提出了适用于城市群城际铁路线网规划方案评价的组合评价方法。

8.3.2.1 综合评价方法的分类

随着科学的发展,不同知识领域出现相互融合和交叉的趋势,综合评价方法的研究也有了新的进展,综合起来有以下几类:

1. 改进现有评价方法

通过增加参数等方式拓展现有评价方法的适用范围,或是针对现有评价方法的不足之处进行参数调整,使其功能性和完整性得到改进。

2. 动态评价方法

动态评价是针对评价对象在时间序列中的属性变化而进行的评价,主要考虑时间维度对数据的影响以及在评价体系中的调整。

3. 组合评价方法

组合评价主要包含两个维度:同一评价范围不同评价方法,不同评价范围不同评价方法。因此,组合评价方法不仅包括权重的方法组合,也包括评价对象不同层次的评价方法的组合等多种形式。

8.3.2.2 综合评价方法的确定

在城市群城际铁路线网布局规划和建设实施中,为了充分整合利用综合交通体系有限的运输资源,改善城际铁路网的服务水平,促进城市群社会经济长远,有必要对城市群城际铁路线网规划进行系统、客观的评价与分析。城际铁路线网规划评价指标体系涉及指标范围较大,指标间可比性较差,因此,常规的单一评价方法难以全面、准确的描述整个城市群城际铁路线网,更无法对整个系统做出科学、合理的评价。尤其是在实际应用中,许多定性指标由于认识上的差异性和模糊性,无法合理评价。

灰色系统理论方法通常解决不确定性决策问题,在预测和评价等方面都具有较强适用性。而城市群城际铁路线网规划方案评价属于多属性综合评价,选用指标范围较广,研究层次性强,主观不确定性指标较多,因此,本章采用基于层次分析法与熵权法确定权重的灰色关联-理想解组合评价方法进行城际铁路线网规划方案的评价与比选。这种评价方法能降低主观决策等不确定因素对评价结果的影响，提高综合评价方法的规范性和可操作性，使得评价结果真实可行。

"层次分析-熵权法"综合了定性分析与定量计算的优点，既考虑决策者对各指标的主观判断与认识，又借助理论横向对比确定各指标的影响权重，能够准确甄别影响规划方案结果的关键要素；"灰色关联-理想解"组合评价方法有效考虑了线网规划评价中的不确定因素的特征，并能够判断规划方案与理想方案之间的差距，为规划方案的优化调整提供有效的依据。

8.3.3 组合评价模型构建

城市群城际铁路线网规划方案是不同类型城市群的发育程度、社会经济发展水平、空间布局形态、结构特征以及城际铁路线网的层次结构及规模、需求层次等多方面要素的综合反映，单一的评价方法难以全面反映线网规划方案的整体特征且难以量化各方面评价指标，在系统分析各种评价方法的基础上，根据其适用性构建综合评价模型对规划方案进行评价，判断其适用性，并为调整优化提供决策依据。

8.3.3.1 灰色模糊法和理想解法分析

灰色模糊法和理想解法是常用的两种评价方法。由于单独使用时二者各自存在的局限性，往往不能准确评价对象的实际特征。因此，将灰色模糊法和理想解法有机结合，针对不足之处调整评价模型，扩展评价适用范围。

灰色模糊分析是一种多因素统计分析方法，它以各因素的样本数据为依据用灰色关联度来描述因素间关系的强弱、大小和次序[47]。灰色关联分析的目的是揭示因素间关系的强弱，通过对因素的时间序列进行操作，计算关联度评价各个比较序列。将城市群城际铁路网规划特征年的各项指标值看成时间序列，通过比较序列与理想的参考序列关联度的差异性，从而评价各个比较序列的优劣。

理想解法采用于多目标决策问题的"正理想解"和"负理想解"进行排序，利用理想点所构成的空间，每个排序方案视为空间上的一个点，其中心思想是定义了一定的模，在这个模意义下找一个有效点，通过计算备择方案对于理想点的相对贴近度进行排序[43]。

灰色模糊法和理想解法能在特定条件下解决多指标决策问题，但又存在各自的不足。逼近理想解的排序方法对统计数据要求较高，数据波动较大时对结果影响较大。灰色理论作为不确定性问题分析的代表，对原始数据的要求较低，运算简单，易于挖掘数据规律。因此，采用"灰色关联-理想解"组合评价方法，充分发挥各自的优势，对城际铁路线网规划方案进行合理评价起着重要作用。

8.3.3.2 组合评价模型构建

城市群城际铁路线网规划方案评价的最终目的是对备选方案的整体评价和选择，其实质是对规划方案的决策问题，为此我们可以采用系统决策方法进行综合评价。在上述分析的基础上，本章建立了城际铁路线网规划综合评价指标体系，采用基于层次分析法与熵权法确定权重的灰色模糊-理想解组合评价方法对城际线网方案进行比选。具体评价步骤如下。

1. 建立被比较数据列

关联分析的基本对象分为参考数据列和被比较数据列。通过数据整理，构建被比较数据列，记为 $x_1, x_2, \cdots, x_j, \cdots, x_n$，对第 j 组比较数据列可表示为 $x_j = (x_{1j}, x_{2j}, \cdots, x_{mj})$，设有 m 个评价对象，每个评价对象有 n 个评价指标，则可构造原始矩阵 X'。

$$X' = \begin{bmatrix} x'_{11} & x'_{12} & \cdots & x'_{1n} \\ x'_{21} & x'_{22} & \cdots & x'_{2n} \\ \vdots & \vdots & & \vdots \\ x'_{m1} & x'_{m2} & \cdots & x'_{mn} \end{bmatrix}_{m \times n} \tag{8.24}$$

2. 评价指标的无量纲化处理

根据前文所述，对评价指标进行量化处理，可得 m 个评价对象的比较数列 $x_1, x_2, \cdots, x_m$。

3. 确定参考数据列

参考数据列为各个评价方案中同一指标最优值所构成的数据列。设参考数据列记第 1 个指标值为 x_{01}，第 2 个指标值为 x_{02}，以此类推。因此，参考数据列可表示为 $x_0 = (x_{01}, x_{02}, \cdots, x_{0n})$。参考数据列和被比较数据列可以共同构造矩阵 X。

$$X = \begin{bmatrix} x_{01} & x_{02} & \cdots & x_{0n} \\ x_{11} & x_{12} & \cdots & x_{1n} \\ x_{21} & x_{22} & \cdots & x_{2n} \\ \vdots & \vdots & & \vdots \\ x_{m1} & x_{m2} & \cdots & x_{mn} \end{bmatrix}_{m \times n} \tag{8.25}$$

4. 计算差序列、最大差和最小差

确定初始矩阵，通过计算参考数据列与比较数据列的对应指标的绝对值差值，形成绝对值差值矩阵 Δ：

$$\Delta = \begin{bmatrix} \Delta_{11} & \cdots & \Delta_{1n} \\ \vdots & & \vdots \\ \Delta_{m1} & \cdots & \Delta_{mn} \end{bmatrix}_{m \times n} \tag{8.26}$$

其中，$\Delta_{ij} = |x_{0j} - x_{ij}|, i = 1, 2, \cdots, m; j = 1, 2, \cdots, n$。

绝对值矩阵中最大数和最小数即为最大差和最小差。

$$\begin{aligned} \max_{\substack{1 \leqslant i \leqslant m \\ 1 \leqslant j \leqslant n}} |\Delta_{ij}| &\triangleq \Delta(\max) \\ \min_{\substack{1 \leqslant i \leqslant m \\ 1 \leqslant j \leqslant n}} |\Delta_{ij}| &\triangleq \Delta(\min) \end{aligned} \tag{8.27}$$

5. 确定权重

用层次分析-熵权法组合定权的方法确定城市群城际铁路线网规划方案预期实施效果评价指标体系的权重。

6. 计算灰色关联度

确定比较数据列 $x_1, x_2, \cdots, x_m$ 和参考数据列 x_0，计算各比较数据列 x_i 与参考数据列 x_0 的各指标关联度系数 A：

$$A_{ij} = \frac{\Delta(\min) + \xi\Delta(\max)}{\Delta_{ij} + \xi\Delta(\max)} \tag{8.28}$$

式中　A_{ij}——x_i 对 x_0 的 j 指标关联系数；

ξ——分辨系数，用来削弱 $\Delta(\max)$ 过大而使关联系数失真的影响，$0 < \xi < 1$，一般情况下取 0.1 至 0.5 为宜。

各评价对象与最优指标的关联系数组成评价矩阵 A。

$$A = \begin{bmatrix} A_{11} & A_{12} & \cdots & A_{1n} \\ A_{21} & A_{22} & \cdots & A_{2n} \\ \vdots & \vdots & & \vdots \\ A_{m1} & A_{m2} & \cdots & A_{mn} \end{bmatrix}_{m \times n} \tag{8.29}$$

7. 确定理想解与负理想解

以评价矩阵 A 为新的决策矩阵构造理想解模型，确定理想解 r_0^+ 和负理想解 r_0^-。

$$\begin{aligned} r_0^+ &= \{\max_{1 \leq i \leq m} A_{ij}, j = 1,2\cdots, n\} = [A_{01}^+, A_{02}^+, \cdots, A_{0j}^+, \cdots, A_{0n}^+] \\ r_0^- &= \{\min_{1 \leq i \leq m} A_{ij}, j = 1,2\cdots, n\} = [A_{01}^-, A_{02}^-, \cdots, A_{0j}^-, \cdots, A_{0n}^-] \end{aligned} \tag{8.30}$$

8. 计算各方案的贴近度

结合各指标的权重系数，根据下式计算第 i 个方案到理想解、负理想解的距离 d_i^+，d_i^-。

$$\begin{aligned} d_i^+ &= \sqrt{\sum_{j=1}^n \alpha_j (A_{ij} - r_0^+)^2} \\ d_i^- &= \sqrt{\sum_{j=1}^n \alpha_j (A_{ij} - r_0^-)^2} \end{aligned} \tag{8.31}$$

式中　α_j——第 j 项指标的权重系数。

故各方案的相对贴近度 C_i 为：

$$C_i = \frac{d_i^-}{d_i^+ + d_i^-} \tag{8.32}$$

9. 评价优劣

比较相对贴近度 C_i 值的大小，评价规划方案的优劣顺序。假定参考数据列为最优序列，则相对贴近度越大，表明方案按照相应的评价准则，与相对最优方案的相似性越接近，方案效果相对越优。

综上，评价方法的合理性直接影响评价结果的科学有效性，根据城市群城际铁路线网规划方案的特征构建的组合评价模型，能够满足城际铁路线网规划评价的目标要求。基于层次分析法与熵权法确定权重的"灰色关联-理想解"组合评价模型确定的城市群城际铁路线网规划方案综合评价的流程图如图 8.2 所示。

城际铁路线网规划评价是通过与规划目标的对比对规划方案进行科学决策，从不同角度验证规划方案的适用性。城市群城际铁路线网规划评价是系统决策问题，在规划目标与多种影响因素的分析基础上，构建能全面有效反映规划方案质量的指标体系，并采取科学的方法处理不同指标之间的关系，最后采用适合的方法得到评价结果，并根据规划目标与城市群的发展要求判断规划方案整体的适应性，在对比各方案适用性的基础上，能够进一步分析其与理想规划方案之间的差距，为线网的规划调整提供依据。

在系统解析分类分层规划方法的原理及实施步骤的基础上，选取不同形态的城市群为研究对象进行实例分析，按照实施步骤确定其城际铁路线网规划方案，根据规划结果分析规划方法的适用性及合理性，并结合城市群的区域分异特征对方法进行完善及优化。

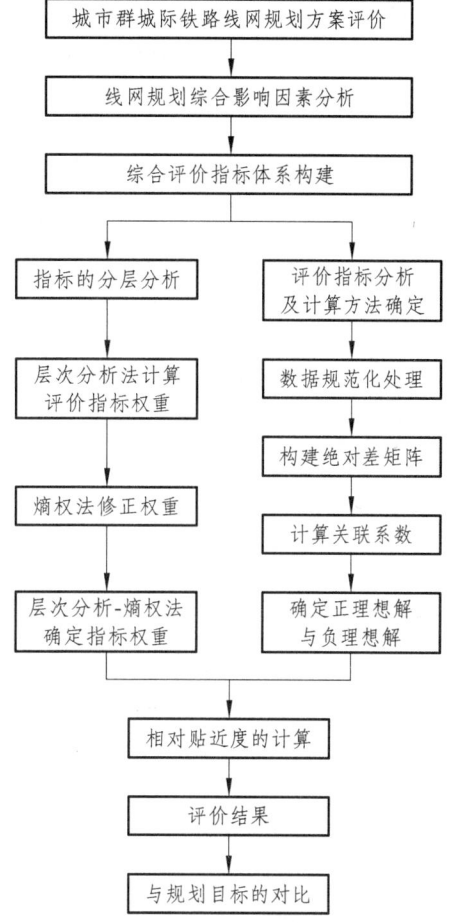

图 8.2 城际铁路线网规划方案评价流程

8.4 城市群城际铁路线网规划综合评价案例分析

城际铁路线网规划方案评价能够有效判断规划方案的适应性，便于在各规划方案中进行合理筛选；进一步，通过对多个城市群的规划方案进行评价，能够横向对比各城市群之间的差异性。

在对成渝城市群和珠三角城市群城际铁路线网规划方案研究基础上，运用上节所提出的基于层次分析法与熵权法确定权重的灰色关联-理想解组合评价方法对其进行综合评价，一方面验证评价方法的适用性，另一方面进行两个城市群之间的横向对比，具体的评价过程如下。

8.4.1 评价矩阵的确定

在城市群城际铁路线网布局方案基础上,结合成渝城市群和珠三角城市群城际轨道交通设计资料中 2030 年城际客流预测结果,采用本节提出的指标体系及其计算方法,得到各个评价指标值,如表 8.2 所示。

表 8.2 成渝城市群与珠三角城市群规划方案评价指标值

评价指标	成渝	珠三角
线网密度	0.103 9	0.070 0
主要城市覆盖率/%	100	100
线网连通度	1.863 3	2.014 9
集聚系数	0.569 8	0.444 4
与城市群空间结构的契合度	0.935 3	0.903 1
工程建设相对投资	0.720 246 178	0.279 753 8
线网负荷强度/(万人次/日·km)	16.385 5	110.409 0
与城市群经济发展的协调性/%	0.7214	0.606 0
网络时效/%	100	100
客运量市场份额/%	42.78	39.2

在多因素综合评价中,因评价指标值具有不同的量纲和数量级,为保证后续分析结果的可靠性,消除各评价指标量纲不一致导致的无法共同度量问题,本书运用评价指标数据的规范化处理方法,对上述指标值进行无量纲处理,得到矩阵 B:

$$B = \begin{bmatrix} 1 & 1 & 0.92 & 1 & 1 & 0.39 & 0.15 & 1 & 1 & 1 \\ 0.67 & 1 & 1 & 0.80 & 0.97 & 1 & 1 & 0.84 & 1 & 0.92 \end{bmatrix}$$

8.4.2 评价指标组合权重的确定

根据本书提出的层次分析-熵权法确定评价指标权重的思路,各评价指标权重的计算结果如表 8.3 所示。在利用公式 $\omega_j = \rho\theta_j + (1-\rho)\theta'_j$ 计算组合权重时, ρ 取值 0.5。

表 8.3 评价指标组合权重计算结果

评价指标	层次分析法	熵权	组合权重
线网密度	0.149 8	0.101 9	0.125 9
主要城市覆盖率	0.151 9	0.103 3	0.127 6
线网连通度	0.091 0	0.103 2	0.097 1
集聚系数	0.032 8	0.102 7	0.067 7
与城市群空间结构的契合度	0.088 6	0.103 3	0.095 9
工程建设投资	0.095 8	0.095 8	0.095 8
线网负荷强度	0.080 3	0.080 3	0.080 3
与城市群经济发展的协调性	0.051 5	0.103 0	0.077 3
网络时效	0.193 7	0.103 3	0.148 5
客运量市场份额	0.064 5	0.103 2	0.839 0

8.4.3 灰色模糊——理想解组合评价

1. 确定参考数据列，构建评价矩阵

参考序列是根据研究对象的性质构造的一个相对理想化的最优样本，是综合评价的标准，在这里假设是方案预期实施效果能够达到城际铁路规划的最终目标时的理想值。由于城际铁路规划方案涉及的指标有正向指标、逆向指标和适度指标，所以需要将指标同趋势化，都化为正向指标，所以取参考序列 $x_0 = (1, 1, \cdots, 1)$，参考数据列与比较数据列共同构建矩阵 X：

$$X = \begin{bmatrix} 1 & 1 & 1 & 1 & 1 & 1 & 1 & 1 & 1 & 1 \\ 1 & 1 & 0.9248 & 1 & 1 & 0.3884 & 0.1484 & 1 & 1 & 1 \\ 0.6737 & 1 & 1 & 0.7799 & 0.9656 & 1 & 1 & 0.8400 & 1 & 0.9163 \end{bmatrix}$$

2. 求差序列、最大差值和最小差值

在确定了评价的初始矩阵后，通过计算参考数据列与比较数据列的对应指标的绝对值差值，就可以形成如下的绝对值差值矩阵 Δ：

$$\Delta = \begin{bmatrix} 0 & 0 & 0.0752 & 0 & 0 & 0.6116 & 0.8516 & 0 & 0 & 0 \\ 0.3263 & 0 & 0 & 0.2201 & 0.0344 & 0 & 0 & 0.1600 & 0 & 0.0837 \end{bmatrix}$$

其中，$\Delta_{ij} = |x_{0j} - x_{ij}|, i = 1, 2, \cdots, m; j = 1, 2, \cdots, n$。

绝对值矩阵中最大数和最小数即为最大差和最小差，故：

$$\max_{\substack{1 \leq i \leq 2 \\ 1 \leq j \leq 10}} |\Delta_{ij}| = \Delta(\max) = 0.8516$$

$$\min_{\substack{1 \leq i \leq 2 \\ 1 \leq j \leq 10}} |\Delta_{ij}| = \Delta(\min) = 0.0344$$

3. 计算灰色关联度

对绝对值差值矩阵中的数据作如下变换：

$$A_{ij} = \frac{\Delta(\min) + \xi \Delta(\max)}{\Delta_{ij} + \xi \Delta(\max)} \quad (8.33)$$

式中，$0 < \xi < 1$，一般情况下取 $0.1 \sim 0.5$ 为宜，本书中 ξ 取 0.3。据此计算得到如下关联系数矩阵 A。

$$A = \begin{bmatrix} 1.1348 & 1.1348 & 0.8766 & 1.1348 & 1.1348 & 0.3343 & 0.2619 & 1.1348 & 1.1348 & 1.1348 \\ 0.4983 & 1.1348 & 1.1348 & 0.6096 & 1 & 1.1348 & 1.1348 & 0.6979 & 1.1348 & 0.8548 \end{bmatrix}$$

4. 确定理想解与负理想解

以评价矩阵 A 为新的决策矩阵构造理想解模型，可以得出：

$$r_0^+ = [1.1348 \quad 1.1348 \quad 1.1348 \quad 1.1348 \quad 1.1348 \quad 1.1348 \quad 1.1348 \quad 1.1348 \quad 1.1348 \quad 1.1348]$$

$$r_0^- = [0.4983 \quad 1.1348 \quad 0.8766 \quad 0.6096 \quad 1 \quad 0.3344 \quad 1.1348 \quad 0.6978 \quad 1.1348 \quad 1.8548]$$

5. 计算各方案的贴近度

结合各指标的权重系数，根据下式计算规划方案到理想解、负理想解的距离 d^+、d^-。

$$d^+_{成渝} = 0.574\,2\,;\quad d^-_{成渝} = 0.392\,3$$

$$d^+_{珠三角} = 0.304\,5\,;\quad d^-_{珠三角} = 0.260\,5$$

从两个城市群城际铁路线网规划方案的评价结果可知，其与正、负理想方案的距离比较接近，相差较小，基本上处于中间水平。继而，根据贴近度的计算公式 $C_i = \dfrac{d_i^-}{d_i^+ + d_i^-}$，计算可求得两个城市群城际铁路线网规划方案与理想值之间的贴近度，如表 8.4 所示。

表 8.4 成渝城市群与珠三角城际铁路线网规划方案与理想值的贴近度

城市群	成渝城市群	珠三角城市群
贴近度	0.405 9	0.461 0

8.4.4 评价结果分析

横向对比以上城市群城际铁路规划方案的评价结果，发现珠三角城市群的评价结果较优。相对而言，珠三角城市群的发育程度更高，各节点发展水平均衡且节点间的联系也较为密切，规划线网呈网络化分布，线网密度和覆盖范围均较大，各主要节点之间相互连通且边缘地区的节点间也形成完整的环线，有效带动边缘区域的发展。相对而言，成渝城市群内的节点数量多，空间分布较分散且结构相对复杂，城市间的发展水平差距较大，城市间的联系强度分布不等，对规划线网的要求也较高，若规划与其空间结构相适应的线网方案一定程度上会造成资源的浪费，某些线路的运输效益不明显，而且根据出行需求的预测结果，现有的出行需求量相对偏小，城际铁路线网的负荷强度不高，一定程度上属于超前规划。

从城市群城际铁路线网规划方案评价过程可以看出，对于城市群城际铁路线网规划方案的综合评价属于多层次综合评价系统，本书采取了层次分析法、熵权法与灰色模糊法、理想解法等结合评价方法，在对各评价指标子集应用灰色模糊与理想解法的基础上，结合层次分析法与熵权法获得的各指标权重系数，得到各评价指标子集的评价值。该组合评价模型指标的选取综合考虑了城际铁路线网规划过程的特性和实际操作的可行性，具有系统全面、简单实用的特点，评价结果简单直观，方便研究人员做出评价结论或决策者做出相关决策。

9 实践——关中城市群城际铁路线网规划研究

本章以《关中—天水经济区发展规划》、《关中城市群建设规划》、陕西省及关中城市群各城市社会经济发展规划及城市总体规划、国家《中长期铁路网规划》(2008年调整版)、陕西省综合交通发展规划、《陕西省中长期铁路网规划》等规划资料为指导,围绕区域经济和城市群发展战略,预测关中城市群城际客运需求,并根据城市群内区域内不同城市的功能定位、发展方向,研究并提出了关中城市群城际铁路线网规划方案。

9.1 关中城市群发展概述

关中城市群位于亚欧大陆桥中心地理位置,东起潼关,西至宝鸡,东西长约 360 km,行政区划包括西安、宝鸡、咸阳、渭南、铜川和杨凌 5 市 1 区,共辖 54 县(市、区),404 个镇,其中特大城市 1 个,中等城市 4 个,小城市 3 个。自然地理上包括渭河平原、渭北台塬、关中北部低山丘陵和秦岭北部山地。根据关中城市群城际铁路项目所处地理位置及可能的吸引影响范围,关中城市群界定为陕西省,以西安为中心,覆盖宝鸡、咸阳、渭南、铜川和杨凌五市一区的关中城市群。考虑到中心城市的辐射作用以及关中城市群未来的扩大效应,将商洛、延安、汉中、安康及天水等关中周边地区作为间接研究区域。

9.1.1 关中城市群社会经济现状及规划

1. 社会经济发展现状

2011 年关中城市群 GDP 达到 7 723 亿元,占陕西省的 62%;人口 2 350 万人,占陕西省的 63%;地方财政总收入达到 1 120 亿元,占陕西省的 43%。区域各城市 2011 年社会经济主要指标如表 9.1 所示。

同时,关中城市群旅游资源雄厚,主要包括西安古都旅游区、骊山风景名胜旅游区、长安古寺庙旅游区、华山旅游区、咸阳帝王陵墓旅游区和宝鸡法门寺旅游区等,主要景区分布如图 9.1 所示。

表 9.1　2011 年关中城市群社会经济指标

指标	单位	陕西省	关中							关中/全省
			西安	咸阳	杨陵	宝鸡	渭南	铜川	合计	
土地面积	km²	205 800	10 108	10 196	94	18 172	13 046	3 882	55 498	27%
总人口	万人	3 742.6	851.3	491.2	20.2	372.7	530.4	83.8	2 350	63%
人口密度	人/km²	182	842	482	2149	205	407	216	423	233%
GDP	亿元	12 391	3864	1 359	61	1176	1 029	235	7 723	62%
第一产业	亿元	1 221	173	253	5	129	160	17	737	60%
第二产业	亿元	6 836	1 697	738	30	749	545	149	3 909	57%
第三产业	亿元	4 334	1 994	369	26	298	323	68	3 077	71%
人均 GDP	元	33 108.8	45 391	21 900	30 094	31 547	19 397	22 317	32 870	99%
规模以上工业增加值	亿元	5 459.58	1 012.5	548.7	39.3	534.32	431.3	123.8	2 689.92	49%
农民人均纯收入	元	5 028	9 788	6 401	9 110	6 340	5 571	6 077	7215	143%
城镇居民人均收入	元	18 245	25 981	22 224	25 999	22 337	18 768	18 775	22 347	122%
财政总收入	亿元	2 577.97	649.8	182.7	2.32	151.67	94.42	38.3	1 119.21	43%
旅游人数	万人次	1 324	530.15	115	4.2	132	116.3	19.11	916.76	69%
旅游综合收入	亿元	2 577.97	649.8	182.7	2.32	151.67	94.42	38.3	1 119.21	43%
固定资产投资	亿元	10 033.1	3 352.1	1 263.1	52	1 008.3	912.3	145.9	6 733.7	67%

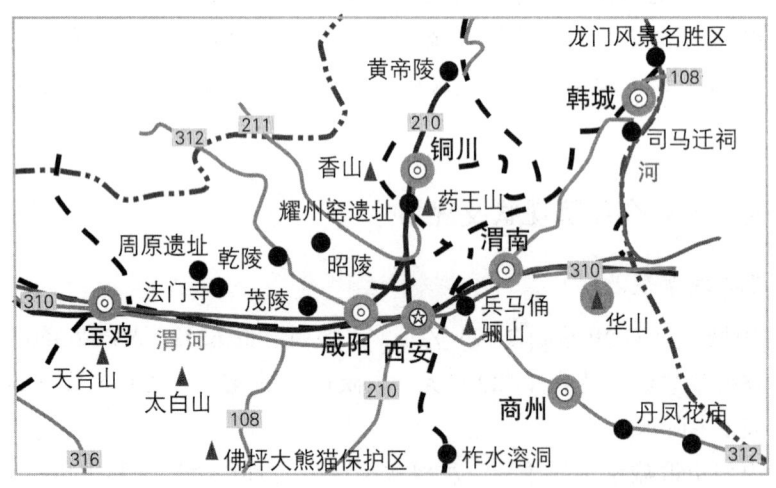

图 9.1　关中城市群主要景区分布

2. 关中城市群社会经济发展规划

（1）预计到 2020 年，关中城市群综合经济实力实现新跨越，经济总量和人均地区生产总值均大幅提高。同时，加快城镇群集聚发展，实现城镇化率达到 60% 的目标。

（2）交通、水利、市政、信息等基础设施得到根本改善，覆盖经济区的综合交通运输网络基本建成，水资源优化配置和管理水平取得明显提高。

（3）强化生态环境建设，显著降低资源消耗和环境污染，城镇污水、生活垃圾、工业固体废物基本实现无害化处理。

具体经济社会发展主要指标如表 9.2 所示。

表 9.2 经济社会发展主要指标

指 标	2020 年	指 标	2020 年
人口/万人	2 530	单位地区生产总值能耗下降（与 2005 年相比）/%	25.0
地区生产总值/亿元	16 400	单位工业增加值用水量/（m³/万元）	100
人均地区生产总值/元	53 000	城镇污水处理率/%	90
R&D 经费占 GDP 比重/%	6.0	垃圾无害化处理率/%	100
城镇登记失业率/%	4.5	工业固体废物综合利用率/%	90
城镇化率/%	60	城市绿化覆盖率/%	45.0
森林覆盖率/%	47.0	主要河流水质	Ⅲ类

9.1.2 关中城市群发展战略及特征分析

1. 关中城市群发展战略解读

关中城市群是关中—天水经济区的核心区域。作为国家重要的城市群之一，除了满足经济国际化—区域化战略、人口城镇化战略、区域核心带动战略、经济协同战略等我国城市群发展的常规战略之外，针对自身资源禀赋和区位条件，突出西部城市群差异化发展战略，更加注重与城市群外部的经济联系，强化高新技术产业开发带和星火科技产业带等优势区域，积极构建以西安为中心的"大西安都市圈"，提高西安与宝鸡、铜川、渭南等城市之间的互联互通，推动西北地区经济振兴，打造西部大开发战略高地。

2. 城市群社会经济发展特征分析

同时，根据第 4 章关于社会经济、空间形态、城市规模、城市群内部聚集程度等多因素多指标分析，可以看出，从全省角度分析，关中城市群经济体量较大，达到全省总量的 60% 以上，主要产业为先进制造业、电子信息业等工业及现代服务业，自身内在增长能力相对较强。从全国角度分析，关中城市群经济实力相对薄弱，"一强众弱"现象突出，城市群节点断层显著，产业结构层次不合理导致区域范围内资源配置低效、产业集聚度较低。其次，由于经济发展水平的影响，关中城市群综合交通运输体系尚未完善，尤其缺乏以城际铁路为代表的快速、高效、大容量轨道交通方式，这又间接制约了关中城市群各级城市之间的连通，限制了城市群整体实力的提升。

3. 关中城市群城镇体系规划布局

根据城市经济社会聚集水平和对区域的辐射吸引能力及其腹地的覆盖范围，构建由核心城市、次核心城市、三级城市、重点镇和一般镇五级组成的城镇体系，明确各级城市（镇）在城市群中的等级定位，如表 9.3 和图 9.2 所示。

表 9.3 关中城市群发展定位

等级	城市城镇名称	在区域发展中的定位
一级（1）	西安都市圈	中国北方内陆和黄河中上游地区的中心大都市，关中-天水经济区的核心
二级（3）	宝鸡市	西部中心城市之一，陕甘宁毗邻区域经济文化中心，关中城市群的西部中心城市
	渭南市	陕晋豫毗邻地区中心城市之一，关中东部中心城市
	铜川市	连接关中陕北两大经济区的重要城市
三级（6）	韩城市	跨黄龙、宜川、合阳、韩城及山西河津、万荣等县域的地方中心城市
	彬县	跨彬县、长武、旬邑、麟游、永寿及甘肃灵台等县域的地方中心城市
	蒲城县	跨白水、合阳、大荔等县域的地方中心城市
	华阴市	跨潼关、大荔、洛南等县域的地方中心城市
	凤翔县	跨陈仓区西部、岐山北部、千阳、麟游等县域的地方中心城市
	陇县	跨千阳和甘肃华亭、崇信、张家川等县城的地方中心城市
四级	各县县城	具有专业化特色职能的县域中心城镇
五级	各建制镇	形成各具特色的小城镇

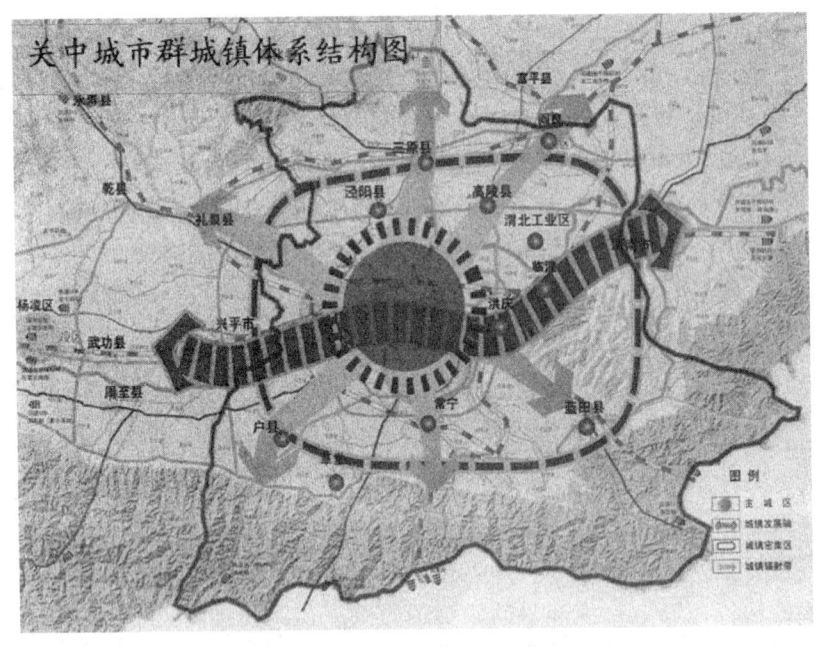

图 9.2 关中城市群城镇体系结构

4. 关中城市群社会经济发展趋势

（1）稳步推进城镇化进程。

西安特大城市对周边地区辐射带动作用明显，区域内城镇化进程不断加快。2014年关中城市化率为55.59%，较2013年提高了1.03个百分点，较2010年提高了6.03个百分点，城镇化水平整体呈现稳步增长趋势。

（2）战略区位显著，发展潜力巨大。

关中城市群是"一带一路"战略的重要支点，是全国交通、信息大通道的重要枢纽也是和西部地区连通东中部地区的重要门户。其科教实力雄厚、工业基础良好，国防军工、综合性高新技术产业及装备制造业基础扎实，区域优势产业快速增长，是西北地区经济发展的有生力量，发展潜力巨大。

（3）文化积淀深厚，旅游资源丰富。

关中城市群尤其是西安及周围关中地区，是中国有名的文物古迹荟萃之地，拥有大量珍贵的历史文化遗产和丰富的人文自然资源。以西安为中心现已形成十大旅游区，其中六处集中在关中地区。

9.1.3 城市群空间结构演化及布局

1. 空间发展轴线分布特征

关中城市群以西安为核心，构建"一轴一环三走廊"区域城镇发展轴（带）体系，如图9.3所示。通过规划三个层级的空间发展轴，把关中城市群最重要的功能区和节点进行串联、整合，构成各个方向强劲辐射的空间系统。

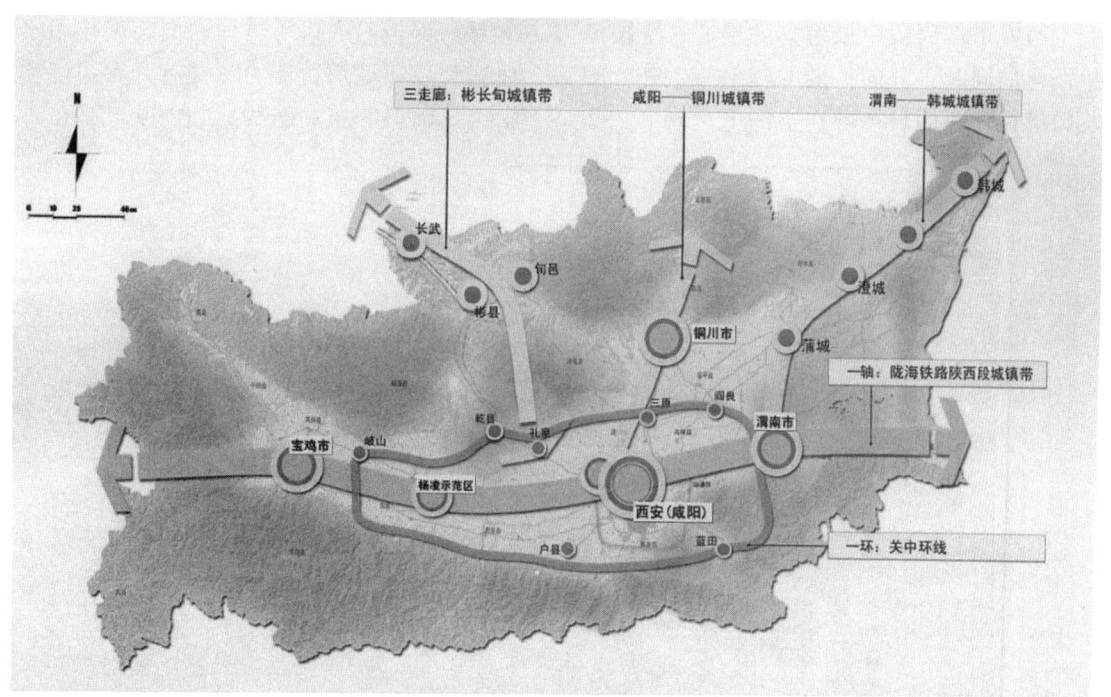

图 9.3 关中城市群发展轴线分布特征

"一轴"是东西向主轴拓展带，是关中城市群重要的空间发展轴。"一环"为关中环线城镇带沿线的区县和乡镇串联带，是关中城市群核心向边缘过渡和辐射的重要载体，整个关中城市群城镇发展轴带呈放射状。"一环"向外辐射"三走廊"包括渭北彬长旬城镇带、西安—铜川—延安城镇带、西安—阎良—韩城城镇带，是西安都市圈和城镇带向渭北辐射的主要通道聚合轴以及向西北辐射带动陇东平凉、庆阳等地区发展和向南辐射带动陕南汉中、安康等地区发展轴带，主要是发挥各级中心城市对产业聚集区的服务作用，促进产业发展由孤立布局模式（以行政地域为布局单元）向综合协调的点轴发展模式转变，优化关中城市群城镇与产业布局。

2. 关中城市群内空间演化模式

关中城市群为典型核心主导型的单中心城市群，西安市在城市群中占有绝对主导地位，既是陕西省政治、经济发展的中心，又是区域综合交通枢纽的城市集合体。根据第4章分形分析可知，关中城市群主要城市围绕中心呈聚集分布，城市体系形态整体上具有向心特征，同时，城市规模分布呈现出三个层次，第一层次与第二层次间出现明显断层，各层级城市社会经济指标差距明显，西安市城镇化率高于70%，而第二层级城市集聚度显著降低；关中城市群经济总量相差悬殊，宝鸡、咸阳、渭南三市的经济总量仅为西安市的1/3左右。

城市群空间结构为点轴式全局发展演化类型，以西安为核心，与宝鸡、渭南、铜川市共同构成基础结构，三级城市节点与几个重要的节点相连，西安核心城市的辐射能力强于节点间距离主导的关联能力，空间分布较为紧凑。

3. 关中城市群空间布局结构

西安市作为关中城市群的核心"增长极"，在政治、经济、人口等方面内向集聚作用不断强化的同时，外向扩散的辐射带动作用显著。根据资源环境承载能力、现有开发强度和发展潜力，关中城市群在空间上呈现"一核、一轴、三辐射"布局结构，如图9.4所示。

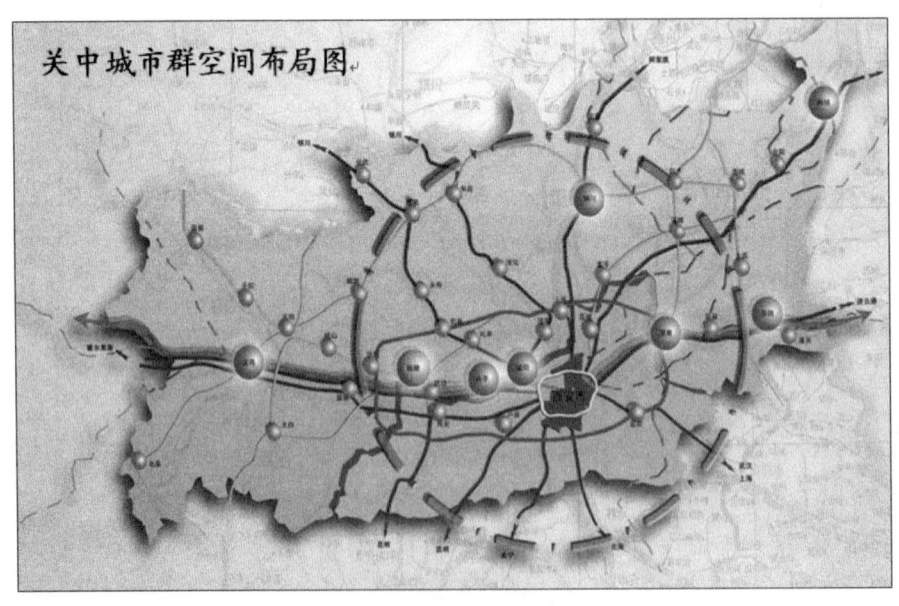

图9.4 关中城市群空间布局

以西安（咸阳）大都市为核心，以宝鸡、咸阳、渭南等次核心城市为节点，形成宝鸡—西安—渭南的主要空间发展轴，加强与铜川、韩城等外围城市等城镇的联系，促进生产要素合理流动和优化配置，带动经济区南北两翼发展。

9.2 关中城市群城际铁路发展战略及适应性分析

9.2.1 区域交通运输发展现状与规划

1. 关中城市群综合交通运输现状

关中城市群位于我国欧亚大陆桥经济带的中心地带，已形成铁路、公路、航空立体交通网络。区域交通体系建设以西安为中心，以公路和城市道路、铁路及城市区域轨道交通（地铁、轻轨、城际铁路）、航空等多种运输方式相衔接的综合交通运输系统，形成以公共交通为主体，轨道交通为骨干的快速、便捷、环保的综合交通体系。

铁路：关中城市群现有西安和宝鸡两大铁路枢纽，目前衔接的铁路主要有陇海铁路陕西段、郑西高速铁路、宝成、宝中、包西、西康、宁西、侯西等干线铁路及货运北环线、咸铜、西户等支线铁路，以上线路共同构成关中地区铁路交通网。

公路：关中城市群地区公路发达，已经形成由高速公路、国道、省道干线公路、县际公路构成的纵横交错、多层次的公路网络，主要有 G30、G40 等高速公路和 G108、G210 等国道，以西安为中心的"米"字形高等级公路干线网辐射全省。

民航：区域内西安咸阳国际机场，是国家 11 个枢纽机场之一，是国际定期航班机场、西北地区的区域中心机场。2015 年完成旅客吞吐量 3 300 万人，年均增长率为 12.9%；货邮吞吐量 21 万吨，年均增长率为 4.1%。

2. 关中城市群综合交通运输发展规划

关中城市群地区交通运输规划的目标是进一步完善公路、铁路的布局，提高综合运输能力，形成以高速公路为主体，以铁路为骨架，以车站、机场为依托，建设多功能、多层次、多方位、立体式的快速、高效综合运输网，使交通运输适度超前于国民经济的发展。

（1）铁路。

根据相关规划，陕西将形成"三纵五横八辐射一城际"的路网布局。具体包括：

三纵：包头—西安—重庆、中卫—宝鸡—成都、蒙西至华中煤运通道；

五横：神木—朔州、太中银、黄韩侯、陇海铁路、阳安、襄渝铁路；

八辐射：西安—郑州客专、西安—大同客专、西安—成都客专、西安—兰州客专、西安—侯马、西安—合肥、西安—平凉、西安—银川铁路；

一城际：即关中城市群城际铁路网。

（2）公路。

在"米"字形主骨架基础上构建"两环三纵七横六辐射"的高速公路网，以"加密、连通、对接、扩容"为重点，努力实现高速公路发展新突破，进一步提升东西通道、南北骨架通行能力，强化国家公路运输枢纽地位。具体为：

两环：即西安绕城高速和西安大环线，其中西安大环线途经渭南、阎良、高陵、三原、杨凌、周至、户县、长安、渭南等地。

三纵：即榆商线、榆康线和定汉线。

七横：即吴定线、延吴线、宜富线、合凤线、大凤线、潼宝线和白略线。

（3）航空。

扩建咸阳国际机场，强化其国际航空港和全国大枢纽机场的地位，在西安周边地区预留西安第二机场，同时作为咸阳国际机场的备降机场。

（4）城市及区域轨道交通规划。

根据建设大西安的战略构想，西安市城市总体规划正在进行新一轮修编。结合大西安城市总体布局，西安市城市轨道交通线网修编工作也在进行之中，根据线网修编的最新推荐方案，西安市城市轨道交通线网将由原批复的 6 条线路增加至 15 条，规划线路总长度由 252 km 增加为近 600 km。

3. 综合交通运输需求特征分析

关中城市群地区是西北目前经济最发达的地区，经济的持续快速发展使交通运输需求大幅度增长。随着经济发展，城市化水平提高、城市规模扩大及城市带的形成，城际间运输需求明显增加，城市群间、中心城市与城镇间以及经济组团内部的运输需求急剧上升，未来关中城市群地区运输需求将出现以下特点：

（1）沿陇海交通走廊仍然是其运输需求增长最为迅速的区域。

沿陇海交通走廊形成的轴向发展城镇体系是关中城市群发展的核心区域，该交通走廊内高速公路、铁路能力都处于饱和状态，随着连霍高速公路进行扩建及陇海铁路的扩能改造，仅能缓解一定时期内陇海交通带的压力，远期城际客流需求将远大于供给。

（2）中心城市的发展导致运输需求呈现放射趋势。

随着以西安为中心的西安都市圈建设，关中城市群将逐渐发育成以西安都市圈为中心的城镇体系。由于中心城市具有技术、资金、人才、信息等多种生产要素优势，经济具备向外辐射的能力和向外扩张的要求，为实现与周边地区的联合发展，必须加强中心城市与周边地区基础设施建设，缩短时空时距，加强人流、物流的流通。

（3）城市化水平提高，导致通勤、商务客流急剧上升。

根据城市群核心城市的内向集聚和外向扩散的相互作用，城市将从以境域扩散向广域扩散转变，逐步实现物流园区、工业园区及开发区等城市产业发展的主要载体向核心城市外部转移，由此导致通勤、商务客流的急剧上升，如西安与宝鸡之间及西安与咸阳、阎良等通勤需求的产生。

9.2.2 关中城市群城际铁路发展战略

1. 指导思想

按照"一核、一轴、三辐射"的关中城市群布局规划，坚持以公共交通为主体，轨道交通为骨干的快速、便捷、环保的综合交通体系的理念，以"一带一路"战略为契机，发挥城际铁路骨干优势作用，满足关中城市群"一轴一环三走廊"区域城镇发展轴（带）分布，着力构建布局合理、覆盖广泛、高效便捷、安全经济、环境友好的城际铁路网络，统筹考虑与区域内其他轨道交通的衔接和分工，优化配置、整合资源，加强城际铁路枢纽建设，全面构建和提升城际铁路的服务效能，强化外部衔接和城市群内部连通，满足城际客流快速出行需要，引导和支撑关中城市群建设规划，促进区域内社会经济协调发展。

2. 发展目标

（1）符合关中城市群发展战略要求，构建层次完善的城际铁路网络。

满足关中城市群发展战略的要求，构建层次完善的城际铁路网络，实现关中城市群的核心城市西安与成都、兰州、郑州等周边省会城市的 3 h 交通圈，以及城市群范围内 1～2 h 交通圈，强化对内对外衔接互通，加强骨干层次的线路规划，通过多功能层次实现广泛覆盖，构建支撑和引导关中城市群可持续发展的城际铁路公共服务网络。

（2）完善关中城市群综合交通系统建设，构建高效衔接的城际铁路综合枢纽。

统筹考虑与高速铁路、既有铁路和城市轨道交通等其他交通方式的合理分工和高效衔接，完善关中城市群综合交通系统建设，统筹规划城际铁路枢纽，优化配置、整合资源，实现客运换乘"零距离"和运输服务"一体化"，引导并优化沿线城市规划布局。

9.2.3 关中城市群城际铁路适应性分析

关中城市群城际铁路适应性分析，就是研究城际铁路系统和社会经济系统在关中城市群发展阶段产生的"协同效应"。其适应性不仅包括城际铁路数量、质量、结构和建设时序的适应性，更包括城际铁路系统发展战略、管理体制、运输组织模式等涵盖城际铁路建设全生命周期的适应性。

1. 发展目标相适应

关中城市群城际铁路的发展战略及规划是落实"加快西部地区基础设施建设"等政策的重要举措，对于推动和促进关中地区经济建设与发展，优化产业结构，增强城市群竞争力，完善城镇体系，加快城市化建设，实现城市群的可持续发展起到了引导和促进的作用。

2. 发展模式相适应

关中城市群是典型的依赖陇海铁路交通主轴线形成经济发展轴的城市群，主要城镇和产业基本沿交通主轴线展开。关中城市群城际铁路规划也是以核心、次核心城市为基本骨架的多层次、区域化轨道交通网络，如图 9.5 所示，其发展思路、模式等与关中城市群社会经济发展模式相适应，为城市群各城市间功能互补、协调发展提供强有力的支撑。

3. 发展效果相适应

随着关中城市群高新技术产业开发带和星火科技产业带等优势产业的稳步增长，其区域经济发展水平显著提高，城际客流出行需求急剧增加。关中城市群城际铁路运输系统的服务和保障能力与城市群社会经济的发展相协调，为区域内多样化出行需求提供保障，并有效形成相互促进的良性发展机制。

综上所述，城际铁路系统是关中城市群社会经济发展的基础性、先导性产业，其发展演化过程与社会经济体统相互影响和依存。关中城市群城际铁路适应性分析体现了供给和需求双方在供给能力和供给结构上的匹配程度，以及在时空范围内二者的系统优化和协调发展。

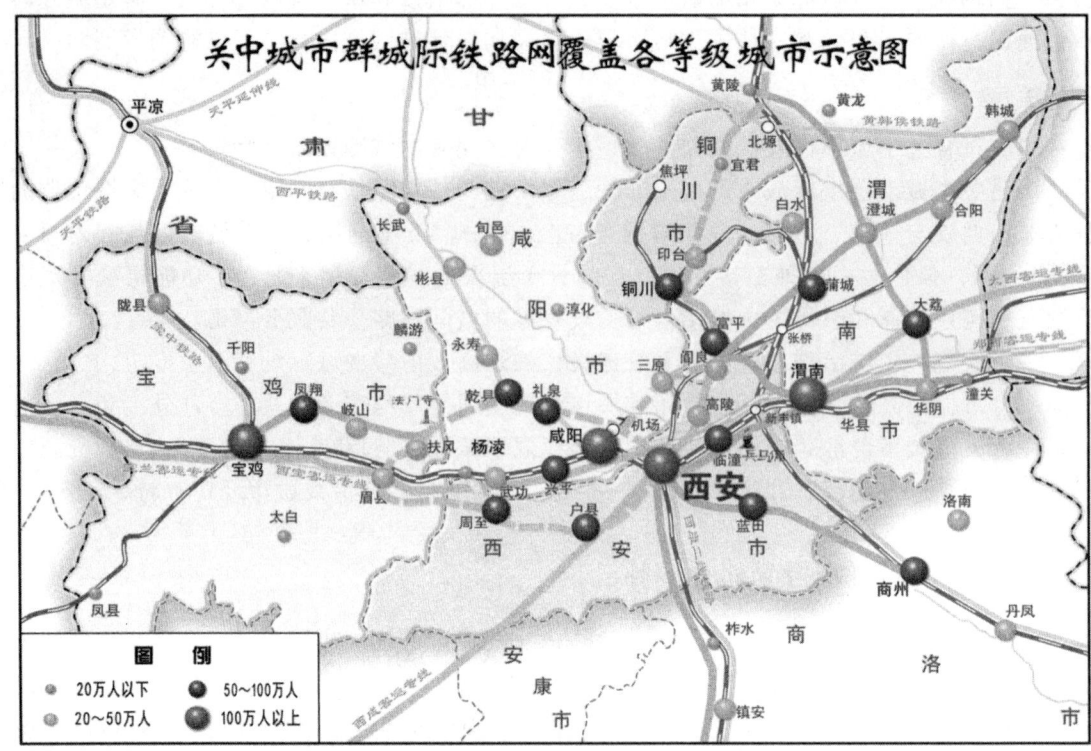

图 9.5 关中城市群城际铁路网覆盖各等级城市示意图

9.3 关中城市群城际铁铁路线网规划方案研究

9.3.1 城市群城际客流需求预测

根据《关中—天水经济区规划和关中城市群建设规划》《关中城市群各地市的城镇体系规划及城市总体规划》《关中城市群各地市的交通统计年鉴》《陕西省干线交通量调查资料汇编》《陕西省铁路统计年鉴及历年统计资料汇编》等基础资料，采用传统的四阶段法预测 2020 年全社会客运量值为 16.8 亿人，2030 年全社会客运量取 30.8 亿人，如表 9.4 所示。

表 9.4 全社会客运量预测结果表　　　　　　　　　　　　万人

方法	2020 年	2030 年
出行率法	157 679.93	312 678.04
二元回归模型	178 231.66	302 887.90
加权平均	167 955.79	307 782.97

方案直接影响区研究年度的 OD 交流数据及期望图，分别如表 9.5、9.6 和图 9.6、9.7 所示。

表 9.5　2020 年关中城市群客流 OD 分布表

单位：万人/年

OD	西安	长安	咸阳	机场	高陵	临潼	兴平	户县	周至	泾阳	兴平	礼泉	乾县	韩陵	三原	富平	铜川	韩城	眉县	扶风	宝鸡	岐县	商洛	延安及已远	山西及已远	河南及已远	柞水及已远	汉中及已远	天水及已远	安康及已远	平凉及已远
西安		1934	4832	1443	688	6247	996	1326	503	756	935	424	490	2508	757	317	1757	1576	191	250	8511	695	2145	1225	1341	4471	362	2870	2110	1793	1682
长安	1990		234	78	18	265	45	150	38	25	76	17	19	70	15	11	168	34	11	8	194	3	80	74	124	410	15	247	187	56	152
咸阳	4894	229		159	112	1233	178	288	67	197	396	212	253	611	149	44	477	135	70	26	1477	210	366	179	265	893	50	562	414	113	331
机场	1441	77	159		7	172	42	13	7	10	26	12	14	88	10	5	75	50	5	16	213	10	87	49	82	282	18	176	134	31	103
高陵	663	20	123	6		132	71	18	16	35	13	10	9	38	17	19	74	44	4	2	73	2	60	23	40	131	6	91	60	11	35
临潼	5722	269	1169	178	130		312	121	83	99	160	94	88	308	92	109	512	777	117	103	1064	86	423	154	257	903	85	548	364	79	309
阎良	1073	53	179	41	72	316		29	15	26	17	9	11	51	11	52	222	63	6	4	219	3	122	39	61	212	9	140	99	18	82
户县	1282	153	288	13	18	145	27		54	21	25	15	12	47	8	9	86	21	8	7	192	5	78	31	48	279	10	121	127	16	54
周至	556	30	74	6	17	92	16	54		10	31	20	20	98	11	12	73	11	11	4	213	4	45	21	35	132	3	82	60	10	43
泾阳	776	22	191	9	36	99	25	19	10		51	24	25	47	9	5	180	28	4	7	109	4	66	32	38	182	8	81	90	16	71
兴平	919	75	416	25	13	156	17	26	32	48		63	27	85	30	11	143	25	17	17	269	13	80	39	51	241	12	145	110	20	87
礼泉	401	20	231	13	11	94	11	16	18	25	60		53	66	26	19	74	20	8	9	135	5	46	24	40	142	4	71	66	12	48
乾县	487	21	212	15	13	87	11	13	19	21	26	51		92	30	6	63	21	17	21	142	23	48	27	45	150	5	80	72	13	61
韩陵	2497	68	533	85	40	261	52	45	94	45	82	63	90		59	43	111	69	31	31	941	40	112	52	70	202	28	160	126	39	108
三原	772	13	144	10	8	91	3	10	9	33	27	37	30	61		14	241	22	5	3	85	0	51	21	30	135	9	82	48	10	45
富平	294	11	47	6	6	101	4	8	3	13	12	20	17	43	15		89	75	6	3	56	4	42	13	36	89	6	65	42	9	33
铜川	1681	163	501	74	78	518	51	84	72	178	145	71	65	134	239	91		572	90	86	613	171	189	70	114	381	46	242	177	35	144
韩城	1546	34	154	50	46	739	228	19	11	28	3	19	16	67	22	73	567		36	33	274	36	184	109	217	532	13	369	166	35	118
眉县	1177	12	68	17	23	117	61	7	4	4	18	9	16	28	6	5	93	37		68	350	14	37	14	23	103	4	82	55	8	45
扶风	224	11	28	3	9	108	6	6	4	10	16	10	9	30	3	11	90	34	72		395	19	33	23	27	131	9	79	61	8	44
宝鸡	7692	194	905	212	108	985	216	191	210	106	275	133	143	569	82	54	633	278	342	392		64	482	197	318	1064	62	759	662	103	459
岐县	688	84	186	10	20	84	3	9	9	4	14	15	25	40	8	4	180	7	6	3	62		19	7	15	34	4	52	21	10	75
商洛	2113	72	697	50	57	461	132	83	47	67	77	69	27	701	52	46	191	182	38	30	816	17		90	147	304	94	232	106	103	61
延安及已远	1215	121	166	83	23	151	38	33	21	33	41	19	16	51	22	15	69	107	21	21	197	8	55		150	131	31	67	17	45	89
山西及已远	1334	409	265	284	57	256	64	48	37	39	52	16	22	69	29	37	116	218	28	28	321	14	90	136		3219	39	100	200	167	48
河南及已远	4497	16	896	19	23	886	219	274	125	189	232	138	44	214	144	95	392	522	111	125	1070	152	314	32	2885		33	45	26	233	20
柞水及已远	363	254	52	178	33	84	3	10	7	7	14	5	5	27	8	63	44	16	5	8	64	5	96	45	39	117		40	28	40	30
汉中及已远	2847	191	557	134	82	539	136	119	84	33	144	78	71	160	81	43	243	360	78	79	739	51	225	19	33	233	52		517	617	50
天水及已远	2100	55	418	31	62	368	102	128	58	39	108	64	14	129	49	10	183	174	59	64	664	22	104	44	67	200	30	517		26	50
安康及已远	1494	95	118	12	23	77	20	17	11	17	21	13	9	38	11	31	36	38	8	9	115	11	96	44	117	200	45	30	27		27
平凉及已远	1671	152	333	104	32	305	81	50	46	70	86	51	56	111	45	31	145	120	46	44	458	75	60	90	57	50	21	30	46	27	

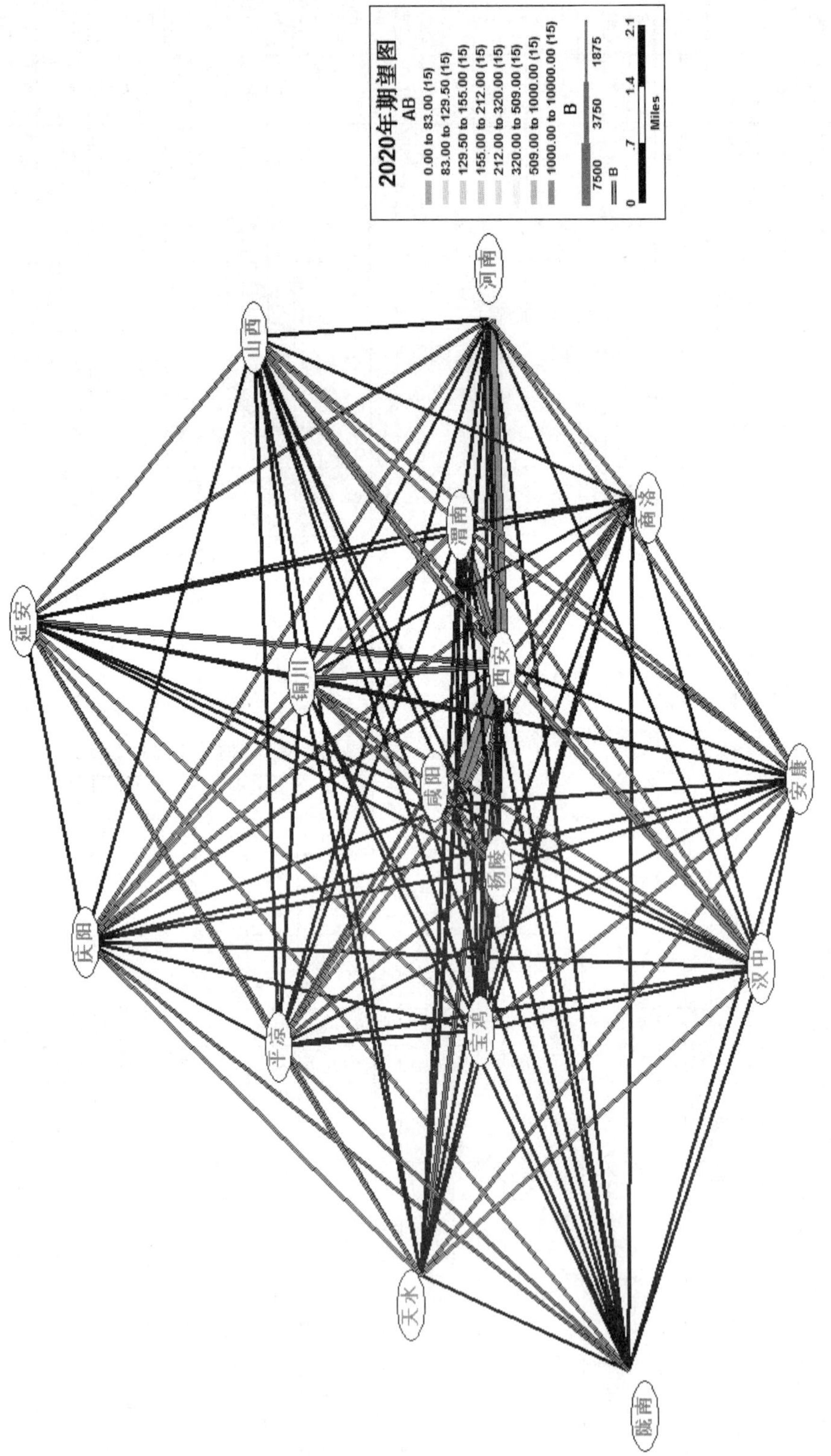

220　城市群城际铁路线网规划理论与方法

图 9.6　2020 年关中城市群 OD 分布期望图

9 实践——关中城市群城际铁路线网规划研究

表 9.6 2030 年关中城市群客流 OD 分布表

万人/年

OD	西安	长安	咸阳	机场	高陵	临潼	阎良	户县	周至	泾阳	兴平	礼泉	乾县	杨陵	三原	富平	铜川	韩城	眉县	扶风	宝鸡	彬县	商洛	延安及已远	山西及已远	河南及已远	柞水及已远	汉中及已远	天水及已远	安康及已远	平凉及已远
西安	3441	8521	2569	1206	13540	1728	2352	891	1335	1649	746	867	4104	1332	730	3164	3560	329	434	14905	1223	3570	1993	2127	7106	584	4558	3374	2921	2693
长安	3549		423	141	32	551	80	273	69	45	137	31	34	118	27	26	310	80	19	15	348	6	136	123	201	667	24	403	306	94	249
咸阳	8635	413		286	200	2725	313	518	120	353	708	378	453	1014	265	102	870	310	123	46	2622	374	618	296	426	1438	82	905	672	186	537
机场	2572	141	288		12	358	75	23	12	18	46	23	26	147	18	11	138	117	9	29	382	18	145	81	134	460	29	288	219	52	169
高陵	1147	36	218	12		277	124	32	28	62	23	18	16	63	30	43	135	99	6	4	129	3	101	37	64	210	10	146	98	18	56
临潼	12312	560	2579	368	271		660	262	184	221	359	211	197	634	201	314	1153	2257	262	232	2320	199	854	298	489	1719	165	1047	692	154	590
蓝田	1866	94	315	73	126	670		51	26	46	29	16	20	84	49	120	399	142	10	6	384	5	205	63	97	336	15	222	158	30	131
户县	2272	278	518	25	33	321	48		100	38	44	27	22	79	19	21	158	48	14	13	342	8	132	51	77	451	16	195	207	26	87
周至	967	55	133	11	30	204	28	98		19	56	35	36	164	17	18	133	25	20	17	380	8	75	35	57	213	6	132	98	17	71
泾阳	1373	40	343	16	64	219	44	34	19		91	43	45	79	54	28	329	65	6	8	194	2	110	53	61	294	13	131	146	26	116
兴平	1625	135	746	46	24	352	30	47	58	86		113	49	141	47	26	262	58	30	6	478	7	133	65	82	389	20	234	179	33	142
礼泉	708	37	412	24	17	210	18	28	33	44	107		95	109	62	44	135	46	15	30	239	24	76	39	64	229	7	114	106	19	78
乾县	863	28	381	27	18	197	18	23	14	37	46	92		153	53	41	187	38	50	38	253	40	80	46	73	244	9	129	117	21	100
杨陵	4078	114	883	143	66	531	84	75	156	74	136	104	149		98	94	440	146	50	51	1545	67	174	80	104	302	43	239	190	60	162
三原	1360	23	257	18	30	200	47	17	16	59	48	65	54	50		33	213	50	9	6	150	6	86	34	48	217	14	132	78	16	73
富平	679	26	111	14	40	293	118	21	16	31	27	47	40	101	34		217	226	13	8	130	7	93	29	75	187	12	138	90	20	69
铜川	3031	300	915	137	141	1170	410	155	132	325	264	129	119	228	436	217		1334	161	155	1112	311	328	117	188	627	77	398	293	58	238
韩城	3507	79	357	116	106	2151	137	44	27	65	57	45	38	144	51	221	1325		81	74	627	8	392	232	449	1100	28	762	347	75	245
眉县	307	22	119	10	8	263	10	13	19	9	31	15	28	187	10	12	166	83		118	608	8	60	22	36	163	7	129	88	12	71
扶风	390	19	49	30	5	243	7	11	16	6	29	17	40	440	6	1	161	77	124		692	9	54	37	43	208	14	125	98	13	70
宝鸡	13490	330	1607	380	144	2134	379	342	374	189	488	236	254	939	146	125	1148	634	594	686		114	805	323	508	1703	101	1214	1067	169	741
彬县	1213	6	333	18	5	188	6	9	7	3	8	27	44	66	7	1	328	16	11	8	110		32	11	25	55	7	83	34	17	122
商洛	3545	145	1171	141	97	937	222	142	79	112	129	76	77	1078	86	101	334	389	62	49	1359	29		82	138	469	143	356	167	160	97
延安及已远	1982	120	274	83	38	293	62	54	36	54	67	39	44	78	36	33	116	226	24	35	323	17	86		219	195	47	66	26	69	134
山西及已远	2121	197	427	136	62	487	102	78	59	63	84	65	72	103	46	79	191	450	33	45	514	23	139	223		3731	45	77	77	193	56
河南及已远	7168	666	1447	463	213	1692	348	445	202	305	375	223	246	321	232	200	646	1076	175	199	1714	51	483	202	3345		39	116	232	271	58
柞水及已远	587	26	85	32	8	163	13	17	7	11	22	8	9	41	13	10	74	33	8	12	105	5	144	49	46	39		52	30	46	23
汉中及已远	4536	414	900	289	132	1028	216	193	125	136	233	111	126	239	130	132	401	744	124	126	1183	82	345	67	39	135	61		715	30	35
天水及已远	3365	312	679	220	99	699	162	209	95	143	175	104	116	195	79	91	302	362	94	102	1069	36	164	28	77	271	35	46		30	58
安康及已远	2435	91	157	52	20	150	33	28	31	29	36	21	23	58	18	21	61	80	13	15	189	18	148	67	135	232	52	599	31		32
平凉及已远	2682	249	541	171	51	583	129	82	75	114	140	82	92	167	73	65	241	249	74	71	739	121	95	136	66	58	24	34	53	31	

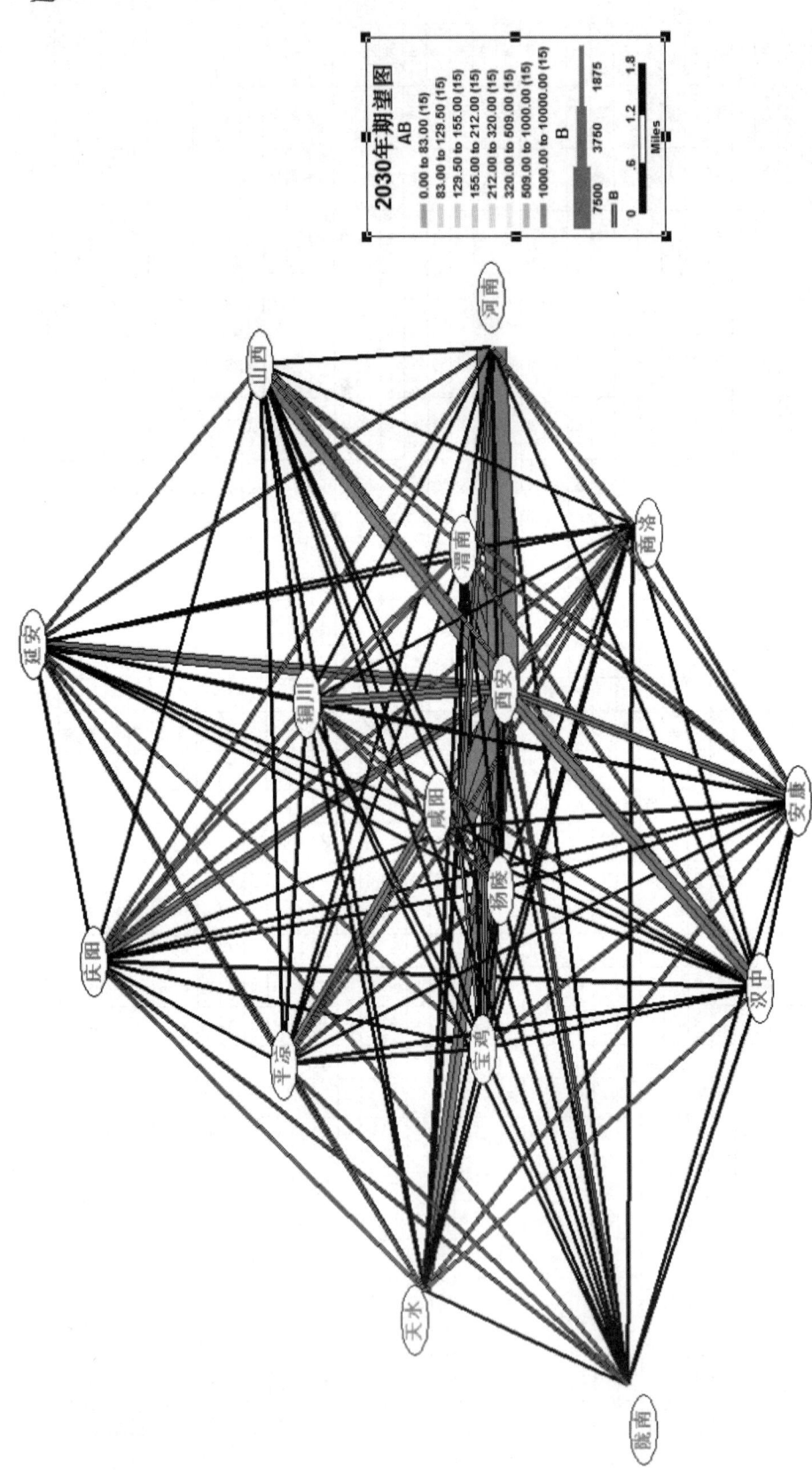

图 9.7 2030 年关中城市群 OD 分布期望图

9.3.2 城市群城际铁路重点节点及通道规划

1. 重要节点规划

考虑城市群内各级节点的社会经济、交通运输、城市发展潜力等因素，采用第 8 章节点重要度计算方法，得到关中城市群城际铁路主要节点的节点重要度，如表 9.7 所示。

表 9.7 关中城市群城际铁路节点重要度

序号	城市	节点重要度	序号	城市	节点重要度
1	西安	9.29	7	高陵	0.97
2	渭南	6.24	8	兴平	0.80
3	咸阳	2.61	9	户县	0.77
4	宝鸡	2.00	10	华阴	0.56
5	商洛	1.93	11	铜川	0.55
6	韩城	1.51	12	杨陵	0.28

同时，根据《关中—天水经济区发展规划》提出的建设五级城镇体系规划要求，确定关中城市群城际铁路各级节点。

西安主城区作为区域性主中心，节点重要度最大，是城际铁路规划线网最主要的支撑点，构成关中城市群城际铁路整个线网的一级节点。渭南、咸阳、宝鸡等是带动市域以及周边地区整体发展的次中心城市，构成关中城市群城际铁路线网的二级节点。考虑城际铁路线网的完整及合理性、覆盖率、人员的出行方便及引导城市发展方向，其他带动本县（市、区）城乡统筹发展的中心城镇构成关中城市群城际铁路线网的三级节点。

故将西安市一级节点作为规划的城际铁路线网重要枢纽，以枢纽为中心，以客流为支持，满足一级节点间有多条线路贯通。由 6 个地级城市构成的二级节点，应有最便捷线路与一级节点沟通，同时这些二级节点之间能够有可供选择的线路满足客流出行的需求。其他二级节点根据主要一、二级节点间线路分布、综合分析交通运输布局，将其串联起来。三级节点是城际铁路线路在线网布局合理的情况下，以求得最大客流的支持，在保证一、二级节点利益的基础上，考虑三级节点的位置，线路尽可能覆盖和串联该类节点，如表 9.8 所示。

表 9.8 关中城市群城际铁路各级节点示意表

等级	中心城镇
一级节点	西安主城区
二级节点	宝鸡、铜川、渭南、商洛、杨凌、阎良、韩城、机场、法门寺、华阴等
三级节点	富平、蒲城、合阳、白水、潼关、蓝田、兴平、武功、户县、周至、眉县、三原、高陵、泾阳、礼泉、乾县、扶风、岐山、凤翔、永寿、彬县等

2. 主要节点空间分布特征

通过对城镇发展轴和城镇空间分布的特征分析，以西安为中心，以 100 km 左右为半径形成 1 h 经济圈，可覆盖关中城市群内宝鸡、杨凌、铜川、渭南等 70% 以上的一、二、三级节点，圈内节点与中心联系紧密。同时，向北的纵向城镇发展轴和关中环线，分布节点较多，联系也较为紧密。

3. 城际铁路线网运输通道规划

根据出行分布预测结果绘制关中城市群 2020 年、2030 年全方式客流通道城际客流示意图。根据预测年度全社会 OD 分布期望线图，结合关中城市群各城市间城际客流出行的径路选择，构成客流主通道，如图 9.8 和 9.9 所示。

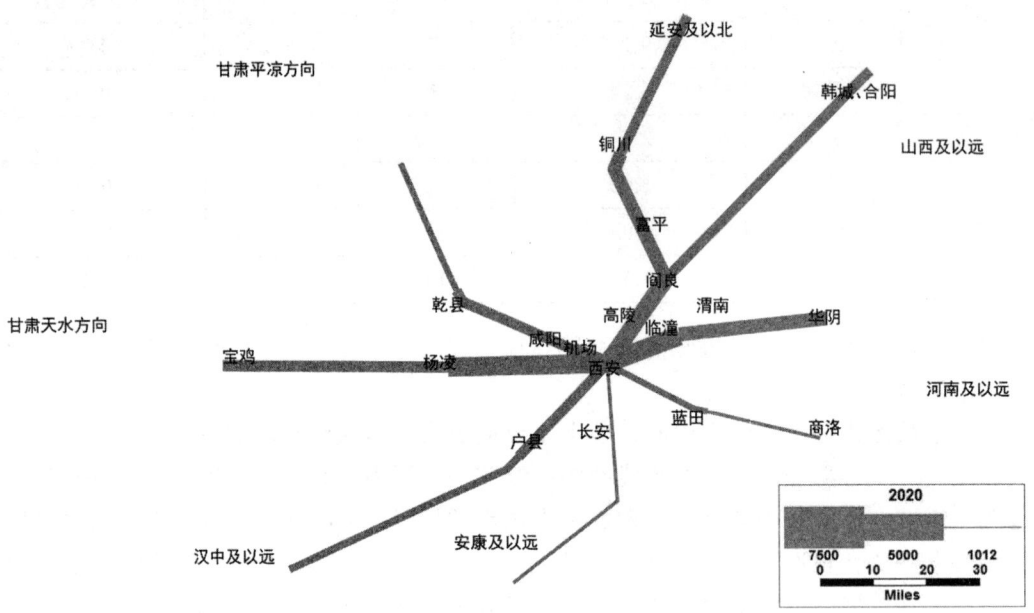

图 9.8　2020 年全方式客流通道客流示意图

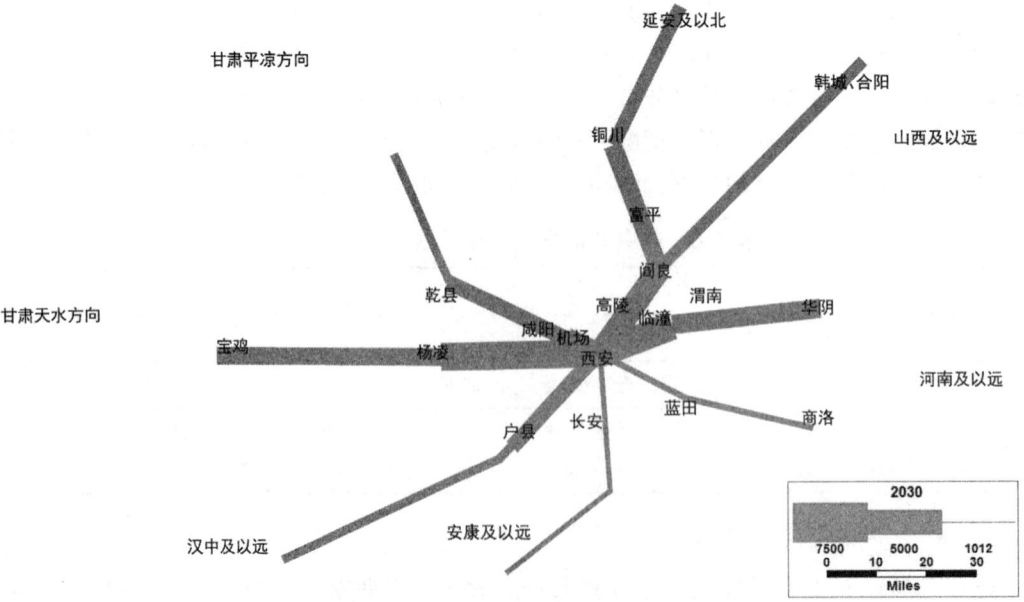

图 9.9　2030 年全方式客流通道客流示意图

关中城市群各城市间以宝鸡经杨凌、咸阳至西安、西安经临潼至渭南间以及西安至铜川（延安）、西安至阎良（韩城）、西安至乾县间城际客流量较大。综合各城市间交流量，考虑城市空间布局及其发展对交流共用通道的影响等因素，确定城际铁路线网客流主通道为：宝鸡—杨凌—咸阳—西安—渭南—潼关、西安—铜川—黄陵—延安和西安—阎良—蒲城—韩城。

9.3.3 基于社团挖掘的城市群城际铁路线网规模测算

选取关中城市群中综合发展相对较快的12个城市节点（西安、铜川、宝鸡、咸阳、渭南、韩城、华阴、杨陵、高陵、商洛、兴平、户县）进行城市群城际铁路线网的布局规划。

9.3.3.1 基于社团挖掘思想的城际铁路线网规模测算方法

1. 城市群社团结构判断

在关中城市群主要节点的节点重要度层次划分基础上，根据第8章城市群社团结构的判定标准，确定关中城市群空间社团结构如图9.10所示。关中城市群为典型的单中心社团城市群，核心城市——西安集聚效应显著。

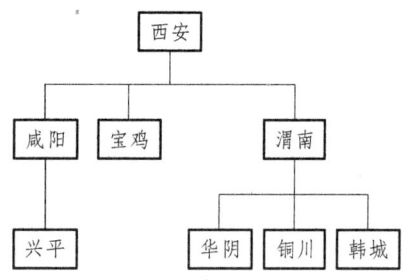

图9.10 关中城市群社团结构

2. 城市群城际铁路线网规模测算

（1）城际铁路线网节点分布走向判定。

由于关中城市群为单中心社团城市群，其城际铁路线网规模测算仅考虑单社团内部连接关系。综合考虑关中城市群内各个节点的空间分布特征以及既有路网中线路的空间走向，提取位于同一个方向上的节点集合，并有效归并其相互之间的连接路段。主要包括：A_1={西安，兴平，杨陵，宝鸡}，A_2={西安，户县，杨陵}，A_3={西安，高陵，铜川}，A_4={西安，高陵，韩城}，A_5={西安，渭南，华阴}，A_6={铜川，渭南，商洛}，A_7={宝鸡，铜川，韩城}，A_8={韩城，华阴，商洛}。

（2）基于运输需求的节点间连接矩阵。

在同一方向上节点判断后进行需求的合理叠加，将合并后需求大小满足规定阈值（22 000人/日）的基本路段的连接变量设置为1，其余设置为0，即可得到满足运输需求限制的节点间连接矩阵 I_1，如表9.9所示。

（3）基于线路重要度的节点连接矩阵。

计算关中城市群的线路重要度值，并将线路重要度大于阈值的节点连接变量值设置为1，其余设置为0，并将同一方向的节点变量进行相应处理，可得出节点连接矩阵 I_2，如表9.10所示（矩阵中加粗路段表示节点间连通的非基本路段）。

表 9.9 基于运输需求限制的城市群节点连接矩阵

连接矩阵	西安	高陵	户县	咸阳	兴平	铜川	渭南	华阴	韩城	宝鸡	商洛	杨陵
西安	0	1	1	1	0	0	1	0	0	0	1	0
高陵		0	0	0	0	1	0	0	1	0	0	0
户县			0	0	0	0	0	0	0	0	0	1
咸阳				0	1	0	0	0	0	0	0	0
兴平					0	0	0	0	0	0	0	1
铜川						0	1	0	0	0	0	0
渭南							0	1	0	0	0	0
华阴								0	0	0	0	0
韩城									0	0	0	0
宝鸡										0	0	1
商洛											0	0
杨陵												0

表 9.10 基于线路重要度的城市群节点连接矩阵

连接矩阵	西安	高陵	户县	咸阳	兴平	铜川	渭南	华阴	韩城	宝鸡	商洛	杨陵
西安	0	1	1	1	1	1	1	0	0	1	1	1
高陵		0	0	0	0	1	0	0	0	0	0	0
户县			0	1	0	0	0	0	0	0	0	0
咸阳				0	1	1	1	0	0	1	0	0
兴平					0	0	0	0	0	0	0	1
铜川						0	1	0	0	0	0	0
渭南							0	1	0	1	0	0
华阴								0	0	0	0	0
韩城									0	0	0	0
宝鸡										0	0	1
商洛											0	0
杨陵												0

（4）考虑多因素的关中城市群城际铁路线网规模测算。

运输需求和路段重要度是两个主要的限制条件，同时各阶段线网规模总量还受建设投资的限制，因此综合考虑各种影响因素并以追求目标函数的最优来确定节点之间的连接矩阵 I，具体如表 9.11 所示。

表 9.11 基于多重因素的城市群城市节点连接矩阵

连接矩阵	西安	高陵	户县	咸阳	兴平	铜川	渭南	华阴	韩城	宝鸡	商洛	杨陵
西安	0	1	1	1	0	0	1	0	0	0	1	0
高陵		0	0	0	0	1	0	0	1	0	0	0
户县			0	1	0	0	0	0	0	0	0	1
咸阳				0	1	1	0	0	0	0	0	0
兴平					0	0	0	0	0	0	0	1
铜川						0	1	0	0	0	0	0
渭南							0	1	0	0	0	0
华阴								0	0	0	0	0
韩城									0	0	0	0
宝鸡										0	0	1
商洛											0	0
杨陵												0

由表 9.11 可知，节点间连接变量为 1 的节点对即是满足条件的需要连通的路段，根据城市之间的空间直线距离及线路的非直线系数，得知基于社团挖掘思想的关中城市群城际铁路的 2030 年线网总规模为 1 163 km。

9.3.3.2 城际铁路线网规模常规测算方法

1. 负荷强度分析法

采用需求分析法确定城际铁路方式承担的客运出行量和线网负荷强度指标，对比国外城市线网负荷强度，计算线网长度。

对于关中城市群城际客流来说，由于城镇化水平不太高，居民经济能力有限，建议城际铁路采用低运量系统为主，利于引导和支持区域城镇空间布局的调整和完善，本次城际铁路线网规模测算中，线网平均负荷强度 2020 年、2030 年分别取 0.20～0.30 和 0.25～0.35 万人次/（km·日）。根据关中城市群的发展目标和具体情况，预测 2020 年、2030 年全社会出行总量分别为 16.8 亿人次和 30.8 亿人次，考虑城际铁路网建成对城际客流有较大的诱发作用，2020 年城际铁路的分担率为 20%～25%，2030 年城际铁路的分担率为 25%～30%，则城际铁路承担的出行量 2020 年 3.36～4.20 亿人次，2030 年为 7.70～9.24 亿人次。据此预测关中城市群内城际轨道交通线网 2030 年线网规模为 800～1 200 km。

2. 服务水平类比分析法

城际铁路的线网服务水平可以通过万人拥有率指标和线网密度指标体现。表 9.12 为国内外都市圈地区城际轨道交通线网的主要指标。对于巴黎和东京而言，RER 铁路和 JR 铁道更接近于我们研究的城际轨道交通，因此，表 9.12 中列出的巴黎和东京的线网长度为 RER 铁路和 JR 铁道的长度，环渤海经济区采用规划数据。

表 9.12 国内外都市圈城际轨道交通线网主要指标

项 目	线网长度/km	人口数量/万人	土地面积/km²	人口密度/(人/km²)	万人拥有/(km/万人)	线网密度/(km/100 km²)
京阪神都市圈	480	1 800	7 800	2 308	0.267	6.2
巴黎都市圈	484	1 066	12 000	888	0.454	4.0
东京都市圈	876	3 258	13 143	2 479	0.269	6.7
环渤海经济区	1 144	9 165	216 000	424	0.125	0.5
珠三角经济区	1 670	4 447	41 698	1 066	0.376	4.0
中原城市群	995	4 018	58 700	684	0.248	1.7

从万人拥有率指标来看，既有京阪神、巴黎和东京都市圈分别为 0.267 km/万人、0.454 km/万人和 0.269 km/万人，环渤海经济区为 0.125 km/万人。环渤海经济区人口基数大，万人拥有率指标较小；中原城市群为 0.248 km/万人，珠三角经济区为 0.376 km/万人，万人拥有率指标均适中。目前关中城市群总人口为 2 399 万人，2020 年规划人口为 2 530 万人左右，2030 年人口规模按 2 700 万人控制。因此为了提高城际网的覆盖率及对城镇体系建设的大力支持，建议关中城市群万人拥有率采用 0.365 km/万人比较适宜。据此推算 2030 年合理建设线网规模约为 1 000 km。

从线网密度指标来看，京阪神、巴黎都市圈和东京都市圈线网密度分别为 6.2 km/100 km²、4.0 km/100 km² 和 6.7 km/100 km²，2030 年环渤海经济区为 0.5 km/100 km²，中原城市群为 1.7 km/100 km²，珠三角经济区为 4.0 km/100 km²。建议关中城市群 2030 年线网密度在 1.9 km/100 km² 左右。关中城市群总面积 5.56 万 km²，据此推算 2030 年线网规模约为 1 100 km。

9.3.3.3 关中城市群城际铁路线网规模结果

综合考虑城际铁路线网规模常规测算方法和基于社团挖掘思想的城际铁路线网规模测算方法，可以得到关中城市群城际铁路的 2030 年线网总规模约为 1 100 km。

9.3.4 基于"分类分层"的城市群城际铁路线网布局方案研究

9.3.4.1 城市群城际铁路线网布局基本方案研究

根据前文对关中城市群的空间结构分析可知，其主要呈层次性的点轴向放射状分布。城市群城际铁路线网布局方案的总体布局应与城市群的空间结构特征相符，故在城际铁路重要节点和通道规划的基础上，以"分类分层"思想为指导，结合点线面布局的一般思路，确定其架构方案的流程如下：

（1）根据节点间的线路重要度以及各路段的服务水平，计算各节点对间线路的建设紧迫度（计算结果如表 9.13 所示）。

9 实践——关中城市群城际铁路线网规划研究 229

表 9.13 关中城市群各节点对间线路紧迫度计算

紧迫度	西安	高陵	户县	咸阳	兴平	铜川	渭南	华阴	韩城	宝鸡	商洛	杨陵
西安		1.64	1.87	17.25	1.39	2.49	7.19	1.51	1.76	8.66	2.78	2.14
高陵			0.04	0.56	0.03	0.10	0.24	0.06	0.05	0.12	0.09	0.04
户县				0.54	0.05	0.09	0.12	0.01	0.03	0.22	0.08	0.05
咸阳					0.69	0.69	1.26	0.16	0.19	1.80	0.54	0.57
兴平						0.14	0.12	0.03	0.03	0.30	0.08	0.08
铜川							1.00	0.12	0.60	0.75	0.21	0.12
渭南								0.79	0.17	0.88	0.44	0.17
华阴									0.04	0.24	0.10	0.08
韩城										0.37	0.20	0.07
宝鸡											0.85	0.54
商洛												0.49
杨陵												

（2）按照节点的等级依次将节点先后纳入到路网中，并根据节点间综合联系值的约束在满足条件的节点对之间建立连接关系，若一个节点与多个节点间存在连接关系，则考虑按照线路的建设紧迫度大小依次进行判断，并同时考虑规模总量的约束，得到初步的布局方案。在线路连接过程中将功能相似、走向相同的线路合理筛选，并对相应的需求进行有效合并，对方案进行进一步的调整。

考虑关中城市群内各等级节点之间的差距较大，不同节点之间的联系强度也存在较大差异性，因此各等级节点间连接标准的设定也不同，具体设置如下：一级节点与二级节点之间的联系值标准为 5；一级节点与三级节点间的联系值标准为 2；二级节点之间的联系值标准为 1；二级节点与三级节点间的联系值标准为 0.8；三级节点之间的联系值标准为 0.3。

① 一级节点进入路网中的连接关系判断。

关中城市群内只有西安一个一级节点，不存在一级节点之间的连接，因此将其作为与其他节点间连接的基础节点。

② 二级节点进入路网中的连接关系判断。

按照节点重要度的大小将二级节点依次纳入路网中，此时存在一级节点与二级节点之间、二级节点之间的线路连接，在约束条件下，依次按照节点对之间的紧迫度大小建立连接。线网连接情况如图 9.11 所示。

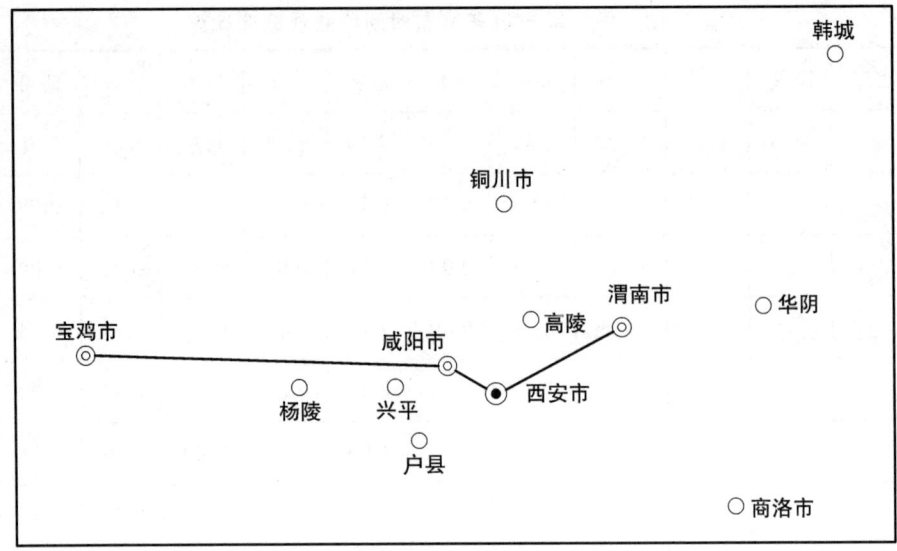

图 9.11 二级节点进入路网中的线路连接示意图

关中城市群内的二级节点较少，且主要沿既有的陇海线分布，其中宝鸡—西安、咸阳—渭南间均存在较大的联系，但是咸阳与西安之间的距离较近，一定程度上可看作一个节点，因此考虑平行线路的功能以及空间走向，在既有线路分布特征的基础上将其通过一条线路连接，构成线网中的一条主轴。

③ 三级节点进入路网中的连接关系判断。

相对来说，三级节点的数量较多，节点之间的关系判断也更加复杂，存在一级节点与三级节点之间、二级节点与三级节点之间以及三级节点之间的线路连接，依次确定其与各级节点之间的线路连接，并结合节点间的空间关系判断线路的空间走向，确定线网连接示意图如图 9.12 所示。

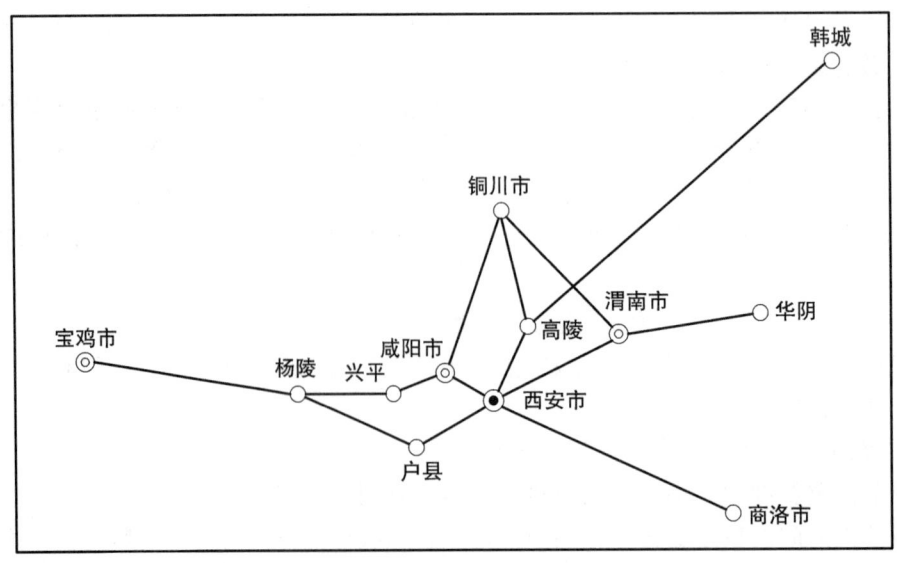

图 9.12 三级节点进入路网中的线路连接示意图

9 实践——关中城市群城际铁路线网规划研究

由图 9.12 可知，节点之间连接关系确定后形成的线网结构已经趋于完善，呈现出"核心区域集中、边缘区域分散"的特征，其中，围绕核心节点形成的核心区域内节点之间的连接关系比较复杂，而位于城市群边缘的各个节点仅与联系紧密的一级或二级节点之间连接。线网结构整体上呈放射状分布，几个影响较大的节点构成不同层次的中心，形成的线网结构能够有效覆盖到主要的节点。

（3）调整优化城际铁路线网干线布局方案。

各级节点进入线网后，形成关中城际铁路线网的基本方案，如图 9.12 所示。此时线网中所有节点之间均有线路连接，不存在孤立的节点。进一步进行方案的调整和优化，考虑城市群与外部的衔接和沟通，以及城市群空间结构的演化趋势，通过分析利用既有、在建、规划国铁网和城市轨道交通网近远期承担城际客流的可行性，在基本方案的基础上，进行三种不同的调整方案比选研究。

① 方案一。

该方案以城际客流为依据，在主骨架的基础上，根据关中城市空间布局规划、城际客流需求特点，构建以西安为中心，向周边辐射，兼顾延安、韩城、彬县、长武、汉中、安康、商州，形成放射状线网构架。方案一如表 9.14 及图 9.13 所示。

② 方案二。

考虑到区域现状社会经济发达，产业基础好，具有很大的发展潜力，具有驰名中外的华山、法门寺、兵马俑等丰富的旅游资源，旅游产业发展潜力大。因此，该方案以城际客流为依据，在主骨架的基础上，构建以西安为中心，连接渭南、阎良、三原、长安、乾县、眉县、户县等中心城市（镇）的环形线网，并考虑西宝高速铁路承担西宝间城际客流。方案二如表 9.15 及图 9.14 所示。

表 9.13 线网方案一线路一览表 km

城际线路	线路长度/km	备 注
西安—临潼—渭南—华阴—潼关	110	西安枢纽内利用既有陇海通道
西安北—咸阳—杨凌—岐山—宝鸡		165 km，利用西宝高速铁路
西安北—户县—佛坪—汉中		246 km，利用西成高速铁路
乾县—长寿—彬县—长武		105 km，利用银西铁路通道
阎良—蒲城—白水—大荔—韩城	150	
西安北—阎良—富平—耀县—铜川—黄陵—延安	290	其中关中地区 175 km
新西安南—蓝田—商州	90	其中关中地区 50 km
西安北—机场—礼泉—乾县—永寿—彬县—长武	185	
新西安南—柞水—安康	220	其中关中地区 40 km
华阴—大荔—澄城—黄龙—黄陵	175	其中关中地区 150 km
合　计	1 220	其中关中地区 860 km

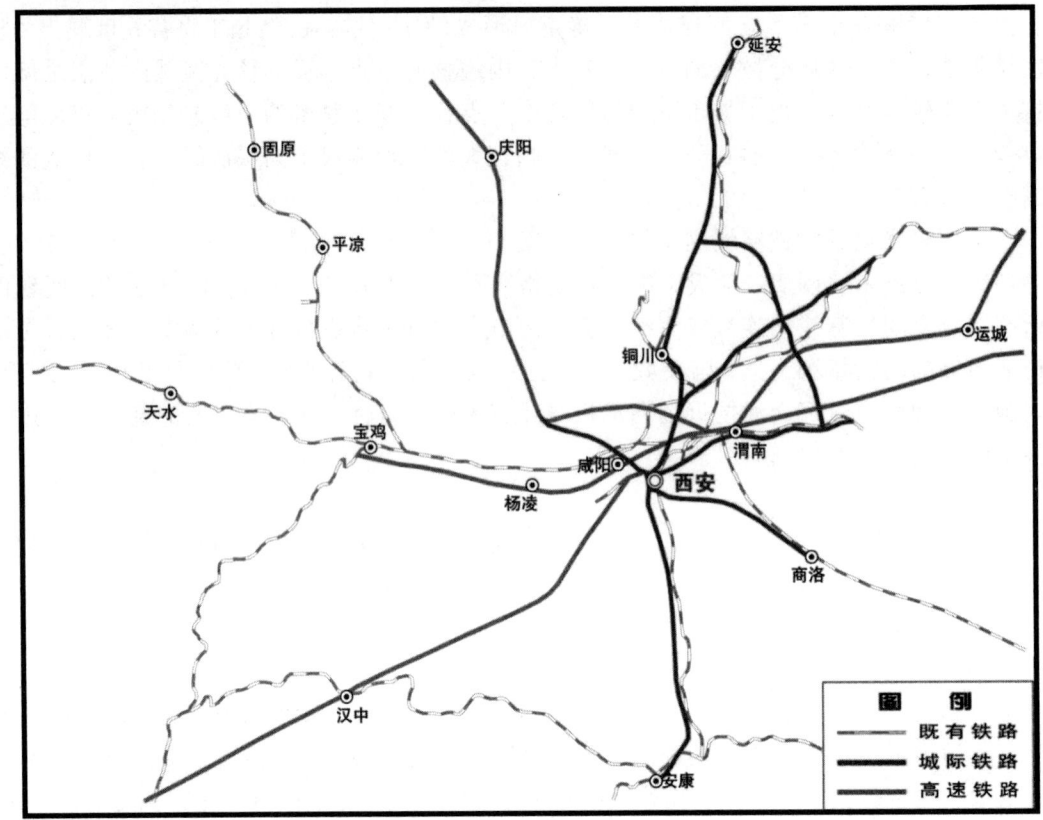

图 9.13 线网方案一线路示意图

表 9.15 线网方案二线路一览表　　　　　　　　　　　　　km

城际线路	线路长度/km	备　注
西安北—机场—礼泉—乾县—法门寺	116	
新西安南—户县—周至—眉县—扶风—法门寺	150	
西安北—阎良—富平—铜川—黄陵—延安	297	其中关中地区 175 km
西安北—咸阳—杨凌—岐山—宝鸡		165 km，利用西宝高速铁路
西安北—户县—佛坪—汉中		246 km，利用西成高速铁路
乾县—长寿—彬县—长武		105 km，利用银西铁路通道
渭南北—阎良—三原—泾阳—机场	88	
新西安南—柞水—安康	220	其中关中地区 40 km
阎良—蒲城—白水—韩城	150	
新西安南—蓝田—商州	90	其中关中地区 50 km
西安—临潼—渭南—华阴—潼关	110	西安枢纽内利用既有陇海通道
法门寺—岐山—凤翔—宝鸡	88	
华阴—大荔—澄城—黄龙—黄陵	175	其中关中地区 150 km
合　计	1484	其中关中地区 1 117 km

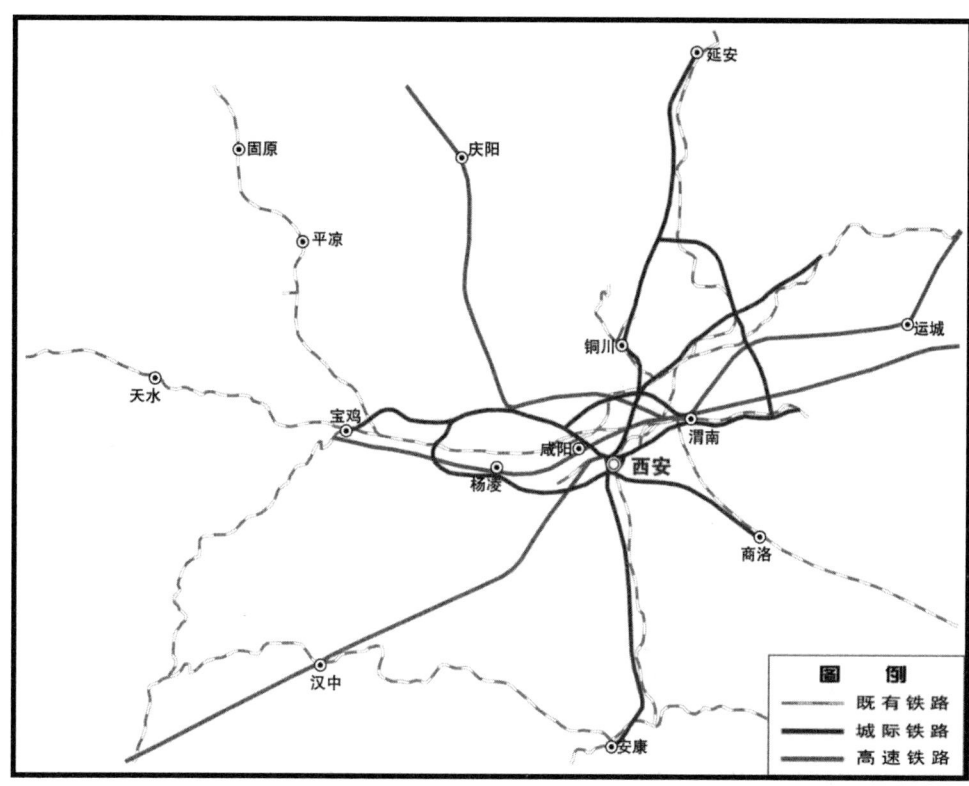

图 9.14　线网方案二线路示意图

③ 方案三。

该方案以城际客流为依据，在主骨架的基础上，以城市群空间布局规划和产业布局规划为依托，构建以城市群内西安为中心，连接各主要城市的网状结构，满足城市间的交流需求，促进经济发展。方案三如表 9.16 和图 9.15 所示。

表 9.16　线网方案三线路一览表　　　　　　　　　　　　　　km

城际线路	线路长度/km	备　注
西安—临潼—渭南—华阴—潼关	110	西安枢纽内利用既有陇海通道
西安北—咸阳—杨凌—岐山—宝鸡		165 km，利用西宝高速铁路
西安北—户县—佛坪—汉中		246 km，利用西成高速铁路
乾县—长寿—彬县—长武		105 km，利用银西铁路通道
阎良—蒲城—白水—大荔—韩城	150	
西安北—阎良—富平—耀县—铜川—黄陵—延安	290	其中关中地区 175 km
新西安南—蓝田—商州	90	其中关中地区 50 km
西安北—机场—礼泉—乾县—法门寺—宝鸡	185	
乾县—永寿—彬县—长武	95	
新西安南—柞水—安康	220	其中关中地区 40 km
黄陵—黄龙—白水—澄城—大荔—华阴	175	其中关中地区 125 km
乾县—武功—周至	35	
渭南—阎良—三原—泾阳—机场	90	
临潼—新西安南—户县—周至县—眉县—法门寺	155	
合　计	1 595	其中关中地区 1 235 km

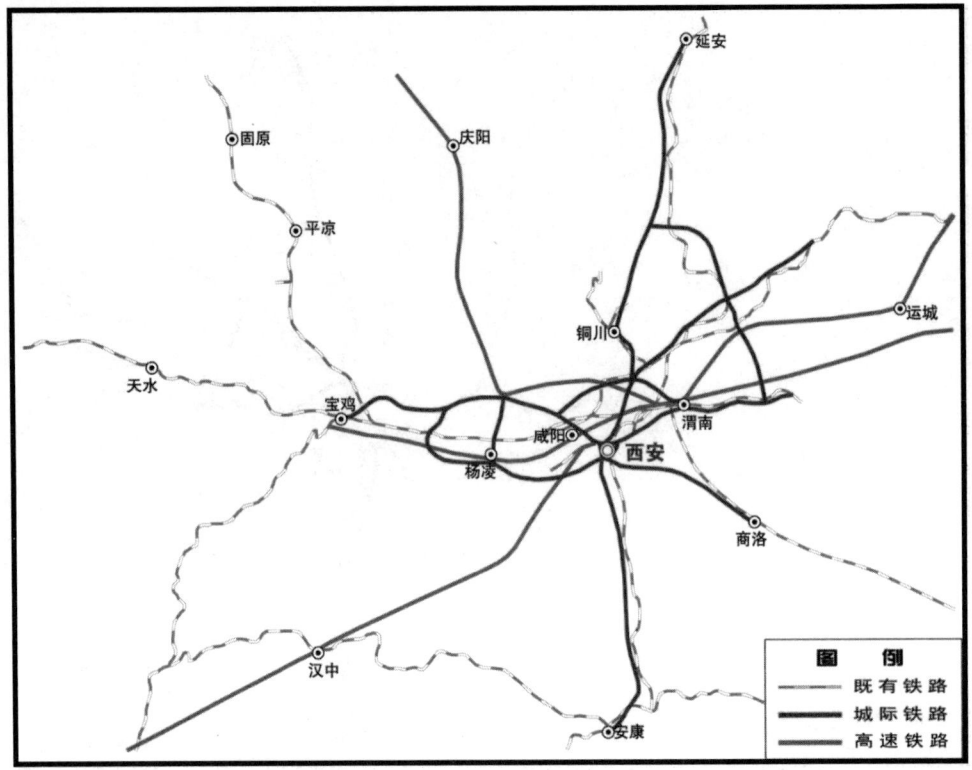

图 9.15 线网方案三线路示意图

4.3.4.2 备选线网构架比选

1. 比选方法

为全面的评价城际铁路线网,确定从以下五个方面进行分析比选:

(1) 线网的结构特征。

线网的结构特征是指线网的空间尺度特性和协调性,一个好的线网规划方案应具有良好的覆盖性和合理的线网结构,并在此基础上,与其他交通系统特别是与既有铁路系统有较好的协调与衔接。

(2) 线网的运营效果。

线网运营的效果分为运营成果与运营效率,好的线网应承担较大的客运量和具有较好的服务水平并具有较高的运营效率。

(3) 线网的实施条件。

线网实施包括以下两个方面:

城际铁路线路实施的工程难度较低。

分期建设方案合理,线网结构及实施条件较好。

(4) 线网的社会效益。

城际铁路线网所取得的社会效益主要反映在:由于城际铁路网的修建带来居民出行时间的节省、出行质量的提高以及由于城际铁路承担了大量的客流从而对相关高速公路通行条件的改善等。

9 实践——关中城市群城际铁路线网规划研究

（5）战略发展目标。

城际铁路线网的规划要服从区域城镇体系规划及各城市的总体规划，符合城市群发展方向，并与综合交通规划战略相吻合，以促进关中城市群规划目标的实现。

从以上各方面通过对备选方案的功能评价、建设方案优劣等，进行深入研究分析，综合各线网构架的优点，进一步调整完善，最终形成推荐的线网构架方案。

2. 线网布局比选

（1）线网方案一。

该线网是以西安为中心，各城镇分别与西安联结，形成放射形的线网构架，各城镇与中心城市西安的联系便捷，整个线网规模 1 220 km（其中关中地区 860 km），线网覆盖了关中城市群大部分市、县，特别强调了中心城市的作用，中心城市西安与其他各个城市之间的通达性较好。但线网方案中其他城市间的联系不够，难以达到城市一体化进程的要求，对关中城市群发展规划目标的实现支持相对较弱。

（2）线网方案二。

该线网是在主骨架的基础上，以西安为中心向外辐射，并利用关中环线通道联络各中等城镇，覆盖了关中城市群绝大部分城镇和重要旅游区，覆盖面较广，规划线网规模 1 484 km（其中关中地区 1 117 km），中心城市西安与其他各城市之间的通达性都较好，特别强调了中等城市的互联互通，人员出行方便，能很好地适应城际客流的出行分布特征。线网方案很好地适应了关中城市群的旅游文化，有利于发挥城际铁路的服务和引导功能，能够很好地促进关中城市群发展规划目标的实现。

（3）线网方案三。

该线网是在主骨架方案二的基础上，增加部分线路加密线网覆盖面，规划线网规模 1 595 km（其中关中地区 1 235 km）。线网覆盖了关中城市群绝大部分城镇，覆盖面广，中心城市西安与其他城市间以及其他各城镇之间的互通性较好，方便各城市中人员出行。线网方案能够适应关中城市群的空间布局规划，促进关中城市群发展战略目标的实现。但该线网运营组织复杂，人员出行换乘次数多、工程投资最大。

对三种线网构架方案进行客流测试，如表 9.17 所示。方案三城际铁路客运量最大，但客流强度较小，城际铁路效率较低；方案一城际铁路客运量最小，城际铁路的客运比例相对较低；方案二能够很好地发挥城际铁路的客运功能，远期年客运量可达到 13.6 亿人，同时较充分地利用了城际铁路资源，远期客流强度为 0.304 万人/(km·d)。

表 9.17 线网方案远期城际客流测试指标表

指 标	方案一	方案二	方案三
线路长度/km（括号内为关中地区）	1 220（860）	1 484（1 117）	1 595（1 235）
全社会客运量/(亿人/年)	31	31	31
城际铁路客运量/(亿人/年)	11.1	13.6	13.8
城际铁路客运量占全社会城际客运量比例/%	35.80%	43.87%	44.51%
城际铁路周转量/(亿人千米/年)	801.88	1070.44	956.50
城际铁路换乘系数	1.1	1.3	1.4
城际铁路客流强度/(万人/(km·d))	0.276	0.304	0.301
城际铁路平均运距/km	72.4	78.5	69.1

以上三种线网构架方案的比较评价如表 9.18 所示。

表 9.18 线网方案评价表

比选指标		方案一	方案二	方案三
线网的结构特征	远景线网长度/km（括号内为关中地区）	1 220（860）	1 484（1 117）	1 595（1 235）
	区域覆盖程度	一般	高	高
	充分利用既有通道资源	一般	好	较好
	与既有铁路、规划铁路的衔接	好	好	较好
	与其他交通方式的衔接	好	好	较好
线网的运营效果	与客流期望线适应程度	较好	好	好
	客流效果	好	好	一般
	远期城际铁路客运量	一般	较大	大
	远期客流强度	高	较高	一般
	运营组织	简单	简单	复杂
线网的实施条件	建设方案合理性	较好	好	一般
	工程可实施性	好	好	一般
	工程投资	小	大	大
线网的社会效益	出行方便程度	一般	好	较好
	出行时间的节省	一般	好	好
	出行质量的提高	较好	好	较好
	相关交通设施服务水平的改善	较好	好	好
战略发展目标	与城市群空间结构及发展方向的关系	较好	好	好
	与主中心城市联系	好	好	好
	与副中心城市联系	一般	好	好
	促进地区旅游资源开发	一般	好	好

通过以上三种线网构架方案的分析，方案二线网架构比较适合关中城市群的现状和发展趋势。以宝鸡—西安—渭南为主轴，以西安为中心，覆盖整个关中城市群的"两环三辐射"路网结构更加符合关中城市群"一轴一环三走廊"的空间布局。规划线网将中心城市周边的其他城镇紧密联系起来，增加关中城市群各城市与中心城市的互通性及县、市之间的直通效果，城际铁路网的覆盖范围广、结构合理，可以极大地促进关中城市群发展规划目标的实施；最重要的是充分利用通道资源，以西宝高速铁路承担西宝间城际客流，该方案投资相对较省、客流效果好、旅客换乘较少，运输组织相对简单且充分利用既有通道资源，促进地方旅游资源的开发。

综上所述，关中城市群城际铁路线网方案推荐采用方案二。

9.3.4.3 推荐线网方案

1. 线网构成及线路走向

（1）线网构成。

通过对线网构架方案进行分析研究，关中城市群城际铁路线网推荐：以西安为中心，以宝鸡—西安—渭南为主轴，覆盖整个关中城市群的"辐射+环"状路网结构。

关中城市群城际铁路线网总体构成特征如下：

① 构建以西安为中心，沿陇海通道宝鸡—咸阳—西安—渭南为两翼的"一"字形的东西向主轴；

② 以西安—铜川—延安、西安—阎良—韩城、西安—乾县—彬县、西安—商州、西安—安康、西安—汉中等城际线形成向周边辐射的放射型构架；

③ 形成连接关中北环"人文陕西"的主要历史文物景点和关中南环"山水秦岭"北坡生态旅游环线的大西安都市核心圈。

（2）主要城际铁路线路走向如表 9.15 所示。

推荐线网规划方案如图 9.16 所示。

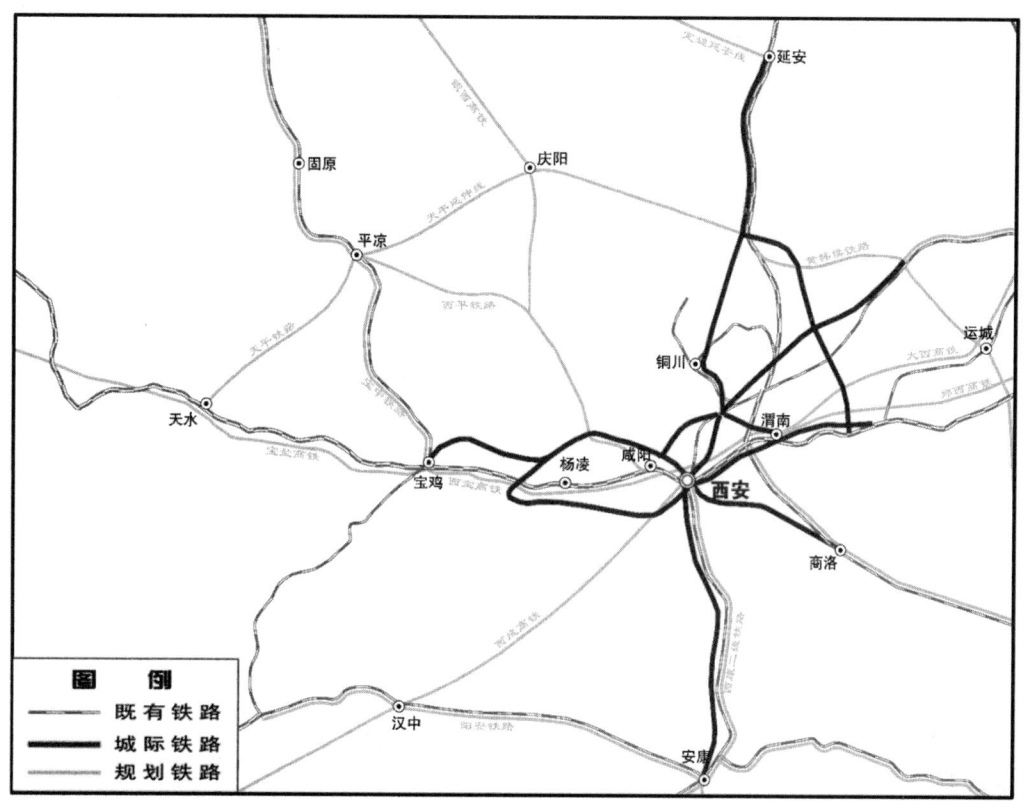

图 9.16　关中城市群城际铁路线网规划示意图

2. 关中城市群城际铁路推荐线网的综合评价

（1）城际铁路线网与关中城市群发展规划的适应性分析。

城际铁路推荐线网的规划线路在考虑与城市群交通中的主客流方向相一致的同时，充分考虑到线路走向的未来发展扩充与既有通道资源的利用,增强城市群对外的辐射力。其东西主轴线和南、北环线完全契合了"一轴""一环"空间布局,可有效促进关中城市群区域一体化战略目标的实现。此外,除了吻合关中城市群"一轴一环三走廊"空间发展框架体系外,关中城市群城际铁路推荐线网还充分考虑了关中城市群对外围间接研究区域的辐射带动作用。西安—商洛、西安—安康、西安—汉中等城际铁路加强了关中城市群与陕南地区的经济联系,可充分发挥区域核心城市对周边城市的吸引带动作用。

(2) 城际铁路推荐线网的运营效果评价。

采用"四阶段法"和 ransCAD 等交通规划软件,对城际铁路推荐线网方案进行了客流分配预测。根据对未来客流的预测分析和对推荐线网客流分配的结果显示:城际铁路推荐线网布局方案 2030 年线网年客运周转总量为 1 070 亿人·km,将承担区域总出行量的 43.8%,这与城际铁路在未来城市群客运交通中的骨干地位是相符的。

就线网负荷强度而言,城际铁路推荐线网布局方案平均负荷强度为 0.304 万人次/(d·km),其中主骨架线路负荷强度为 0.5 万人次/(d·km)以上,符合城市群以西安为核心沿主轴线和放射轴线客流聚轴性特点,说明具有较好的运营效益。

9.3.5 城际铁路线网建设时序分析

9.3.5.1 利用既有线的可行性分析

1. 区域既有铁路现状分析

城市群区域既有铁路包括陇海线、郑西高速铁路、西康线、包西线、候西线、宁西线、宁西线、咸铜线和西户支线 8 条铁路线路,各线现状能力利用率如表 9.19 所示。

表 9.19 各线现状能力利用率

区 段		能力利用率/%
陇海线	宝鸡—西安	94.1
	西安—郑州	93.5
郑西高速铁路	西安—郑州	24.3
包西线	新丰镇—延安北	71.0
西康线	新丰镇—安康东	88.1
候西线	钟家村—韩城	93.3
宁西线	新丰镇—商洛	100.1
咸铜线	咸阳—阎良	35.8
西户支线	三民村—余下	3.5

从表 9.19 中可以看出,既有线除郑西高速铁路、包西线、西户、咸铜线外,其他线能力基本已达饱和。

2. 研究年度利用国铁线路开行城际列车的可行性分析

综合分析,利用高速铁路承担城际列车方面:西宝、西成等高速铁路线路,近远期能力均有一定富余，高速铁路可兼顾城际客流运输；郑西高速铁路能力可满足近期城际列车运输需求，但远期能力不足，无法满足城际运输需求，需修建城际铁路。利用普速铁路方面：包西线能力不足且远离铜川、阎良等地，无法满足城际列车的运输需求；西康、宁西铁路能力可满足近期运输需求，远期需修建城际铁路，银西线能力富余较大，近远期均可满足城际列车运输需求。

9.3.5.2 分期实施意见

以关中城市群单中心城市群的空间结构演化规律为基础，考虑城际铁路的线路增长机制，以增强西安的核心城市辐射强度，带动二三级城市尤其是三级的城市/镇的发展为目的，完善和补充相应线路，形成多层次城际铁路线网，适应城市社会经济发展需要，引导产业优化调整。关中城市群城际铁路线网规模及分期实施建议如表 9.20 所示。

表 9.20 城际线网规模及实施建议 km

城际线路		线路长度	规划实施	
			2020 年	2030 年
西安北—阎良—富平—铜川（印台）		110		
铜川（印台）—黄陵—延安		187	187	
西安北—机场		26		
机场—法门寺		90	90	
西安—户县—周至—眉县—法门寺		150	150	
阎良—三原—泾阳—机场		60	60	
渭南北—阎良		28		28
法门寺—宝鸡		88		88
西安—临潼—兵马俑—渭南—华阴—潼关		110		110
阎良—蒲城—韩城		150		150
西安南—蓝田—商州		90		90
西安南—柞水—安康		220		220
华阴—大荔—澄城—黄龙—黄陵		175		175
期末实施	合　计	1484	487	861
	其中关中地区	1117	365	616

1. 2016—2020 年修建

（1）铜川（印台）—黄陵—延安，线路长 187 km，其中关中城市群内 65 km；

（2）机场—法门寺，线路长 90 km；

（3）西安南—户县—周至—眉县—法门寺，线路长 150 km；

（4）阎良—三原—泾阳—机场，线路长 60 km。

规划至 2020 年新增城际铁路 487 km，线网规模达到 623 km，其中关中城市群线网规模为 501 km。

2. 2021—2030 年修建

（1）渭南北—阎良，线路长 28 km；

（2）法门寺—宝鸡，线路长 88 km；

（3）西安—临潼—兵马俑—渭南—华阴—潼关，线路长 110 km；

（4）阎良—蒲城—韩城，线路长 150 km；

（5）西安南—蓝田—商州，线路长 90 km，其中关中城市群内 50 km；

（6）西安南—柞水—安康，线路长 220 km，其中关中城市群内 40 km；

（7）华阴—大荔—澄城—黄龙—黄陵，线路长 175 km，其中关中城市群内 150 km。

规划至 2030 年新增城际铁路 861 km，线网规模达到 1 484 km，其中关中城市群城际线网规模为 1 117 km。

参考文献

[1] 方创琳，宋吉涛等. 中国城市群可持续发展理论与实践[M]. 北京：科学出版社，2010.
[2] 姚士谋，陈振光等. 中国城市群[M]. 合肥：中国科学技术大学出版社，2006.
[3] 朱英明. 城市群经济空间分析[M]. 北京：科学出版社，2004.
[4] 郭振川. 基于经济生态学原理的城市群发展探讨——以长江三角洲城市群为例[D]. 同济大学，2006.
[5] 魏然. 产业链的理论渊源与研究现状综述[J]. 技术经济与管理研究，2010（A6）：140-143.
[6] 甄延临. 长三角、珠三角、闽东南城市群演化比较研究[D]. 兰州大学，2006.
[7] 周韬. 基于价值链的城市空间演化机理及经济效应研究[D]. 兰州大学，2015.
[8] 杨振山，蔡建明，付承伟. 产业集群理论对我国城市规划建设的启示[J]. 城市规划，2012（12）：60-68.
[9] 丰志培，刘志迎. 产业关联理论的历史演变及评述[J]. 温州大学学报（社会科学版），2005，18（1）：51-56.
[10] 国家发改委. 长江三角洲城市群发展规划[R]. 北京，2016.
[11] 赵伟. 长三角经济：一个多层次核心—外围综合框架[J]. 浙江社会科学，2007（6）：16-24.
[12] 朱政，郑伯红，贺清云. 珠三角城市群空间结构及影响研究[J]. 经济地理，2011，31（3）：404-408.
[13] 毛艳华，李敬子. 大珠三角城市群发展：特征、问题和策略[C]. 中国区域科学协会理事换届大会暨区域发展与城镇化学术研讨会. 2014.
[14] 国家发改委. 成渝城市群发展规划[R]. 北京，2016.
[15] 晏子哲. 关中城市群发展模式研究[D]. 西安理工大学，2005.
[16] 赵县安. 关中—天水经济区城市群建设存在的问题与对策[J]. 天水行政学院学报，2011，12（3）：124-128.
[17] 张学良. 中国区域经济发展报告.2013，中国城市群的崛起与协调发展[J]. 2013.
[18] 刘刚. 美国和日本城市群发展的比较研究[D]. 兰吉林大学，2007.
[19] 赵晓雷. 城市经济与城市群[M]. 上海：上海人民出版社，2009.
[20] 伍笛笛. 基于分形理论的四川城镇体系及城市群研究[D]. 西南交通大学，2008.
[21] 陈彦光. 分形城市系统：标度·对称·空间复杂性[M]. 北京：科学出版社，2009.
[22] 苗东升. 系统科学精要[M]. 北京：中国人民大学出版社，2006.
[23] 刘奕. 高速公路经济适应性理论与评价方法研究[D]. 北京交通大学，2009.
[24] 王庆云. 交通运输发展理论与实践[M]. 北京：中国科学技术出版社，2006.

[25] 张良. 区域经济一体化背景下铁路网规划研究[D]. 西南交通大学，2011.
[26] 陆化普. 交通规划理论与方法[M]. 北京：清华大学出版社，2006.
[27] 于慧杰. 交通小区在交通规划中若干技术问题的研究[D]. 西安电子科技大学，2008.
[28] 叶霞飞. 城市轨道交通工程[M]. 武汉：华中科大出版社，2007.
[29] 李倩. 基于路网的高速铁路客流预测方法研究[D]. 北京交通大学，2011.
[30] 褚岩. 通道内既有平行线间的合理分工及车流径路优化[D]. 西南交通大学，2015.
[31] 周荣征. 中长期铁路网规划布局及优化方法研究[D]. 西南交通大学，2011.
[32] 孙希华，谈家青，李玉江. 山东半岛城市群区域经济吸引力分析与竞争力提升[J]. 资源开发与市场，2007，23（4）：316-318.
[33] 杨涛. 城市交通流主流向两步聚类筛选方法研究[J]. 中国公路学报，1997(4)：84-89.
[34] 卢朝峰. 区域城际铁路规划线网规模研究[D]. 西南交通大学，2013.
[35] 李琳. 基于多元统计分析的社团挖掘算法研究[D]. 上海交通大学，2014.
[36] Abdulaal M, Leblanc L J. Continuous equilibrium network design models[J]. Transportation Research Part B Methodological，1979，13（1）：19-32.
[37] 王伟欣. 复杂网络社团结构挖掘算法的研究[D]. 江西理工大学，2013.
[38] 黄超，刘苏，吕颖. 基于网络演化方法的城市群城际铁路线网规划模型研究[J]. 交通运输系统工程与信息，2016（1）：123-128.
[39] 王琳. 铁路客运网络演化机制研究[D]. 西南交通大学，2012.
[40] 肖礼谆. 城市群城际铁路线网规划评价研究[D]. 西南交通大学，2013.
[41] 马驷. 铁路建设项目后评价基础理论与方法研究[D]. 西南交通大学，2014.
[42] 叶玉玲. 都市圈城际轨道交通规划相关问题研究[D]. 同济大学，2005.
[43] 孔峰. 模糊多属性决策理论、方法及其应用[M]. 北京：中国农业科学技术出版社，2008.
[44] 奚宽武，覃增雄，石建军，等. 最小隶属度偏差法应用于路网规划方案评价[J]. 系统工程学报，2004，19（3）：317-320.
[45] 孙有发，刘永清，陈世权，等. 基于集值统计的模糊神经网络专家系统及其应用[J]. 模糊系统与数学，2001，15（2）：97-101.
[46] 王广月，刘健. 基于组合权重的灰色关联度方案决策模型及其应用[J]. 工业建筑，2004，34（4）：61-65.
[47] 陈大为. 灰色模糊集合引论[M]. 哈尔滨：黑龙江科学技术出版社，1994.
[48] 王争鸣. 关中城市群城际铁路建设发展战略研究[J]. 铁道运输与经济，2013，12：1-5.
[49] 陈希荣. 关中城市群城际铁路网规划方案研究[J]. 铁道运输与经济，2012，09：73-77.
[50] 康彦波. 城际轨道交通建设与城市规划间的协调关系思考[J]. 高速铁路技术，2015，03：86-89.